A Student Grammar of Turkish

A Student Grammar of Turkish is a concise introduction to Turkish grammar, designed specifically for English-speaking students and professionals. Written with the needs of the learner very much in mind, it sets out the grammar of the language in a clear and jargon-free style. The book not only explains the fundamentals of the grammar, but also tests students' understanding in an interactive way with more than 200 exercises. Key grammar points are summarized in tables and there are numerous illustrative examples. A list of grammatical terms used in the book and a key to all the exercises are also provided. This essential grammar and exercise book can be used as a supplement for students studying the language, with a dual function as a reference guide to look up grammar points and as a resource from which exercises can be set and language skills practiced.

F. Nihan Ketrez is an assistant professor in Linguistics in the Department of English Teacher Education at Istanbul Bilgi University.

A Student Grammar of
Turkish

F. NIHAN KETREZ

CAMBRIDGE
UNIVERSITY PRESS

CAMBRIDGE
UNIVERSITY PRESS

University Printing House, Cambridge CB2 8BS, United Kingdom

One Liberty Plaza, 20th Floor, New York, NY 10006, USA

477 Williamstown Road, Port Melbourne, VIC 3207, Australia

314-321, 3rd Floor, Plot 3, Splendor Forum, Jasola District Centre, New Delhi - 110025, India

79 Anson Road, #06-04/06, Singapore 079906

Cambridge University Press is part of the University of Cambridge.

It furthers the University's mission by disseminating knowledge in the pursuit of education, learning and research at the highest international levels of excellence.

www.cambridge.org
Information on this title: www.cambridge.org/9780521149648

© F. Nihan Ketrez 2012

This publication is in copyright. Subject to statutory exception and to the provisions of relevant collective licensing agreements, no reproduction of any part may take place without the written permission of Cambridge University Press.

First published 2012
4th printing 2015

A catalogue record for this publication is available from the British Library

Library of Congress Cataloging in Publication data
Ketrez, F. Nihan, 1973–
A student grammar of Turkish / F. Nihan Ketrez.
  p. cm.
Text in English and Turkish.
Includes index.
ISBN 978-0-521-76346-2 – ISBN 978-0-521-14964-8 (pbk.)
1. Turkish language – Grammar.   2. Turkish language – Textbooks for foreign speakers – English.   I. Title.
PL139.K48   2012
494'.3582421 – dc23   2012009117

ISBN 978-0-521-76346-2 Hardback
ISBN 978-0-521-14964-8 Paperback

Cambridge University Press has no responsibility for the persistence or accuracy of URLs for external or third-party internet websites referred to in this publication, and does not guarantee that any content on such websites is, or will remain, accurate or appropriate.

For Vedat, Zeren, and Nehir

Sevgili Oğlum Mete'ye,
Bir gün bu dilde konuşabilmek
dileği ile.
Dad. xx

Contents

Acknowledgments ix

Conventions used in the book x

1	Introduction	1
2	The sounds of Turkish	4
3	The noun: an overview	22
4	Case markers	27
5	Genitive and possessive	41
6	Numerals and plurality	54
7	Existential *var / yok*	69
8	Pronouns	75
9	The verb: an overview	80
10	*-Iyor*, the progressive	87
11	Future with *-(y)AcAK*	91
12	Past with *-DI* and *-(y)DI*	97
13	*-mIş* and *-(y)mIş*	103
14	Present tense with the aorist *-Ir/-Ar*	108
15	*-mAktA* and *-DIr*	113
16	Imperative and optative	115
17	Compound tenses	119
18	Person markers	126
19	Postpositions	131
20	Passive	146
21	Causative	153

22	Reflexive	157
23	Reciprocal	160
24	Subordination	163
25	Infinitives with *-mA* and *-mAK*	172
26	Adjectives	182
27	Adverbials	190
28	Conditional	201
29	Ability and possibility with *-(y)Abil*	213
30	Obligation and necessity	217
31	Relative clauses	221
32	Word order	232
33	Questions	236
34	Negation	241
35	Coordination	247
36	Diminutive	257
37	Reduplication	260
38	Interjections and some idiomatic expressions	264
39	Spelling and punctuation	268
40	Conversation	276

Appendix A	*Verbal inflection paradigms*	282
Appendix B	*Nominal inflection paradigms*	286
Appendix C	*Verbs categorized according to their case-marked complements*	289
Appendix D	*Verbs categorized according to their clausal complement types*	293
Appendix E	*Selected grammar books for further study*	296
Appendix F	*Answer key to the exercises*	297
Appendix G	*Glossary of grammatical terms*	318
Index		321

Acknowledgments

The material in this book is mostly based on my classnotes that I used at Yale University between 2005 and 2008. My extensive teaching and material development experience at Boğaziçi University Turkish Language and Culture Summer Program between the years 1998 and 2006 has also contributed to these materials. I am grateful to my students at Yale, in particular to Anne Ruderman, Denis Ferhatović, Yifei Mu, Ilyana Sawka, Rana Searfoss, Juli Huang, George Beane, Max Kahn, Leana Südhof, Joshua Walker, and Ryan Caro for their invaluable feedback on the classnotes version. Many thanks to İlknur Oded and Anne Ruderman for corrections and comments on the final version of the manuscript. I compiled these notes and started turning them into this book during my long stay at Yale New Haven hospital in the winter of 2008–2009. I am grateful to my friend and colleague Fereshteh Kowssar for her never-ending support and frequent visits (despite the snow storms) that filled me with the energy that I needed to keep on working on the manuscript at that time.

This book is dedicated to my husband M. Vedat Sözmen, who has been extremely encouraging and supportive all through the writing process. And, of course, to my daughers Zeren and Nehir, who joined us before I finished the book.

Conventions used in the book

Italics: Italics are used to spell Turkish examples in the text.

'...': Single quotation marks are used for the English gloss or translation of Turkish examples. They usually follow a Turkish word spelled in italics.

/.../: Slashes are used to represent the pronunciation, as opposed to the orthography. When they appear around a consonant or a vowel, the item refers to the phonological properties in the pronunciation of a consonant or a vowel.

UPPER-CASE LETTERS: These letters, when they appear as suffixes, represent vowels or consonants that alternate due to vowel harmony or consonant assimilation. So an upper-case letter A represents /a/~/e/ alternation and an upper-case letter I represents one of the vowels /ı, i, u, ü/. Similarly, an upper-case consonant represents an alternation: *-DI* can appear as *-tI* or *-dI*. Here is a list of all upper-case letters and what they stand for:

Upper-case K	may appear as k, g, or ğ
Upper-case D	may appear as t or d
Upper-case A	may appear as a or e
Upper-case I	may appear as i, ı, u, ü
Upper-case C	may appear as ç or c

- (hyphen): When it appears before suffixes, a hyphen represents a suffix boundary.

- (hyphen): When it appears after a lexical item, the hyphen shows that the stem cannot appear alone, that it needs to appear in an inflected form. The hyphen is used with verb stems (for example, *sev-*).

´ (acute accent): When it appears in a word, it shows the syllable that bears the primary word stress. It is not a regular orthographic symbol. It is only used in the section where stress assignments are discussed.

(...): When parentheses appear in a suffix, the part of the suffix that is between parentheses can be omitted in certain contexts. In the case of the possessive suffix *-(s)I*, for example, *s* is omitted after consonants, e.g., *araba-sı, at-ı*.

[...]: Square brackets are used to mark the boundaries of clauses or phrases embedded in sentences.

*: An asterisk placed before a word or a sentence shows that the word or the sentence is not acceptable or grammatical.

Chapter 1

Introduction

Turkish is a member of the Southwestern branch (Oghuz) of the Turkic language family. It is the most commonly spoken Turkic language, acquired as a native language by more than 77 million people worldwide. The variety of Turkish presented in this book is the standard variety of the modern Turkish spoken in Turkey today. Here are some quick facts about the modern Turkish language:

Turkish is an agglutinating language. In Turkish, you add a number of *suffixes* to a word to make a sentence. *Gidiyorum* is one single word in Turkish, which means 'I am going.' It is made up of the verb *git* 'go' and two suffixes *iyor* (the progressive marker) and *um* (first person 'I'). *Kitaplarınızdan* means 'from your books': kitap + lar + ınız + dan (book + s + your + from). This is called *agglutination*, a term which means 'glue together' in Latin. Due to the agglutinating nature of the language, it is possible to form very long words. A very well-known example is

Avrupalılaştıramadıklarımızdan mısınız
'Are you one of those whom we cannot make European'?

However, in everyday speech, you almost never hear such super-long words. On average, a speaker adds about two or three suffixes to a verbal or nominal stem.

Turkish is a harmonic language. When you add a suffix to a word you change it according to the sound combinations of the word to which you are attaching it. For example, the plural suffix is *-lAr* and it appears as *ler* or *lar* depending on the word it is attached to. It appears as *ler* after the vowels *e, i, ü,* and *ö*. It appears as *lar* after the other vowels (*a, ı, o,* and *u*), for example: *araba-lar* (car-PLURAL) and *ev-ler* (house-PLURAL). This is called vowel harmony. Similarly, some consonants undergo changes: *-DI*, for example, is the past tense suffix. It appears as *dı, di, du, dü, tı, ti, tu, tü*, depending on the word it is attached to. Vowel harmony and consonant assimilation, although they sound very complicated at first, are learned very easily and fast by language learners.

Turkish is a pro-drop language. You may drop (in most cases you have to drop, for some discourse reasons) subjects and/or objects. Turkish subjects are expressed with subject–verb agreement markers on verbs and other predicates. So if you would like to say 'I am laughing,' you just say (laugh-PROGRESSIVE-I) *gülüyorum*. The subject is marked on the verb in the form of a suffix.

Flexible word order. In Turkish, in contrast to English, the direct object comes before the verb, that is, while you say 'I am reading a book' in English, in Turkish you say *I am a book reading.* This is the neutral word order. You can change the order of words in a sentence in various ways. There are some restrictions on word order variation that will be discussed in the following chapters, but when compared to English, Turkish word order pattern is very flexible.

Missing stuff. Turkish does not have words such as the English *am, is, are* or *the*. So the Turkish counterpart of the English sentence 'the car is blue' is (car blue) *araba mavi*, and 'the man laughed' is (man laughed) *adam güldü*. The meaning and grammatical relationship that are expressed by these words are marked with suffixes in Turkish.

Turkish alphabet. Turkish has been written using a variant of the Latin alphabet since 1928. The current alphabet replaced the Persian-based Ottoman Turkish alphabet as a part of the series of Turkish language reforms that took place after the foundation of the Republic of Turkey in 1923. In most cases, Turkish is spelled exactly the way it is pronounced, each letter corresponding to a distinct sound.

Vocabulary. Turkish words are not necessarily similar to the words in European languages because Turkish belongs to a different language family (Ural-Altaic), but Turkish has a lot of borrowings from English and other European languages as well as Arabic and Persian. It would be unrealistic to think that you can learn Modern Turkish easily if you already speak Arabic or Persian.

This book is not a comprehensive reference grammar book, it rather focuses on a variety of selected topics that are typically taught in Turkish classes during the first two or three years of learning the language. I have organized and grouped the topics according to the ordering and grouping I used when I was teaching these topics. They do not necessarily reflect any formal linguistic analysis or categorization. Some discussions are oversimplified to be able to reach students from every level and every linguistic background. This book can be used as a supplementary book to any textbook on the market, or students may use it on their own as a self-study resource.

This is how the book is organized. The second chapter focuses on vowels, consonants, and other phonological properties of Turkish, namely vowel harmony, consonant assimilation, k–ğ alternation, high vowel omission, consonant doubling and long vowel–short vowel alternations. The third chapter presents an overview of the noun structure in Turkish and includes topics such as nominal inflection and derivation of nouns. The fourth and fifth chapters deal with noun morphology. Accusative, dative, locative, and ablative case markers are presented, together with the instrumental *-(y)lA* in Chapter 4. The genitive case is presented and discussed together with the possessive marker *-(s)I* in Chapter 5. This chapter also has subsections on genitive-possessive constructions and on compounds. Chapter 6 focuses on various ways to express number marking and plurality. The main focus of Chapter 7 is the existentials *var* and *yok* and their various uses. Chapter 8 presents a discussion on pronouns, which include personal and demonstrative pronouns. It is followed by Chapter 9, which is a general discussion of the verb complex. Verbal inflections and various derivations are presented as an overview in this chapter. Chapter 10 presents a discussion and examples of the progressive marker *-Iyor*. Chapter 11 presents *-(y)AcAK*, the future tense marker. Chapter 12 is a discussion of the past tense marker *-DI* and *-(y)DI* that attach to nominal predicates. Chapter 13 is based on *-mIş*, and *-(y)mIş* on nominals. Chapter 14 discusses the aorist *-Ir* and *-Ar*, which is a present tense marker that expresses mostly habitual events. Chapter 15 and Chapter 16 present some aspectual and mood markers *-mAktA*, *-DIr*, and the optative *-(y)A*. Chapter 17 deals with the use of tense, aspect, and modality markers that are used together with *-(y)DI* and *-(y)mIş*. Chapter 18 includes a discussion of person markers on both verbs and nouns in the predicate position. Chapter 19 presents the postpositions such as *için* 'for' and *kadar* 'until' and the structures where they appear. Chapters 20, 21, 22 and 23 are devoted to passive, causative, reflexive and reciprocal structures respectively. They present the suffixes and other sentential properties of such constructions, such as the case markers on various types of complements. Chapter 24 presents subordination through nominalization suffixes *-DIK* and *-(y)AcAK*. Chapter 25 then presents other types of subordination and the infinitives with *-mA* and *-mAK*. Chapter 26 is a discussion of the adjective word class in general and includes topics such as derivation of adjectives, comparative and superlative

Introduction

structures, question words, and quantifiers used as modifiers. Chapter 27 is a similar chapter on adverbials and focuses on the derivation of adverbials as well as adverbs categorized according to their meaning and function: adverbs of time, manner, frequency, place and location. At the end of the chapter, you will find a list of most commonly used adverbs and their properties. Chapter 28 presents conditionals formed with the conditional suffixes -*sA* and -*(y)sA*. Chapter 29 discusses the abilitative and possibility moods marked with the suffix -*(y)Abil*. Chapter 30 is on the expression of obligation and various ways of expressing necessity. Chapter 31 presents various types of relative clauses, formed by -*(y)An* and -*DIK* or -*(y)AcAK*. This chapter is followed by Chapter 32 on word order variation and restrictions on word order variation. Chapter 33 is devoted to question formation. It presents both the yes-no question particle -*mI* and wh-questions such as 'what,' 'who,' and 'where.' Chapter 34 is on negation with the suffix -*mA* as well as negation on nominals with *değil*. It discusses various other types of negation. Chapter 35 discusses coordination and provides examples of some common conjunctions. Chapter 36 presents the diminutive structures. Chapter 37 discusses reduplication, a marginal word formation strategy. Chapter 38 provides a list of most commonly used interjections and some idiomatic expressions. Chapter 39 presents spelling and punctuation principles in Turkish. The last chapter, Chapter 40, is on some conversational patterns and idiomatic expressions and greetings. The book includes seven appendices that present verbal and nominal paradigm summaries and lists of verbs categorized according to their complement types. A list of grammar books for further study and an answer key to all exercises are included in the appendices, along with a glossary of grammatical terms.

The chapters are not ordered in any particular way, so that each chapter can be studied independently. However, when some relatively more advanced topics such as conditionals, or relative clauses, are discussed, some basic knowledge of word formation (e.g., consonant assimilation, vowel harmony) is assumed.

Each chapter has plenty of exercises that will help the reader revise the topics s/he has learned in that chapter and also use the grammar points in a variety of fun ways. An answer key to these exercises is provided as Appendix F. Here is the very first one of these exercises. You do not need to speak a word of Turkish to be able to do this exercise.

Exercise 1 Can you guess what these words mean in Turkish?

üniversite	istasyon	otomobil	greyfurt	apartman
salata	pizza	tren	çay	faks
kahve	kafe	telefon	gazete	doktor
futbol	tenis	yoğurt	spagetti	ofis
makarna	pasta	tuvalet	fobi	koridor
hobi	ceket	pantalon	televizyon	kaset
sandalet	sandal	bot	otel	sekreter
müzik	müze	taksi	park	problem
profesör	radyo	psikoloji	spor	tango
tiyatro	termometre	türban	yat	yoga
zebra	modern	milyon	matematik	fizik
labirent	kültür	general	film	disket
Ağustos	banka	turkuaz	minyatür	

Chapter 2

The sounds of Turkish

Contents

2.1 Vowels
2.2 Long vowels
2.3 Consonants
2.4 Vowel harmony
2.5 Exceptions to vowel harmony
2.6 Consonant assimilation
2.7 Final devoicing and k~ğ alternation
2.8 Consonant clusters and epenthetic vowels
2.9 High vowel omission
2.10 Consonant doubling
2.11 Word stress
2.12 Exceptions to the word-final stress rule

2.1 Vowels

Turkish has eight vowels. We categorize vowels according to frontness and backness (where they are produced in the mouth) and roundness (whether or not you round your lips when you are producing them). This categorization is important for the vowel harmony rules that will be described in the following section. In the chart below, Turkish vowels are represented just the way they appear in the Turkish alphabet.

Vowels

	Front		Back	
	−round	+round	−round	+round
High	i	ü	ı	u
Low	e	ö	a	o

A/a is pronounced as the *u* in the English word 'sun.' Some Turkish examples where *a* occurs are *Ahmet, salata*. In a few words such as *kar* 'benefit' the /a/ sound is fronted, that is produced more like an /e/. Such words are mostly the borrowings from Persian and are relatively few in the modern Turkish language. Unfortunately, such examples are not predictable in the present Turkish orthography, so you need to learn whether a word has a fronted /a/ or a regular /a/. They are marked with a diacritic or accent (e.g., *kâr*) in some old texts.

E/e is pronounced as the *e* in English 'fed' and the word *Edirne* is an example. In some words where *e* is followed by either *r, l* or *n*, it sounds more like the first sound of the word 'an' in English. Some examples are *gen* 'gene,' *ger* 'stretch,' *gel* 'come.'

The sounds of Turkish

İ/i is pronounced as the *i* in English 'bit.' Some examples where it occurs are *İstanbul, sis, Ali*. Its upper-case character has a dot just as the lower-case character has. Note that the version that does not have a dot is a different sound, as shown below.

I/ı is pronounced as the *io* sequence in the English word 'nation.' Note that this character does not have a dot in its lower-case version. While producing /i/ pull your tongue back in your mouth, and you will get this sound. *Işıl* or *ılık* are two examples of words where it appears. It is very important to note that the dot makes a difference to the meaning and these characters with and without a dot are completely different sounds and alphabet characters. The word *ilik* for example means 'button hole' while *ılık* means 'warm.'

O/o is pronounced as the *o* in 'no' in English. *Osman* and *koro* are two examples where it occurs. It rarely appears in the final syllable of a word. Here are some rare examples: *imparator* 'emperor,' *feribot* 'ferry.'

Ö/ö is pronounced as the *eu* in 'peu' in French. It is not similar to a sound in English. You may produce it by rounding your lips while saying the *e* as in 'bet'. Just like *o*, it rarely appears as the last vowel of a word. O/o and Ö/ö are different sounds. Note the meaning difference in the following words: *on* 'ten' vs. *ön* 'front.'

U/u is pronounced as the *u* in English 'pull'. It appears in words such as *uzun* 'long' in Turkish.

Ü/ü is pronounced as the *ü* in German 'über'. It is not similar to a sound in English. *Üzüm* is an example where it appears. You may produce it by rounding your lips while saying the *i* as in 'bit'. Note, again, that U/u and Ü/ü are different sounds, resulting in a difference in meaning when they appear in the same position in a word. *Üç*, for example, means 'three,' while *uç* means 'end, extremity, tip.'

2.2 Long vowels

Turkish has long vowels as well, and such vowels are not marked in any way in writing. You will need to learn such examples individually. Long *a* is more frequent than the other long vowels. Here are some examples of words that have long vowels:

Long a: ga:zi, bera:ber, ma:lum, ma:li, ca:hil, ifa:de
Long e: te:sir
Long u: numu:ne, Kanu:ni
Long i: i:man, i:lan, şi:ve

Vowels in some words become long when a vowel-initial suffix is attached. There is no indicator of such an alternation on words, so you will have to memorize those words that undergo such a change. Some examples are the following:

hukuk 'law' becomes huku:ku
zaman 'time' becomes zama:nı
icat 'innovation' becomes ica:dı
taç 'crown' becomes ta:cı
hayat 'life' becomes haya:tı
cevap 'answer' becomes ceva:bı
iman 'faith' becomes ima:nı
itibar 'regard' becomes itiba:rı
ilan 'ad, announcement' becomes ila:nı

A STUDENT GRAMMAR OF TURKISH

In addition, the soft-g (ğ) lengthens the preceding vowel and results in long vowels: *Ağaç* is pronounced as /a:aç/ and *Dağ* is pronounced as /da:/.

2.3 Consonants

We categorize the consonants according to their voicing, and again, show them just as they appear in the alphabet. The categorization is important for the consonant assimilation rule that we will learn in Section 2.6 below.

Voiceless consonants: p, t, k, s, ş, ç, h, f
Voiced consonants: b, d, g, v, z, c, ğ, j, l, m, n, r, y

Here are some examples for each consonant in the alphabet. Most of the sounds in the Turkish language are very similar to the sounds in English. The following are the exceptions: *Çç* is pronounced as the *ch* sequence in English. Similarly, *Şş* is pronounced exactly like the *sh* sequence in English. *Ğğ* or yumuşak-g (soft-g) does not represent a sound in the standard variety of Turkish presented in this book. It rather lengthens the vowel that it follows. It never appears in word-initial position. In terms of suffixation, it behaves like a voiced consonant, it is followed by suffixes that follow voiced consonants. For example, note the accusative-marked form *dağ-ı* (mountain-accusative). It is not *dağ-yı, which would be the form if the word were ending in a vowel. For this reason, the so-called soft-g is listed among the consonants above.

Bb	as *b* in 'baby'	baba
Cc	as *j* in 'jump'	Cemil
Çç	as *ch* in 'church'	çanta, Çin
Dd	as *d* in 'dad'	dede
Ff	as *f* in 'fish'	Fatma
Gg	as *g* in 'go'	gemi
Ğğ	(yumuşak-g)	ağaç (lengthens the preceding vowel)
Hh	as *h* in 'he'	herkes
Jj	as *s* in 'measure'	jandarma
Kk	as *k* in 'king'	kedi
Ll	as *l* in 'lion'	limon
Mm	as *m* in 'me'	Mehmet
Nn	as *n* in 'nurse'	ne
Pp	as *p* in 'pen'	Pazartesi
Rr	as *r* in 'rain'	Recep
Ss	as *s* in 'sun'	su
Şş	as *sh* in 'she'	şeker
Tt	as *t* in 'tea'	teşekkür
Vv	as *v* in 'very'	ve
Yy	as *y* in 'yellow'	ye
Zz	as *z* in 'zip'	zeytin

Among these consonants, *t*, *d*, and *n* are pronounced as dentals, i.e., you touch the tip of your tongue against the gum above the top teeth when you are pronouncing them. In this sense, their sound quality is slightly different than their counterparts in English. Similarly, *f* and *v* sound a little bit different when compared to the *f* and *v* in English. You do not bite your lips as much as you do when you pronounce these sounds in English. When *v*

The sounds of Turkish

appears between vowels such as /a–u/ (as in the word *tavuk* 'chicken,' it is pronounced more like *w* in English. The words such as *ufuk* where *f* appears between two round vowels, are produced with a gentle flow of air, without biting your lips.

Other than these differences, it is important to note that there are two different pronunciations of *k*, *g*, and *l* in Turkish. The *k* and *g* in words that have front or fronted vowels such as *k* in *kağıt*, *Kamil*, *Kazım*, *mahkûm*, and *g* as in the words *gavur* and *gol*, are more fronted than the *k* sound that appears in words such as *kamyon* or the *g* sound in *gar*. Similarly, the *l* sound that appears around front or fronted vowels (as in the words *limon*, *Leyla*, *hol* 'hallway') is more fronted than the so-called dark-*l* that appears around back vowels (as in the words *kol* 'arm,' *kalın* 'thick,' *olmak* 'to be'). Dark-*l* does not appear as the first sound of a word, except in very rare, infrequent or old words such as *langırt* 'table football,' *lala* 'male nanny, tutor.' Voiced consonants (*b, d, g, v, z, c*) rarely appear at the end of words. When they do, they are devoiced. So the word *lig* 'league' is pronounced more like /lik/ and the words *hac* 'pilgrimage' and *haç* 'cross' are pronounced almost the same.

When spelling a word aloud, Turkish consonants are pronounced with the vowel *e*. For example, PTT is read as *pe-te-te*.

Exercise 1 Answer the following multiple-choice questions on Turkish vowels and consonants.

1. Which of the following is a vowel in the Turkish alphabet?
    (a) ä   (b) ö   (c) ë   (d) á
2. Which of the following is a consonant in the Turkish alphabet?
    (a) ĉ   (b) č   (c) ć   (d) ç
3. Which of the following is a consonant in the Turkish alphabet?
    (a) x   (b) w   (c) ş   (d) ž
4. Which of the following cannot start a word in Turkish?
    (a) ğ   (b) ş   (c) ç   (d) ı
5. Which of the following very rarely occurs in the last syllable of a word?
    (a) ı   (b) ü   (c) e   (d) ö
6. Which of the following occurs very rarely at the end of a word?
    (a) r   (b) k   (c) g   (d) s
7. Which of the following is a back vowel?
    (a) a   (b) e   (c) i   (d) ü
8. Which of the following is a front vowel?
    (a) ı   (b) o   (c) i   (d) a
9. Which of the following is a voiceless consonant?
    (a) p   (b) d   (c) g   (d) ğ
10. Which of the following is a voiced consonant?
    (a) t   (b) ç   (c) ş   (d) z

Exercise 2 Find out how you say these country names in Turkish. The initial letters of each country name are given. Match the country names and their Turkish counterparts.

Ü _____   New Zealand
Ç _____   Japan

```
C _____   Jordan
H _____   China
Ş _____   Algeria
J _____   Chile
Y _____   Uzbekhistan
F _____   Spain
İ _____   Morocco
Ö _____   Egypt
M _____   India
I _____   Iraq
```

Exercise 3 Some foreign place names are spelled just as they are pronounced in Turkish. Guess how these words are spelled in Turkish.

Texas   _____
Chicago   _____
Washington   _____
California   _____

2.4 Vowel harmony

There are two major types of vowel harmony: internal vowel harmony that concerns the internal structure of a word, and external vowel harmony that is important for suffixation. According to internal vowel harmony, in very simple terms, words can have either all front vowels or all back vowels in Turkish. You cannot have a word that has both back and front vowels. This is one of the ways you can distinguish borrowed words. Although it is an interesting phenomenon in linguistics, as a language learner you should not worry about this type of vowel harmony, as distinguishing borrowed words does not really help you with anything. External vowel harmony, however, is very important and you need to master it as early as possible.

When you add a suffix to a word, you change the vowel in the suffix according to the last vowel of the word that you are attaching it to. We represent the vowels that change due to vowel harmony in upper-case characters when we mention these suffixes in this book. For example, the plural suffix is -lAr. It appears as either *ler* or *lar* depending on the word it is attached to. It appears as *ler* after the vowels *e, i, ü,* and *ö* (front vowels). It appears as *lar* after the back vowels (*a, ı, o,* and *u*). The upper case *A* in the suffix shows that the vowel alternates and does not appear only as *a*.

A-type or two-fold vowel harmony

Last vowel of the word	Suffix	Examples
Front vowels (e and vowels that have dots): e, i, ü, ö	+ler	kare-ler, iş-ler, üzüm-ler, göz-ler
Back vowels (a and vowels without dots): a, ı, u, o	+lar	araba-lar, martı-lar, kutu-lar, koro-lar

The sounds of Turkish

There are two types of external vowel harmony in Turkish. We will refer to the one described above as *A*-type vowel harmony or two-fold vowel harmony as it alternates between two vowels. The second type is *I*-type vowel harmony or four-fold vowel harmony. It applies when the vowel in the suffix is a high vowel that surfaces as *i*, *ı*, *u*, or *ü* due to the frontness and backness as well as the rounding of the vowel. The third person singular possessive marker *-(s)I* that is attached to nouns is an example of such a suffix. The (*s*) part is pronounced when the suffix is attached to a word that ends in a vowel. Just pay attention to how the vowel in the suffix changes.

I-type or four-fold vowel harmony

Last vowel of the word	Suffix	Examples
a or ı	+ (s)ı	araba-sı, martı-sı
u or o	+ (s)u	kutu-su, koro-su
e or i	+ (s)i	kare-si, iki-si
ü or ö	+ (s)ü	ütü-sü, göz-ü

2.5 Exceptions to vowel harmony

Some borrowed words have fronted vowels (fronted *a*, *u*, or *o*) in Turkish and this property is not necessarily marked in any way. So some *a*, *u*, and *o*, are not pronounced as back vowels although they look like back vowels in spelling. When a suffix is attached to a word that has a fronted vowel in its final syllable, it alternates as if it is attached to a word with a regular front vowel. The most frequent example is the word *saat*, which becomes *saat-ler* when the plural *-lAr* is attached because the last *a* of the word *saat* is a fronted *a*. Other examples with this kind of *a* are *terminal*, *kalp*, *dikkat*, and *harf*. The words *gol* 'goal in soccer' and *mesul* 'responsible' are other common examples with fronted *o* or *u*. Such exceptions are observed in some proper names as well: *Kemal*, *İclal*, and *Zuhal* are three examples. You need to learn these words as exceptions.

Another exception to vowel harmony is seen in the behavior of the suffix *-ki*. It does not alternate when it is attached to words and occurs as *ki*, regardless of the preceding vowel: *arabadaki*, *ordudaki*. Some exceptions to this unusual suffix are *dün*: *dünkü*, *bugün*: *bugünkü*.

Similarly, there are some other suffixes that do not undergo vowel harmony. The suffix *-ken* is one of them: *Ankara'dayken*, *yıkarken*, *çocukken*. The suffix *-leyin* does not alternate due to vowel harmony either: *Akşamleyin*, *sabahleyin*. Similarly, the suffix *-gen* does not alternate: *üçgen*, *altıgen*. In addition to these, suffixes and prefixes of foreign origin do not alternate: The prefix *bi-* in *biçare* and the suffix *-izm* in *şamanizm* are some examples. The second vowels of the progressive marker *-(I)yor*, the diminutive suffix *-Imtrak*, and the abilitative suffix *-(y)Abil*, do not undergo vowel harmony either. Note that their last vowels do not change: *gidiyor/okuyor*, *yeşilimtrak/sarımtırak*, *arayabil-/gidebil-*, etc.

Exercise 4 Which of these words can take *-ler* as a plural suffix?

bardak   göl   masa   kalem   telefon
kelebek   kalp   saat   kahve   çay

9

A STUDENT GRAMMAR OF TURKISH

Exercise 5   Add either *-ler* or *-lar* to the following words.

ders ___	üniversite ___	kitap ___	sinema ___
sınav ___	öğretmen ___	kalem ___	taksi ___
öğrenci ___	arkadaş ___	tahta ___	radyo ___
okul ___	sınıf ___	gün ___	çikolata ___
saat ___	çanta ___	akşam ___	metre ___
dikkat ___	ödev ___	defter ___	hal ___
gece ___	banka ___	simit ___	su ___
ev ___	numara ___	harf ___	kalp ___

Exercise 6   Add the plural suffix *-lAr* and make sentences, e.g., *Evler soğuk*.

Ev	-ler	kalabalık
Oda	-lar	dolu
Masa		beyaz
Üniversite		uzak
Hava		sıcak
Çanta		soğuk
Banka		Amerikalı
Öğrenci		kapalı
Bu adam		Türk
Kitap		kısa
Film		sıkıcı

Exercise 7   *-mAk* is the infinitive marker in Turkish and it undergoes A-type vowel harmony. Attach it to the following verbs.

al ___	ara ___	bekle ___	bil ___
bul ___	dans et ___	dinle ___	dinlen ___
düşün ___	geç kal ___	gel ___	git ___
hasta ol ___	iç ___	iste ___	kal ___
kalk ___	konuş ___	koş ___	kilo ver ___
öğren ___	öğret ___	oku ___	ol ___
otur ___	sev ___	şarkı söyle ___	soru sor ___
tatil yap ___	telefon et ___	uyu ___	ver ___
gül ___	yat ___	ye ___	yürü ___

Exercise 8   The suffix *-sIz*, which is called deprivative, is attached to nouns and adds the meaning 'without.' It is similar to the *-less* suffix in English (as in 'homeless'). *Su-suz* (water-*sIz*) means 'without water,' for example. Add this suffix to the following words, applying the I-type vowel harmony.

ev ___	bilet ___	para ___	arkadaş ___	izin ___	emsal ___
uyku ___	süt ___	aşk ___	radyo ___	kalp ___	saat ___
akıl ___	şeker ___	yoğurt ___	ehliyet ___	gül ___	gol ___

The sounds of Turkish

Exercise 9 Add *-lI* to the following words, applying I-type vowel harmony.

İstanbul ___   Atina ___   Portekiz ___   Amerika ___
Berlin ___   Ürdün ___   Fas ___   İran ___
Çin ___   İsveç ___   Kore ___   Hollanda ___
Afrika ___   Norveç ___ Somali ___   Kıbrıs ___

Exercise 10 Which of these verbs can take *-üyor*?

gör   kuru   bık   temizle
ütüle gül   anla   gel
gözle küs   kus   bekle

Exercise 11 Attach the question particle *mI* to the following words. Note that, *mI* is written as a separate word although it undergoes vowel harmony.

1. Zehra Hanım sarışın ___ ___?
2. Bu meyve üzüm ___ ___?
3. Tarkan ünlü ___ ___?
4. Hakan Bey doktor ___ ___?
5. Fil büyük bir hayvan ___ ___?
6. Saat beş ___ ___?
7. Saat üç ___ ___?
8. Saat altı ___ ___?
9. Saat dokuz ___ ___?
10. Saat dört ___ ___?
11. Ahmet Türk ___ ___?
12. Bu portakal sulu ___ ___?
13. Tarkan Amerikalı ___ ___?
14. Bu çanta mavi ___ ___? Siyah ___ ___?

Exercise 12 Add *-lI* and *mI to* the following words and complete the sentences. Note that at first you attach *-lI* to the word as a suffix and you harmonize it according to the last vowel of the word. And then you attach *mI* and harmonize *mI* according to the vowel in *-lI*.

1. Bu dondurma vanilya ___ ___?
2. Ayhan sarı saç ___ ___ ve bıyık ___ ___?
3. Mehmet İzmir ___ ___? İstanbul ___ ___?
4. Ayşe gözlük ___ ___?
5. Bu kebap yoğurt ___ ___?
6. Kahve süt ___ ___?
7. Çay şeker ___ ___?
8. Bebek mavi göz ___ ___?
9. Meral uzun boy ___ ___?
10. Semih Bey sakal ___ ___?
11. Bu şoför dikkat ___ ___?
12. Pamuk Prenses iyi kalp ___ ___?

2.6 Consonant assimilation

A sound change that is similar to the one observed in vowel harmony is seen in consonants as well. That is, the consonant of some suffixes undergoes a sound alternation when attached to word stems. In this way, the initial consonant of a suffix becomes similar to the final consonant of the word it is attached to. Such kinds of alternating consonants are written in upper case when these suffixes are mentioned in this book. The past tense suffix, for example, is *-DI*, where the consonant undergoes an alternation in addition to the vowel and the suffix may surface as *dı, di, du, dü, tı, ti, tu, tü*.

Here is the rule: When the final consonant of a verb is voiceless (one of *p, t, k, s, ş, ç, h, f*), the consonant in the suffix surfaces as *t*. Note that *t* is voiceless too. When the last consonant is voiced (any other consonant), or if the verb ends in a vowel, the consonant in the suffix appears as *d*.

At-tı, iç-ti, es-ti, unut-tu, büyüt-tü   vs.   ara-dı, izle-di, gör-dü, bul-du

This alternation rule is observed in those suffixes that have an initial *d* (which becomes *t* when it is attached to a word that ends in a voiceless consonant) or those that have *c* (which surfaces as *ç* when it comes after a voiceless consonant due to suffixation). Examples for the former alternation are the past tense *-DI*, as mentioned above, and the locative and ablative case markers *-DA* and *-DAn*. The latter alternation is observed in the suffix *-CA* that derives language names when it is attached to the nationality or ethnicity name. Another example is *-CI*, which derives the names of professionals. For example, you attach it to the word *süt* 'milk' and the word becomes *sütçü* 'milk seller.' See the exercises below for some examples and practice.

Some derivational suffixes do not undergo consonant assimilation. Most common of them are *-gAn* (as in *üçgen, dörtgen*, etc.), and *-sIz* (as in *tuzsuz, tatsız, acısız*). Note that consonant assimilation is not observed in compounds either. In the word *Akdeniz* ('Mediterranean,' literally: white + sea), for example, *d* does not become *t* due to assimilation to the *k* of *ak*.

Exercise 13 Note all the verbs from this list that take *-tu* as a past tense suffix.

oku	otur	tut	at	bak
kus	kat	koş	gül	sus
kur	kurtar	don	burk	koy

Exercise 14 Attach the correct form of the past tense suffix *-DI* to the following verbs. Remember that you need to change both the consonant and the vowel.

al ___	ara ___	bekle ___	bil ___	kaç ___
götür ___	bul ___	dans et ___	dinle ___	dinlen ___
sat ___	otur ___	düşün ___	geç kal ___	üzül ___
git ___	bin ___	şarkı söyle ___	hasta ol ___	iç ___
iste ___	de ___	tak ___	ver ___	oku ___
kalk ___	konuş ___	koş ___	kilo ver ___	değiş ___
değ ___	ağla ___	öğren ___	öğret ___	tanı ___

The sounds of Turkish

Exercise 15 -*CA* is a suffix that is attached to the name of the nationality or ethnicity and derives a language name. *Türk-çe* for example, means the Turkish language. It undergoes the consonant assimilation described above and surfaces as -*ce*, -*çe*, -*ca*, or -*ça*. Attach the correct form of -*CA* to the following words.

Türk ___	Yunan ___	Arnavut ___	İspanyol ___
İngiliz ___	Rus ___	Fransız ___	Arap ___
Alman ___	İtalyan ___	Fars ___	Azeri ___
Çin ___	Japon ___	Özbek ___	Kırgız ___
Hollanda ___	İsveç ___	Kore ___	Sırp ___
Laz ___	Ermeni ___	Kürt ___	Portekiz ___
Norveç ___	Gürcü ___	Bulgar ___	Flemenk ___

Exercise 16 Attach -*CI* to the following nouns to make them profession names.

süt ___	araba ___	ayakkabı ___	su ___
gözlük ___	gazete ___	haber ___	av ___
balık ___	televizyon ___	politika ___	kilim ___
kitap ___	çay ___	fotoğraf ___	emlak ___

2.7 Final devoicing and *k~ğ* alternation

In the section above, we see examples where a suffix undergoes a sound change when it is attached to a word. Here are some examples where a word (stem) undergoes a sound change when a suffix is attached to it. It is observed in words that end in *t*, *ç*, *p*, and *k*.

k~ğ alternation. Almost all multisyllabic words that end in *k* undergo a change and *k* is replaced by *ğ* when a vowel-initial suffix is attached. For example, when the accusative case is attached to the word *mutfak*, it becomes *mutfağı*. Similarly, the word *aşık* becomes *aşığı*, the word *melek* becomes *meleği*. It is not observed when the word is monosyllabic, although there are still some exceptions. In some exceptional cases (usually when *k* is preceded by a long vowel), alternation does not take place although the word is multisyllabic. Such an alternation is usually not observed in foreign words that enter the language as borrowed words or are used as they are (without any formal alternation) as proper names. *Facebook* is such an example. It is pronounced without *k~ğ* alternation when it is used in the accusative case, and pronounced as /feysbuku/.

Here are some examples grouped according to their alternating and non-alternating property and number of syllables.

Multisyllabic alternating	Monosyllabic non-alternating
yatak: yatağı	tek: teki
melek: meleği	kek: keki
mutfak: mutfağı	ek: eki
aşık: aşığı	dük: dükü
ışık: ışığı	tok: toku
çocuk: çocuğu	aşk: aşkı
ayak: ayağı	ak: akı
durak: durağı	kök: kökü

toprak: toprağı sokak: sokağı uçak: uçağı kulak: kulağı köpek: köpeği	kask: kaskı park: parkı zevk: zevki çark: çarkı Türk: Türk'ü
Multisyllabic non-alternating	**Monosyllabic alternating**
hukuk: hukuku	gök: göğü çok: çoğu

nk~ng alternation. When *k* appears in *nk* combination, it alternates with *g* when a vowel-initial suffix is attached. The word *renk*, for example, becomes *rengi*, when the accusative *i* is attached. There are exceptions to this alternation: *Tank* and *bank*, for example, become *tankı* and *bankı* without alternation.

Alternating	Non-alternating
renk: rengi denk: dengi ahenk: ahengi	bank: bankı tank: tankı

g~ğ alternation. The *ğ* alternation is observed in some multisyllabic *g*-ending words as well. For example, *psikolog* becomes *psikoloğu* and *nörolog* becomes *nöroloğu* with the accusative case. Note that it is not observed in all *g*-ending multisyllabic words. It is not observed in monosyllabic *g*-ending words either.

Multisyllabic alternating	Monosyllabic non-alternating
psikolog: psikoloğu nörolog: nöroloğu katalog: kataloğu	morg: morgu org: orgu
Multisyllabic non-alternating	**Monosyllabic alternating**
Miting: mitingi	-

p~b alternation. A similar sound change is observed in *p*-ending words, but in a less systematic way. That is, there are some exceptions in that the sound change occurs in monosyllabic words as well, and it does not occur in some multisyllabic words. You will need to learn and memorize which words have a changing sound at the end. *Kitap* becomes *kitab-ı*, *şarap* becomes *şarabı*. The word *top* is a monosyllabic example where the sound change does not occur, as predicted, and the word becomes *topu*. Note, however, the exceptions: *kap: kabı, kalp: kalbi.*

Multisyllabic alternating	Monosyllabic non-alternating
kitap: kitabı şarap: şarabı sebep: sebebi	top: topu hap: hapı kamp: kampı

The sounds of Turkish

dolap: dolabı çorap: çorabı mektup: mektubu Arap: Arabı serap: serabı kulüp: kulübü	küp: küpü sap: sapı ip: ipi jip: jipi
Multisyllabic non-alternating	**Monosyllabic alternating**
	kap: kabı kalp: kalbi dip: dibi kulp: kulbu cep: cebi Sırp: Sırbı

ç~c alternation. A less systematic change is observed in words that end in *ç*. The word *ilaç* becomes *ilacı*, for example. The words *saç* and *üç* do not undergo a change but rather, become *saçı* and *üçü*. Note, again, the exceptions: *taç: tacı*, *güç: gücü*.

Multisyllabic alternating	**Monosyllabic non-alternating**
ağaç: ağacı sonuç: sonucu kazanç: kazancı ilaç: ilacı havuç: havucu inanç: inancı	saç: saçı kaç: kaçı koç: koçu maç: maçı üç: üçü iç: içi
Multisyllabic non-alternating	**Monosyllabic alternating**
	taç: tacı uç: ucu güç: gücü genç: genci

t~d alternation. The same kind of change is observed in *t*-ending words. The rule is the same: *t* becomes *d* when a vowel-initial suffix is attached to a multisyllabic word. When the word is monosyllabic, the alternation does not take place. Just as it is the case with the *p*-ending and *ç*-ending words mentioned above, there are exceptions to the *t~d* alternation rule. Note below the exceptions where *t* does not become *d*, although the word is multisyllabic. Note also the exceptions where a monosyllabic word undergoes an alternation.

Multisyllabic alternating	**Monosyllabic non-alternating**
inat: inadı kanat: kanadı icat: icadı vücut: vücudu senet: senedi	at: atı set: seti et: eti süt: sütü it: iti

yoğurt: yoğurdu	kat: katı
	bit: biti
	kart: kartı
	sert: serti
	sırt: sırtı
Multisyllabic non-alternating	**Monosyllabic alternating**
robot: robotu	dört: dördü
ceket: ceketi	kurt: kurdu
alet: aleti	dert: derdi
bulut: bulutu	yurt: yurdu
bilet: bileti	art: ardı
paket: paketi	Kürt: Kürdü
sepet: sepeti	
surat: suratı	
kaset: kaseti	

Note that the proper names that end in *p* and *ç* undergo such consonant changes as well in their pronunciation, but this change is not reflected in their orthography. *Recep'i* and *Haliç'i* are pronounced as /recebi/ and /halici/. Similarly, we write *Melek'i* but we hear /meleği/. In some *t*-ending words, the pronunciation does not neccessarily change. We write *Murat'ı* and hear it as /muratı/, for example.

Exercise 17 Attach the third person possessive marker *-(s)I* to the following nouns.

süt ___   ceket ___   saç ___   sepet ___   art ___
gözlük ___   kaset ___   mutfak ___   etek ___   üç ___
balık ___   kalp ___   ipek ___   top ___   dört ___
kitap ___   taç ___   sokak ___   ip ___   robot ___
Melek ___   melek ___   dert ___   lig ___   dut ___

2.8 Consonant clusters and epenthetic vowels

Turkish does not allow consonant clusters, that is two consonants occurring side by side in a word without a syllable boundary between them unless they appear in a syllable-final or word-final position. When a word with a consonant cluster is borrowed, the two consonants are separated by vowel epenthesis. In the first three examples below, a vowel is inserted before a consonant cluster. In the second three examples, it is inserted between the two consonants.

station (French)   istasyon
statistics (French)   istatistik
scala (Italian)   iskele
club (French)   kulüp
groschen (German)   kuruş
schlepp (German)   şilep

The sounds of Turkish

In some words, the vowel epenthesis is not reflected in the spelling of the word, but the word is pronounced with a vowel. Here are some examples.

spor   pronounced as /sipor/
tren   pronounced as /tiren/

Some Arabic borrowings undergo such vowel epenthesis also. In such words, when two consonants are separated with a syllable boundary due to affixation, epenthetic vowels are omitted in production. See the following section for examples and a more detailed description.

2.9 High vowel omission

The high vowel (*i, ı, u, ü*) in the last syllable of a word may be omitted due to the attachment of a vowel-initial suffix. *Burun* becomes *burnu*, *omuz* becomes *omzu*, *ağız* becomes *ağzı*. As mentioned above, these are mostly borrowed words that do not actually have a high vowel in their stem and undergo vowel epenthesis to avoid consonant clusters. When consonant clusters are separated due to affixation, the vowel is omitted. Interestingly, it is observed mostly in the names of body parts, but such a generalization is not very dependable. The homophonous noun *koyun*, which means 'sheep' and 'bosom/chest,' is pronounced both as *koynu* (bosom-accusative) and *koyunu* (sheep-accusative). This is because the word 'bosom' is a borrowed word that is formed with vowel epenthesis and loses the vowel through suffixation. The word for 'sheep' has a high vowel in its stem, it is not inserted to break a consonant cluster. So the sound alternation does have a rule but since there is no way you can guess whether a word has an epenthetic vowel or not, this rule is not very useful to you. You need to memorize which words undergo such a change. Here is a list of some frequent alternating words.

burun: burnu	'nose'	omuz: omzu	'shoulder'
alın: alnı	'forehead'		
ağız: ağzı	'mouth'	koyun: koynu	'bosom'
karın: karnı	'stomach'	ömür: ömrü	'life span'
oğul: oğlu	'son'	şehir: şehri	'city'
izin: izni	'permission'	metin: metni	'text'
alın: alnı	'forehead'	isim: ismi	'name'
akıl: aklı	'intelligence'	fikir: fikri	'opinion'

Note that *metin* is also a common male name *Metin*, and it does not undergo an alternation as a proper name: *Metin: Metin'i*. The same is true for the word *ömür*, which can also be used as a proper name, *Ömür*.

Some borrowed words that have a similar kind of epenthetic vowel in their last syllable retain the vowel after affixation and this makes the rule even less dependable.

sınıf: sınıfı   'class'
zehir: zehiri   'poison'
tohum: tohumu   'seed'
satır: satırı   'line'

2.10 Consonant doubling

Consonant doubling is observed in a limited number of words ending in the consonants *b*, *t*, *d*, *k*, *l*, *s*, *z*, *m*, and *n*. The final consonant is doubled when a vowel-initial suffix is attached to it. Consonant doubling is not observed when a consonant-inital suffix is attached. Here are some examples.

his 'feeling'   hissi 'his feeling'
sır 'secret'   sırrı 'his secret'
hat 'line'   hattı 'his line'
hak 'right'   hakkı 'his right'
Rab 'god'   Rabbi 'his god'
haz 'pleasure'   hazzı 'his pleasure'
tıp 'medicine'   tıbbı 'his/its medicine'

Consonant doubling is not predictable. You need to learn which words undergo such doubling.

Exercise 18 Complete the sentences. Attach the first person possessive marker *-Im* to the words inside the brackets.

1. Benim bu yıl yıllık _____ (izin) sadece bir hafta.
2. Bugün (benim) _____ (karın) çok ağrıyor.
3. Benim en büyük _____ (oğul) Ardahan'da askerlik yapıyor.
4. İstanbul çok büyük bir şehir. Her semtini gezmek için insanın _____ (ömür) yetmez.
5. Benim _____ (burun) aynı rahmetli dememinkine benziyormuş.

2.11 Word stress

Most Turkish words have primary word stress on the final syllable:

as**lán**
o**kúl**
ka**dín**
yaş**lí**
ara**bá**
kele**bék**

When a word has primary stress on the final syllable, the stress remains in the final syllable when new suffixes are attached to the word, that is, the stress is shifted to the end of the word no matter how many new suffixes are attached:

kele**bék**
kelebek**lér**
kelebekleri**míz**
kelebeklerimiz**dén**

When a word does not have a word-final stress, the stress remains where it is after the attachment of new suffixes:

The sounds of Turkish

san**dál**ye
san**dál**yeler
san**dál**yelerimiz
san**dál**yelerimizden

2.12 Exceptions to the word-final stress rule

There are a lot of exceptions to the word-final stress rule. Whether or not a word has stress on the final syllable is not predictable, although some generalizations can be made. The words that typically do not have word-final stress are the following.

(a) Many words that have foreign origin:

san**dál**ye
bánka
táksi
súşi
bas**két**bol
lo**kán**ta
üniver**sí**te
rádyo

Words that have non-harmonic stems (words that have both front and back vowels) are usually borrowed words and they usually do not have word-final stress. This is not a very dependable generalization though. There are many words that are harmonic (e.g., *banka* above), yet do not have word-final stress, and there are also words that are not harmonic, but have final stress (e.g., *kulüp*). When a root is not stressed on the final syllable, this is indicated in the dictionary entries.

(b) Adverbs are usually stressed on the first syllable:

áncak   'only, but'
bélki   'perhaps'
şímdi   'now'
yárın   'tomorrow'
sádece   'only'
yálnız   'only'

Interestingly, this rule does not apply to adjectives that function as adverbials. So adjective-adverbs such as *çabuk* 'quick(ly),' *kolay* 'easy(ly),' *hızlı* 'fast' also have stress on the final syllable when they modify events or verbs.

(c) Place names typically have non-final stress:

İs**tán**bul
Túrkiye
Ánkara
Sámsun
Táksim
Af**rí**ka

The country names that end in -*istan* are exceptions to this generalization. They are stressed on the last syllable of the suffix -*istan*.

Pakis**tán**
Kırgızis**tán**
Özbekis**tán**

When a word occurs both as a common word and a place name, the common word typically has word-final stress, while the place name does not. Here are some examples:

be**bék** 'baby'   **Bé**bek (a district in Istanbul)
to**kát** 'slam'   **Tó**kat (a city in Eastern Turkey)
mı**sír** 'corn'   **Mí**sır (Egypt)
or**dú** 'army'   **Ór**du (a city in Northern Turkey)
sirke**cí** 'vinegar seller'   **Sír**keci (a district in İstanbul)

(**d**) Some wh-question words:

hángi 'which'
násıl 'how'
níçin 'why'
néce 'what language'

(**e**) Locative pronouns *ora-*, *bura-*, *şura-* and the wh-counterpart *nere-* are stressed on the first syllable:

órada, **ó**raya
búrada, **bú**raya
néreden, **né**reyi

(**f**) Words that have reduplicative prefixes are stressed on the first syllable:

kípkırmızı
másmavi
bémbeyaz

(**g**) In vocative forms, or in child-directed speech, words that typically carry stress on the final syllable may have penultimate stress (penultimate syllable is the syllable before the last syllable):

Ço**cúk**lar!
Ayıcık o**túr**du

(**h**) Most compounds have stress on the last syllable of the first part of the compound:

búgün
cum**húr**başkanı
de**ré**otu
búzdolabı
séyret-

(i) Some suffixes do not bear stress. When they are attached to word stems, the primary word stress falls on the syllable preceding these suffixes:

-(y)DI	ara**báy**dı
-(y)mIş	er**kén**miş
-(y)sA	yaş**lí**ysa
-(y)ken	sokak**táy**ken
-CA	giz**lí**ce
-CAsInA	anla**míş**casına
-DIr	ara**míş**tır, mutfak**tá**dır
-leyin	sa**báh**leyin
Negative -mA	a**rá**ma
-mAdAn	a**rá**madan
-(y)ArAk	a**rá**yarak
-(y)lA	ara**báy**la, memnuni**yét**le
ki	diyor**lár** ki
da	düşünüyo**rúm** da

Interestingly, the stress on the following words is an exception. Although they have the suffix -CA, they are stressed on the first syllable (not on the syllable that precedes -CA). Their stress behavior may be attributed to the fact that they are adverbs. As stated above, adverbs have the primary word stress on their first syllable.

ay**rí**	**áy**rıca 'besides'
sa**dé**	**sá**dece 'only'

(j) Some polysyllabic suffixes and converbs are stressed on their first syllable.

-(I)yor	gi**dí**yor
-(y)Iver	ara**yí**ver
-mAksIzIn	bak**mák**sızın
-sAnA	ara**sá**na
-sAnIzA	ara**sá**nıza
-(y)Akal-	ba**ká**kal-
-(y)Adur-	ba**ká**dur-

(k) Some person markers from the *z*-paradigm and the second person plural imperative marker:

-(y)Im	a**rá**rım, okul**dá**yım
-sIn	a**rár**sın, okul**dá**sın
-(y)Iz	a**rá**rız, okul**dá**yız
-sInIz	a**rár**sınız, okul**dá**sınız
-lAr	a**rár**lar, okul**dá**lar
-(y)In	o**kú**yun
-(y)InIz	o**kú**yunuz

Chapter 3

The noun: an overview

Contents

3.1 Nouns and noun phrases
3.2 Nominal inflection
3.3 Derivation of nouns
3.4 Nominal compounds

3.1 Nouns and noun phrases

A noun is a word that refers to a person, a thing, a place, or a more abstract concept such as happiness. A noun phrase is a group of words that go along with a noun, such as adjectives, determiners, and other modifiers. In Turkish, just as it is the case in English, noun phrases appear in subject and object positions in a sentence. They also appear in the predicate position (e.g., 'doctor' in 'he is a doctor') and bear tense and person markers, just like verbs, in this position.

kadın (a noun) 'woman'
sarışın kadın (noun phrase) 'blonde woman'
şu dükkandaki kırmızı elbiseli sarışın kadın (noun phrase)
'the blonde woman in the red dress at that shop'

As you see in the examples below, the noun in the noun phrase always appears at the end of the phrase and the others, the modifiers, precede it. A noun or a noun phrase appears in the following positions in a sentence:

As a subject:

Yaşlı kadın otobüs bekliyordu.
Çocuklar parka gittiler.
Babam annemi aramış ama annem evde değilmiş.

As a direct object:

Annem gazeteyi okuyor.
Kim Türk kahvesi içti?

As a location:

Çocuklar sinemada sizi bekliyorlar.
Annem İstanbul'da oturuyor.

As a direction:

Yarın Erzurum'a gidiyoruz.
Kapıya mı bakıyorsunuz?

The noun: an overview

As a source:

Kediler içeriye <u>camdan</u> girmişler.
<u>Samsun'dan</u> ne zaman geldiler?

As a predicate:

Selim <u>üniversite öğrencisi</u>.
Annem <u>doktordaymış</u>.

As a complement of a postposition:

Bu çiçekleri <u>Selin</u> için getirmişler.
<u>Annem</u> bile Orhan'ı tanıyamadı.

3.2 Nominal inflection

As you see in the examples above, nouns bear case markers depending on the position and function they have in a sentence. In addition to the case markers, nouns may bear the plurality marker and the possessive marker. All these markers are attached as suffixes and appear in a fixed order after the noun stem. Here is the full structure of a noun complex in Turkish:

Noun stem-PLURAL-POSSESSIVE-CASE

Araba-lar-ım-a
Çocuk-lar-ı-nı

When nouns appear in predicate position, they can carry tense inflection and person markers that express subject–predicate agreement.

Noun stem-PLURAL-POSSESSIVE-CASE-TENSE-PERSON

Araba-lar-ım-da-ydı-n
Çocuk-lar-ı-nın-mış

For a discussion of case markers on nouns, see Chapters 4 and 5. For a discussion of possessive markers, see Chapter 5. For a discussion of plural marking on nouns, see Chapter 6. For a discussion of the tense markers on nouns, see Chapters 12 and 13. For a discussion of person markers on nouns, see Chapter 18.

3.3 Derivation of nouns

Nouns are derived from verbs, adjectives, and other nouns by means of suffixation. Here are some noun-deriving suffixes:

Derivational suffix	Noun stem	Derived noun
-CI	kitap 'book'	kitapçı 'book seller'
	güreş 'wrestling'	güreşçi 'wrestler'
	sanat 'art'	sanatçı 'artist'

Derivational suffix	Verb stem	Derived noun
-Ak	dur- 'stop'	durak '(bus) stop'
	uç- 'fly'	uçak 'plane'
-GI	bil- 'know'	bilgi 'knowledge'
	sev- 'love'	sevgi 'love'
	ör- 'knit'	örgü 'knitting'
-mA	ara- 'call, search'	arama 'calling, search'
	çıkart- 'take out'	çıkartma 'sticker'
	sar- 'wrap'	sarma 'wrap'
-Im	bil- 'know'	bilim 'science'
-(y)AcAK	ye- 'eat'	yiyecek 'food'
	iç- 'drink'	içecek 'drink'
	giy- 'wear'	giyecek 'clothes'
-(y)IcI	izle- 'watch'	izleyici 'viewer'
	oku- 'read'	okuyucu 'reader'
	bak- 'look'	bakıcı '(baby)sitter, nurse'
-Iş	bak- 'look'	bakış 'look, view'
	sat- 'sell'	satış 'sale'
	uç- 'fly'	uçuş 'flight'
-mAk	ye- 'eat'	yemek 'meal'
-It	yap- 'do'	yapıt 'work of art'
-In	es- 'blow'	esin 'inspiration'
	yaz- 'write'	yazın 'literature'
-gIç, gAç	dal- 'dive'	dalgıç 'diver'
	süz- 'filter, strain'	süzgeç 'filter, strainer'
Derivation suffix	Adjective stem	Derived noun
-lIk	uzun 'long'	uzunluk 'length'
	mutlu 'happy'	mutluluk 'happiness'
	çocuk 'child'	çocukluk 'childhood'

3.4 Nominal compounds

Another way of making nouns is compounding. Here are some examples for "bare compounds" that do not have a compound marker. They are not very different from the

The noun: an overview

compounds in English in terms of their derivation. The only challenging part is their unpredictable way of spelling. In some cases two nouns are spelled as one word, in some others they are not, as seen in the examples below.

anneanne	'grandmother'	(anne+anne)
erkek kardeş	'brother'	(erkek+kardeş)
şiş kebap	'shish kebab'	(şiş+kebap)
karafatma	'cockroach'	(kara+fatma)
karabiber	'black pepper'	(kara+biber)
akciğer	'lungs'	(ak+ciğer)
kabakulak	'mumps'	(kaba+kulak)

In rather rare cases, two verbs come together and form a nominal compound. In other words, the final derived form is a noun, although the subparts belong to a verbal category. Here are some examples:

çekyat	'sofabed'	(çek+yat)
yapboz	'puzzle'	(yap+boz)
gelgit	'ebb and flow'	(gel+git)

For examples of so-called "possessive compounds," which are more productive, see Chapter 5. Below are some exercises where you can practice noun formation in Turkish. You will find some more exercises on nominal inflection in the relevant chapters that are listed above.

Exercise 1 Here is a suffix puzzle. Put all the parts together in the correct order to make nouns or noun phrases. Pay attention to vowel harmony and consonant changes.

1. luk mutlu
2. imiz cik kedi e ler
3. su portakal yu
4. i öğrenci nde üniversite ler
5. şeker elma i
6. kocaman 'ın lar Aslıhan kırmızı balon ı
7. dan ayakkabı ımız lar
8. Üniversite si Yale 'nde
9. lar lu İstanbul
10. de im yemeğ

Exercise 2 Now take one noun stem from the first column below and add some suffixes to make a longer noun. Follow the vowel and consonant cues. Attach at least one suffix to each stem. You may use each suffix only once.

Stems	Suffixes		
araba	-çı	-lar	
bakkal	-çi	-ler	
ev	-çü	-lığ	
sokak	-da	-mız	
oyuncak	-de	-n	
saat	-i	-ta	

25

terminal   -imiz   -ya
bilgisayar -ımız -u
arkadaş   -ın
Ankara
Erol
süt
elma

Exercise 3 Here is another set. See the instructions in Exercise 2.

Stems   *Suffixes*
anneanne   -da
kitap   -de
ev   -imiz
televizyon   -ımız
Siirt   -in
mutfak   -ki
banyo   -lar
kahve   -ler
köpek   -miz
kuş   -niz
inek   -nuz
              -ta
              -te
              -umuz
              -un

Exercise 4 Form nouns with the stems from the first column and the derivational suffixes from the second column. Remember that *-lIK* is attached to adjectives, *-CI* is attached to nouns, and *-(y)AcAK* is attached to verbs. After you form the nouns, guess their meaning.

Stems   *Suffixes*
uzun   -lIK
araba   -CI
ye-   -(y)AcAK
akraba
iç-
kadın
misafirperver
Türk
yabancı
öğrenci
giy-
al-
mutlu
yorgun

Chapter 4
Case markers

Contents
4.1 The locative
4.2 The dative
4.3 The ablative
4.4 The accusative
4.5 The instrumental / comitative

This chapter deals with case markers in Turkish. We will be discussing the accusative, dative, locative, ablative and instrumental cases here. The nominative case does not have a phonological realization in Turkish – in other words, it is not marked. So we will not be discussing it. The genitive case will be discussed in the next chapter, Chapter 5, together with the possessive marker.

Here is a list of case markers, i.e., their suffixes and some examples. The rest of the chapter deals with each case marker in more detail. The consonants /n/ and /y/ in parentheses are "buffer" consonants that appear (in pronunciation and orthography) when the suffixes are attached to vowel-ending words. The /n/ is attached after vowel-ending pronouns and the possessive marker, the /y/ appears elsewhere. The accusative and the genitive cases undergo I-type vowel harmony, the others vary according to A-type vowel harmony. Locative and ablative cases undergo consonant assimilation as well.

		Bare noun	Noun$_{Possessive}$	Pronoun
Nominative	-Ø	kedi	kedisi	ben
Accusative	-(y/n)i/ı/ü/u	kedi-**yi**	kedisi-**ni**	ben-**i**
Dative	-(y/n)e/a	kedi-**ye**	kedisi-**ne**	ban-**a**
Locative	-(n)de/(n)da/te/ta	kedi-**de**	kedisi-**nde**	ben-**de**
Ablative	-(n)den/(n)dan/ten/tan	kedi-**den**	kedisi-**nden**	ben-**den**
Instrumental	-(y)la/e	kedi-**yle**	kedisi-**yle**	ben(im)-**le**
Genitive	-(n)in/ın/ün/un/im	kedi-**nin**	kedisi-**nin**	ben-**im**

4.1 The locative

The locative indicates the location where an action takes place (e.g., *ev-de* 'at home'). These are usually the instances where you would use prepositions such as *at, on, in* in English. In Turkish, such relations that are marked with prepositions are expressed with case markers attached to the ends of the nouns.

The locative is also used with some verbs in less transparent locative relations, such as *-DA anlaş-* 'to have an agreement on.' In other words, some verbs *require* the locative case

A STUDENT GRAMMAR OF TURKISH

marker on their complements, but these are few in number. Otherwise, the function of the locative case is very clear and predictable.

The locative marker -*DA* undergoes both vowel harmony and consonant assimilation. When the noun that it is attached to has one of the consonants *p, t, k, s, ş, ç, h, f*, the consonant of the locative suffix appears as *t*. With any other consonant and vowel, the consonant appears as *d*.

Consonant assimilation	Vowel harmony
Look at the last sound of the word: If it is *p, t, k, s, ş, ç, h, f* + t If it is another consonant or a vowel + d	Look at the last vowel of the word: If it is e, i, ü, ö + e If it is a, ı, u, o + a
Just to make it easy for you to remember, you may think that these are the consonants in **'KEPT FISH'** + ş and ç. (*)	Note that there are some exceptions to the vowel harmony rule. Two of the most common examples are these: saat – saa**tte** terminal – terminal**de**

(*) Thanks to Anne Ruderman for the "kept fish" idea.

Here are some examples:

Londra İngiltere'**de**.
İstanbul batı**da**.
Erzurum doğu**da**.
Sinop kuzey**de**.
Mustafa Bey ofis**te**.
Metin Kaş'**ta**, tatil**de**.
Toplantı saat kaç**ta**?

When the locative case is attached to a noun that has a third person possessive or a compound marker -*(s)I*, we have the -*n* before the case marker. When -*n* is present, the locative case always appears with -*d* because -*n* is a voiced consonant.

araba-da   vs.   bebek arabası-nda
çanta-da   vs.   Osman'ın çantası-nda
üniversite-de   vs.   İstanbul Üniversitesi'nde

You will see more examples of these in the next chapter where we discuss possessive markers.

Note the occurrence of -*n* with the locative when it is attached to pronouns, below. The third person singular pronoun has -*n* with the locative case because it ends in a vowel; compare it with the other pronouns. Note also the use of -*n* in demonstrative pronouns *bu* 'this' and *şu* 'that.'

ben-de, sen-de, o-**nda**, biz-de, siz-de, onlar-da
bu-nda, şu-nda

Case markers

Exercise 1 Add -de, -da, -te, or -ta to the following words:

Bebek ___	Çin ___	sinema ___	kitap ___
bebek ___	Japonya ___	üniversite ___	gazete ___
Ankara ___	Pakistan ___	kampüs ___	masa ___
Türkiye ___	Erzurum ___	çöl ___	banka ___
Milan ___	Ağrı ___	saat ___	radyo ___
Ürdün ___	ofis ___	profesör ___	taksi ___
ev ___	ders ___	sınıf ___	güney ___
Yunanistan ___	sokak ___	adam ___	üç ___
beş ___	doğu ___	batı ___	terminal ___

Exercise 2 Add -de, -da, -te, or -ta and complete the sentences:

1. Bu üniversite _____ çok yabancı öğrenci var mı?
2. Ankara _____ çok saray var mı?
3. Bura _____ çok turist var mı?
4. Otel _____ yer var mı?
5. Otobüs _____ boş yer var mı?
6. Bu sınıf _____ İngiliz öğrenci var mı?
7. Bu CD _____ Türkçe şarkı var mı?
8. Kitapçı _____ Arapça kitap var mı?
9. Kütüphane _____ Türkçe dergi var mı?
10. İstanbul Üniversitesi _____ kaç tane kütüphane var?
11. O lokanta _____ tuvalet var mı?
12. Siz _____ Türk kahvesi var mı?
13. Bu okul _____ Fransız profesör var mı?
14. Bu fotoğraf _____ yaşlı bir adam var mı?
15. Bu çanta _____ para var mı?
16. Sen _____ fazla kalem var mı?
17. Ahmet _____ anahtar var mı?
18. O _____ saat var mı?
19. Buralar _____ postane var mı?
20. Bu sokak _____ hastane var mı?
21. Bu şehir _____ çok cami var mı?
22. Bu akşam televizyon _____ güzel bir film var mı?
23. Saat dokuz _____ tren var mı?

Exercise 3 Match the sentences with the months and complete the sentences.

Örnek: Noel aralıkta.

1. Sevgililer günü ___.   Ocak
2. Yılbaşı ___.   Şubat
3. Şükran Günü ___.   Mart
4. Cadılar Bayramı ___.   Nisan
5. Cumhuriyet Bayramı ___.   Mayıs

6. Zafer Bayramı ___. Haziran
7. Çocuk Bayramı ___. Temmuz
8. Gençlik ve Spor Bayramı ___. Ağustos
9. Benim doğumgünüm ___. Eylül
Ekim
Kasım
Aralık

4.2 The dative

When compared to other case markers, its function is less transparent and predictable. It has high frequency due to various obligatory conditions. The dative case marks the direction of the action, especially when it is used with intransitive verbs such as *git-* 'go.'

Semih ev**e**/Erzurum'**a** gitti. 'Semih went home/to Erzurum.'
Çocuklar palyaço**ya** güldü. 'Children laughed at the clown.'

It also marks the indirect object of ditransitive verbs, such as *ver-* 'give,' *koy-* 'put.'

Aylin anahtarları masa**ya** koydu. 'Aylin put the keys on the table.'
Ben raporları sekreter**e** verdim. 'I gave the reports to the secretary.'

In addition, when a transitive verb is causativized (e.g., let/make somebody do something), the agent of the causativized verb (somebody) is marked with the dative case.

Ahmet garson**a** masaları temizletti. 'Ahmet made the waiter clean the tables.'
Öğretmen öğrencilere şarkı söyletti. 'The teacher made the students sing.'

Some verbs obligatorily take dative-marked complements. In such verbs the meaning is not necessarily that of a direction. You will need to memorize which verbs take dative-marked objects as it is not predictable. Some of these verbs are the following, with examples.

kız- 'to be angry at somebody'	Ahmet Bey'e çok kızıyorum.
bak- 'to look at'	Resimlere bakıyorum. Gel, sen de bak.
katıl- 'join, participate'	Sen de toplantılara katılıyor musun?
inan- 'believe'	Çocuklar bana inanmıyorlar.
bin- 'get on'	Beşiktaş otobüsüne bindik.
teşekkür et- 'thank'	Öğrenciler öğretmenlerine teşekkür ettiler.
telefon et- 'phone'	Ben hastaneye telefon ettim.
soru sor- 'ask a question'	Müşteriler bize sorular sordu.
cevap ver- 'answer a question'	Biz sorulara cevap verdik.
vur- 'hit'	Murat topa vuruyor.
güven- 'trust'	Hepimiz Orhan'a güveniyoruz.

The dative case is also required by some adjectives (e.g., *-(y)A aşık-* 'in love with,' *-(y)A bağlı* 'dependent on') and postpositions (e.g., *-(y)A kadar* 'until,' *-(y)A göre* 'according to').

Tatil planlarımız hava durumu**na** bağlı. 'Our holiday plans depend on the weather.'
Bu kitaplar küçük çocuklar**a** göre değil. 'These books are not appropriate for children.'

Case markers

The dative is used in time expressions such as 'quarter to five' or 'twenty minutes to five.' It is not used for 'past' expressions such as 'quarter past two' though, which are expressed with an accusative case. They will be discussed below in the accusative case section.

saat ikiy**e** çeyrek var. 'It is quarter to two'
saat on**a** yirmi var. 'It is twenty to ten'

The dative undergoes A-type vowel harmony. In other words, after *a, ı, u, o*, it appears as *-(y)a* (e.g., *adam-a, İstanbul-a, telefon-a*). After *e, i, ü, ö*, it appears as *-(y)e* (e.g., *ev-e, Eskişehir-e, üzüm-e*). Note that *saat* is an exception again: *saat-e*. The same is true for *terminal: terminal-e*. The suffix *-y* appears between the word stem and the dative case whenever the word ends in a vowel. *-n* appears whenever the word has a possessive (or compound) marker *-(s)I*, and the dative case is attached to the possessive marker.

Eve *vs.* kediye,
adama *vs.* arabaya
üniversiteye *vs.* İstanbul Üniversitesi'**n**e
arabaya *vs.* bebek arabası**n**a.

Other exceptions: Pronouns *ben* and *sen* become *bana* and *sana*. *O* becomes *ona*, instead of *oya*. *Bu* becomes *buna* (not *buya*), *şu* becomes *şuna* (not *şuya*).

When the dative *-(y)A* comes after the proper names, it is written with ('): *Ali'ye* vs. *kediye*. When it comes after a word that ends in *k*, *k* becomes *ğ*. In the case of proper names, it is written as *k* but it is pronounced as if it is *ğ*: *Bebeğe süt veriyoruz* and *Bebek'e gidiyoruz*. Similarly, multisyllabic words ending in *ç* undergo a sound change and *ç* becomes *c*. *Ağaç* becomes *ağaca*, *ilaç* becomes *ilaca*.

Exercise 4 Attach *-(y)A* to the following words:

araba ___	sokak ___	kız ___	hamam ___	elbise ___
Ankara ___	ben ___	çocuk ___	telefon ___	soru ___
Ürdün ___	Yale ___	masa ___	sandalye ___	o ___
otobüs ___	mektup ___	ağaç ___	mutfak ___	Paris ___
Osman ___	Sally ___	köy ___	televizyon ___	elma ___

Exercise 5 Fill in the blanks with *-(y)A*:

1. Ahmet bey yarın Kütahya ___ gidiyor.
2. Emily 'bülbül gibi Türkçe konuşuyorum' diyor ama ben o ___ inanmıyorum.
3. Seda her sabah saat yedide otobüs ___ biniyor.
4. Yasemin Ahmet ___ mektup yazıyor.
5. Murat ve Elif çok hasta. Aslı onlar ___ çorba pişiriyor.
6. Ben annem ___ telefon ediyorum. Sen kim ___ telefon ediyorsun?
7. Sen bu Noel'de nere ___ gidiyorsun?
8. Ben bu Noel'de Tahran ___ gidiyorum.
9. Polis biz ___ soru soruyor.
10. Biz polis ___ cevap veriyoruz.
11. Ali biz ___ müzik çalıyor ve şarkı söylüyor.
12. Bu bardakları masa ___ koyuyorum.
13. Ben Halil ___ çok kızıyorum. O hergün ders ___ geç geliyor.

14. Murat her akşam saat sekizde ev _____ dönüyor.
15. Ben her sabah Mustafa Bey _____ gazete okuyorum.
16. Biz alışveriş _____ gidiyoruz.
17. George gelecek hafta tatil _____ gidiyor.
18. Kemal saat _____ bakıyor.
19. Mehmet bey sandalye _____ oturuyor.
20. Kedi ağaç _____ tırmanıyor.
21. Ahmet siz _____ yalan söylüyor mu?
22. Nejat Şeyda _____ çiçek veriyor.

Exercise 6 Fill in the blanks with -*(y)A* or -*DA*:

1. Ben her tatil _____ Erzurum _____ gidiyorum.
2. Toplantı saat beş _____ . Biz toplantı _____ geç kalıyoruz.
3. Ben iki yıldır İstanbul _____ oturuyorum.
4. Kitapları masa _____ koy lütfen.
5. Biz yarın akşam sinema _____ gidiyoruz.
6. Sinema _____ çok güzel bir film var.
7. Kapı _____ bir adam var. Onu tanıyor musun?
8. Yarın bizim kolej _____ bir parti var. Sizi o parti _____ davet etmek istiyoruz.
9. Sen _____ birşey sormak istiyorum.
10. Ayşe _____ ne alalım?
11. Biz Noel _____ New York _____ gidiyoruz. Siz de gelin.
12. Siz _____ parti _____ Türk müziği çalalım. Siz de dans edin.
13. Bugün İstanbul Kafe _____ gidelim mi?
14. Gidelim. Ama Yorgos _____ da haber verelim.
15. Ben _____ niçin kızıyorsun?
16. Biz konser _____ bilet alıyoruz. Siz _____ bilet var mı? Siz _____ de bilet alalım mı?
17. Saat beş _____ çeyrek var.
18. Bu otobüs nere _____ gidiyor?
19. Bu otobüs nere _____ duruyor?

4.3 The ablative

The ablative marks the source of action (e.g., *ev-den* 'from home') which is mostly expressed with 'from' or 'off' in English. Its function is more transparent in comparison to other case markers.

Ahmet Bey Ankara'dan geliyor. 'Ahmet Bey is coming from Ankara.'
Pilotlar uçaktan iniyorlar. 'Pilots are getting off the plane.'

It can have a 'partitive' reading as well:

kekten ye- 'eat from the cake'

Although it can appear in unpredictable constructions with a few verbs, such uses are not very frequent. -*DAn hoşlan* 'like,' -*DAn vazgeç* 'give up,' and -*DAn sıkıl* 'be bored (about)' are some of a few common examples where the subject is an experiencer and the ablative marks the source of the experience. Here are some more examples:

Case markers

kork- 'to be afraid of'	Köpeklerden çok korkuyorum.
sıkıl-/bık- 'be tired of'	Ders çalışmaktan sıkıldım.
hoşlan- 'like, enjoy'	Müzik dinlemekten hoşlanıyor musun?
çık- 'leave, depart'	Saat kaçta işten çıkıyorsun?
nefret et- 'hate'	Ispanaktan nefret ediyorum.
bahset- 'mention, talk about'	Bu kitap neden bahsediyor?
kaç- 'run away'	Kedi köpekten kaçıyor.
mezun ol- 'to graduate'	Üniversiteden ne zaman mezun oldun?
geç- 'to pass by'	Bu otobüs Beşiktaş'tan geçiyor mu?

In addition to verbs, adjectives and postpositions take ablative-marked complements (e.g., *-DAn beri* 'since,' *-DAn itibaren* 'from...onward,' *-DAn emin* 'sure/confident'). Such examples are discussed in more detail in Chapter 19 on postpositions.

The ablative case is used in comparisons as well and has the meaning of 'more than.'

İstanbul Ankara'dan daha kalabalık. 'Istanbul is more crowded than Ankara.'
Türkiye Norveç'ten daha sıcak.
Ayşe sekiz yaşında. Ahmet oniki yaşında. Ayşe Ahmet'ten daha küçük.
Bu bakkal şu bakkaldan daha pahalı.
Ahmet Selim'den daha çok çalışıyor.
Ben senden daha iyi Türkçe konuşuyorum.
Tren otobüsten daha hızlı gidiyor.

The ablative case, just as the locative case, undergoes A-type vowel harmony and consonant assimilation:

a, ı, u, o + dan   adam-dan, İstanbul-dan, telefon-dan, kış-tan
e, i, ü, ö + den   ev-den, Eskişehir-den, üzüm-den, göl-den

t–d alternation is done with the consonant assimilation rule:

ev-den   *vs.*   et-ten
adam-dan   *vs.*   park-tan

Just like all the case markers, when *-DAn* comes after proper names, it is written with ('):

Ali'den *vs.* Kediden

Exercise 7   Add *-DAn* to the following words.

araba ___	sokak ___	kız ___	hamam ___	elbise ___
Ankara ___	ben ___	çocuk ___	telefon ___	soru ___
Ürdün ___	Yale ___	sandalye ___	masa ___	o ___
otobüs ___	mektup ___	ağaç ___	mutfak ___	Paris ___
Osman ___	Sally ___	Erzurum ___	televizyon ___	elma ___

A STUDENT GRAMMAR OF TURKISH

Exercise 8 Add -*DAn* and complete the sentences.

1. İstanbul _____ ne zaman geliyorsun?
2. Yolcular otobüs _____ iniyorlar.
3. Sen _____ birşey istiyorum.
4. Sen en çok ne tür kitaplar _____ hoşlanıyorsun?
5. Ben polisiye romanlar _____ hoşlanıyorum.
6. Sen en çok ne _____ korkuyorsun?
7. Ben en çok fare _____ korkuyorum.
8. Kim yarın İzmir _____ geliyor.
9. Ben şarkı söylemek _____ hiç hoşlanmıyorum.
10. Kitapçı _____ yeni bir sözlük alıyorum.
11. Hırsız polis _____ kaçıyor.
12. Çocuklar ıspanak _____ nefret ediyorlar.
13. Bu film ne _____ bahsediyor?
14. Ben her sabah saat sekizde ev _____ çıkıyorum.
15. Uçak hangi terminal _____ kalkıyor?
16. Siz hangi manav _____ sebze alıyorsunuz?
17. Ben mayısta üniversite _____ mezun oluyorum.

Exercise 9 Fill in the blanks with -*(y)A*, -*DA*, or -*DAn*.

1. Beşiktaş _____ vapur _____ in, otobüs _____ bin.
2. Bakkal _____ kahve var mı acaba?
3. Murat Bey her sabah saat sekiz _____ ev _____ çıkıyor, akşam saat altı _____ ev _____ dönüyor.
4. Bu otobüs Beşiktaş _____ geçiyor mu?
5. Bu tren Ankara _____ geliyor, Erzurum _____ değil.
6. Ben çok hastayım. Doktor _____ gidiyorum.
7. Siz her hafta çocuklar _____ mektup yazıyor musunuz?
8. Siz ne tür filmler _____ hoşlanıyor sunuz?
9. Biz Ahmet bey _____ para istiyoruz ama o biz _____ para vermiyor.
10. Uçak saat yedi buçuk _____ bu terminal _____ kalkıyor.
11. Genç adam pencere _____ sokak _____ bakıyor.
12. Genç adam sence ne _____ bakıyor?
13. Sen hergün ev _____ iş _____ neyle gidiyorsun?
14. Tren Ankara _____ İstanbul _____ kaç saat _____ gidiyor?
15. Boston _____ Mehmet _____ telefon ediyorum.
16. Ben hastane _____ çalışıyorum. Ev _____ hastane _____ yürüyerek yarım saat _____ gidiyorum.
17. Biz şimdi İstanbul _____ oturuyoruz. Ama gelecek ay Ankara _____ taşınıyoruz.
18. İstanbul _____ New York _____ hergün uçak var mı?

4.4 The accusative

The accusative case marker is -*(y)I*. I-type vowel harmony applies to the vowel in the suffix *yı, yi, yu, yü*. -*y* is dropped when it is attached to consonant-ending words: *ev-i* but *araba-yı*.

After the possessive marker (including the compound marker) and pronouns the suffix is *ı, i, u, ü*.

The accusative case occurs on the direct object in a sentence. It usually makes the object definite, that is, it functions as 'the' in English. It is dropped when the object is indefinite (i.e., 'a book' as opposed to 'the book').

Ayşe kitap okuyor	'Ayşe is reading (a) book.'
Ayşe kitabı okuyor	'Ayşe is reading *the* book.'
Ben elma yemek istiyorum.	'I want to eat (an) apple(s). (Any apple would do.)'
Ben elmayı yemek istiyorum.	'I want to eat the apple. (The one that I have in my mind.)'
Sekreter arıyorum.	'I am looking for a secretary. (Anybody).'
Sekreteri arıyorum.	'I am looking for the secretary.'

The accusative case is obligatory in the following contexts:

(a) When the direct object is a proper name. Note that when the accusative comes after a proper noun, it is written with an apostrophe (').

Dün Akmerkez'de **Mehmet Bey'i** gördüm.
Hasan **Ayşe'yi** seviyor...

(b) When the direct object is a pronoun such as *he, she, they, this*, etc.

Seni seviyorum.
Onu anlamıyorum.
Bunu görüyor musunuz?

(c) When the object is modified by a demonstrative.

Bu kitabı okuyoruz (but *kitap okuyoruz* is okay)
O adamı tanıyor musunuz?

(d) When the object is modified by a relative clause or a modifier that has *ki*.

Bahçede fotoğraf çeken adamı tanıyor musunuz?
Bahçedeki adamı tanıyor musunuz?

(e) When the object is modified by *hangi, her* or *bütün*.

Bütün alıştırmaları yapıyorum.
Her kitabı okudum
Hangi gazeteyi istiyorsun?

(f) When the object has a possessive marker.

Kitabımı okuyorum.
Annemi arıyorum.

(g) When the object is a question such as *who, where*.

Nereyi görmediniz?
Kimi arıyorsunuz?

Note that *ne* 'what' is okay with or without an accusative marker.

Ne arıyorsunuz?
Neyi arıyorsunuz?

(h) When the object is not adjacent to the verb. Note that in such cases, the object does not necessarily have a definite meaning. The sentence pairs below have the same meaning.

Babam her sabah **gazete okuyor**.
Babam **gazeteyi** her sabah **okuyor**.
Çok güzel **Türkçe** konuşuyorsunuz.
Türkçe'yi çok güzel konuşuyorsunuz.
Ben **radyo** dinliyorum.
Radyoyu ben dinliyorum.

We said that the accusative case is obligatory when the object is *not* adjacent to the verb. There are some exceptions to this rule.

(a) When the intervening word is the question particle *mI, bile, dA*:

The question particle	Ayşe kitap **mı** okuyor?
bile 'even'	Ayşe kitap **bile** okuyor.
dA 'too'	Ayşe kitap **da** okuyor.

(b) Bare objects, that is, objects that do not have an accusative case or any other case, can appear after the verb at the end of a sentence, if they are expressed as an afterthought and when they have a generic reading:

Ben içmem bu saatte **çay**. 'I don't drink tea in this (late) hour.'

The accusative case cannot be used in the following contexts:

(a) When the object is modified by *çok, az, hiç*:

Çok mektup yazdın.
Hiç mektup yazmadın.
Az mektup yazdın.

(b) When the object is *nece*:

Ayşe **nece** konuşuyor?

You may add the accusative case to a verb-*mAK* complex, as well, in subordinated structures such as 'I want [to sing].' Just as it is the case in a sentence 'I want [the apple],' the verb-*mAK* complex appears in the direct object position and so it can carry the accusative case. In such situations, the *k–ğ* alternation rule applies to -*mAK*. Remember, when we add an accusative case to a word such as *mutfak* it becomes *mutfağı*. The same alternation is seen in the verbs with -*mAK*:

Onunla tanış**mak** istiyorum.
Onunla tanış**mağı** çok istiyorum.
Ankara'yı gör**mek** istiyorum.
Ankara'yı gör**meği** çok istiyorum.

Remember that when the object is not adjacent to the verb, the accusative case is obligatory. When there is *çok* in between verb-*mAK* and the main verb, the accusative case is obligatory in the same fashion. It is possible (but not obligatory) to have the accusative case when the verb-*mAK* complex is adjacent to the verb as well. In such cases, when the verb-*mAK*

Case markers

structure carries the accusative case, you mean that, for example, it is meeting her that you want (as opposed to doing something else), or it is seeing Ankara that you want, not reading about it, or it is seeing Ankara that you want, not İzmir. So having the accusative case on the object verb-*mAK* complex has some extra discourse functions. If you did not have the accusative case, you would just mean you want to see Ankara, in a neutral tone.

When we are pronouncing the following words, we pronounce them with /y/ instead of /ğ/.

Onunla tanış**mağı** istiyorum.
Ankara'yı gör**meği** istiyorum.

Actually, today it is even more common to write such words with *y*. So you will most probably see such sentences written as:

Onunla tanış**mayı** çok istiyorum.
Ankara'yı gör**meyi** çok istiyorum.

Remember that verbs are categorized according to their case-marked complements. So we have accusative verbs, dative verbs, etc. The accusative case can only be used with accusative verbs (such as *birşeyi sev-, birşeyi oku-, birşeyi anla-, birşeyi dinle-*). Dative verbs have dative-marked objects (such as *birşeye bak-, birşeye bin-*) and some others are ablative verbs and have ablative-marked complements (*birşeyden kork-, birşeyden hoşlan-*). So you need to learn which verbs are accusative verbs. Remember also that only the accusative case can be dropped. Other case markers cannot be dropped under any condition. See Appendix C for a list of some common verbs that are listed according to their case-marked complement types.

Exercise 10 Add a form of the accusative case to the following words:

ders ___	üniversite ___	kitap ___	sinema ___
sınav ___	öğretmen ___	kalem ___	taksi ___
öğrenci ___	arkadaş ___	tahta ___	radyo ___
okul ___	sınıf ___	gün ___	çikolata ___
masa ___	çanta ___	akşam ___	metre ___
ödev ___	cep telefonu ___	gece ___	banka ___
simit ___	su ___	ev ___	numara ___
kek ___	Arap ___	mutfak ___	Beşiktaş otobüsü ___
araban ___	Seda ___	Salı akşamı ___	

Exercise 11 Add either the accusative case or leave blank. Use the accusative case only when you have to use it.

1. Selim Bey _____ partiye davet edecek misiniz?
2. Ben de o film _____ görmek istiyorum.
3. Hergün gazete _____ okuyor musun?
4. Gazete _____ nereden alıyorsun?
5. Japonlar nece _____ konuşuyor?
6. Bu kitaplar _____ sana getirdim.
7. Sen bu dönem nece _____ öğreniyorsun?

8. Lütfen ben _____ dikkatli dinleyin.
9. Onlara ne _____ söyleyeceğiz?
10. Bu kahve _____ sana yaptım.
11. Sana kahve _____ yapıyorum.
12. Sana bu kahve _____ yapıyorum.
13. Oğuz çok güzel Almanca _____ konuşuyor ama Fransızca _____ pek iyi bilmiyor.
14. Kahvaltıda genellikle ne _____ içiyorsunuz? Çay _____ mı, kahve _____ mi?
15. Yarın Dolmabahçe Sarayı _____ göreceğiz.
16. Bana bir bardak _____ ver.
17. Bana şu bardak _____ ver.
18. Ayşegül bütün Türk öğrenciler _____ tanıyor.
19. Siz şu köşedeki adam _____ tanıyor musunuz?
20. Ben hiç Japon öğrenci _____ tanımıyorum.
21. Çocuklar bu durakta otobüs _____ bekliyorlar.
22. Çocuklar otobüs _____ bu durakta bekliyorlar.
23. Size baklava _____ alıyorum.
24. Baklava _____ size alıyorum.
25. Sokaktaki köpekler _____ görüyor musun?
26. Biz bazı akşamlar lokantada yemek _____ yiyoruz.
27. Biz yemek _____ bazı akşamlar lokantada yiyoruz.
28. Siz ekmek _____ nereden alıyorsunuz?
29. Belma eski arabası _____ satıyor.
30. Ben sen _____ asla anlamıyorum!
31. Sence biz _____ tanıyorlar mı?
32. Türk yemekleri _____ seviyor musunuz?
33. İstanbul _____ çok seveceksiniz.

4.5 The instrumental / comitative

The instrumental is attached to words to express the meaning expressed by 'by' or 'with' in English as in 'I am going home by bus' or 'I cut the cake with a knife.' The comitative case is the counterpart that is attached to people, as in the example 'John will dance with Mary.' The meaning expressed by the preposition 'to' as in the examples 'I am talking to you' or 'John is married to Mary' is also expressed by *-(y)lA* in Turkish.

The insrumental or comitative *-(y)lA* is the suffix form of the word *ile* 'with/by' and can be used as a separate word. When it is attached to words as a case marker it is called an instrumental or a comitative case. When it appears as a separate word, it is analyzed as a postposition or a conjunction. When it is attached to words, it undergoes A-type vowel harmony. It does not alternate and always appears as *ile* when it appears as a word rather than a suffix. The buffer /y/ can be dropped when there is a consonant at the end of the word.

araba**yla**   araba **ile**
sevgi**yle**   sevgi **ile**
Ahmet'**le**   Ahmet **ile**
adam**la**   adam **ile**

Case markers

Note the use of *ile* with pronouns and question words. The instrumental suffix is preceded by the genitive case when it is attached to pronouns. *Onlar* is an exception. Similarly, the genitive case is observed after the question word *kim* but not *ne*. See Chapter 5 for a discussion of the genitive case.

ben**im**le   biz**im**le
sen**in**le   siz**in**le
o**nun**la   onlarla (Note that *onlar* is exceptional)
kim**in**le   ne**y**le
bu**nun**la   şu**nun**la

We use it when we are talking about transportation.

Ali okula araba**yla** gidiyor. / Ali okula araba ile gidiyor.
Sen okula ne**yle** geliyorsun? Trenle geliyorum.
Seda Hanım hergün vapur**la** karşıya geçiyor. Sonra otobüse biniyor.

We use it when we are talking about an instrument:

Ahmet kapıyı anahtar**la** açıyor.
Meyveleri bu bıçak**la** kes lütfen.
Aslıhan bu parçayı keman**la** çalmıştı.

Some verbs require *ile* on their complements. Some of these are *anlaş-, buluş-, dans et-, kavga et-, evlen-, tanış-*, etc.

Ali uzun boylu bir adam**la** konuşuyor.
Ağabeyin kimin**le** evleniyor?
Mehmet'**le** ne zaman buluşuyorsun?

We can use it in place of the word 'and' to link two nouns together.

Ayşe' **yle** Ali yarın akşam bize gelecekler.
Ali'**yle** Mustafa çok yakın arkadaşlar.

Exercise 12 Add the correct form of *-(y)lA* to the following words:

araba ___	Mustafa ___	anahtar ___	acele ___	telefon ___
tren ___	Elif ___	bıçak ___	telaş ___	mektup ___
otobüs ___	Necati ___	tornavida ___	heyecan ___	mesaj ___
uçak ___	Suzan ___	balta ___	endişe ___	e-posta ___
vapur ___	Ömür ___	çekiç ___	mutluluk ___	dilekçe ___

Exercise 13 Complete the sentences with *-(y)lA*:

1. Aynur herkesi partiye telefon _____ davet etti.
2. Bazı misafirler otobüs _____, bazıları da taksi _____ geldi.
3. Murat zarfları bıçak _____ açtı.
4. Kardeşim heyecan _____ sınav sonuçlarını bekliyor.
5. Lütfen imzanızı tükenmez kalem _____ atın.
6. Konsere sadece davetiye _____ girebiliyorsun.
7. Hasan Bey müzeye öğrenciler _____ gidecekmiş.

A STUDENT GRAMMAR OF TURKISH

8. Ödevlerimizi e-posta _____ gönderebilir miyiz?
9. Hüseyin yarın Fransız müşteriler _____ görüşecek.
10. Selim _____ Neriman yarın akşam evleniyorlar.

Exercise 14 Complete the sentences with -(y)lA. Remember when you attach -(y)lA to some pronouns, you need to attach a genitive case as well.

1. Siz _____ biraz konuşabilir miyiz?
2. Bütün bu olanların o _____ ne ilgisi var?
3. Biz _____ Avusturya'ya gelecek misiniz?
4. Ben _____ evlenir misin?
5. Sen _____ pek anlaşamıyoruz, değil mi?
6. Onlar _____ kavga mı ettiniz?
7. Kapıyı o _____ açamazsın.
8. Siz de biz _____ şarkı söyler misiniz?
9. Onlar _____ nerede buluşacaksınız?
10. Bu _____ ne yapmak istiyorsun?
11. Camları ne _____ temizliyorsunuz?
12. Murat kim _____ evleniyormuş?
13. Şu _____ biraz ilgilenir misin, lütfen?
14. Bu _____ ilgili bir haber okudum.
15. Beni kimler _____ tanıştıracaksınız?
16. Siz _____ yine kavga etmek istemiyoruz.
17. Onlar _____ nerede karşılaştınız?
18. Lütfen ben _____ dalga geçmeyin.

Do not confuse *ile* or -(y)lA with the suffix -lI (as in *sütlü, vanilyalı*). It means 'with' too, but they are used in different contexts.

(a) A noun-*lI* can be used as an adjective/modifier: *Elmalı pasta, vanilyalı dondurma*. You cannot do this with *ile*/-(y)lA.

(b) *İle* is not used in a flavor sense (*vanilyalı*), and *lI* is not used in an instrument sense (*anahtarla*).

(c) We use -*lI* when the object or property that we attach it to is a part of the person or the object (height of a person, eye color, hat).

(d) *İle* is external and usually used with a verb. You do something *with* something.

Exercise 15 Fill in the blanks with either -(y)lA or -lI.

1. Ahmet Marmaris'e otobüs _____ gidiyor.
2. Seda kahveyi her zaman süt _____ ve şeker _____ içiyor.
3. Seda kahveyi her zaman fincan _____ içiyor.
4. Yarın akşam kız arkadaşım _____ sinemaya gidiyorum.
5. Mehmet uzun boy _____ ve sakal _____ bir adam.
6. Mehmet bazen okula çok komik bir şapka _____ geliyor.
7. Şu köşedeki komik şapka _____ adam kim?

Chapter 5

Genitive and possessive

Contents

5.1 The genitive
5.2 Genitive-possessive structures
5.3 Possessive + *var/yok* 'I have'
5.4 Some special and obligatory uses of the possessive
5.5 Possessives with quantifier phrases
5.6 Genitive-possessive construction chains
5.7 Possessive compounds

5.1 The genitive

The genitive case marker is *-(n)In*. It undergoes I-type vowel harmony and appears as *-ın*, *-in*, *-un*, or *-ün* after nouns that end in a consonant, and appears as *-nın*, *-nin*, *-nun*, and *-nün* after vowel-ending nouns. In the first person singular and plural pronouns it appears as *-Im*.

Here is the full paradigm:

Nouns		Pronouns	
-nIn after vowels	*-In* after consonants	*-im* after *ben* and *biz*	*-In* after other pronouns
araba-nın sahne-nin koro-nun övgü-nün kıyı-nın kuzu-nun	ev-in kadın-ın odun-un göl-ün adam-ın	ben-im biz-im	sen-in o-nun siz-in onlar-ın

Genitive case is used to indicate the possessor in so-called genitive-possessive constructions or predicate nominals. The former corresponds to 'Ayşe's car' in English. The latter can be translated as, for example, 'This car is Ayşe's.' In the examples below, *Ayşe* has the genitive case marker. In the case of the genitive-possessive constructions, the possessed (the car) carries the possessive marker, which will be discussed in detail in the following sections.

Genitive-possessive constructions	Predicate nominals
Ayşe-nin arabası	Bu araba Ayşe-nin.
'Ayşe's car'	'This car is Ayşe's.'
annem-in kedisi	Bu kedi annem-in
'my mother's cat'	'This cat is my mother's.'

A STUDENT GRAMMAR OF TURKISH

In this chapter, you will find a detailed discussion of the genitive case in genitive-possessive structures. The genitive case is also used to mark the embedded subject in subordinations and relative clauses. For its use in embedding, see the chapters on subordination (Chapters 24 and 25) and relative clauses (Chapter 31).

Exercise 1 Complete the sentences with genitive case-marked pronouns and nouns.

Örnek: Bu araba _____ (Orhan's). Bu araba <u>Orhan'ın</u>.

1. Bu kitap _____ (mine).
2. Bahçedeki top şu _____ (children's).
3. _____ (whose.plural) kahvesi az şekerli olacak?
4. Şu kırmızı panjurlu yazlık ev _____ (ours).
5. Bu anahtarlar _____ (yours) mi?
6. Bu çantadaki paranın hepsi _____ (theirs) değil mi?
7. Arzu'nun annesi _____ (whose) halası?
8. Bu açık çay _____ (yours) değil, _____ (Hüseyin amca's).
9. Bu kapıdaki küçük kedi _____ (Atakan's) mı?
10. Bu siyah deri çanta _____ (my mother's).

Exercise 2 Fill in the blanks with the genitive case marker.

1. Bu anahtarlar kim _____ ? Sen _____ mi? Orhan _____ mı?
2. Bu araba ben _____ değil, annem _____.
3. Bu kitaplar Özgür _____ mü, Emel _____ mi?
4. Bu terlikler babam _____ değil, acaba kim _____ ?
5. Bu anahtar sizin ev _____ mi, bizim daire _____ mi?
6. Bu telefon ev _____ mi, işyeri _____ mi?
7. Bu kayısılar nere _____ ? Malatya _____ mı?
8. Bu yem balıklar _____ değil, kaplumbağalar _____.
9. Bu kahve ben _____ değil, Hayriye teyze _____.
10. Bu araba baban _____ mı? Şirket _____ mi?

5.2 Genitive-possessive structures

Possession in Turkish is marked with the attachment of the genitive marker to the possessor and the possessive marker -(s)I to the possessed:

Possessor + *(n)In*   Possessed + *(s)I*

Here are some examples:

Ahmet'**in** baba**sı** 'Ahmet's father'
bahçe**nin** kapı**sı** 'the garden's door'
Ömür'**ün** araba**sı** 'Ömür's car'

Genitive and possessive

Here is the full paradigm:

Benim	kek-**im**, portakal-**ım**, süt-**üm**, gurur-**um**, oda-**m**
Senin	kek-**in**, portakal-**ın**, süt-**ün**, gurur-**un**, oda-**n**
Onun	kek-**i**, portakal-**ı**, süt-**ü**, gurur-**u**, oda-**sı**
Bizim	kek-**imiz**, portakal-**ımız**, süt-**ümüz**, gurur-**umuz**, oda-**mız**
Sizin	kek-**iniz**, portakal-**ınız**, süt-**ünüz**, gurur-**unuz**, oda-**nız**
Onların	kek-**leri**, portakal-**ları**, süt-**leri**, gurur-**ları**, oda-**ları**

Remember, when a vowel-initial suffix is attached to a word that ends in *p, t, ç,* or *k*, it undergoes voicing and *p* becomes *b*, *t* becomes *d*, *ç* becomes *c*, and *k* becomes either *ğ* or *g*. See Chapter 2 for a detailed account of it. In the case of the possessive suffixing, these kinds of sound changes are observed very frequently. Remember also that such changes are not very predictable. Here are some examples of unpredictability:

sa**p** *becomes* sa**p**ı *but* kita**p** *becomes* kita**b**ı
a**t** *becomes* a**t**ı, fiya**t** *becomes* fiya**t**ı, yur**t** *becomes* yur**d**u
sa**ç** *remains as* sa**ç**ı *but* ağa**ç** *becomes* ağa**c**ı
ke**k** *is pronounced as* ke**k**i *but* re**nk** *becomes* re**ng**i *and* köpe**k** *becomes* köpe**ğ**i

Another phonological change is observed in the high vowels. High vowels that appear in the last syllable of a word get deleted when a vowel-initial suffix is attached to the word. For example, *burun* 'nose' becomes *burnu* 'his nose' (not *burunu*). Just as is the case with the voicing examples above, there are exceptions to this rule, as we discussed in Chapter 2. Here are some more examples: *İsim* 'name' becomes *ismi* not *isimi*, *şehir* 'city' becomes *şehri* not *şehiri*, *oğul* 'son' becomes *oğlu* not *oğulu*, *resim* 'picture' becomes *resmi* not *resimi*, *karın* 'abdomen' becomes *karnı* not *karını*, and so on.

Note that there are just a few exceptions to the genitive case marker and these are observed in the word 'water' and the question word *ne* 'what':

suyun rengi   'the color of water' (note that it is not *sunun*)
neyin rengi   'the color of what' (note that it is not *nenin*)

su-yum	'my water'	ne-yim	'my what'
su-yun	'your (sing.) water'	ne-yin	'your (sing.) what'
su-yu	'his/her/its water'	ne-yi (or ne-si)	'his/her/its what'
su-yumuz	'our water'	ne-yimiz	'our what'
su-yunuz	'your (plural) water'	ne-yiniz	'your (plural) what'
su-ları	'their water'	ne-leri	'their what'

When the possessor is a pronoun or when it can be guessed due to context, it may be dropped. That is why sometimes the possessor noun and pronoun are shown in parenthesis throughout the chapter. Just like the pronoun subjects of sentences, the possessor pronouns are expressed when we would like to stress them.

Benim arabam 'my car, with emphasis on *my*'
Arabam 'my car'

In the first example below, the possessor 'my' is expressed because it needs to be emphasized and contrasted with the possessor 'my father's.' In the second example, the speaker does not need to say *benim* 'my' because there is no alternative possessor. If the speaker says *benim arabamı* rather than *arabamı* alone, it sounds as if there is another, an alternative car, and the speaker parked *his* car, not the other one. So it is not appropriate to use the possessed noun in the second context below.

Dün akşam **babamın arabası**yla kaza yaptım. **Babamın arabası** tamircide. **Benim arabam** değil.
'I had an accident with **my father's** car yesterday evening. My father's car is at the mechanics, not **my car**.'

Arabamı otoparka parkettim.
'I parked my car at the parking lot.'

Exercise 3 Form genitive constructions with the pair of nouns given below.

Örnek: Çiğdem _____ hala _____ Çiğdem'in halası

1. Emel _____ ev _____
2. kitap _____ ikinci baskı _____
3. Restoran _____ ad _____
4. öğrenci _____ not _____
5. dönem _____ baş _____
6. öğretmen _____ arkadaş _____
7. Bakan bey _____ sekreter _____
8. Şehir _____ resim _____
9. siz _____ kapıcı _____
10. İstanbul _____ müzeler _____
11. Van _____ kediler _____
12. Ekim _____ yedi _____
13. Hindistan _____ kuzey _____
14. Murat _____ yenge _____
15. bebekler _____ isimler _____
16. bebek _____ isim _____
17. lokanta _____ ön _____
18. siz _____ doktor _____
19. Marmaris _____ hava _____
20. ağaç _____ gölge _____
21. Barış Manço _____ hayat _____
22. biz _____ fotoğraf _____
23. Nuran _____ cep telefon _____

Exercise 4 Fill in the blanks in the conversation below. Form possessive compounds with the words between brackets and use them to complete the conversations. Be careful about the case markers.

1. A: Ne iş yapıyorsunuz?
   B: Ben _____ (matematik – öğretmen).
2. A: Nerede çalışıyorsunuz?
   B: Ben _____ (Koç – Lise) çalışıyorum.

Genitive and possessive

3. A: Nerede oturuyorsunuz?
   B: Beşiktaş'ta _____ (Barbaros – Bulvarı) oturuyorum.
4. A: Pazar günleri genellikle ne yapıyorsunuz?
   B: Evde dinleniyorum. Bazen _____ (futbol – maç) gidiyorum.

Exercise 5 Fill in the blanks with genitive, possessive and appropriate case markers.

1. Bu kitapları hangi üniversite _____ kütüphane _____ aldın?
2. Bu Edirneli arkadaş _____ araba _____ mı?
3. Siz _____ Adana'da ev _____ var mı?
4. Selim _____ baba _____ geçen ay açık kalp ameliyatı olmuş.
5. Yasemin hanım _____ ders kitabı _____ öğrenciler çok beğenmiş.
6. Bu akşam şirket _____ misafir _____ buluşacağım.
7. Siz _____ üniversite _____ kapalı yüzme havuzu var mı?
8. Murat bey _____ sekreter _____ aradık, randevu aldık.
9. Toplantı Kemal bey _____ oda _____ olacak.
10. Çocuklar _____ kahvaltı _____ kim hazırlayacak?
11. Hakan _____ yalanlar _____ artık hiçkimse inanmıyor.
12. Zeynep _____ amca _____ çok ünlü bir çocuk doktoru.

5.3 Possessive + *var/yok* 'I have...'

Use of the existential is another way of expressing possession. To be able to say 'I have a car' we use the possessive structure and add the existential word *var* (or *yok* in the negative). Here is the existential-possessive structure with *var* and *yok*:

Araba var 'There is a car.'
Araba-**m** var 'I have a car.' (literally, 'there is my car')

Here are some more examples.

(Ben**im**) araba**m** var. (my car exists) 'I have a car.'
(Sen**in**) araba**n** var mı? (your car exists question) 'Do you have a car?'
(Siz**in**) araba**nız** var mı? (your-plural car exists question) 'Do you have a car?'
(Ben**im**) kedi**m** yok. (my cat doesn't exist) 'I don't have a cat.'

Exercise 6 Translate the sentences into Turkish.

1. I have two cats.
2. Do you have children?
3. Alice has a lot of Turkish friends.
4. We do not have a math class on Monday.
5. Do you (plural) have a cell phone?
6. They do not have a train ticket.
7. My father has a very big summer house in Ayvalık.
8. Hasan Bey has a red car.
9. We don't have time now.
10. Do you have a few minutes?

5.4 Some special and obligatory uses of the possessive

The possessive marker is used when we are talking about physical properties and discomforts. Whereas in English you would say 'I have a headache,' in Turkish you say 'my head is aching,' with a possessive structure. Here are some examples of such uses:

(benim) baş**ım** dönüyor. 'I feel dizzy.'
(senin) diş**in** ağrıyor mu? 'Do you have a toothache?'
(onun) karnı ağrıyor. 'He has a stomach ache.'
(bizim) boğaz**ımız** ağrıyor. 'We have sore throats.'
Sizin de mide**niz** bulanıyor mu? 'Do you feel nauseous, too?'
(benim) baş**ım** ağrıyor. 'I have a headache.'
(senin) karn**ın** aç değil mi? 'Aren't you hungry?'
Hasan'ın karnı tok. 'Hasan is full.'

Remember that the pronoun possessors are usually dropped, that is why they are put in parentheses above. It is more common to say simply *başım dönüyor*. Expression of *benim* results in a contrastive reading: It is I who feel dizzy, not someone else. In the example with *sizin* above, parentheses are not used because it is a context where it would be more appropriate to use *sizin*. The sentence reads 'Do you feel nauseous *too*?' so there is a contrastive reading of the subject.

The word *can* 'heart, soul' is used with the possessive to express a special meaning.

Can**ım** sıkılıyor. 'I am bored.'
(literally, 'my heart is bored')
Can**ım** hiç ders çalışmak istemiyor. 'I do not feel like studying.'
(literally, 'my heart doesn't want to study')
Sizin can**ınız** ne yemek istiyor? 'What do you feel like eating?'
(literally, 'what does your heart want to eat?')

The word *can* can appear with all the possessive markers, although you will most probably hear it more with the first person singular possessive marker in statements and second person singular possessive marker in questions.

Here is the full paradigm:

Canım sıkılıyor.   Canımız sıkılıyor.
Canın sıkılıyor.   Canınız sıkılıyor.
Canı sıkılıyor.   Canları sıkılıyor.

Exercise 7 Complete the sentences with the correct form of *can*.

Örnek: Canım şarkı söylemek istiyor.

1. (Benim) _____ şarkı söylemek istiyor.
2. (Senin) _____ müzik dinlemek istiyor.
3. (Onun) _____ dans etmek istiyor.
4. (Bizim) _____ ne yapmak istiyor?
5. (Sizin) _____ İstanbul'a gitmek istiyor.
6. (Onların) _____ ders çalışmak istemiyor.

Genitive and possessive

Exercise 8 Here you will find some obligatory uses of the possessive marker. Pick the possessive marked word, and then another word from the next column that will go along with it, and finally, guess its meaning to make the sentences. You will need to use some of them more than once. The first answer is given to you.

Halim   bozuk
İştahım   geldi
Keyfim   kaçtı
Moralim   yerinde
Uykum   yok

1. Keyfim kaçtı 'I became disenchanted.'
2. _____ 'I don't have any appetite.'
3. _____ 'I lost my appetite.'
4. _____ 'I'm in high spirits.'
5. _____ 'I'm not energetic.'
6. _____ 'I'm sleepy.'
7. _____ 'I'm in a low mood.'
8. _____ 'I'm not in high spirits.'

5.5 Possessives with quantifier phrases

The possessive can be used with some quantifiers to express the meaning of 'most of us' or 'all of them.' The same structure can be used with cardinal numbers as well to express the partitive meaning, such as 'two of them.' Here is a list of most commonly used ones:

bizim	üçümüz 'three of us'	yarımız 'half of us'	bazılarımız 'some of us'	hiçbirimiz 'none of us'	hepimiz 'all of us'	çoğumuz 'most of us'
sizin	üçünüz 'three of you'	yarınız 'half of you'	bazılarınız 'some of you'	hiçbiriniz 'none of you'	hepiniz 'all of you'	çoğunuz 'most of you'
onların	üçü 'three of them'	yarısı 'half of them'	bazıları 'some of them'	hiçbiri 'none of them'	hepsi 'all of them'	çoğu 'most of them'

The phrase *kitapların hepsi* 'all of the books' can be rephrased as *bütün kitaplar* 'all the books.' The *bütün* structure is not a possessive structure, so it was not included in the table above. It is included in the exercises and exemplified below so that you can see the difference in the structure. Note that *bütün* appears only as a modifier, *before* nouns, whereas *hepimiz*, *hepsi* etc. behave like pronouns/nouns. Another structural difference is that *bütün* does not appear in genitive-possessive structures while *hepimiz*, *hepsi* etc. carry the possessive marker, and they are preceded by nouns that carry a genitive case.

Denis **künefenin hepsi**ni yemiş. 'Denis ate all of the *künefe.*'
Denis **bütün künefe**yi yemiş. 'Denis ate all the *künefe.*'
Ben sınavda **soruların hepsi**ni yapamadım, sen yaptın mı?
Ben sınavda **bütün sorular**ı yapamadım, sen yaptın mı?

Exercise 9 Complete the sentences with *hepiniz, çoğunuz, bütün, hiçbirimiz, bazıları, hepimiz, üçü, hepsi*.

1. _____ burada oturuyoruz.
2. _____ Japonca bilmiyoruz.
3. _____ Japonca öğrenmek istiyorsunuz.
4. _____ bizimle gelmek istiyorlar.
5. _____ İstanbul'da bir otelde kalıyor.
6. _____ kitaplar bu masanın üstünde.
7. Masadaki kitapların _____ çok eski.

5.6 Genitive-possessive construction chains

Possessive compounds can appear within other possessive compounds and form so-called genitive-possessive chains. Here is the structure:

[[Possessor+*(n)In* Possessed+*(s)I*] + *(n)In* Possessed +*(s)I*] ...
Zeren'**in** yazlık ev**i**
'Zeren's summer house'

[Zeren'**in** yazlık ev**i**]**nin** bahçe**si**
'Zeren's summer house's garden'

[Zeren'**in** yazlık ev**i**]**nin** bahçe**si**]**nin** kapı**sı**
'The door of Zeren's summer house's garden'

[Zeren'**in** yazlık ev**i**]**nin** bahçe**si**]**nin** kapı**sı**]**nın** anahtar**ı**
'The key of the door of Zeren's summer house's garden'

[Zeren'**in** yazlık ev**i**]**nin** bahçe**si**]**nin** kapı**sı**]**nın** anahtar**ı**]**nın** deliğ**i**
'The hole of the key of the door of Zeren's summer house's garden'

Although such chains do not have any limits and you may add as many as you would like one after another, owing to human processing capacity, you do not have very long chains in natural speech.

Exercise 10 Make possessive chains with the words in brackets. (The words are not in order!)

1. Ben [babam - iş - arkadaş - Fransız] Fransızca konuşuyorum.
2. [Elif Şafak - İngilizce - romanlar] çok güzelmiş.
3. İstanbul'daki [büyük - oteller - havuz - yüzme] çok pahalı.
4. [numara - ev - telefon - Ekrem Eniște] hiç kimse bilmiyor mu?
5. [Karşılaştırmalı Edebiyat - Bilgi - Bölüm - Üniversite] hangi kampüste?
6. Ben [kütüphaneler - koku - kitap - eski] bayılırım.
7. Hepimiz [anneannem - baklava - bayram] özledik.
8. [Boğaziçi - yabancı - Üniversite - öğrenci] kampüste mi kalıyor?
9. [Dedem- yavrular - köpek - av] çok şirinler.
10. [Bursa - cami - minare] ne kadar yüksek.

Genitive and possessive

Exercise 11 Fill in the blanks with genitive and possessive markers and then choose the appropriate kinship term from the list below. You may use each of them more than once.

enişte, kuzen, anneanne, amca, babaanne, yenge, dayı, hala

Örnek: Babamın erkek kardeşi benim amcam.

1. Babam _____ erkek kardeş _____ kız _____ benim _____.
2. Annem _____ kızkardeş _____ kız _____, benim _____.
3. Babam _____ anne _____ benim _____.
4. Annem _____ anne _____ benim _____.
5. Ablam _____ eş _____ benim _____.
6. Dayım _____ eş _____ benim _____.
7. Annem _____ erkek kardeş _____ benim _____.
8. Babam _____ erkek kardeş _____ benim _____.
9. Babaannem _____ kız _____ benim _____.
10. Halam _____ eş _____ benim _____.

Exercise 12 Now define these kinship terms using statements similar to the ones above. You may need to use your dictionary for some terms or check the list of family terms in Chapter 40.

Örnek: Amca: birinin babasının erkek kardeşidir.

1. dayı
2. görümce
3. torun
4. kayınvalide
5. elti
6. dede
7. bacanak
8. kayınbirader
9. baldız
10. gelin
11. damat

Locations that are typically expressed with postpositions such as 'under,' 'above,' and 'in' are expressed with the genitive-possessive construction in Turkish. Here are some examples. See Chapter 19 for more examples and discussion of such structures.

Kedi masa-nın alt-ı-nda. 'The cat is under the table.'
Anahtarları masa-nın üst-ü-ne koydum. 'I put the keys on the table.'

Exercise 13 Make sentences with a word from each column.

Örnek: Elma masanın üstünde.

49

A STUDENT GRAMMAR OF TURKISH

(a)	(b)	(c)
elma	masa	üst
otobüs	ev	alt
ev	bardak	yan
kediler	çanta	iç
mektuplar	kutu	dış
kalemler	otobüs	arka
anahtar	üniversite	ön
portakal suyu	ağaç	
resim	dergi	
fotoğraf makinası	televizyon	
	ben	
	siz	
	biz	

5.7 Possessive compounds

In English, you make compounds just by putting them together: apple tree, Amazon forest, housewife, etc. In Turkish, these compounds are formed attaching the suffix -(s)I to the second part of the noun-noun compound. So apple tree is *elma ağacı* (apple tree-(s)I), Amazon Forest is *Amazon ormanı*, housewife is *ev hanımı*. Here are some more examples:

Yatak odası
Otobüs durağı
Üniversite öğrencisi
İstanbul Üniversitesi
Bebek arabası

As you have most probably noticed, the so-called compound marker -(s)I is the same as the third person singular possessive marker -(s)I. It behaves and sounds like -(s)I.

When you are pluralizing the possessive compounds, you insert the plural marker -lAr before the possessive marker.

bebek arabası 'stroller'   bebek arabaları 'strollers'
yemek odası 'dining room'   yemek odaları 'dining rooms'
ev kadını 'housewife'   ev kadınları 'housewives'

Note that the difference between a possessive compound and a genitive-possessive construction is the genitive marker on the possessor. In possessive compounds, you only have the compound marker -(s)I, while the genitive-possessive structures have a genitive marker as well. See the examples below and pay attention to their difference in meaning. The first ones are the possessive compounds, the second ones are the genitive-possessive constructions.

bebek araba**sı** 'stroller' *vs.* bebe**ğin** araba**sı** 'the car or the stroller of the baby'
otel oda**sı** 'hotel room' *vs.* ote**lin** oda**sı** 'the room of the hotel'
kamyon şoför**ü** 'truck driver' *vs.* kamyo**nun** şoför**ü** 'the driver of the truck'

When you need to attach a possessive marker to a possessive compound (to say 'stroller' for example), you drop the compound marker and then attach -(s)I. So, 'my stroller' is

Genitive and possessive

benim bebek arabam (not *benim bebek arabasını*). In other words, a possessive compound may be a part of a genitive construction, in which case there is only one possessive ending.

vişne bahçesi	'cherry orchard'
(benim) vişne bahçem	'my cherry orchard' (not *meyve bahçesi-m*)
(senin) vişne bahçen	'your cherry orchard'
Babamın vişne bahçesi	'my father's cherry orchard'
(bizim) vişne bahçemiz	'our cherry orchard'
(sizin) vişne bahçeniz	'your cherry orchard'
(onların) vişne bahçeleri	'their cherry orchard(s)'

Case markers follow possessive markers in Turkish. After *-(s)I*, the case markers appear as follows:

İstanbul Üniversitesi'**ne** *vs.* üniversite**ye**
İstanbul Üniversitesi'**ni** *vs.* üniversite**yi**
İstanbul Üniversitesi'**nde** *vs.* üniversite**de**
İstanbul Üniversitesi'**nden** *vs.* üniversite**den**

Note the use of *n* (instead of *y*) between the case marker and the possessive marker.

Exercise 14 Match the words in the two columns to make possessive compounds.

Food
çilek	çorba	*Örnek:* çilek reçeli
Fransız	balık	____
mercimek	kahve	____
okyanus	kızartma	____
patates	reçel	____
portakal	salata	____
Sezar	şarap	____
Türk	su	____

Professions
bebek	bakıcı	*Örnek:* bebek bakıcısı
bilgisayar	doktor	____
inşaat	memur	____
kadın	mühendis	____
müzik	öğretmen	____
otobüs	programcı	____
polis	rehber	____
turist	şoför	____

Geographical names
Ağrı	çöl	*Örnek:* Ağrı Dağı
Amazon	dağ	____
Atlas	deniz	____
Hazar	göl	____
Londra	kanal	____
Nil	meydan	____

A STUDENT GRAMMAR OF TURKISH

Sahara	nehir	____
Süveyş	okyanus	____
Taksim	orman	____
Van	şehir	____

Places and institutions

Devlet	bakanlık	*Örnek:* Devlet Tiyatrosu
İş	banka	____
Kremlin	cami	____
Osmanlı	imparatorluk	____
Sağlık	saray	____
Sultan Ahmet	tiyatro	____
Yale	üniversite	____

Special days, time and dates

8:15	Bayram	*Örnek:* 8:15 vapuru
anneler	gün	____
Fransız	İhtilal	____
Cumhuriyet	mevsim	____
kahvaltı	saat	____
Kurtuluş	Savaş	____
vişne	sezon	____
yaz	vapur	____

Relations between two things

Bursa-Ankara	dostluk	*Örnek:* Bursa-Ankara yolu
İran-Irak	eşitlik	____
Kadın-erkek	görüşme	____
Obama-Erdoğan	ilişki	____
Öğretmen-öğrenci	savaş	____
Türk-Yunan	yol	____

Exercise 15 Some of the sentences below have possessive markers (and some do not). Complete the sentences with case markers. Use the correct form of the case marker. Remember, case markers appear differently after (some) possessive markers.

1. Murat Bey Ankara Üniversitesi _____ ders veriyor.
2. Sen Gypsy Kings'in şarkıları _____ hoşlanıyor musun?
3. İzmir otobüsü _____ nereden biniyoruz?
4. Turistler bu durakta Beşiktaş otobüsü _____ iniyorlar.
5. Turistler bu durakta otobüs _____ iniyorlar.
6. Amcam bir üniversite _____ okutman.
7. Dün alışveriş merkezinde matematik öğretmenim _____ karşılaştım.
8. Ali İtalyanca kursu _____ vapurla mı gidiyor?
9. Bizim evin anahtarı _____ sizde mi unutmuşuz?
10. Annenin çilek reçeli _____ bayılıyoruz.

Genitive and possessive

Exercise 16 Fill in the blanks with possessive markers and case markers.

1. Ferzan Özpetek _____ son film _____ izledin mi?
2. Dün Ayşe _____ dükkan _____ uğradım.
3. Bu haberi Ahmet _____ anne _____ duyduk.
4. Onlar _____ kardeş _____ çok ünlü bir yazar.
5. Ben siz _____ şaka _____ nefret ediyorum.
6. Hasan biz _____ doktor _____ konuşuyor.
7. Mehmet'le pastane _____ ön _____ buluşacağız.
8. Ben öğrenci _____ hiçbir _____ partiye davet etmedim.
9. Amerika'ya Kasım _____ beş _____ döneceğim.
10. Ahmet dünkü kazada kol _____, bacak _____ ve burun _____ kırmış.
11. Ahmet _____ kızkardaş _____ ev _____ gidiyorum.
12. Ahmet'in _____ yeni kızkardaş _____ pek hoşlanmadım.
13. Jale _____ son mektup _____ dün aldım.
14. Melek Hanım _____ yemekler _____ seviyor musunuz?
15. Ben _____ yemek _____ bayılıyorlar.
16. Sen _____ yemek _____ hoşlanmıyorlar.
17. İstanbul Üniversitesi _____ gelmişler.
18. Bunu Mine _____ abla _____ söylediniz mi?
19. Siz de Murat _____ köpekler _____ korkuyor musunuz?
20. Kaya _____ yeni araba _____ gördünüz mü?

Chapter 6

Numerals and plurality

Contents

6.1 Plural with -*lAr*
6.2 -*lAr* with compounds
6.3 Cardinal numbers
6.4 *bir* 'one' or 'a(n)'
6.5 Ordinal numbers
6.6 Distributive numbers
6.7 The time
6.8 Telephone numbers
6.9 Dates
6.10 Age
6.11 Measuring substances
6.12 *Tane*
6.13 *Yarı, yarım* and other fractions
6.14 Arithmetical terms

6.1 Plural with -*lAr*

Number on nouns (including proper names), demonstrative pronouns, and question words is morphologically marked by attaching the plural morpheme -*lAr* after the stem and before the possessive and case markers.

kedi 'cat'
kedi-**ler** (cat-PL) 'cats'
kedi-**ler**-im (cat-PL-POSS) 'my cats'
kedi-**ler**-de (cat-PL-LOC) 'on/in cats'
kedi-**ler**-im-de (cat-PL-POSS-LOC) 'on my cats'

As we already know, the plural suffix changes (appears as -*ler* or -*lar*) due to vowel harmony. After the pronouns *bu*, *şu* and *o*, it appears as -*nlar*, with the buffer -*n*.

e, i, ü, ö	+ *ler*	ev-ler, şehir-ler, göz-ler, gün-ler
a, ı, u, o	+ *lar*	araba-lar, masa-lar, okul-lar, soru-lar, koro-lar, arı-lar
pronouns *bu, şu, o*	+ *nlar*	bu-nlar, şu-nlar, o-nlar

-*lAr* does not appear in the presence of numerals and plural quantifiers. There are just a few exceptions to this rule and they are lexicalized forms. *Yedi Uyuyanlar* 'Seven Sleepers (of Ephesus),' *Ali Baba ve Kırk Harmiler* 'Ali Baba and the Forty Thieves,' *Üç Silahşörler* 'The Three Musketeers' are some of these marginal examples where a plural quantifier and plural marker are used together. A more regular form would be:

iki kedi-Ø (two cat) 'two cats'

-*lAr* can also be attached to verbal stems as the third person plural agreement marker when the subject is human. The agreement marker can optionally be dropped when the subject is expressed (when the subject is not dropped due to pro-drop). When the subject is dropped, -*lAr* on the verb is obligatory.

Numerals and plurality

Öğrenciler bugün okuldan erken çıktı**lar**.
Öğrenciler bugün okuldan erken çıktı.
Bugün okuldan erken çıktı**lar**.

When the subject is not human, but animate such as 'cats,' -*lAr* on the verb does not sound as good, but it can be marginally used in sentences such as *kediler bahçeye geldiler*. -*lAr* agreement is not possible with inanimate subjects. For example, *kitaplar düştüler* 'the books fell' sounds very bad to most speakers.

In personal pronouns, number and person are fused, that is 'we' is not formed by attaching the plural marker to 'I.' Rather, there are separate pronouns that correspond to 'we' and 'plural you' (*ben* 'I' vs. *biz* 'we' and *sen* 'you' and *siz* 'plural you'), except in the case of the third person plural (*o* 's/he, it' vs. *o-nlar* 'they') which is formed by attaching -*lAr* to the pronoun *o*.

-*lAr* can also be attached to mass nouns such as 'milk,' 'meat,' 'coffee,' 'rice.' In such instances (e.g., *Dolaptaki sütler bozulmuş*), it denotes a countable meaning such as 'a bottle of milk' or 'two pieces of meat,' or 'two kinds of rice.' When attached to demonstrative pronouns 'this,' 'that' and to the personal pronoun 'it,' -*lAr* serves to derive the plural pronouns 'these,' 'those,' and 'they': *bu-nlar*, *şu-nlar*, *o-nlar*. Remember that *n* is inserted between the plural marker and the pronoun. When these plural pronouns are used as plural demonstrative determiners (e.g., 'these books'), modifying nouns, -*lAr* is attached only to the noun:

Bu kitaplar çok sıkıcıymış (*not* bunlar kitaplar)
Şu adamlar seninle konuşmak istiyor (*not* şunlar adamlar)

When the head of such a clause is omitted, -*lAr* can remain in the demonstrative:

Bunlar kimin?
Bu kitaplar kimin?

Exercise 1 Add either -*ler* or -*lar* to the following words:

ders ___	üniversite ___	kitap ___	sinema ___
sınav ___	öğretmen ___	kalem ___	taksi ___
öğrenci ___	arkadaş ___	tahta ___	radyo ___
okul ___	sınıf ___	gün ___	çikolata ___
masa ___	çanta ___	akşam ___	metre ___
ödev ___	defter ___	gece ___	banka ___
simit ___	su ___	ev ___	numara ___
göl ___	şu ___	bu ___	o ___

Exercise 2 How would you say these in Turkish?

cats
cars
two cats
my cars
our car
our cars
these books

my father's horses
eleven buses
the buses
their books
their book

The plural morpheme is attached directly to the stem, preceding the case and possessive markers in the majority of structures. There are some exceptions to this rule. In the word *kedi-de-ki-ler* (cat-LOC-*ki*-PL) 'those that are on the cat' where we have *ki*, the plural morpheme follows the locative case marker. *Ki* can be considered a pronominal marker and the plural morpheme pluralizes the noun pronominalized with *ki*. In another example, the plural marker follows the possessive *annemleri* (mother-poss-pl-acc) 'my mother and others.' Such examples are restricted to some kinship terms. The meaning of the structure is different when the ordering of possessive and plural is reversed as in *anne-ler-im-i* (mother-PL-POSS-ACC), which means 'my mothers.' In the last example, the bare noun 'mother' is pluralized since the plural marker is immediately attached to the noun stem. Other than these marginal instances, the plural marker is attached to the stems preceding other suffixes.

6.2 *-lAr* with compounds

When *-lAr* is attached to the possessive compounds, it precedes the possessive/compound marker. Because the plural marker ends in a consonant, the possessive marker always appears as *ı, i, u, ü*, without *s* after the plural *-lAr*.

çocuk araba-sı   çocuk araba-lar-ı
el sabun-u   el sabun-lar-ı
Türk kahve-si   Türk kahve-ler-i

The first noun in the compound can be plural, as seen in the examples below. When the first part of the compound is plural (carries the *-lAr* morpheme), the compound cannot be pluralized with *-lAr*.

Öğretmen**ler** odası   *öğretmenler odaları
Kadın**lar** hamamı   *kadınlar hamamları
Erkek**ler** tuvaleti   *erkekler tuvaletleri

When the first part of the compound is lexically plural (and does not bear the plural marker *-lAr* but has a plural meaning), it can be pluralized with *-lAr*. Such lexically plural examples are very few in number (e.g., *hayvanat* in *hayvanat bahçesi, hayvanat bahçeleri*) and are all words of Arabic origin. They are not even perceived as plural by most native speakers.

6.3 Cardinal numbers

Here is a list of the cardinal numbers in Turkish. It is pretty regular, so I have listed all the cardinal numbers up to 30 and then just listed the 'ten' numbers. *On bir* is 11, *yirmi bir* is 21, *otuz bir* is 31, *kırk bir* is 41, etc.

Numerals and plurality

0	sıfır								
1	bir	11	onbir	21	yirmi bir	40	kırk	108	yüz sekiz
2	iki	12	oniki	22	yirmi iki	50	elli	111	yüz onbir
3	üç	13	onüç	23	yirmi üç	60	altmış		
4	dört	14	ondört	24	yirmi dört	70	yetmiş		
5	beş	15	onbeş	25	yirmi beş	80	seksen		
6	altı	16	onaltı	26	yirmi altı	90	doksan		
7	yedi	17	onyedi	27	yirmi yedi	100	yüz		
8	sekiz	18	onsekiz	28	yirmi sekiz	1000	bin		
9	dokuz	19	ondokuz	29	yirmi dokuz	million	milyon		
10	on	20	yirmi	30	otuz	billion	milyar		

We do not need *bir* with 100 and 1000. That is, 100 is *yüz*, not *bir yüz*, 1000 is *bin*, not *bir bin*. However, *milyon* and *milyar* require *bir*: *bir milyon*, *bir milyar*. You do not use 'and' when you are reading the numbers. 'Two hundred and fifty-one' is *iki yüz elli bir* (without 'and'). Remember that when cardinal numbers modify nouns, nouns cannot have the plural marker *-lAr* (two cats is *iki kedi*, not *iki kediler*).

The word stress on numerals falls on the last syllable, except in the case of numbers with *on*: *yirmi doKUZ*, *seksen alTI* vs. *ONdokuz*, *ONaltı*.

Exercise 3 Write or read aloud these numbers:

43	1001	19	88	2010	30
108	2049	248	7	333	8
222	2	90	11	215	5

6.4 *bir* 'one' or 'a(n)'

The cardinal number *bir* 'one' is a special number in the sense that it can be used also to express the meaning marked with the indefinite article 'a(n)' in English. Apart from *bir* there is no other marker that corresponds to the indefinite article in English but objects can be used in the bare form without articles to express an 'indefinite' sense. When used without *bir*, the interpretation is 'book-reading' rather than 'reading a book.' The difference in meaning between the sentences with and without *bir* is very minor.

Ayşe kitap okuyor. 'Ayşe is book-reading.'
Ayşe bir kitap okuyor. 'Ayşe is reading a book.'

When there is an adjective, objects sound much better with *bir*. When the object is modified by a relative clause, *bir* is obligatory, otherwise the meaning of the sentence changes. In such cases, the object bears a case marker as well. The sentence is not grammatical without a case marker.

Kısa bir film seyrettik.
'We watched a short film.'

Kısa film seyrettik.
'We watched (a) short film.'

Ayşe arkadaşlarının tavsiye ettiği bir kitabı okuyor.
'Ayşe is reading a book that her friends recommended.'

*Ayşe arkadaşlarının tavsiye ettiği bir kitap okuyor. (This is not possible.)

Ayşe arkadaşlarının tavsiye ettiği kitabı okuyor.
'Ayşe is reading the book that her friends recommended.'

Bir can be used with a cardinal number interpretation as well. When it has the 'one' interpretation, rather than 'a(n),' as seen in the second and the third examples below, it is stressed.

Tatilde okumak için güzel bir kitap arıyorum.
Tatilde yalnızca bir kitap okuyabildim.
Ayşe'nin bir oğlu var. Ablasının iki oğlu var.

In addition to the stress pattern, the order of *bir* and adjectives is different in indefinite and numeral structures. The indefinite *bir* appears between an adjective and a noun. When *bir* precedes the adjective, it has a numeral interpretation. With an extra stress on *bir*, it can have a numeral interpretation when it appears between a noun and an adjective as well.

Annem güzel bir elbise almış.
'My mother bought a nice dress.'

Annem bir güzel elbise almış.
'My mother bought one nice dress.'

In colloquial spoken language the *r* at the end of *bir* is dropped and the word is pronounced as /bi/ when it has the indefinite article interpretation. Because it is stressed, we do not observe *r*-drop in the numeral interpretation.

It is less common to use *bir* with nouns in the predicate position. While we did not have *bir* in this position in the past, it started being popular with the influence of the English language on Turkish, especially due to soap opera translations in recent years. Some speakers (who most probably do not watch TV very often) say that the version with *bir* sounds very bad in examples such as the following:

Ben doktorum.
Ben bir doktorum.

Bir cannot be used with plural objects with indefinite article interpretation; however, it is possible to see plural nouns with *bir*. In such idiomatic uses, it rather has an emphasis function. In the examples below, the speaker means 'The films that we saw were exceptionally good!' or 'The stories in the book were exceptionally interesting.'

Bir filmler seyrettik!
Bu kitapta bir hikayeler var (okusan bayılırsın).

Bir can also have an adverbial interpretation. In such uses, it modifies the verb or the whole event and has an emphasis function. The meaning of the first two examples are 'Could you have a quick look?' Or 'Could you come for a minute or so?' It adds a quickness or easiness to the action. In the last example, the meaning it adds increases the effect of 'shouting': 'He shouted in such a way that . . . '

Numerals and plurality

Bir bakar mısınız?
Bir gelir misiniz?
Adam çocuklara bir bağırmış . . .

Bir can have an 'only' interpretation as well. In such uses, it can be replaced by the adverbs *sadece* or *yalnızca* 'only.'

Bir annem beni anlıyor.
'Only my mother can understand me.'

Bunu bir sen yapabilirsin, bir de Suzan.
'Only you could do this. And also Suzan.'

Bir can have a 'once' interpretation in examples like the following:

Haldun haftada bir bize geliyor.
'Haldun comes to us once a week.'

Amcam yılda bir kere doktor kontrolüne gidiyor.
'My uncle goes for a check-up once a year.'

Bir can appear in some idiomatic expressions as well. Here is a list of some of them:

bir kere 'once'
bir daha 'again, once more'
bir an önce 'as soon as possible'
bir ara 'some time, at some point'
bir arada 'together'
bir sürü / yığın 'a lot of'
bir türlü 'no matter what, by no means'
birden 'all of a sudden'
bir de 'and also'
bir bir 'one by one'
birer birer 'one by one'

6.5 Ordinal numbers

Ordinal numbers are formed with the attachment of the suffix *-(I)ncI* to the cardinal numbers. Here are some examples:

birinci, ikinci, üçüncü, dördüncü, beşinci,
altıncı, yedinci, sekizinci, dokuzuncu, onuncu

The ordinal number suffix undergoes I-type vowel harmony and the initial vowel may be omitted if the cardinal number has one of the variants of the *I-vowel*. Note the *I*-ending numbers *yedi* and *iki* above.
When ordinal numbers appear in a text, the suffix *-(I)ncI* is separated with an apostrophe.

Bu yıl festivalin 12'incisi düzenlenecek.
Bu binanın 14'üncü katında oturuyorlarmış.

The ordinal suffix may be replaced with a period as seen in the first example below. Such a replacement with a period is especially common in person names or other naming contexts as exemplified below. You may think about this period as the *-th* that appears after ordinal numbers in English. When these sentences are read, 16. and IV. are read as *onaltıncı* or *dördüncü*.

16. Film Festivali bu yıl Temmuz ayında yapılacak.
IV. Murat 'Murat the fourth'
II. Dünya Savaşı 'The Second World War'
18. Yüz Yıl '18th century'

-(I)ncI is attached to the question word *kaç* to make questions.

-İsmet İnönü Türkiye'nin **kaçıncı** cumhurbaşkanıydı?
-İkinci

Another word for *birinci* is *ilk* 'first.' The word we use for 'last' is *son*.

Türkiye'nin birinci / ilk cumhurbaşkanı kimdi?

Exercise 4 Complete the sentences with the correct form of *-(I)ncI*. In some examples, you will need to attach a case marker or a possessive marker, as well.

1. Mustafa Kemal Atatürk Türkiye Cumhuriyeti'nin _____ (1st) cumhurbaşkanı.
2. Babası Hasan'a _____ (18th) doğumgününde araba alacakmış.
3. Buse, teyzemin _____ (3rd) çocuğu, anneannemin de _____ (4th) torunu.
4. Tuz Gölü Türkiye'nin _____ (2nd) büyük gölü.
5. Sen ailenin _____ (kaç) torunusun?
6. Güzellik yarışmasının _____ (1st) yine Venezuellalıymış.
7. Murat bu yıl _____ (6th) sınıfa geçti.
8. Hasan Bey bu şirketin _____ (2nd) müdürü.
9. Melis _____ (5th) yaşını Silivri'de kutlamak istiyormuş.
10. Bu gün annemlerin _____ (27th) evlenme yıldönümü.
11. Kardeşim 2010 yılında, _____ (10th) ayın 10'unda evlenecek.
12. Bu ablamın _____ (1st), eniştemin _____ (2nd) evliliği.

6.6 Distributive numbers

Distributive numbers are formed by the attachment of the distributive suffix *-(ş)Ar* to the cardinal numbers. The suffix undergoes A-type vowel harmony. The *ş* part of the suffix is dropped when it is attached to a number that ends in a consonant.

The meaning of cardinal number + *-(ş)Ar* is '. . . each.' For example, *iki-şer* means 'two each,' *bir-er* means 'one each.' When distributive numbers are repeated, as in *ikişer ikişer, birer birer*, it means 'two by two' or 'one by one.'

Mehmet'in acelesi var herhalde. Basamakları **ikişer ikişer** çıkıyor.
'Mehmet must be in a hurry. He is climbing up the steps two by two.'

Başbakan **birer birer** bütün çocuklarla konuştu.
'The Prime Minister talked to all the children one by one.'

Two different cardinal numbers + *-(ş)Ar* can be also used to mean 'in groups.'

Saat dokuzdan sonra Turistler **ikişer üçer** müzeye girmeye başladı.
'After nine, tourists started entering into the museum in groups of two or three.'

Numerals and plurality

Exercise 5 Attach the correct form of *-(ş)Ar* to the cardinal numbers below.

beş ___   oniki ___   sekiz ___   on ___   dört ___
altı ___   yedi ___   dokuz ___   onbir ___   üç ___

Exercise 6 Complete the sentences with *-(ş)Ar*.

1. Sisten sonra uçaklar bir _____ bir _____ piste inmeye başladı.
2. Asansör dört kişilik olduğu için yukarıya dört _____ dört _____ çıkabiliyoruz.
3. Babaannem bayramlarda bize bir _____ mendil ve bayram harçlığı verirdi.
4. Hasan iddiayı kazanırsa hepimize üç _____ top dondurma ısmarlayacak.
5. Dansçılar yedi _____ kişilik gruplar halinde sahneye çıktılar.
6. Zehra herkese altı _____ kart dağıtacak.
7. Garsonlara beş _____ lira bahşiş bıraktık.
8. Patron bütün işçilerle iki _____ defa görüşmüş, yine de sorunu halledememiş.

6.7 The time

It is very simple to tell the time in Turkish:

Saat iki (time two) 'it is two o'clock.'

In a formal context, 13 instead of 1 (pm), 14 instead of 2 (pm), 15 instead of 3 pm, etc. are used. *Buçuk* 'half' is the word used for 30 as in 10:30, which is *on buçuk* in Turkish. The word for 'quarter' is *çeyrek* and it is used with case markers when you would like to express 'quarter *past*' and 'quarter *to*' senses. Note the accusative case in the following examples. The word *geçiyor* is the same as the word for 'past' in English.

Saat altı**yı** çeyrek geçiyor. 'It is quarter past six.'
Saat altı**yı** yirmi geçiyor. 'It is 20 past six.'

Here is how you would say '20 *to* four.' Note the dative case on the hour.

Saat dörd**e** yirmi var. 'It is 20 to four.'
Saat dörd**e** çeyrek var. 'It is 15 to four.'

The word *geçe* is also used for expressing 'past.' Similarly, the word *kala* is used for 'to,' when you are expressing the time in a sentence, rather than telling the time alone.

Otobüs altıyı çeyrek *geçe* geliyor.
'The bus is coming at quarter past six.'

Otobüs dörd**e** yirmi *kala* geliyor.
'The bus is coming at 20 to four.'

	13:40	14:20
Telling the time only:	Saat ikiye yirmi **var**.	Saat ikiyi yirmi **geçiyor**.
	Saat onüç kırk.	Saat ondört yirmi.
Using the time in a sentence:	Otobüs ikiye yirmi **kala** geliyor.	Otobüs ikiyi yirmi **geçe** geliyor.
	Otobüs onüç kırk**ta** geliyor.	Otobüs iki yirmi**de** geliyor.

The word for midnight, 24:00, is *gece yarısı*.

To ask how long something takes or lasts, we use the verb *sür-*. Instead of *kaç saat* you may use the term *ne kadar* as well.

Film *kaç saat* sürecek?
Yolculuk *ne kadar* sürecek?

Exercise 7 How would you tell the time? Use the words *çeyrek, buçuk, geçiyor,* when you can.

11:00	Saat ___	08:30	Saat ___
12:15	Saat ___	09:00	Saat ___
10:45	Saat ___	07:10	Saat ___

Exercise 8 What time is it? Write the numbers.

1. Saat dokuzu beş geçiyor   ___ : ___
2. Saat onbire yirmi var   ___ : ___
3. Saat beş buçuk   ___ : ___
4. Saat dörde çeyrek var   ___ : ___
5. Saat altıyı çeyrek geçiyor ___ : ___
6. Saat üç buçuk   ___ : ___
7. Saat yarım   ___ : ___

Exercise 9 Match the sentences with the time that is mentioned in the sentence.

07:00   07:30   08:15   09:05   10:00   12:00   12:30   13:15
16:45   17:00   17:40   19:00   19:30   20:00   24:00

1. Toplantı altıya yirmi kala başlayacakmış.
2. Vapur onüç onbeşte Kadıköy iskelesinde oluyor.
3. Stadyumun kapılarını tam sekizde açacaklarmış.
4. Seda'nın Almanca dersleri akşam yedide başlıyor.
5. Bu dönem derslerim hergün onda başlayacak.
6. Ahmet Bey'in misafirleriyle öğlen buluşup yemek yiyeceğiz.
7. Babam bu gece nöbetçi. Sabah yediden önce evde olmaz.
8. Bizim kafe yarımda açılıyor.
9. Dedemin saat yedi buçukta tansiyon ilacını içmesi gerekiyor.
10. Saat beşte terminalde olmamız gerekiyordu ama hala yoldayız.
11. Servisler okulun önünden beşe çeyrek kala kalkıyor.
12. Bütün öğrenciler en geç sekizi çeyrek geçe arka bahçede toplansınlar.
13. ATV'nin ana haber bülteni ondokuz otuzda mı başlıyor?
14. Aslıhan'ın uçağı gece yarısı kalkacakmış.
15. Atatürk 10 Kasım 1938'de saat dokuzu beş geçe ölmüş.

6.8 Telephone numbers

Telephone numbers are not read digit by digit. Rather, the digits are pronounced as groups of three digits and then the last four digits as two numbers:

534 25 34 beşyüz otuzdört yirmibeş otuzdört

Numerals and plurality

Exercise 10 Read or write down these telephone numbers:

212 245 11 15
216 304 14 95
314 333 24 52
212 414 35 02

6.9 Dates

The date 1970 is not *ondokuz yetmiş*, it is rather expressed as 'one thousand, nine hundred, seventy,' *bin dokuz yüz yetmiş*.

Exercise 11 Read and write down these dates:

1933   1973   1966   1924
2006   2000   1881   1071

Exercise 12 Match the expression of the dates with the dates in the second column.

bin dokuz yüz doksan dokuz	1066
bin altmış altı	1344
bin dokuz yüz dokuz	1493
iki bin kırk sekiz	1507
bin altı yüz dokuz	1609
bin dokuz yüz altmışsekiz	1909
iki bin oniki	1968
bin dört yüz doksan üç	1984
bin beş yüz yedi	1999
bin dokuz yüz seksen dört	2010
bin üç yüz kırkdört	2012
iki bin on	2048

Exercise 13 Write the dates that are mentioned in the sentences between the brackets provided right after the sentences and reorder the sentences according to the time order.

1. Bin dokuzyüz kırk dörtte ve bin dokuzyüz kırk altıda iki kızları olmuş (_____ , _____). İsimlerini Hale ve Hayriye koymuşlar.
2. Bin dokuzyüz ellide İstanbul'a taşınmışlar (_____).
3. Dedem bin dokuz yüz onaltıda Sakarya'da doğmuş (_____).
4. Orada dayım İbrahim de aileye katılmış. Dayımın doğum tarihi bin dokuzyüz elli iki. (_____).
5. Bin dokuz yüz kırk üçte anneannemle evlemişler (_____).

6.10 Age

The age of a person is followed by the word *yaşında* and person markers are attached to the word accordingly. These are the person markers that you attach to nominal predicates (when you say 'I am home,' for example: *evdeyim*).

Mustafa 40 yaşında.
Ben yirmi üç yaşındayım.

The word *yaşında* is preceded by the question word *kaç* in questions 'how old...?' Tense markers *-(y)DI* and *-(y)mIş* can be used together with the person marker to express past meaning.

Biz yirmi yaşındayız. Siz kaç yaşındasınız?
Sen İstanbul'a geldiğinde kaç yaşındaydın?

Negative sentences are formed with *değil*. When *değil* is used, person and tense markers are attached to *değil*.

Ben 20 yaşında değilim.
Ben o zaman henüz 18 yaşında değildim.

When the age is used as a modifier (as in '8-year-old girl' in English), it precedes the noun that it modifies.

Sekiz yaşında bir öğrenci
İki yaşında bir çocuk

Exercise 14 Translate the sentences into Turkish.
1. I am 19.
2. I was 23 when we moved to Adana (= Adana'ya tanıştığımızda).
3. How old is your eldest brother?
4. Musa has a 4-year-old son.
5. This is an 18-year-old building.
6. How old were you in 2000?
7. I don't have a driver's licence because I am not 18 yet.
8. My father got married when he was 35.
9. We have a 2-year-old Van cat.
10. How old was the Turkish Republic when Atatürk died (= Atatürk öldüğünde)?

6.11 Measuring substances

Description of substances in terms of measurement such as 'a cup of...' is done in the following way. The order is the *amount*, followed by the *measure*, followed by the *substance*. As seen in the examples, Turkish does not have a word like *of* in English.

Bir bardak süt (a glass milk) 'a glass of milk'
İki fincan Türk kahvesi (two cup Turkish coffee) 'two cups of Turkish coffee'

The plural marker *-lAr* is not used on the measure word, contrary to the use of the plural marker in English. Note in the examples above that the words *bardak* and *fincan* do not have *-lAr*.

Measure phrases can form questions with *kaç* ('how many?'), which replaces the number part of the measure phrase.

Günde **kaç bardak su** içiyorsunuz? 'How many glasses of water?'
Bu çorbaya **kaç kaşık tuz** koymak gerekiyor? 'How many spoons of salt?'

Numerals and plurality

When the noun part can be inferred from the context, it can be dropped.

Ben günde sekiz bardak su içiyorum. Siz kaç bardak Ø içiyorsunuz?
'I drink eight glasses of water every day. How many glasses (of water = Ø) do you drink?'

Çorbaya iki kaşık tuz koydum. Salataya bir kaşık Ø koydum.
'I put two spoons of salt in the soup. One spoon (of salt = Ø) in the salad.'

Exercise 15 Complete the sentences with the measure phrases between brackets. Do not forget to add case markers when it is necessary.

1. Her sabah kahvaltıda _____ (a glass of orange juice) içiyorum.
2. Bize _____ (two cups of Turkish coffee) yapar mısınız?
3. Hediye olarak _____ (a box of chocolates) alalım mı?
4. Koşuya katılmak için _____ (a pair of shoes) ihtiyacım var.
5. Yemekte sadece _____ (a bowl of soup) içtim ve biraz salata yedim.
6. Ahmet ve Banu _____ (two bottles of rakı) içip sarhoş olmuşlar.
7. Bu yemeğe _____ (a tablespoon of olive oil) eklemek lazım.
8. Ayşe çayına _____ (a teaspoon of sugar) koyuyor.

Exercise 16 Can you guess which measuring word is used for these substances? Note that some of the measures can be used in more than one sentence. Use each of them only once.

adım, avuç, baş, çay bardağı, damla, demet, dilim, diş, grup, kadeh, kaşık, kavanoz, koçan, kutu, külah, otobüs, paket, porsiyon, saksı, şişe, sürahi, tabak, top, tutam, yudum

1. Bu salata sosuna kaç _____ sarımsak koydun?
2. Taksim'deki güvenlik önlemleri için iki _____ polis geldi.
3. Yemeğe iki _____ soğan ve bir _____ maydanoz koyduk, kapatmadan da bir _____ tuz ve yarım _____ zeytinyağı ekledik.
4. Ahmet çayına kaç _____ şeker ekledi, gördün mü?
5. Bir _____ dondurmada kaç _____ dondurma oluyor?
6. Bir _____ öğrenci Hasan Bey'i arıyorlardı.
7. Partiye giderken bir _____ şarap götüreceğiz.
8. Bir _____ beyaz şarap da babama verelim.
9. İki _____ yol yürüyoruz, hemen yoruluyorsun.
10. Hasan yeni bahçesinden bir _____ çilek toplayıp getirdi.
11. Annem balkona bir _____ fesleğen koydu.
12. Bayramda halamlara bir _____ lokum götürdük.
13. Çocuklara parktaki satıcıdan birer _____ mısır aldık.
14. Bana bir _____ ekmek daha verir misin?
15. İlaç içmek için bir _____ su istiyorum.
16. Her masaya bir _____ su koyalım.
17. Aynur Teyzem pazarda on _____ çilek reçeli satmış!
18. Markete gidersen bir _____ un alır mısın?
19. Merve gözlerine ikişer _____ göz damlası damlattı, kızarıklığı geçti.
20. Sen de bir _____ mantı ister misin?

6.12 *Tane*

Tane is a measure word meaning 'grain.' Just like the other measure words described in this section, it is used with cardinal (*iki tane, bir tane*) and distributive numbers (*ikişer tane, birer tane*) as well as other quantifier modifiers that can be used with count nouns (*birkaç tane*). Although marginally, it can be used with human and other animates. It is optional in the sense that it emphasizes the "counting" meaning of the number and it can be dropped.

Bana bir (tane) peçete verir misiniz?
Osman'ın iki (tane) kedisi var.
Annem bize birer (tane) tişört almış.

It forms questions with the question word *kaç* and means 'how many?'

Kaç (tane) hediye paketi açtınız?
Senin kaç (tane) kardeşin var?

The noun after *tane* can be dropped when it can be inferred from the context, specifically when the noun has already been mentioned.

Kaç tane (hediye paketi) açtınız?
Sende kaç tane (mektup) var?
Bana da bir tane (bilet) verir misiniz?

6.13 *Yarı, yarım* and other fractions

The word 'half' is *yarım* or *yarı* in Turkish. These two terms are used in different contexts and structures. *Yarım* is an adjective or a noun and is used in expressions such as 'half an hour.'

Yarım saat sonra sinemada olurum.
Yarım elma
Yarım şişe süt

The word *yarım* is also used with the verb *kal-* as in *İşimiz yarım kaldı* meaning something is 'incomplete.' The word *yarı* can be used as a modifier/adverbial preceding adjectives (e.g., *yarı dolu* 'half-full,' *yarı açık* 'half-open,' *yarı baygın* 'half-conscious') or as a noun in genitive-possessive constructions (e.g., *öğrencilerin yarısı* 'half of the students'), as seen in the examples:

Film yarı dolu bir salonda gösterime başladı.
Öğrencilerin yarısı bu konuyu anlamamış.

It is also used in the expression 'part-time,' as in *yarı zamanlı iş* 'part-time job.'
    Another word is *buçuk*, which is usually used with time, money, and age and has the interpretation 'and a half,' as in *bir buçuk* 'one and a half.'

Saat iki *buçuk*. 'It is three and a half.'
Bana beş *buçuk* lira verir misin? 'Could you lend me five and half liras?'
Ahmet'in oğlu bir *buçuk* yaşındaymış. 'Ahmet's son is one and a half years old.'

Numerals and plurality

Here is a summary table:

	Structure	Example
yarım	yarım + noun	yarım saat, yarım şişe, yarım elma, yarım iş
	yarım + verb (*kal-*)	işimiz yarım kaldı
yarı	yarı + adjective	yarı baygın, yarı açık
	N-genitive *yarı*-possessive	elmanın yarısı, nüfusun yarısı
buçuk	time + *buçuk*	saat dört buçuk
	age + *buçuk*	Hasan iki buçuk yaşında
	amount + *buçuk*	iki buçuk paket, bardak

Other fractions are expressed as follows. In a fraction such as 'two-thirds,' the 'thirds' part bears the locative case.

2/3   üçte iki or iki onda üç   'two-thirds'
1/5   beşte bir or bir onda beş   'one-fifth'

Çocuklar pastanın üçte ikisini yemişler.
Bu işten aldığımız paranın beşte biri senin olacak.

Percentages are expressed in a similar way. In the written language, the percent symbol precedes the number. A comma (*virgül*) is used for the decimal point.

%50 yüzde elli
%25 yüzde yirmibeş
%17,4 yüzde on yedi virgül dört.
Kitabın yüzde ellisini bitirdim.

Exercise 17 Translate these sentences into Turkish. Use *yarım, yarı* or *buçuk*.

1. Half of the students in the Turkish class went to Turkey in the summer.
2. It is half past ten.
3. I slept for half an hour on the train.
4. I can finish the letters in half an hour.
5. Adam ate half of the apple.
6. Esen is two and a half years old.

Exercise 18 Complete the sentences with *yarım, yarı* or *buçuk* and appropriate case and/or possessive markers.

1. Taksiye binerseniz _____ saatte havaalanında olursunuz.
2. Hasan _____ ekmek arası döner yemek istiyormuş.
3. Saat on _____ bir doktor randevum var.
4. Harçlığımı çıkarmak için _____ zamanlı bir işte çalışıyorum.
5. Ambulans kaza yerine geldiğinde kazazedeler _____ baygındı.
6. Pizzanın _____ yemedik, size bıraktık.

7. Babam her Pazar günü en az bir _____ saat tenis oynuyor.
8. Üniversite öğrencilerinin _____ aileleriyle yaşıyor.
9. Üç haftadır rejim yapıyorum sadece _____ kilo verebildim.
10. Hasan dört kilo vermişti ama verdiği kilonun _____ hemen geri aldı.
11. Bu kitaptaki tarife göre, yemeğe _____ çay bardağı zeytinyağı koymak gerekiyor.
12. Zeren Temmuz ayında bir _____ yaşında olacak.
13. Daha bu kitabın _____ bile bitiremedim.
14. Telefon çalınca işim _____ kaldı.

6.14 Arithmetical terms

Addition is *toplama*; the *term* for 'plus' is *artı*. Another way of expressing the same calculation is *iki üç daha beş eder* 'two and three makes five.' Substraction is *çıkarma*; the term for 'minus' is *eksi*. Multiplication is *çarpma*; the term for 'times' is *çarpı*. Another term, a more informal one is *kere*. The term *eşittir* is not used with *kere*. Division is *bölme*.

$2 + 3 = 5$ is iki artı üç, eşittir beş.
$3 - 2 = 1$ is üç eksi iki, eşittir bir.
$3 \times 5 = 15$ is üç çarpı beş, eşittir onbeş or üç kere beş, onbeş.
$6 \div 2 = 3$ is altı bölü iki, eşittir üç

Exercise 19 How good are you at math? Read aloud or write the following expressions.

1. $13 + 5 =$
2. $20 \div 4 =$
3. $15 + 6 =$
4. $29 - 14 =$
5. $23 - 3 =$
6. $3 \times 5 =$
7. $99 \div 33 =$

Chapter 7

Existential *var* / *yok*

Contents
7.1 Locative and possessive existentials
7.2 *var/yok* in subordination
7.3 *var/yok* in relative clauses
7.4 Tense and aspect on *var/yok*
7.5 Person markers on *var/yok*
7.6 *yok* vs. *değil*

7.1 Locative and possessive existentials

Existential sentences with *var* 'exist' and *yok* 'non-exist' are used to express 'there is . . .' and 'there isn't' in English. They are typically used with locative adverbials in such sentences.

İstanbul'da çok Japon turist var.
'There are a lot of Japanese tourists in İstanbul.'

Bende hiç para yok.
'There is no money on me.'

Here is the structure with more examples:

Noun-LOCATIVE + Noun + *var/yok*

Arabada bir köpek var.
'There is a dog in the car.'

Bahçede iki kiraz ağacı var.
'There are two cherry trees in the garden.'

Masada su bardağı yok.
'There isn't a water glass on the table.'

Bu kafede Türk kahvesi yok.
'There isn't Turkish coffee in this café.'

Another meaning conveyed with *var/yok* is the possessive 'I have . . .' In such structures, a genitive-possessive combination is used together with *var/yok*:

Possessor Noun-GENITIVE + Possessed Noun-POSSESSIVE + var/yok

Benim iki kızım var.
'I have two daughters.'

Aynur'un kırmızı bir arabası var.
'Aynur has a red car.'

69

Bu odanın kliması yok.
'This room does not have AC.'

Bu otelin çok güzel deniz manzarası var.
'This hotel has a very nice sea view.'

Bu kedilerin annesi yok.
'These cats do not have a mother.'

It is possible to have existential *var/yok* without a locative or a genitive-possessive construction. In such uses, the locative adverbial is either replaced by a time adverbial, or dropped completely. Here are some examples:

Yarın sınav var mı?
'Is there an exam tomorrow?'

Her hafta toplantı var.
'There is a meeting every week.'

Yarın akşam çok önemli bir maç var.
'There is a very important game tomorrow evening.'

(Restoranda, garsona) Meyve suyu var mı?
'Do you have fruit juice?'

Cuma günü Meksika'ya uçak var mı?
'Is there a flight to Mexico on Friday?'

In yes-no questions, the question particle *mI* follows the existential *var/yok* or any constituent in the sentence, depending on the focus of the question.

Bu otelde Fransız turist yok mu?
'Aren't there any French tourists in this hotel?'

Buraya yakın bir postane var mı?
'Is there a post office near here?'

Bu otelde yüzme havuzu mu var?
'Is there a swimming pool in this hotel?' (with contrastive stress on swimming pool)

Sizde fazla bilet var mı?
'Do you have an extra ticket?' (literally, 'Is there a ticket on you?')

Sizin fazla biletiniz var mı?
'Do you have an extra ticket?'

As you see in the last two examples, possession can be expressed with both locative and genitive-possessive phrases. Here are some more examples:

Sizin Fransızca sözlüğünüz var mı?
Sizde Fransızca sözlüğü var mı?

There is a slight difference in the meaning of the questions above although they can both be translated as 'Do you have a French dictionary?' When the possessive structure is used, the object mentioned is possessed by the person. In the first example with the genitive-possessive construction, the speaker is asking whether they possess a dictionary, whether

Existential var / yok

the dictionary is their own. When the locative is used, the speaker is asking whether they carry a dictionary, without any implication for possession. You may say that you have a dictionary with the locative phrase when the dictionary is not yours but you just carry it at the moment. Not surprisingly, you cannot use the locative phrase when you talk about your body parts, siblings etc. that cannot be separated from you. The following examples cannot be rephrased with a locative phrase.

Ayşe'nin sarı saçları ve mavi gözleri var.
'Ayşe has blond hair and blue eyes.'

Murat'ın iki ablası var.
'Murat has two sisters.'

Exercise 1 Match the *var/yok* sentences (1–10) with their translations (a–j). Note that some of them are not literal translations.

1. Ahmet'in babasının kalbi var.
2. Anneannemin şekeri yok.
3. Bir kaç dakikanız var mı?
4. Bu filmin Türkçe alt yazısı var mı?
5. Fazla kaleminiz var mı?
6. Harika bir fikrimiz var.
7. Kayıp dağcılardan bir haber var mı?
8. Kimse yok mu?
9. Yardıma ihtiyacınız var mı?
10. Yarın boş vaktiniz var mı?

a. Ahmet's father has heart disease.
b. Do you have a few minutes?
c. Do you have an extra pen?
d. Do you have free time tomorrow?
e. Do you need help?
f. Does this film have Turkish subtitles?
g. Is there any news about the missing mountaineers?
h. Is there anybody out there?
i. My grandmother doesn't have diabetes.
j. We have a wonderful idea.

Exercise 2 List what you have and what you do not have in your room or apartment, using the existentials *var/yok*.

Örnek: *Odamda bir yatak var. Odamda televizyon yok.*

Exercise 3 List what you have and what you do not have, using the possessive structure and the existentials *var/yok*.

Örnek: *Benim iki kız kardeşim var. Benim arabam yok.*

7.2 *var/yok* in subordination

When existential sentences appear as embedded clauses in subordination, *var/yok* is replaced by the verb *ol-* (negative *olma-*) and the nominalizing suffixes *-DIK*, *-(y)AcAK*, or *-mA*, *-mAK* are attached to *ol(ma)-*.

İstanbul'da çok Japon turist **var**.
'There are a lot of Japanese tourists in Istanbul.'

İstanbul'da çok Japon turist **ol**duğunu biliyorum.
'I know that there are a lot of Japanese tourists in Istanbul.'

Bugün ders **yok**.
'There is no class today.'

Bugün ders **ol**madığını herkes biliyor.
'Everybody knows that there is no class today.'

Menüde Türk kahvesi **var**.
'There is Turkish coffee on the menu.'

Menüde Türk kahvesi **ol**masına şaşırdım.
'I was surprised that there is Turkish coffee on the menu.'

Babamın hiç boş vakti **yok**.
'My father does not have any free time.'

Babamın hiç boş vakti **ol**mamasına üzülüyorum.
'I am sorry that my father does not have any free time.'

See Chapter 24 for a discussion of subordination and many more examples of *var/yok* sentences in subordination.

7.3 *var/yok* in relative clauses

When existential sentences appear in relative clauses, *var/yok* is replaced by the verb *ol-* or the negative *olma-* and the nominalizing relative suffix *-(y)An* is attached to the verb *ol(ma)-*.

Ablamın Haziran'da düğünü **var**. Haziran'da düğünü **olan** ablam . . .
'My elder sister has a wedding in June.' 'My elder sister who has a wedding in June . . . '

Bu yolcunun bileti **yok**. Bileti **olma**yan yolcu . . .
'This passenger does not have a ticket.' 'The passenger who does not have a ticket . . . '

See Chapter 31 for a discussion of relative clauses and many more examples of *var/yok* sentences in relative clauses.

7.4 Tense and aspect on *var/yok*

Var and *yok* take the tense/aspect and modality markers *-(y)DI*, *-(y)mIş*, *-(y)sA* that are attached to nouns and adjectives. So, in terms of inflection, they belong to the nominal category.

Geçen hafta İstanbul'da çok turist **vardı**.
Aslıhan'ın parası **yokmuş**.
Zamanınız **yoksa** daha sonra konuşalım.

When other tense/aspect or modality markers need to be attached to *var/yok*, *ol(ma)-* replaces *var/yok* and the suffixes are attached to *ol(ma)-*. In the first example below, the future marker *-(y)AcAK* is attached to *ol-*. In the second, third and fourth examples, the aorist is attached to *ol(ma)-* to express a guess or a habitual meaning.

Bu yaz İstanbul'da daha çok turist olacak.
Bu yaz herhalde İstanbul'da daha çok turist olur.
Bu saatte köprüde çok trafik olur.
Metin bu saatte evde olmaz.

Existential var / yok

In a similar manner, other mood markers are attached to *ol(ma)-*, instead of *var/yok*.

Benim hiç vaktim yok. Vaktim olsa spor yaparım.
Spor yapmak için vaktim olmalı, benim maalesef vaktim yok.

7.5 Person markers on *var/yok*

Var and *yok* are usually used in the locative or possessive constructions exemplified above and do not bear person markers. Although not very frequently, they can have subjects other than the third person singular subjects, and in such cases they take person markers that are attached to nominal predicates.

Ben bu işte yokum.
Ben bu fotoğrafta var mıyım?
Sen bu fotoğrafta yoksun.
Davetliler arasında sen de varsın.
Biz yarın evde yokuz.
Siz bu listede varsınız ama öbür listede yoksunuz.

Here is the full paradigm. (Note: here and elsewhere, '+' is affirmative statement, '−' is negative statement, '+/?' is affirmative question, '−/?' is negative question.)

	+	−	+/?	−/?
Ben	varım	yokum	var mıyım?	yok muyum?
Sen	varsın	yoksun	var mısın?	yok musun?
O	var	yok	var	yok mu?
Biz	varız	yokuz	var mıyız?	yok muyuz?
Siz	varsınız	yoksunuz	var mısınız?	yok musunuz?
Onlar	var(lar)	yok(lar)	var(lar) mı?	yok(lar) mı?

As seen in the examples, negative existential *yok* does not go through *k–ğ* alternation. The idiomatic expression *varım yoğum*, meaning 'my everything' (literally, 'my *var* and my *yok*') is the only exception.

7.6 *yok* vs. *değil*

Değil is the negative marker that is attached to nouns and other nominals such as adjectives and pronouns. It is discussed in detail in Chapter 34 on negation. Here are some examples where you can contrast its use with *yok*'s. As seen in the first two sets of the examples, *yok* is used in possession contexts and with the 'there is not . . .' interpretation.

Ben öğrenci değilim. 'I am not a student.'
Benim öğrencim yok. 'I don't have a student.'
Hasan benim öğrencim değil. 'Hasan is not my student.'
Kitaplar bu kutuda değil. 'Books are not in this box.'
Bu kutuda kitap yok. 'There are no books in this box.'

They can be used interchangeably in the sentences exemplified below.

Annem evde yok. 'My mother is not home.'
Annem evde değil. 'My mother is not home.'

Exercise 4 Complete the sentences either with *yok* or *değil*. You may need to add other markers, e.g., person markers, as well. See Chapter 34 on negation for a review of *değil*.

1. Ben evli _____.
2. Bu benim çocuğum _____.
3. Ben çocuk _____.
4. Benim çocuğum _____.
5. Ahmet ve sen kardeş _____.
6. Bu odada hiç sandalye _____.
7. Sandalyeler bu odada _____.
8. Bu Mehmet Bey'in pasaportu _____.
9. Mehmet Bey'in bileti _____ mu?
10. Bu Selim'in bisikleti _____. [this is not Selim's bike]
11. Selim'in bisikleti _____. [Selim does not have a bike]
12. Dün akşam partide çok yabancı _____.
13. Ben dün akşam partide _____.
14. Bende hiç para _____.
15. Babam evde _____.
16. Çocuklar bu saatte neden okulda _____?
17. Bugün ders _____. Okul tatil.
18. Murat artık öğrenci _____.
19. Bu film hiç güzel _____.
20. Bu gazetede hiç önemli bir haber _____.
21. Bu gazetedeki haberler hiç önemli _____.
22. Levent hiç yakışıklı _____.
23. Ankara buraya uzak _____.
24. Ankara'da hiç deve _____.
25. Bu deve _____, zebra.
26. Bu sorular hiç kolay _____.
27. Toplantı saat beşte _____?
28. Saat beşte toplantı _____?

Chapter 8

Pronouns

Contents

8.1 Personal pronouns
8.2 Demonstrative pronouns
8.3 Locative pronouns
8.4 Reflexive and reciprocal pronouns
8.5 *şey* and *insan*

Pronouns are words that can substitute for nouns. There are different types of pronouns in languages. In this chapter, we will talk about personal pronouns such as *ben* 'I' and demonstrative pronouns such as *bu* 'this.' Turkish has reflexive and reciprocal pronouns as well, but they are discussed in Chapters 22 and 23 on reflexive or reciprocal structures.

8.1 Personal pronouns

Personal pronouns are pretty regular. See the list of personal pronouns in the table below and note the following exceptions:

(a) The pronouns *ben* 'I' and *sen* 'you' appear as *bana* and *sana* with vowel alternation in the dative form (so, they are not *bene* or *sene*).
(b) The third person singular *o* appears with *-n* when a suffix is attached: *onu, ona, ondan*, for example (it is not *oyu, oya* or *odan*).
(c) Before the instrumental case, pronouns require a genitive case, although the form without a genitive case is possible as well in colloquial speech (shown between the brackets in the table).

	Nom	Acc	Dat	Loc	Abl	Ins	Gen
'I'	ben	beni	bana	bende	benden	benimle (benle)	benim
'you'	sen	seni	sana	sende	senden	seninle (senle)	senin
'he/she/it'	o	onu	ona	onda	ondan	onunla (onla)	onun
'we'	biz	bizi	bize	bizde	bizden	bizimle (bizle)	bizim
'you'	siz	sizi	size	sizde	sizden	sizinle (sizle)	sizin
'they'	onlar	onları	onlara	onlarda	onlardan	onlarla (onlarla)	onların

Turkish has two second person pronouns *sen* and *siz*. The first one is singular and informal 'you.' The second one is the plural and formal 'you,' which is used when you are addressing people with whom you have a distant relationship (e.g., your boss, people you have just met). It is also used to express respect, so you use it when you are talking to the older people in the family, for example. Singular 'you' is used when you are talking to children and when you address God.

75

A STUDENT GRAMMAR OF TURKISH

In exceptional and rare cases plural pronouns *biz* and *siz* can take an extra plural marker (*biz-ler* and *siz-ler*). In those cases the meaning of the pronouns is 'every one of us,' or 'every one of you.'

Exercise 1 Complete the sentences with personal pronouns. Pay attention to the person markers on the predicates and fill in the blanks with subjects.

1. _____ Ankaralıyız. _____ nerelisiniz?
2. _____ yarın Brüksel'e gidiyorlarmış.
3. Bugün _____ toplantıda mıydın?
4. _____ yarın çalışmıyorum.
5. _____ Beşiktaş'ta oturuyor.
6. _____ Mustafa'nın babası mısınız?
7. _____ de keman çalıyorum.
8. _____ üniversite öğrencisi.
9. _____ bu sene de şampiyon olacaklar.
10. _____ sinemaya gidelim mi?
11. _____ Türkçe öğreniyoruz.
12. _____ kahvenizi nasıl içersiniz?
13. _____ mesajlarımı okuyorum. _____ ne yapıyorsun?
14. _____ baklava yiyoruz. _____ kadayıf yiyeceklermiş.

Exercise 2 State which pronouns can replace the underlined words without changing their reference.

1. Murat ve annesi yarın sinemaya gideceklermiş. _____
2. Annem ve ben alışveriş yapıyoruz. _____
3. Annen ve sen yarın kuaföre gidecek misiniz? _____
4. Osman Bey yine toplantıya geç kalmış. _____
5. Sedef'in ablası ve annem markette karşılaşmışlar. _____
6. Eşinle sen nerede tanıştınız? _____
7. Babam bu akşam geç gelecekti. _____
8. Babamla Osman'ın babası tavla oynuyor. _____
9. Yarın akşam liseden arkadaşlarımla buluşacağım. _____
10. Liseden arkadaşlarımla ben uzun zamandır görüşmedik. _____

8.2 Demonstrative pronouns

Turkish has a three-way distinction in demonstrative pronouns. *Bu* is 'this' and it refers to physically closer objects or people. Both *şu* and *o* can be translated as 'that' and they refer to an item far away from the speaker. The demonstrative *o* is used as a third person singular pronoun 'it, she, he' as well. The difference between *o* and *şu* lies not in the distance of the object from the speaker, but the distance of the object from the addressee, or the attention of the addressee. If the object is close to the addressee or if the addressee will know immediately what the speaker is referring to (because they have been talking about the object, or the object has been mentioned earlier), *o* is used. Its use is very similar to the use of the third person singular pronoun in this sense. If the object was not mentioned before,

Pronouns

if it is mentioned as a new object that is being pointed to for the first time, then the speaker uses *şu*.

In terms of form, demonstrative pronouns are very regular. Vowel harmony rules apply in the inflectional paradigms. The only important detail to note is that *n* (rather than *y*) appears before the case markers.

		Acc	Dat	Loc	Abl	Ins	Gen
'this'	bu	bunu	buna	bunda	bundan	bununla (bunla)	bunun
'that'	şu	şunu	şuna	şunda	şundan	şununla (şunla)	şunun
'that' 'she/he/it'	o	onu	ona	onda	ondan	onunla (onla)	onun
'these'	bunlar	bunları	bunlara	bunlarda	bunlardan	bunlarla	bunların
'those'	şunlar	şunları	şunlara	şunlarda	şunlardan	şunlarla	şunların
'they'	onlar	onları	onlara	onlarda	onlardan	onlarla	onların

Exercise 3 Complete the sentences with appropriate case markers.

1. Ayşe o _____ okumuyormuş.
2. Biz onlar _____ sinemaya gideceğiz.
3. Ben bunlar _____ Arnavutköy'den aldım.
4. Ahmet Bey şu _____ bitirdikten sonra adaya gidecekmiş.
5. Babam bu _____ deniz kenarında bulmuş.
6. Herkes şu _____ bakıyor.
7. Hiçkimse onlar _____ anlamamış, ama bunlar _____ çok kolaymış.
8. Sence o _____ sonra ne yapacağız?
9. Bence bu _____ o _____ karıştırmayalım.
10. Bu kapak şu _____ galiba değil mi?
11. Hikmet o _____ aşık olmuş.
12. Annem bunlar _____ hoşlanmamış.

8.3 Locative pronouns

Locative pronouns, *bura-*, *şura-*, *ora-* are derived from the demonstrative pronouns by attachment of the other case markers. They cannot be used alone in the bare form, i.e., they have to bear a case marker always. In the case of the nominative case (when they occur as the subject of a sentence for example), they bear the possesive marker *-(s)I*. Here is a table with all the case-marked forms.

	Nom	Acc	Dat	Loc	Abl	Ins	Gen
bura-	burası	burayı burasını	buraya	burada	buradan	burayla	buranın
şura-	şurası	şurayı (şurasını)	şuraya	şurada	şuradan	şurayla	şuranın
ora-	orası	orayı (orasını)	oraya	orada	oradan	orayla	oranın

The difference between the meanings of *bura-*, *şura-* and *ora-* is the same as the difference mentioned in the discussion about *bu*, *şu* and *o*.

Here are some examples:

Burası Haziran'da çok sıcak oluyor mu?
Burayı daha önce aradınız mı?
Şuraya da bir imza atar mısınız?
Geçen yıldan beri orada kaç kaza oldu?
Oradan taşınalı iki yıl oldu.
Buranın kışı çok soğuk geçiyor.

These kinds of pronouns can be used with a possessive marker as well:

Sizin oranıza ne oldu? Niçin morardı?
'What happened to there (that part of you)? Why did it turn purple?'

Buramıza kadar borca battık. (accompanied by a hand gesture)
'We are in debt up to here.'

Biz bu hikayenin en çok orasını beğendik.
'We liked there (= that part) of this story the most.'

Exercise 4 Replace the underlined nouns with correct forms of *bura-*, *ora-*, or *şura-*. You may have more than one possibility.

1. Yarın <u>bizim evde</u> 20–25 misafir olacak.   _____
2. <u>Bu otel</u> denize yakın mı?   _____
3. Hasan yarın trenle <u>Ankara'ya</u> gidiyormuş.   _____
4. Annem eski gazeteleri <u>dolaba</u> koymuş.   _____
5. Tuzu <u>mutfaktan</u> alır mısınız?   _____
6. Anneannem bizi <u>yazlığına</u> çağırdı.   _____
7. Süheyla <u>pencereleri</u> silmemiş.   _____
8. Süheyla <u>pencereyi</u> silmemiş.   _____
9. Sen arabayı <u>şu şirketten</u> kiralamıyorsun.   _____
10. Babam sigarayı <u>balkonda</u> içiyor.   _____

8.4 Reflexive and reciprocal pronouns

See Chapters 22 and 23 for a discussion of reflexive and reciprocal pronouns.

8.5 *şey* and *insan*

Şey meaning 'thing' can replace nouns or larger phrases when the speaker cannot come up with the right word. It is used in colloqual speech. It bears the case markers or any inflection that the word that it is replacing would bear.

Senin **şey**ini getirmeyi unuttum.
'I forgot to bring your **thing**.'

Oraya **şey**siz giremezsin.
'You cannot enter there without the **thing**.'

Bize **şey** demediler.
'I didn't say any**thing**.'

The use of *insan* 'human (being)' is very smilar to the use of the generic pronoun 'one' in English.

İnsan böyle havalarda hiç dışarıya çıkmak istemiyor.
İnsanın aklına kötü birşey gelmiyor.
İnsan herşeye rağmen yaşamaya devam etmeli.

Chapter 9

The verb: an overview

Contents

9.1 Verbal inflection
9.2 Derivation of verbs
9.3 Derivation with voice suffixes
9.4 Converbs -(y)Iver, -(y)Adur, -(y)Akal
9.5 Verbs with *et-, ol-, çek-, at-,* and *geç-*

9.1 Verbal inflection

The verb complex is composed of the verb stem, tense, aspect, and modality markers and the person markers. Turkish marks the subject on the verb with person markers. The negative marker -*mA* is attached directly to a verb stem, preceding most other suffixes. Only the voice suffixes and the ability marker -*(y)A(bil)* may precede negation. The yes-no question particle, if there is one, appears either before or after the tense markers, depending on the person marker paradigm. In the following chapters, each tense marker is discussed in terms of its meaning, use, formation, and the other inflectional markers, negation, and person markers that it co-occurs with.

The Turkish verb complex is represented in the table on page 81. The verb stem, either in the root form or with voice suffixes, appears as the first part of the verb complex. It is followed by negative -*mA*. Tense, aspect, and modality markers are listed right after the verb. The copula markers that are discussed as compound tenses in the following chapters follow the tense, aspect, and modality markers. Person markers are attached at the end of the complex and may appear in three different forms or paradigms, depending on the tense, aspect, and modality markers that they follow. The *k*-paradigm follows -*DI* or -*(y)DI* and -*(y)sA*, *l*-paradigm follows the optative -*(y)A*. The *z*-paradigm appears elsewhere.

There are two more affixes that can be attached to this verb complex. One of them is -*DIr*, some sort of an aspect/mood marker, which will be discussed in detail in Chapter 15. The other one is the question particle *mI*. Although it is not attached to the verb complex in written Turkish, because it undergoes vowel harmony and because it may appear within the verb complex as well (preceding some person markers), you may consider it a part of the Turkish verb complex.

See Chapters 10–16 for tense/aspect and modality markers. See Chapter 18 for the person markers. See Chapter 33 for the question particle. See Chapter 34 for negation.

Turkish verb complex

Root	Verb	Mood	Neg	Mood	Tense Aspect Modality	Copula	Person		
	Voice	Ability		Possibility			z-paradigm	k-paradigm	I-paradigm
	Passive (-Il/-(I)n) Causative (-DIr, -(I)t, -Ir, -Ar) Reflexive (-(I)n) Reciprocal (-(I)ş)	-(y)A(bil)	-mA	-(y)Abil -(y)Iver- -(y)Adur- -(y)Akal-	-Iyor -(y)AcAK -mIş -Irl-Ar -mAlI -DI -(y)A -mAktA -sA	-(y)mIş -(y)DI -(y)sA	-(y)Im -sIn Ø -(y)Iz -sInIz (-lAr)	-m -n Ø -k -nIz (-lAr)	-yIm Ø -sIn -IIm -In -sIn(lAr)

9.2 Derivation of verbs

Here is a table of the most commonly used suffixes that derive verbs.

Derivational suffix	Noun stem	Derived verb
-lA	tuz	tuzla-
	kilit	kilitle-
	faks	faksla-
	paket	paketle-
	posta	postala-
	su	sula-
	ter	terle-
-A	kan	kana-
	tür	türe-
-lAn	akıl	akıllan-
	av	avlan-
	güneş	güneşlen-
	kurt	kurtlan-
-sA	su	susa-
	önem	önemse-

Derivational suffix	Adjective stem	Derived verb
-Al	kısa	kısal-
	dar	daral-
	ince	incel-
-(A)r	kara	karar-
	deli	delir-
	sarı	sarar-
	mor	morar-
-lA	yavaş	yavaşla-
-lAş	beyaz	beyazlaş-
	güzel	güzelleş-
	koyu	koyulaş-
	derin	derinleş-
-sA	garip	garipse-
-Ik	aç	acık-
	geç	gecik-

The verb: an overview

Here are some irregular derivations. Note the omission of the final *k*.

küçük   küçül-
büyük   büyü-
açık   aç- / açıl-

9.3 Derivation with voice suffixes

Voice alternations (passive, causative, reflexive and reciprocal) are achieved through suffixation and represent the most common way of deriving verbs from verbs. The verb stem is immediately followed by the voice suffixes if the verb bears any of these. A verb can bear at most three voice suffixes and they appear in a fixed order: reciprocal or reflexive (they never occur together) followed by a causative, which can be followed by a passive suffix. Through voice alternations transitive verbs become intransitive, or the other way around.

Verb stem + Voice (reciprocal/reflexive + CAUSATIVE + PASSIVE) + NEGATION + TENSE, ASPECT and MODALITY + Question₁ + Person (subject-verb agreement) + Question₂

Bak-ış-tır-ıl-ma-dı-k mı?

Although such long words are possible to form, they are rarely heard in everyday speech. They are more likely to be found in written and more formal Turkish.

Voice suffix	Verb	Derived verb
-(I)n, -Il (passive)	oku-	okun-
	kur-	kurul-
	kal-	kalın-
	bak-	bakıl-
-(I)n (reflexive)	yıka-	yıkan-
	temizle-	temizlen-
	kurula-	kurulan-
	hazırla-	hazırlan-
-DIr (causative)	gez-	gezdir-
-Ar	çık-	çıkar-
-(I)t	soğu-	soğut-
	ak-	akıt-
	kuru-	kurut-
-(I)ş (reciprocal)	bak-	bakış-
	döv-	dövüş-

A detailed discussion of voice alternations can be found in Chapters 20, 21, 22, and 23.

A STUDENT GRAMMAR OF TURKISH

9.4 Converbs -(y)Iver, -(y)Adur, -(y)Akal

Converbs are old case + verb structures. They are attached to verbs as suffixes in modern Turkish. They appear in the slot where possibility marker *-(y)A(bil)* appears. The first vowel undergoes vowel harmony, while the second part (the verb) does not harmonize.

Converb	Verb	Derived verb
-(y)Iver-	düş-	düşüver-
	ara-	arayıver-
	bul-	buluver-
-(y)Adur-	bak-	bakadur-
	git-	gidedur-
-(y)Akal-	bak-	bakakal-
	uyu-	uyuyakal-

-(y)Iver- describes a job that is done easily, and quickly, without much effort. So, *sat* is 'to sell,' *satıver* is 'to sell easily, quickly.' *Buluver-* is 'finding something easily, without looking for it for a long time.' *-(y)Adur-* gives an 'in the meantime' interpretation. So *bakadur-* is used when the person looks at (something) in the meantime. *-Akal-* expresses an extended action. *Bakakal-* means 'to stare,' for example, as it adds extra time to the action 'look.' In a similar manner, *uyuyakal-* is 'to fall asleep.'

These "suffixes" are not very productive but they are used pretty frequently with the verbs above.

In addition to the uses above, the verb *dur* can have a special use and interpretation with *-(y)Ip*. In the first example below, *bakıp duruyorlar* means 'they keep looking at me.' So *-(y)Ip dur-* means 'to keep doing something.'

-(y)Ip ... dur-   Bana bakıp duruyorlar.
   Reklamcılar beni arayıp duruyorlar.

9.5 Verbs with et-, ol-, çek-, at-, and geç-

It is very common to form verbs with the so-called auxiliary verbs *et-* and *ol-*. Verbs *at-*, *geç-*, *çek-* are used in this manner as well. In such formations, these verbs are used together with nouns in a compound-like relationship. In some instances that you can easily note below, they appear as one single word, in some others the noun and the verb stand as individual words. Even in those cases where they appear as two separate words, they behave like one single unit, that is, they cannot be separated in sentences. The only exceptions to this rule are the question particle and some adverbs such as *bile* and *dA*.

Serkan imza mı atıyor?
Serkan imza bile atıyor.
Serkan imza da atıyor.

The verb: an overview

Here is a list of most commonly used ones:

***et*-verbs:** affet-, dans et-, davet et-, devam et-, hallet-, ikna et-, inat et-, itiraz et-, kabul et-, kar et-, kavga et-, memnun et-, rahatsız et-, razı et-, sabret-, seyret-, telefon et-, tercih et-, teselli et-, teşekkür et-, yardım et-
***ol*-verbs:** engel ol-, hasta ol-, ikna ol-, razı ol-, memnun ol-, rahatsız ol-
***çek*-verbs:** faks çek-, besmele çek-, acı çek-, fotoğraf çek-, film çek-, ah çek-
***at*-verbs:** imza at-, kahkaha at-, takla at-, göbek at-, gözat-, yumruk at-, hava at-, gol at-, basket at-, tekme at-, can at-, kafa at-
***geç*-verbs:** dalga geç-, vazgeç-, esgeç-

Exercise 1 Here is a table of verbs with a list of potential suffixes. Pick a suffix from each column and form verb complexes composed of a verb stem and inflections. Pay attention to the vowels and vowel harmony rules.

Verbs	Suffixes			
git-	-iyor	-du	-k	
gel-	-uyor	-dü	-im	
kaç-	-ıyor	-dı	-ım	
gül-	-di	-di	-üm	
otur-	-du	-tı	-sun	
seyret-	-dü	-ti	-sün	
izle-	-mış	-muş	-sın	
zannet-	-muş	-müş	-sin	
ver-	-müş	-mış	-sunuz	
kuru-	-yacak	-miş	-sünüz	
özle-	-ecek		-uz	
at-	-r		-üz	
ağla-	-ur		-ız	
gör-	-ür		-lar	
	-ar		-ler	
	-er			

Exercise 2 Here is a list of verbs and a list of meanings. Match each verb with its meaning.

1. gidiverdi   a. went away quickly and unexpectedly.
2. gidip verdi   b. went (in the meanwhile)
3. gidip geldi   c. went away and stayed there
4. gidedurdu   d. went and came back
5. gidip durdu   e. went (somewhere) and gave (something to somebody)

Exercise 3 Match the verbs with their complements. You may pick each verb more than once.

1. acı   a. atmak
2. devam   b. çekmek
3. faks   c. etmek
4. göbek   d. geçmek

5. hava   e. olmak
6. ikna
7. imza
8. kahkaha
9. kavga
10. memnun
11. rahatsız
12. tekme
13. telefon

Exercise 4 Fill in the blanks with *at-*, *et-*, *ol-*, *çek-*, or *geç-*. Do not forget to add necessary markers.

1. Hasan bütün gece Hülya ile dans _____.
2. Murat depremzedelere yardım _____ için deprem bölgesine gitti.
3. Uçakla yolculuk daha kısa sürüyor ama biz yine de treni tercih _____.
4. Sen üniversitede hangi programa devam _____?
5. Sizinle tanıştığıma çok memnun _____.
6. Bizim sokakta film _____, o yüzden sokak trafiğe kapalı.
7. (Siz) Mahkemenin kararına itiraz _____?
8. Müdür hanım bütün belgelere teker teker imza _____.
9. Siz bizimle dalga mı _____?
10. Selim frene bastı ama yine de kazaya engel _____.

Chapter 10

-Iyor, the progressive

Contents
10.1 The meaning
10.2 The form
10.3 Negative: verb + mA + Iyor
10.4 Person markers
10.5 Question *mI*
10.6 The *-Iyor* paradigm

In this chapter and the following few chapters, we focus on basic tense markers, and then discuss compound tenses that are formed by the combination of two tense markers.

10.1 The meaning

-Iyor is the progressive marker attached to verbs in Turkish. Its meaning is very similar to the *-ing* marker in English, although they do not perfectly overlap, and it shares some properties of the present tense *-s* of English, as well. Just like *-ing*, *-Iyor* is used to describe on-going, continuous events.

Bak, otobüs geliyor.
Şu adam kime gülüyor?

Unlike *-ing*, *-Iyor* can be used with stative verbs such as 'love,' 'want,' 'like' and it can be used to talk about habits and everyday things you do.

Seni seviyorum.
Ben de Fransızca öğrenmek istiyorum.
Sigara içiyor musun?
Hergün 2 km koşuyorum.

10.2 The form

Only the first vowel of *-Iyor* undergoes vowel harmony, while the second vowel remains the same regardless of the preceding vowel. Here is a more detailed description of the changes that the suffix goes through.

(a) Verbs ending in consonants: Look at the last vowel to determine how you will change the first vowel in *-Iyor*:

e, i + iyor	gel > gel-iyor
a, ı + ıyor	at > at-ıyor
u, o + uyor	koş > koş-uyor
ü, ö + üyor	gül > gül-üyor

(b) Verbs ending in *u, ü, ı, i* take *yor*:

uyu > uyu-yor
yürü > yürü-yor
kaşı > kaşı-yor

(c) If the verb ends in other vowels (*a, e, o, ö*), these vowels are omitted and *-Iyor* changes to harmonize with the preceeding vowel. In the first verb below, for example, the final *a* is omitted, *-Iyor* is attached as *ıyor* because it harmonizes according to the first *a*.

ara > arıyor
bekle > bekliyor
özle > özlüyor

Note that we do not have a rule 'change *e* to *i* and *a* to *ı*'. The last vowel of the verb (or the first vowel of *-Iyor*) harmonizes with the preceding vowel (the vowel that precedes it after it is attached to the verb). In the last example, *özle-* becomes *özlüyor*, where *-Iyor* becomes *-üyor* because of *ö*.

(d) The verbs *de-* and *ye-* change as follows:

ye > yiyor
de > diyor

(e) The verbs *git-*, *et-*, and *tat-* undergo a sound change (/t/ > /d/). See Chapter 2 to see more examples of this kind of consonant change.

git > gidiyor
et > ediyor
tat > tadıyor

10.3 Negative: verb + mA + Iyor

Note that the final vowel in *-mA* undergoes a change when *-Iyor* is attached, just like the final vowel in *a* or *e* ending verbs. The vowel is dropped and the first vowel of the suffix *-Iyor* harmonizes according to the vowel that it follows. For example:

isteme > istemiyor
arama > aramıyor
özleme > özlemiyor

10.4 Person markers

Person markers are attached after *-Iyor*. The third person singular marker does not have a realization, just as is the case in all verb inflections, and the third person plural marker is *-lAr*, which can optionally be dropped.

Ben	V-*Iyor*	-um	Ben elma yiyorum.
Sen		-sun	Sen elma yiyorsun.
O		-Ø	O elma yiyor.

-Iyor, the progressive

Biz	-uz	Biz elma yiyoruz.
Siz	-sunuz	Siz elma yiyorsunuz.
Onlar	-lar	Onlar elma yiyor(lar).

Person markers typically undergo vowel harmony, but because the last vowel of the progressive suffix does not change and remains as *o*, the person markers are always *-um, -uz,* etc.

As you will see in the other declension tables, the third person plural person marker always appears as *-lAr* and as you will see later, it always behaves exceptionally. Its order of occurrence is not the same as other person markers, for example. This is simply because *-lAr* is not a person marker. It is just a plural marker. The third person singular does not have a person agreement on the verb, and the plural marker only pluralizes the verb, rather than behaving like a person marker. This explains its exceptional behavior, optionality, and homophony with the plural marker.

10.5 Question *mI*

Note that the person markers come after the question *mI*. *Onlar* (the third person plural) is an exception.

istiyorsun > istiyor **mu**sun?
istiyorum > istiyor **mu**yum?
istiyorlar > istiyorlar **mı**?

10.6 The *-Iyor* paradigm

	(+)	(−)	(+/?)	(−/?)
Ben	istiyorum	istemiyorum	istiyor muyum?	istemiyor muyum?
Sen	istiyorsun	istemiyorsun	istiyor musun?	istemiyor musun?
O	istiyor	istemiyor	istiyor mu?	istemiyor mu?
Biz	istiyoruz	istemiyoruz	istiyor muyuz?	istemiyor muyuz?
Siz	istiyorsunuz	istemiyoruz	istiyor musunuz?	istemiyor musunuz?
Onlar	istiyor(lar)	istemiyor(lar)	istiyorlar mı?	istemiyorlar mı?

Exercise 1 Add the correct form of *-Iyor* and the person markers. Pay attention to the persons in the first column.

Ben	al ___	ara ___	bekle ___	bil ___
Sen	bul ___	dans et ___	dinle ___	dinlen ___
O	düşün ___	geç kal ___	gel ___	git ___
Biz	hasta ol ___	iç ___	iste ___	de ___
Siz	kalk ___	konuş ___	koş ___	kilo ver-
Onlar	öğren ___	öğret ___	oku ___	şarkı söyle ___

A STUDENT GRAMMAR OF TURKISH

Exercise 2 Using the negative form of -*Iyor*, list what you are not doing right now. You may use the following verbs or others. For example:

piyano çal-: Ben şu anda piyano çalmıyorum.
'I am not playing the piano right now.'

dondurma ye-, İlknur'la konuş-, göbek at-, üzül-, kahve iç-, şarkı söyle-, dinlen-, tatil için plan yap-, maratona hazırlan-, alışveriş yap-, roman yaz-, dans et-, rejim yap-, Fransızca öğren-, araba kullan-, anneannemin çiçeklerini sula-, babamla tavla oyna-, kahvaltı yap-, fotoğraf çek-, piyango bileti satın al-

Exercise 3 Complete the questions with the correct form of -*Iyor* and the question particle to ask your classmates what they are doing, or what they do.

1. Sen hergün spor yap _____?
2. Kahvaltıda çay iç _____?
3. Et ye _____?
4. Sigara iç _____?
5. Türkçe dışında yabancı dil bil _____?
6. Her yaz denize gir _____?
7. Kış mevsimini sev _____?
8. Hergün gazete oku _____?
9. Hergün haberleri dinle _____?
10. Hergün annene ya da babana telefon et _____?

Exercise 4 Fill in the blanks with -*Iyor* and other necessary suffixes.

1. Ben şarkı söyle _____.
2. Ahmet Bey dans et _____.
3. Siz Türk kahvesi iste _____?
4. Hayır, ben kahve sevme _____.
5. Mary çok güzel Japonca konuş _____. Sen de Japonca bil _____?
6. Hayır, maalesef ben Japonca bil _____.
7. Sen hergün derse geç kal _____.
8. Biz otobüs bekle _____.
9. Bu mevsimde çok yağmur yağ _____ _____?
10. Onlar Ankara'da otur _____. Siz nerede otur _____?
11. Şebnem ve İlhan yarın akşam evlen _____.
12. İstanbul'da kışın çok kar yağ _____.
13. Siz denize girmek iste _____ _____?
14. Ben et ye _____. Vejeteryanım.
15. Öğrenciler klasik müzik dinle _____ (neg.). Onlar pop müzik dinle _____.
16. Bugün hiç konuş _____, yorgun musun?
17. Bu sınıfta kimler Fransızca bil _____?
18. Ben her sabah sekizde kalk _____, duş al _____, kahvaltı yap _____.
19. Buket kiminle dans et _____?
20. (Ben) seni sev _____.

Chapter 11

Future with -(y)AcAK

Contents
11.1 The meaning
11.2 The form
11.3 The -(y)AcAK paradigm
11.4 The pronunciation
11.5 Future time adverbs
11.6 Future in nominal sentences with... *olacak*

11.1 The meaning

The suffix *-(y)AcAk* expresses the future tense. It is used to talk about events that *will* most probably happen in the future. Its use is very similar to the use of *will* in English. The progressive suffix *-Iyor* can be used to talk about future events too, as seen below. *-(y)AcAk*, in comparison to *-Iyor*, has less certainty. Have a look at the sentences below:

Yarın Ankara'ya gidiyorum.
'I am going to Ankara tomorrow.'

Yarın Ankara'ya gideceğim.
'I will go to Ankara tomorrow.'

11.2 The form

Rules of A-type vowel harmony apply to the future suffix *-(y)AcAK*. Verbs ending in a vowel take *-yacak* or *-yecek*. Verbs ending in a consonant take *-acak* or *-ecek*, with the omission of *y*. The *k* at the end of the suffix is replaced by *ğ* when a vowel follows it due to suffixation.

Ben şarkı söyle**yeceğim**, yüz**eceğim**, uyu**yacağım**, gel**eceğim**...
Sen şarkı söyle**yeceksin**, yüz**eceksin**, uyu**yacaksın**, gel**eceksin**...
O şarkı söyle**yecek**, yüz**ecek**, uyu**yacak**, gel**ecek**...
Biz şarkı söyle**yeceğiz**, yüz**eceğiz**, uyu**yacağız**, gel**eceğiz**...
Siz şarkı söyle**yeceksiniz**, yüz**eceksiniz**, uyu**yacaksınız**, gel**eceksiniz**...
Onlar şarkı söyle**yecek(ler)**, yüz**ecek(ler)**, uyu**yacak(lar)**, gel**ecek(ler)**...

For negation, add *-mA* before *-(y)AcAk*: *-meyecek* or *-mayacak*. Note that *y* is always present with the negation as the last sound of the negative suffix is always a vowel.

A STUDENT GRAMMAR OF TURKISH

11.3 The -(y)AcAK paradigm

	(+)	(−)	(?)	(−/?)
Ben	İsteyeceğim	İstemeyeceğim	İsteyecek miyim?	İstemeyecek miyim?
Sen	İsteyeceksin	İstemeyeceksin	İsteyecek misin?	İstemeyecek misin?
O	İsteyecek	İstemeyecek	İsteyecek mi?	İstemeyecek mi?
Biz	İsteyeceğiz	İstemeyeceğiz	İsteyecek miyiz?	İstemeyecek miyiz?
Siz	İsteyeceksiniz	İstemeyeceksiniz	İsteyecek misiniz?	İstemeyecek misiniz?
Onlar	İsteyecekler	İstemeyecekler	İsteyecekler mi?	İstemeyecekler mi?

11.4 The pronunciation

The verbs with the future -(y)AcAk are not always pronounced just as they are written. In colloquial speech, which is becoming more and more common, the first vowel of the suffix either becomes one of the vowels /i, ı, u, ü/ or gets omitted. Here are some examples:

How we write: *How we pronounce:*
verecek   →   vericek
görecek   →   görücek
gidecek   →   gidicek or gitcek
girecek   →   giricek
bulacak   →   bulucak
yiyecek   →   yiycek
diyecek   →   diycek
yürüyecek   →   yürüycek
eskiyecek   →   eskiycek
yürüyecek   →   yürüycek

11.5 Future time adverbs

Here are some time adverbs that are typically used with the future -(y)AcAK:

yarın   'tomorrow'
gelecek hafta   'next week'
gelecek ay   'next month'
gelecek yıl   'next year'
haftaya   'next week' (less formal)
seneye   'next year'
birazdan / biraz sonra   'a little later'
gelecek Çarşamba   'next Wednesday'
yakında / çok yakında   'soon /very soon'

Future with -(y)AcAK

tekrar	'again'
bir ay sonra	'one year later'
iki hafta sonra	'two weeks later'
dersten sonra	'after class'
artık	'from now on/not any more'

Exercise 1 Add the correct form of *-(y)AcAK*.

Ben	ara ___	bekle ___	bil ___	bul ___
Sen	dans et ___	al ___	dinlen ___	düşün ___
O	geç kal ___	gel ___	git ___	hasta ol ___
Biz	iç ___	iste ___	otelde kal ___	erken kalk ___
Siz	konuş ___	koş ___	dinle ___	öğren ___
Onlar	öğret ___	oku ___	mezun ol ___	atla ___

Exercise 2 Add the correct form of *-mAyAcAK*.

Ben	sev ___	şarkı söyle ___	uyu ___
Sen	telefon et ___	soru sor ___	ver ___
O	yat ___	ye ___	yürü ___
Biz	al ___	bul ___	düşün ___
Siz	hasta ol ___	kalk ___	öğren ___
Onlar	otur ___	tatil yap ___	gez ___

11.6 Future in nominal sentences with . . . olacak

To express a sentence such as the one below in the future tense, we need to add the verb *ol-* to the sentence and then attach the future suffix to that verb. This is simply because *-(y)AcAK* is a suffix that can be attached only to verbs. If there is no verb in a sentence, we need to add *ol-*. And then we add the future tense *-(y)AcAk*.

Ayşe çok zengin.   'Ayşe is very rich.'
Ayşe çok zengin <u>o</u>lacak   'Ayşe will be very rich.'

We add *ol-* to the sentences that have adjectives such as 'rich,' 'old,' 'long' as their predicates ('Ayşe is rich,' 'my grandmother is old,' 'The trip is long,' etc.) or when the predicate is a noun such as 'doctor,' 'engineer' ('He is a doctor,' etc.). Here are some more examples:

Hasan büyüyünce ('when Hasan grows up') **mühendis olacak**.
Daha kalın birşey giy. Hava çok soğuk. **Hasta olacaksın**.
İstanbul'da kışın hava çok **soğuk olacak**.
Ben şimdi ünlü değilim ama bir kaç yıl sonra çok **ünlü olacağım**.

Note that the same rule applies for sentences such as . . . *yaşındayım, Ankara'dayım*, that have the locative *-DA* and a person marker:

Ben şimdi 20 **yaşındayım**. 10 yıl sonra 30 **yaşında olacağım**.
Ben şimdi **Ankara'dayım**. Gelecek hafta **Los Angeles'ta olacağım**.

A STUDENT GRAMMAR OF TURKISH

Exercise 3 Ask your friend about his or her future plans using *-(y)AcAK*.

1. Yarın maça gel _____ _____?
2. Tatilde denize gir _____ _____?
3. Bu gece ders çalış _____ _____?
4. Gelecek haftasonu Orhan'la konuş _____ _____?
5. Kahvene süt koy _____ _____?
6. Seda'nın partisine git _____ _____?
7. Yarın babana uğra _____ _____?
8. İstanbul'da Topkapı Sarayı'nı ziyaret et _____ _____?
9. Yarınki konserde sen de sahneye çık _____ _____?
10. Venezuella'ya gitmek için para biriktir _____ _____?

Exercise 4 Have you ever wondered what you will do in the future? List your opinions. *Acaba* means 'I wonder.'

1. Acaba ünlü ve zengin ol _____ _____?
2. Acaba nerede otur _____?
3. Acaba evlen _____ _____?
4. Acaba çocuklarım ol _____ _____?
5. Acaba nasıl bir işte çalış _____?
6. Acaba o bahçeli evi al _____ _____?
7. Acaba araba kullan _____ _____?
8. Acaba kitap yaz _____ _____?
9. Acaba ünlü biriyle tanış _____ _____?
10. Acaba kaplumbağa besle _____ _____?

Exercise 5 Complete the sentences with the correct form of *-(y)AcAK*.

1. Ben yarın konserde şarkı söyle _____.
2. Siz Türk kahvesi iç _____?
3. Hayır ben kahve iç _____.
4. Ahmet Bey dans et _____.
5. Mary çok çalışıyor. Yakında çok güzel Japonca konuş _____.
6. Sen artık derse geç kal _____ (neg.).
7. Biz otobüs bekle _____. Siz metrobüsle mi git _____?
8. Ben artık sigara iç _____.
9. Siz nerede otur _____?
10. Aslı ve Murat gelecek sene evlen _____.
11. (Sen) bu gece matematik çalış _____?
12. Hayır ben bu gece ders çalış _____. Çok yorgunum.
13. Ben bu gece erken yat _____.
14. Siz denize gir _____ _____?
15. Öğrenciler klasik müzik dinle _____.
16. (Ben) seni her zaman sev _____.
17. Gelecek hafta hava güneşli ol _____.

Future with -(y)AcAK

18. Sen ne zaman üniversiteden mezun ol _____?
19. İzmir otobüsü hangi terminalden kalk _____?
20. Siz Noel'de Paris'e mi git _____?
21. Hayır biz bu sene Ankara'da kal _____.

Exercise 6 Complete the sentences.

1. Yarın...
2. Gelecek hafta...
3. Gelecek ay...
4. Gelecek yıl...
5. Haftaya...
6. Seneye...
7. Birazdan / biraz sonra...
8. Gelecek Çarşamba...
9. Yakında / çok yakında...
10. Tekrar...
11. Bir ay sonra...
12. İki hafta sonra...
13. Dersten sonra...
14. Artık...

Exercise 7 Complete the sentences with *-Iyor* and *-(y)AcAK*.

1. Şimdi kitap oku _____. Birazdan uyu _____
2. Biz şimdi otobüse bin _____. Birkaç saat sonra Marmaris'te ol _____
3. Bak, yağmur yağ _____. Yarın da yağmur yağ _____.
4. Şimdi kütüphanede çalış _____. Yarım saat sonra evde ol _____.
5. İstanbul'a kışın pek turist gel _____ (neg.). İstanbul'da bu kış da pek turist ol _____.
6. Biz bu yıl Ankara'da otur _____. Seneye İstanbul'a taşın _____.
7. Şimdi biraz dinlen _____. Yarım saat sonra çalışmaya devam et _____.
8. Biz şimdi yemek ye _____ birazdan yola çık _____.
9. Biz bu akşam otelde kal _____. Yarın yola devam et _____.
10. Sen kaç yıldır Japonca öğren _____? Gelecek yıl da Japonca dersi al _____?

Exercise 8 Complete the sentences with *-(y)AcAK*.

1. Toplantı bugün değil. Galiba yarın _____.
2. Ben şimdi Antalya'ya gidiyorum Yarın evde ol _____ (neg.).
3. (Sen) Akşam konsere git _____?
4. Siz yarın akşam nerede buluş _____?
5. Ben gelecek hafta evlen _____. Gelecek ay evli ol _____.
6. Yeni yılda burada ol _____?
7. Lütfiye Hanım bir ay sonra anneanne ol _____.
8. Bence sen İstanbul'da çok mutlu ol _____.
9. (Ben) artık içkili araba kullan _____.

10. (Onlar) partiye kimleri davet et _____?
11. Sen de partiye gel _____?
12. Ben yeni oyunda doktor ol _____. Sen ne ol _____?
13. Ben artık sigara iç _____ (neg.).
14. Murat hiç akıllan _____ (neg.).

Chapter 12

Past with -*DI* and -*(y)DI*

Contents
12.1 The meaning
12.2 The form
12.3 The -*DI* paradigm
12.4 Past time adverbs
12.5 -*DI* vs. -*(y)DI* or *idi*

12.1 The meaning

-*DI* is one of two past tense markers in Turkish. The meaning of -*DI* is very similar to the past tense in English. It is used to express the past events that we experience directly and in this sense it contrasts with the other past tense marker that will be discussed in Chapter 13.

12.2 The form

Rules of both I-type vowel harmony and consonant assimilation apply to -*DI* and it can appear as *dı, di, du, dü, tı, ti, tu, tü*. After *p, t, h, s, ç, k, ş*, the suffix appears as -*tI* and after all others and vowels: -*dI*.

Ben şarkı söyle**dim**, yüz**düm**, uyu**dum**, gel**dim**, aç**tım**, kes**tim**, tut**tum**, öp**tüm** ...
Sen şarkı söyle**din**, yüz**dün**, uyu**dun**, gel**din**, aç**tın**, kes**tin**, tut**tun**, öp**tün** ...
O şarkı söyle**di**, yüz**dü**, uyu**du**, gel**di**, aç**tı**, kes**ti**, tut**tu**, öp**tü** ...
Biz şarkı söyle**dik**, yüz**dük**, uyu**duk**, gel**dik**, aç**tık**, kes**tik**, tut**tuk**, öp**tük** ...
Siz şarkı söyle**diniz**, yüz**dünüz**, uyu**dunuz**, gel**diniz**, aç**tınız**, kes**tiniz**, tut**tunuz**, öp**tünüz** ...
Onlar şarkı söyle**di**(ler), yüz**dü**(ler), uyu**du**(lar), gel**di**(ler), aç**tı**(lar), kes**ti**(ler), tut**tu**(lar), öp**tü**(ler)

Note the difference in the person markers. In the future and the progressive tenses with -*(y)AcAk* and -*Iyor*, the person markers are the same, only changing due to vowel harmony. With the past tense -*DI*, we use a different paradigm (so-called *k*-paradigm).

Biz söyle-yeceğ-iz,   biz söyl-üyor-uz   but ...   biz söyle-di-k.
Siz söyle-yecek-siniz, siz söyl-üyor-sunuz   but ...   siz söyle-di-niz.
Sen söyle-yecek-sin,   sen söyl-üyor-sun   but ...   sen söyle-di-n.

See Chapter 18 for a full list of person markers and their paradigms.

12.3 The -*DI* paradigm

To express negation, you add -*mA* right after the stem and -*DI* comes after it. For the question form, you add -*DI* and the question particle comes right after -*DI*. Remember, in other tense markers (-*Iyor* and -*(y)AcAK*), the person markers come after the question particle (e.g., *gidiyor muyum?* or *gidecek miyim?*). With the past tense -*DI*, the question particle comes after the person markers (e.g., *gittim mi?*). Compare the last two columns of the table below.

	(+)	(−)	(?)	(−/?)	Compare the question form with that of -(y)AcAK
Ben	İstedim	İstemedim	İstedim mi?	İstemedim mi?	İsteyecek miyim?
Sen	İstedin	İstemedin	İstedin mi?	İstemedin mi?	İsteyecek misin?
O	İstedi	İstemedi	İstedi mi?	İstemedi mi?	İsteyecek mi?
Biz	İstedik	İstemedik	İstedik mi	İstemedik mi?	İsteyecek miyiz?
Siz	İstediniz	İstemediniz	İstediniz mi?	İstemediniz mi?	İsteyecek misiniz?
Onlar	İstediler	İstemediler	İstediler mi?	İstemediler mi?	İsteyecekler mi?

12.4 Past time adverbs

Some of the time adverbs that are typically used with the past tense -*DI* are as follows.

dün	'yesterday'
önceki gün	'the day before yesterday'
geçen hafta	'last week'
geçen ay	'last month'
geçen yıl	'last year'
biraz önce	'a while ago'
demin (informal)	'a while ago'
geçen Çarşamba	'last Wednesday'
bir ay önce	'one month ago'
iki hafta önce	'two weeks ago'
dersten önce	'before the class'
henüz	'yet'
daha	'yet'
hiç	'never, ever'
son zamanlarda	'recently'

Note that *hiç* is used either with negation, or with the question particle. It is not used in affirmative sentences. *Henüz* is always used in negative sentences.

Exercise 1 Add the correct form of -*DI*.

Ben	ara ___	bekle ___	bil ___
Sen	dans et ___	dinle ___	dinlen ___
O	geç kal ___	gel ___	git ___
Biz	iç ___	iste ___	kal ___
Siz	konuş ___	koş ___	sat ___
Onlar	öğret ___	oku ___	hasta ol ___

Past with -DI and -(y)DI

Exercise 2 Add the correct form of *-mAdI*.

Ben	sev ___	şarkı söyle ___	soru sor ___
Sen	telefon et ___	uyu ___	ver ___
O	yat ___	ye ___	yürü ___
Biz	al ___	bul ___	düşün ___
Siz	hasta ol ___	kalk ___	öğren ___
Onlar	otur ___	tatil yap ___	gez ___

Exercise 3 Add the correct form of *-DI... mI*.

Ben	ara ___	bekle ___	dinlen ___
Sen	dans et ___	dinle ___	bil ___
O	geç kal ___	gel ___	git ___
Biz	al ___	bul ___	düşün ___
Siz	hasta ol ___	kalk ___	öğren ___
Onlar	otur ___	tatil yap ___	gez ___

Exercise 4 Fill in the blanks with *-DI* and person markers.

1. Ben geçen sene konserde şarkı söyle _____, Murat piyano çal _____.
2. Siz hiç Türk kahvesi iç _____?
3. Hayır, ben hiç Türk kahvesi iç _____ (neg.).
4. Sen dün de derse geç kal _____.
5. Biz iki saat otobüs bekle _____ ama otobüs gel _____ (neg.).
6. Siz İstanbul'da hangi otelde kal _____?
7. Şebnem ve İlhan geçen sene evlen _____.
8. Ankara'da geçen kış çok kar yağ _____.
9. (Sen) dün gece matematik çalış _____?
10. Hayır, ben dün gece ders çalış _____. Dün gece erken yat _____.
11. Siz geçen hafta denize mi gir _____?
12. Öğrenciler dün akşam klasik müzik dinle _____.
13. Geçen hafta maçta kim kazan _____?
14. Sen ne zaman üniversiteden mezun ol _____?
15. Siz geçen Noel'de Paris'e mi git _____?
16. Hayır biz Ankara'da kal _____.
17. Bu kitabı bana babam hediye et _____. Kütüphaneden al _____ (neg.).
18. Ben bu filmi iki yıl önce İstanbul Film Festivali'nde gör _____.
19. Ben daha kahvemi bitir _____ (neg.).
20. Ahmet Bey henüz Antalya'dan dön _____ (neg.).
21. Tren henüz terminale gir _____ (neg.).
22. Ben hiç Erzurum'a git _____ (neg.). Sen git _____?
23. Demin telefonum çal _____. Sen mi ara _____?
24. Dün Murat hiç sigara iç _____ (neg.).
25. Dünkü maçı seyret _____ (siz)?
26. Çocuklar ne zaman tatilden dön _____?

12.5 -DI vs. -(y)DI or idi

The past tense marker can be attached to nouns, adjectives, and *var/yok*. Although it looks and sounds the same, actually the marker that is attached to nouns, adjectives and *var/yok* is a different marker. It is *-(y)DI* (or *idi*). The *y* is dropped when *-(y)DI* follows a consonant, as in *doktor-du*. It surfaces when it is attached to a word ending in a vowel, such as *yaşlı-ydı*.

Ben doktordum. 'I was a doctor.'
Dün hava yağmurluydu. 'It was rainy yesterday.'

-(y)DI can be written as a separate word: *O yaşlı idi*. But it is not very common to write and pronounce it as a separate word in the standard variety of Turkish unless you want to put an extra stress on the 'past' interpretation. When it is written as a separate word, it does not undergo vowel harmony, and always appears as *idi*. Remember we had the same rule in *-(y)lA* and *ile*, the instrumental case.

	(+)	(−)	(?)	(−/?)
Ben	Doktordum	Doktor değildim	Doktor muydum?	Doktor değil miydim?
Sen	Doktordun	Doktor değildin	Doktor muydun?	Doktor değil miydin?
O	Doktordu	Doktor değildi	Doktor muydu?	Doktor değil miydi?
Biz	Doktorduk	Doktor değildik	Doktor muyduk?	Doktor değil miydik?
Siz	Doktordunuz	Doktor değildiniz	Doktor muydunuz?	Doktor değil miydiniz?
Onlar	Doktordular Doktorlardı	Doktor değildiler Doktor değillerdi	Doktor muydular? Doktorlar mıydı?	Doktor değil miydiler? Doktor değiller miydi?

	(+)	(−)	(?)	(−/?)
Ben	yaşlıydım	yaşlı değildim	yaşlı mıydım?	yaşlı değil miydim?
Sen	yaşlıydın	yaşlı değildin	yaşlı mıydın?	yaşlı değil miydin?
O	yaşlıydı	yaşlı değildi	yaşlı mıydı?	yaşlı değil miydi?
Biz	yaşlıydık	yaşlı değildik	yaşlı mıydık?	yaşlı değil miydik?
Siz	yaşlıydınız	yaşlı değildiniz	yaşlı mıydınız?	yaşlı değil miydiniz?
Onlar	yaşlıydılar yaşlılardı	yaşlı değildiler yaşlı değillerdi	yaşlı mıydılar? yaşlılar mıydı?	yaşlı değil miydiler? yaşlı değiller miydi?

In affirmative sentences, *-(y)DI* behaves just as it behaves in verbs. In the negative form, we attach it to the negative *değil* rather than the noun. In questions, the person markers and *-(y)DI* come after the question particle. In verbs, *-DI* and the person markers come right after the verb:

Gittin mi?   *but*   yorgun muydun?
Geldik mi?   *but*   yorgun muyduk?

Past with -DI and -(y)DI

The question particle *mI* ends in a vowel. That is why, when it is followed by *-(y)DI*, the *y* part is never dropped. Here is a summary of the differences between *-DI* and *-(y)DI*.

-DI	-(y)DI
Attached to verbs	Attached to nouns, adjectives, pronouns and *var/yok*
No -y	-y appears after vowels
Bears the primary word stress when attached to a final-stress word.	Stress falls on the preceding syllable
yes-no question particle *mI* follows *-DI*	yes-no question particle *mI* precedes *-(y)DI*

Exercise 5 Attach *-(y)DI* and person markers to the words below.

Ben	hasta ___	10 yaşında ___	evde ___	üzgün ___	kızgın ___
Sen	anlayışlı ___	yorgun ___	neşeli ___	mutlu ___	evde ___
O	yaşlı ___	havalı ___	sıcak ___	soğuk ___	yavaş ___
Biz	genç ___	mutsuz ___	endişeli ___	dükkanda ___	yolda ___
Siz	okulda ___	derste ___	festivalde ___	Ürdün'de ___	sinirli ___
Onlar	kötü ___	açık ___	kapalı ___	pahalı ___	ucuz ___

Exercise 6 Write questions with *mI* for these answers.

1. Evet, Ayşe'nin babası öğretmendi.
2. Hayır, yorgun değildim.
3. Evet, biraz sinirliydim.
4. Hayır, o otobüste değillerdi.
5. Evet, dersteydik.
6. Hayır, toplantıda değildiniz.
7. Evet, yeterince hızlıydık.
8. Hayır, hava yağmurlu değildi.
9. Evet, Hasan amca o zaman çok gençti.
10. Evet, bu kahve benimdi.
11. Evet, babamın kahvesi şekerliydi.
12. Geçen hafta hava güneşli değildi.

Exercise 7 What did you look like when you were a child? Or what did your sister/brother/best friend at elementary school look like? ... Draw a picture and write a description. First fill in the blanks in these examples and then write your own description.

Ben...

Uzun saçlı _____. Gözlüklü değil _____. Sarışın değil _____. Düz saçlı _____. Çok neşeli _____ ve çok yaramaz _____. Benim bir erkek kardeşim var _____.

En yakın arkadaşım...

Onun adı Hülya _____. O çok uzun boylu _____. Benden daha uzun _____ ve çok zayıf _____. Onun dişlerinde tel var _____. Onun da bir erkek kardeşi vardı. Bir de köpeği var _____. Köpeği çok sevimli _____. Köpeğinin adı Şans _____.

Chapter 13

-mIş and *-(y)mIş*

Contents
13.1 The meaning
13.2 The form
13.3 The *-mIş* paradigm
13.4 *-(y)mIş* and *imiş*

13.1 The meaning

-mIş is a kind of past-tense/aspect marker. It is used to express "hearsay" and "indirect" experience/knowledge. In the example below, the speaker does not witness Selim's Ankara trip. Rather, he hears it from a secondary source. When we talk about past events that we did not witness ourselves, we use *-mIş*.

Selim geçen hafta Ankara'ya gitmiş. Bana annesi söyledi.
'(It turns out that / I heard that) Selim went to Ankara last week. His mother told me.'

Due to its secondary source interpretation, *-mIş* is typically used in gossiping, or passing on information that we heard from other sources, reporting what we read in a newspaper, for example:

Duydun mu? Aysel yeni bir araba almış.
Gazetede okudum. Bursa'da bir trafik kazası olmuş. Beş kişi yaralanmış.

-mIş is also used to express "inference" from evidence. This meaning is related to the former meaning in the sense that you do not experience events yourself but you infer what happened based on some evidence. You see your father's car parked in front of your house, for example, and you understand from that evidence that your father is home. You can say *babam gelmiş* 'my father has come.' Here is another example. You see the empty coffee jar in the kitchen closet and say *kahve bitmiş* 'coffee finished.' In this example, too, you have not witnessed the finishing event. You rather infer that the coffee is finished upon seeing the empty coffee jar.

13.2 The form

-mIş can appear as *mış, miş, muş, müş*. I-type vowel harmony applies. Consonants do not change.

Ben	şarkı söylemişim, yüzmüşüm, uyumuşum, gelmişim, açmışım, öpmüşüm ...
Sen	şarkı söylemişsin, yüzmüşsün, uyumuşsun, gelmişsin, açmışsın, öpmüşsün ...
O	şarkı söylemiş, yüzmüş, uyumuş, gelmiş, açmış, öpmüş ...
Biz	şarkı söylemişiz, yüzmüşüz, uyumuşuz, gelmişiz, açmışız, öpmüşüz ...
Siz	şarkı söylemişsiniz, yüzmüşsünüz, uyumuşsunuz, gelmişsiniz, açmışsınız, öpmüşsünüz ...
Onlar	şarkı söylemiş(ler), yüzmüş(ler), uyumuş(lar), gelmiş(ler), açmış(lar), öpmüş(ler) ...

13.3 The -mIş paradigm

	(+)	(–)	(?)	(–/?)
Ben	İstemişim	İstememişim	İstemiş miyim?	İstememiş miyim?
Sen	İstemişsin	İstememişsin	İstemiş misin?	İstememiş misin?
O	İstemiş	İstememiş	İstemiş mi?	İstememiş mi?
Biz	İstemişiz	İstememişiz	İstemiş miyiz	İstememiş miyiz
Siz	İstemişsiniz	İstememişsiniz	İstemiş misiniz?	İstememiş misiniz?
Onlar	İstemişler	İstememişler	İstemişler mi?	İstememişler mi?

Exercise 1 Add the correct form of -mIş.

Ben	mezun ol ___	uyu ___	kazan ___
Sen	dans et ___	dinle ___	dinlen ___
O	geç kal ___	gel ___	git ___
Biz	iç ___	iste ___	kal ___
Siz	konuş ___	koş ___	sevin ___
Onlar	öğret ___	oku ___	ara ___

Exercise 2 Add the correct form of -mAmIş.

Ben	anla ___	sarhoş ol ___	öğren ___
Sen	telefon et ___	uyu ___	ver ___
O	yat ___	ye ___	yürü ___
Biz	al ___	bul ___	düşün ___
Siz	hasta ol ___	kalk ___	soru sor ___
Onlar	otur ___	tatil yap ___	gez ___

Exercise 3 Add the correct form of -mIş mI.

Ben	anla ___	geç kal ___	bul ___
Sen	dans et ___	dinle ___	bil ___
O	bekle ___	kalk ___	git ___
Biz	kazan ___	dinlen ___	düşün ___
Siz	hasta ol ___	gel ___	öğren ___
Onlar	otur ___	tatil yap ___	gez ___

13.4 -(y)mIş and imiş

-(y)mIş is the counterpart of -mIş that can be attached to nouns, adjectives and existential *var/yok*. As seen in the paradigms below, when it is attached to a word that ends in a consonant, *y* is omitted. The third person plural with -lAr has two different possibilities

-mİş and -(y)mİş

in the question form. This is more like a dialectal difference, but both forms are possible forms, preferred by different people within the standard variety.

	(+)	(−)	(?)	(−/?)
Ben	Doktormuşum	Doktor değilmişim	Doktor muymuşum?	Doktor değil miymişim?
Sen	Doktormuşsun	Doktor değilmişsin	Doktor muymuşsun?	Doktor değil miymişsin?
O	Doktormuş	Doktor değilmiş	Doktor muymuş?	Doktor değil miymiş?
Biz	Doktormuşuz	Doktor değilmişiz	Doktor muymuşuz?	Doktor değil miymişiz?
Siz	Doktormuşsunuz	Doktor değilmişsiniz	Doktor muymuşsunuz?	Doktor değil miymişsiniz?
Onlar	Doktorlarmış	Doktor değillermiş	Doktorlar mıymış? Doktor muymuşlar?	Doktor değiller miymiş? Doktor değil miymişler?

	(+)	(−)	(?)	(−/?)
Ben	Yaşlıymışım	yaşlı değilmişim	yaşlı mıymışım?	yaşlı değil miymişim?
Sen	Yaşlıymışsın	yaşlı değilmişsin	yaşlı mıymışsın?	yaşlı değil miymişsin?
O	Yaşlıymış	yaşlı değilmiş	yaşlı mıymış?	yaşlı değil miymiş?
Biz	Yaşlıymışız	yaşlı değilmişiz	yaşlı mıymışız?	yaşlı değil miymişiz?
Siz	Yaşlıymışsınız	yaşlı değilmişsiniz	yaşlı mıymışsınız?	yaşlı değil miymişsiniz?
Onlar	Yaşlılarmış	yaşlı değillermiş	yaşlılar mıymış? yaşlı mıymışlar?	yaşlı değiller miymiş? yaşlı değil miymişler?

Exercise 4 Fill in the blanks with the correct form of -mİş in the following Nasrettin Hoca story.

Nasrettin Hoca'nın bir komşusuna bir mektup gel _____. Adam okuma yazma bilmiyormuş. Hoca'nın kapısını çal _____. 'Şunu bana oku,' de _____. Hoca mektuba bak _____, mektup Türkçe değil _____. 'Bu Türkçe değil, Farsça' de _____. Adam 'olsun sen oku' de _____. Hoca 'iyi de, ben Farsça bilmem ki' diye cevap ver _____.

Adam 'ayıp ayıp' de _____. 'Benden utanmıyorsun bari kavuğundan utan.' Hoca kız _____. Kavuğu çıkar _____, adama ver _____. 'Marifet kavukta ise, buyur sen oku,' de _____.

A STUDENT GRAMMAR OF TURKISH

Exercise 5 Attach *-(y)mIş* to the words below.

Ben	güzel ___	yedek listede ___	akıllı ___	hızlı ___	aptal ___
Sen	uzun boylu ___	zeki ___	çalışkan ___	mutlu ___	çarşıda ___
O	önemli ___	uzun ___	kısa ___	pahalı ___	tatsız ___
Biz	sessiz ___	hastanede ___	yolda ___	zayıf ___	uyanık ___
Siz	anlayışlı ___	öğretmen ___	denizde ___	ünlü ___	yorgun ___
Onlar	havuzda ___	çantada ___	ucuz ___	küçük ___	tatilde ___

Exercise 6 Ask questions with *-mIş* and the yes-no question particle *mI*.

1. Çocuklar parktalarmış.
2. Biz gençmişiz.
3. Sen Londra'daymışsın.
4. Ben Hasan'dan daha akıllıymışım.
5. O dükkan Kapalı Çarşı'daymış.
6. Bu kahve şekerliymiş.
7. Bu erikler ekşiymiş.
8. Turistler oteldelermiş.
9. Konser saat dokuzdaymış.
10. Misafirler yorgunmuş.

Exercise 7 Here is a message you received from Hasan. Read it and report what you read in a message to your friend Aydın using *-mIş*.

Merhaba Aydın,

Biz dün İstanbul'dan yola çıktık. Bu akşam Marmaris'e geldik. Burada küçük bir pansiyon bulduk. Akşam deniz kenarında bir balık lokantasında yemek yedik. Yemek çok güzeldi. Sonra Selim, eşi ve kızı ile buluştuk. Selim'ler sana ve Aylin'e selam söylediler. Sizi de Marmaris'e davet ettiler. Şimdilik haberler bu kadar.

Sevgiler ve selamlar,

Hasan

Exercise 8 Answer the questions appropriately.

1. Hata kimdeymiş?
2. Anahtarlar neredeymiş?
3. Fatih Akın'ın yeni filmi nasılmış?
4. Murat'ın gitar öğretmeni kimmiş?
5. Hasan Bey'in sınavı neredeymiş?
6. Yeni müdürün adı neymiş?
7. Bu portakalların kilosu kaç liraymış?
8. Toplantı saat kaçtaymış?

Exercise 9 Complete the sentences with *-mIş*, *-(y)mIş*, *-DI* or *-(y)DI* and person markers.

1. Ben 1986'da Artvin'de doğ _____. Sen nerede doğ _____?
2. Duydun mu? Hasan'ın babası yeni bir araba al _____. Bana da Selim söyledi.

-mış and -(y)mış

3. Gazetede oku _____ (ben). Japonya'da yine deprem ol _____.
4. Dün bütün gün yağmur yağ _____. Biz dışarıya çık _____ (neg.).
5. Dün ablamla telefonda konuş _____ (ben). Orada da bütün gün yağmur yağ _____ ama onlar alışverişe git _____. Çünkü çocuklar evde çok sıkıl _____.
6. Ayhan: Filmin sonunda ne oldu? Seda: Bilmiyorum ben de uyuyakal _____.
7. Otobüs geç gel _____. Hepimiz toplantıya geç kal _____.
8. Hiçkimse kıymalı böreğimden ye _____ (neg.). Meğer misafirlerin hepsi vejeteryan _____.
9. Bizim hoca hasta _____. Bugün dersi iptal et _____. Bize asistanlar söyledi.
10. Toplantı saat beşte _____. Biz dörtte sanıyorduk.

Chapter 14

Present tense with the aorist -Ir/-Ar

Contents
14.1 The meaning and use
14.2 The form
14.3 Negative
14.4 The aorist paradigm

14.1 The meaning and use

The aorist *-Ir/-Ar* is used to express general facts, polite requests and questions, probable situations, uncertain plans, guesses, habits, likes and dislikes. Here are some examples for each category.

General facts

Güneş doğudan doğar. 'Sun rises from the east.'
Balık suda yaşar. 'Fish lives in water.'
İki kere iki dört eder. 'Two times two is four.'
Penguenler uçmaz. 'Penguins do not fly.'

Polite requests and questions

Lütfen kapıyı açar mısınız? 'Could you open the door?'
Lütfen tuzu verir misiniz? 'Could you pass the salt?'
Benimle evlenir misin? 'Will you marry me?'

Probable situations, uncertain plans

Yarın belki sinemaya gideriz. 'Maybe we go to the movies tomorrow.'
Belki Selim de bizimle gelir. 'Maybe Selim comes with us.'

Guesses

Sence bu sene dünya kupasını kim alır? 'In your opinion, who gets the world cup this year?'
Annem bu elbiseyi beğenmez. 'My mother wouldn't like this dress.'

Habits, likes, dislikes

Ben kahveyi şekerli içerim. 'I drink coffee with sugar.'
Ben asla kahve içmem. 'I never drink coffee.'
Ne tür filmlerden hoşlanırsınız? 'What kind of movies do you like?'
Ne tür müzik seversiniz? 'What kind of music do you like?'

Present tense with the aorist -Ir/-Ar

14.2 The form

In contrast to the other tense markers, the aorist has a semi-irregular pattern, that is, there is a set of verbs that irregularly take *-Ir* rather than *-Ar* and you will need to memorize them. Here are the details of the aorist pattern.

(a) Polysyllabic words ending in consonants take one of the variants of *-Ir*, which can appear as *-ır, -ir, -ur, -ür* due to I-type vowel harmony, e.g., *pişir-ir, götür-ür, konuş-ur, çalış-ır*.
(b) Most monosyllabic verbs ending in consonants take one of the variants of *-Ar*. *-Ar* can appear as *-er* or *-ar* due to A-type vowel harmony, e.g., *yap-ar, ser-er, koş-ar, ör-er, kır-ar, gir-er, sus-ar, gül-er*.
(c) Vowel-ending verbs take only *-r*, e.g., *eri-r, söyle-r, uyu-r, atla-r*.
(d) Here is the irregular part. These thirteen verbs, although they are monosyllabic, take *-Ir* rather than *-Ar*. Most of them are *l-* or *r-* ending. Only the verb *san-* is *n*-ending: *al-ır, bil-ir, bul-ur, dur-ur, gel-ir, gör-ür, kal-ır, ol-ur, öl-ür, san-ır, ver-ir, var-ır, vur-ur*.

A side note: Determining the number of syllables in a word is very easy in Turkish. You just need to check how many vowels a word has. If it has only one vowel, it is monosyllabic. If it has more than one vowel, it is polysyllabic.

14.3 Negative

The negative form of the aorist is irregular as well. The negative suffix is *-mA*, and just as is the case with the other tense markers, it is attached directly to the verb stem. What is irregular is the aorist marker after negation. In the first person singular (*ben*) and the first person plural (*biz*) there is no aorist marker after negation. Person markers come directly after negation. So the negative of *alırım* is *almam*, for example, and the negative of *alırız* is *almayız*. In all the other persons, the aorist marker surfaces as *-z*, as seen in the paradigm section and the table below. Also note in the last column of the paradigm table that when the question particle is present the aorist marker *-z* appears in the first person singular as well.

14.4 The aorist paradigm

Note that in the first persons ('I' and 'we') you do not have a tense marker in the negative. Other than that, this is the same paradigm that you use for *-Iyor*, *-(y)AcAK* and *-mIş*.

	(+)	(−)	(?)	(−/?)
Ben	Al-ır-ım	Al-ma-m	Al-ır mıyım?	Al-ma-z mı-yım?
Sen	Al-ır-sın	Al-ma-z-sın	Al-ır mısın?	Al-ma-z mı-sın?
O	Al-ır	Al-ma-z	Al-ır mı?	Al-ma-z mı?
Biz	Al-ır-ız	Al-ma-yız	Al-ır mıyız?	Al-ma-z mı-yız?
Siz	Al-ır-sınız	Al-ma-z-sınız	Al-ır mısınız?	Al-ma-z mı-sınız?
Onlar	Al-ır-lar	Al-ma-z-lar	Al-ır-lar mı?	Al-ma-z-lar mı?

Exercise 1 Add either -*Ir* or -*Ar* and person markers.

Ben	ara ___	bekle ___	bil ___
Sen	dans et ___	dinle ___	dinlen ___
O	geç kal ___	gel ___	git ___
Biz	iç ___	iste ___	kal ___
Siz	konuş ___	koş ___	şarkı söyle ___
Onlar	öğret ___	oku ___	hasta ol ___

Exercise 2 Add -*mA(z)* and person markers.

Ben	sev ___	şarkı söyle ___	uyu ___
Sen	telefon et ___	soru sor ___	ver ___
O	yat ___	ye ___	yürü ___
Biz	al ___	bul ___	düşün ___
Siz	hasta ol ___	kalk ___	öğren ___
Onlar	otur ___	tatil yap ___	gez ___

Exercise 3 What do they typically do? Complete the sentences.

1. Kuşlar...
2. Bebekler...
3. Çocuklar...
4. İstanbul'daki turistler...
5. Ankara'daki öğrenciler...
6. Murat her yıl Ramazan Bayramı'nda...
7. Seda abla her haftasonu...
8. Ayılar kışın...
9. Arılar...
10. En yakın arkadaşım ve ben her yıl...
11. Ben her akşam...
12. Ayşegül her zaman...
13. Sema senede bir kere...
14. Murat ayda iki kere...
15. Add your own example.

Exercise 4 Complete the sentences.

1. Babam ramazanda asla içki...
2. Bizim evde hiçkimse Pazar günleri...
3. Ayşe çok iyi bir kız. Hiçkimseyle kavga...
4. Ben asla...
5. Ben hiçbir zaman...
6. Kuşlar hiç...
7. Ankara'daki öğrenciler hiç...
8. İstanbul'daki martılar asla...

Present tense with the aorist -Ir/-Ar

9. Ben korku filmlerini hiç . . .
10. Sen ne tür filmlerden . . . (neg./question)
11. Murat sabahları hiçkimseyle . . .

Exercise 5 Use the aorist forms of the verbs to request your friend to . . . .

Örnek: Bana bak. Lütfen bana bakar mısın?

1. Kapıyı aç.
2. Biraz bekle.
3. Buraya gel.
4. Gazete al.
5. Beni dinle.
6. Sigaranı söndür.
7. Burada kal.
8. Eski arabanı bana sat.
9. Çocukları Van'a götür.
10. Doktora telefon et.
11. Kitabımı sakla.
12. Kravat tak.
13. Çorap giy.
14. Gülümse.
15. Metin'i partiye çağır.
16. Çiçeklerimi sula.
17. Telefona bak.
18. Kediye yemek ver.
19. Dürüst ol.
20. Benimle evlen.

Exercise 6 This is a mixed tense and aspect exercise. Fill in the blanks with appropriate tense and person markers.

1. Ayşe dün Ankara'ya git _____. Yarın akşam gel _____.
2. Duydun mu? Geçen hafta Sedef ve Murat Kayseri'ye taşın _____.
3. İnşallah mektup yarın gel _____.
4. İstanbul Kanatlarımın Altında filmini gör _____ _____ (siz)? Hayır henüz gör _____.
5. Sence bu yıl Dünya Kupası'nı kim kazan _____?
6. Sedef Hanım: Biraz daha kek al _____ _____, Murat Bey? Murat Bey: Hayır, teşekkür et _____.
7. Yarın belki Selimlerin partisine git _____ (biz).
8. Ben asla yemekte şarap iç _____.
9. İki kere iki dört et _____.
10. Bak, şu adam Mustafa değil mi? Galiba buraya gel _____. Hadi ona 'merhaba' diyelim.
11. Biz bu yaz tatilde Bodrum'a git _____. Biletlerimizi aldık. İnşallah hava çok güzel ol _____.
12. Suna Hanım'ın sınavları herzaman çok zor ol _____.

13. Kahvenizi nasıl iç _____?
14. Sizce Murat'la Ayşegül bu yaz evlen _____ _____?
15. Babam ıspanağı hiç sev _____.
16. Ben ıspanağa bayıl _____.
17. Lütfen pencereyi aç _____ (sen)?
18. Dün Kaya'ya rastla _____. Hiç değiş _____!
19. Gazetede okudum, benzine gene zam gel _____!
20. Dün beni ara _____ (siz)?
21. Meğer Murat da otobüse bin _____ ama onu hiçkimse gör _____.
22. Evde hiç süt kal _____ (neg.)! Nasıl olur? Daha dün bir şişe al _____.
23. Duydun mu? Mustafa geçen haftasonu bir parti ver _____. Partiye Jale'yi çağır _____ (neg.). Jale çok üzül _____.
24. *Ahmet:* Fransızca bil _____? *Mehmet:* Maalesef bil _____.
25. Annem ve babam 1972'de İzmir'de evlen _____. Ben o zaman henüz hayatta değildim.
26. Murat geçen yıl üniversiteden mezun ol _____. O hala iş ara _____.
27. Şeyda gelecek yıl Artvin'e taşın _____. Orada küçük bir hastanede çalış _____.
28. Biz altı yıldır İstanbul'da otur _____.
29. Ben 1980'de Adana'da doğ _____.
30. Siz Japonca bil _____?
31. Ayşe her Pazar sabahı tenis oyna _____.
32. Siz bir çay daha iç _____?
33. Bu otelde genellikle Japon turistler kal _____.
34. Siz geçen yaz Bozcaada'da hangi otelde kal _____?
35. Ben geçen hafta Uludağ'a git _____ ama kayak yap _____ (neg.).
36. Sen hiç kanguru gör _____ _____?
37. Maalesef ben hiç Çince bil _____.
38. Babam geçen hafta hasta _____ ama şimdi iyi.
39. Ben küçükken uzun saçlı ve gözlüklü _____. Şimdi kısa saçlı _____ ve lens kullan _____.
40. Biz tatildeyken çiçeklerimizi kim sula _____?
41. Osman şimdi dokuz yaşında. O büyüyünce doktor olmak iste _____.
42. Sen büyüyünce ne ol _____?

Chapter 15

-mAktA and -DIr

-mAktA and *-DIr* are not tense markers but they immediately follow the chapters on tense so that they can be discussed in relation to the tense markers. *-DIr* can be attached to nouns and verbs and expresses two meanings. One is *fact* (*gerçek*). The other one is *guess* (*tahmin*). We can attribute these meanings to the sentences depending on their context of utterance. In some cases, when the context is not known, the sentences can be ambiguous. For example, *Türkiye'nin başkenti Ankara'dır* can mean 'I guess, it is Ankara.' Or it can mean 'It is a well-known fact that it is Ankara.'

Now look at these sentences:

Tavuk iki ayaklı bir hayvandır.
Dünya yuvarlaktır.

We know that a chicken has two legs, so we can easily say that *-DIr* in these sentences expresses a *fact*. But if we were talking about an animal that we were not that familiar with, we could have the *guess* interpretation as well. The same is true for the other sentence. Due to our knowledge about the physical properties of the earth, we know that the sentence expresses a fact. If we were talking about a planet that we were not familiar with, the same sentence could have had a *guess* interpretation.

-mAktA is similar to *-Iyor* in terms of its meaning and temporal interpretation but it is used in more formal texts and statements. The present sense that it expresses covers a larger period of time and a longer and more repetitive event than would be expressed with *-Iyor*. The sentence with *-mAktA* below means that tourists come to İstanbul every year; it is a continuous and repeated event.

İstanbul'a her yıl binlerce turist gelmekte.

It is usually used with *-DIr* in formal contexts:

İstanbul'a her yıl binlerce turist gelmektedir.

-DIr can be used with other tense markers as well. It expresses *only* guess with *-Iyor*. It expresses *only* fact with *-mAktA*. With other tense markers, it is ambiguous. It can express both guess and fact and the correct interpretation requires context.

Türkiye'ye her yıl binlerce turist geliyordur.	only guess
Türkiye'ye her yıl binlerce turist gelmektedir.	only fact
Türkiye'ye her yıl binlerce turist gelecektir.	both guess and fact
Türkiye'ye her yıl binlerce turist gelmiştir.	both guess and fact

-DIr cannot be used with the aorist. *-DIr* cannot be used with *-DI* either. Past interpretation is expressed with *-mIştIr*.

Exercise 1 Make a guess with *-DIr*. Answer the questions and ask similar questions.

Sizce dünyanın en yaşlı insanı kaç yaşındadır?
Acaba dünyanın en yaşlı insanı nerededir?
Sizce düyanın ilk metrosu hangi şehirdedir?
Sizce dünyanın en kısa metrosu hangi şehirdedir?
...

Exercise 2 Are these statements a guess (*tahmin*) or a fact (*gerçek*)?

1. Budapeşte'de kışın çok kar yağmaktadır.   tahmin – gerçek
2. Budapeşte'de kışın çok kar yağıyordur.   tahmin – gerçek
3. Adada faytonla ulaşım sağlanmaktadır.   tahmin – gerçek
4. Adada herhalde faytonla ulaşım sağlanacaktır. tahmin – gerçek
5. Babam bu saatte uyuyordur.   tahmin – gerçek
6. Belki Murat hastadır.   tahmin – gerçek
7. Herhalde Türkiye'nin başkenti Ankara'dır.   tahmin – gerçek
8. Sence Mahmut projeyi bitirmiş midir?   tahmin – gerçek
9. Türkiye'nin nüfusu her yıl artmaktadır.   tahmin – gerçek
10. Osmanlı sarayları'nı Yeniçeriler korumaktadır. tahmin – gerçek

Exercise 3 What are the people in Hawaii most probably doing right now? You may use some of the words listed below.

Hawaii'de şimdi ne yapıyorlardır? Hawaii'de şimdi ne yapmıyorlardır?

denize gir-, güneşlen-, dans et-, uyu-, içki iç-, plaj voleybolu oyna-, sörf yap-, balık ye-, plajda kitap oku-, dinlen-, arkadaşlarıyla konuş-

Chapter 16

Imperative and optative

The imperative and optative moods are pretty intertwined in Turkish in terms of their paradigms as one can be used to replace the other. In terms of their meaning, too, they may overlap most of the time.

Turkish does not have an imperative mood marker. Verbs are used in the bare form without any inflections in the imperative mood. They take the negative marker to have a negative interpretation. Second person plural subjects have a subject-agreement marker -(y)In on them.

(sen) Kapıyı kapat!	(siz) Kapıyı kapatın!	'Close the door.'
(sen) Buraya gel!	(siz) Buraya gelin!	'Come here.'
(sen) Ağlama lütfen.	(siz) Ağlamayın lütfen.	'Please don't cry.'
(sen) Burada bekleme.	(siz) Burada beklemeyin.	'Don't wait here.'

When the second person plural marker is used to express "polite imperative," an extra person marker -Iz can be attached to sound even more polite and formal.

(siz) Kapıyı kapatınız.
(siz) Buraya geliniz.
(siz) Ağlamayınız lütfen.
(siz) Lütfen geç kalmayınız.

You may see this kind of double person marker use in signs:

At an automatic door:	İtmeyiniz 'Don't push.'
At a door:	Girmeyiniz 'Don't enter.'
At a park:	Çimenlere basmayınız. 'Don't step on the grass.'

Here is a table showing the paradigm of the imperative mood.

	(+)	(−)	(+/?)	(−/?)
Ben	—	—	—	—
Sen	git	gitme	—	—
O	gitsin	gitmesin	gitsin mi?	gitmesin mi?
Biz	—	—	—	—
Siz	gidin	gitmeyin	—	—
	gidiniz*	gitmeyiniz*	—	—
Onlar	gitsinler	gitmesinler	gitsinler mi?	gitmesinler mi?

(*) This is an extra formal and extra polite form of the command.

Verbs with the imperative mood cannot be used in questions, except those that have the third person (singular and plural) subject.

As you see in the table, the verbs in the imperative mood cannot be used with the first person subjects. The imperative paradigm is very similar to the optative paradigm that expresses intention or wish. The optative is formed by the attachment of the optative marker -(y)A and the imperative paradigm "borrows" the first person verb inflection of the optative paradigm. In such examples, the verbs have a 'suggestion' ('let's ... ') interpretation:

Ben gideyim. 'Let me go.'
Ben daha fazla kahve içmeyeyim. 'Let me not drink any more coffee.'
Biz sizi daha fazla rahatsız etmeyelim. 'Let us not disturb you more.'
Sinemaya gidelim. 'Let's go to the movies.'
Yine geç kalmayalım. 'Let's not be late again.'

Just like the imperative, the optative mood in the first persons can be used as polite commands. Such commands sound more like a request or suggestion.

Lütfen konuşmayalım. 'Please, do not talk.' (literally, 'Let us not talk.')
Lütfen otobüse ön kapıdan binelim. 'Get on the bus from the front door.' (literally, 'Let us get on the bus from the front door.')

Here is the paradigm of the optative mood. Compare it with the imperative mood paradigm above.

	(+)	(−)	(+/?)	(−/?)
Ben	gideyim	gitmeyeyim	gideyim mi?	gitmeyeyim mi?
Sen	gidesin*	gitmeyesin*	–	–
O	gide*	gitmeye	gitsin mi?	gitmesin mi?
Biz	gidelim	gitmeyelim	gidelim mi?	gitmeyelim mi?
Siz	gidesiniz*	gitmeyesiniz*	–	–
Onlar	gideler*	gitmeyeler*	gitsinler mi?	gitmesinler mi?

The ones that are marked with an asterisk are used very marginally, usually in non-standard varieties or in relatively older literature. In more colloquial and modern use, they are replaced by the counterparts in the imperative paradigm. So simply *gitsin* replaces *gide*. The optative ones appear in some frozen idiomatic expressions though:

Yolunuz açık ola!
'Have a nice journey.' (literally, 'May your road be open and free.')

Kolay gele!
(literally, 'May it be easy for you!')

Uğurlar ola!
'Have a nice trip!'

Even these are mostly replaced by the imperative mood counterparts.

Yolunuz açık olsun!
Kolay gelsin!
Uğurlar olsun!

Imperative and optative

The question *hayrola* 'what's the matter?' has the optative morphology and it is commonly used. Another example is *rastgele*, which is not replaced by **rastgelsin*.

Here is a table that merges the two paradigms. This is the paradigm that you should study and learn.

	(+)	(−)	(+/?)	(−/?)
Ben	gideyim	gitmeyeyim	gideyim mi?	gitmeyeyim mi?
Sen	git	gitme	–	–
O	gitsin	gitmesin	gitsin mi?	gitmesin mi?
Biz	gidelim	gitmeyelim	gidelim mi?	gitmeyelim mi?
Siz	gidin	gitmeyin	–	–
Onlar	gitsinler	gitmesinler	gitsinler mi?	gitmesinler mi?

Exercise 1 Add *-(y)AlIm* to the following verbs.

al ___   ara ___   bekle ___   bil ___
bul ___   dans et ___   dinle ___   dinlen ___
düşün ___   geç kal ___   gel ___   git ___
hasta ol ___   iç ___   iste ___   kal ___
kalk ___   konuş ___   koş ___   kilo ver ___

Exercise 2 Add *-(y)In* to the following verbs.

öğren ___   öğret ___   oku ___   ol ___
otur ___   sev ___   şarkı söyle ___   soru sor ___
tatil yap ___   telefon et ___   uyu ___   ver ___
yap ___   yat ___   ye ___   yürü ___

Exercise 3 İstanbul'da ne yapalım? Complete the sentences with *-(y)AlIm*.

(Biz) Boğaz'da kahvaltı yap _____.
Kahvaltıda çay iç _____, beyaz peynir ye _____.
Türk kahvesi iç _____. Şiş kebap ve baklava ye _____. Dans et _____. Türk müziği dinle _____.
Türkçe konuş _____. Tavla oyna _____.
Topkapı Sarayı'na git _____. Kapalı Çarşı'da alışveriş yap _____, arkadaşlar için hediye al _____.

Exercise 4 Add *-(y)AlIm* or *-mAyAlIm* and complete the sentences.

1. Aynur: Tatilde Bodrum'a git _____ _____?
   Necati: Hayır, Bodrum'a git _____, Marmaris'e git _____.
2. Aynur: Kütüphanede buluş _____ _____?
   Necati: Hayır, kütüphanede buluş _____, kantinde buluş _____.

3. Aynur: Yarın sabah parkta koş _____ _____?
   Necati: Hayır, koş _____, bisiklete bin _____.
4. Aynur: Haftasonu Bolu'ya git _____ _____?
   Necati: Hayır, Bolu'ya git _____, evde otur _____.
5. Aynur: Kartopu oyna _____ _____?
   Necati: Hayır, kartopu oyna _____, kardan adam yap _____.
6. Aynur: Kahve iç _____ _____?
   Necati: Hayır, kahve iç _____, çay iç _____.
7. Aynur: Müzik dinle _____ _____?
   Necati: Hayır, müzik dinle _____, dans et _____.
8. Aynur: Alışveriş yap _____ _____?
   Necati: Hayır, alışveriş yap _____, televizyon seyret _____.
9. Aynur: Yemek yap _____ _____?
   Necati: Hayır, yemek yap _____, lokantaya git _____.
10. Aynur: Bu gece erken uyu _____ _____?
    Necati: Hayır erken uy _____, geç uyu _____.
11. Aynur: Sigara iç _____ _____?
    Necati: Hayır, sigara iç _____, meyve ye _____.
12. Aynur: Telefon et _____ _____?
    Necati: Hayır, telefon et _____, oraya git _____ ve yüzyüze konuş _____.
13. Aynur: Biraz dinlen _____ _____?
    Necati: Hayır, şimdi dinlen _____, biraz sonra dinlen _____.
14. Aynur: Biz de Türkçe öğren _____ _____?
    Necati: Hayır, Türkçe öğren _____, Çince öğren _____.

Chapter 17

Compound tenses

Contents

17.1 *-Iyor + -(y)DI*, the past progressive
17.2 *-Ar/-Ir + -(y)DI*, 'used to/ would otherwise'
17.3 *-(y)AcAK ± -(y)DI*, 'was going to'
17.4 *-mIş ± -(y)DI*, the remote past
17.5 *-Iyor, -(y)AcAK, -Ar/-Ir, -mIş + -(y)mIş*

In this chapter, we focus on compound tenses that are formed by the combination of two tense markers. The first tense marker can be any of the tense markers that we studied in Chapters 10–16, except *-DI*, which has some restrictions, and the second tense marker is either *-(y)DI* or *-(y)mIş*. Their meaning varies with each combination. Here is a summary of compound tenses and the rest of the chapter provides a more detailed discussion with examples and exercises.

Verb	*-Iyor*	*-(y)DI*	was V-ing
	-(y)AcAK		was going to V
	-Ir/-Ar		used to ... / would
	-mIş		had V-ed
	(-DI)		had V-ed (possible in some dialects)
Verb	*-Iyor*	*-(y)mIş*	reported progressive
	-(y)AcAK		reported future
	-Ir/-Ar		reported present
	-mIş		reported unwitnessed past, doubtful report

17.1 *-Iyor + -(y)DI*, the past progressive

-Iyor + -(y)DI 'was.... ing'
Mustafa dün gece saat dokuzda maç **izliyordu**.
'Mustafa **was watching** a football game last night at 9:00 pm.'

-Iyor, when used with *-DI* expresses 'past continuous' sense, i.e., what you were doing at a particular time in the past. In the dialogue below, we see a situation where the police officer is questioning Mustafa, a crime suspect, about what he was doing at 9:00 pm last night.

Polis: Dün gece saat dokuz buçukta neredeydiniz?
Mustafa: Hmmm. Ben mi? Saat dokuz buçukta? Hatırlamıyorum.
Polis: Emin misiniz?
Mustafa: Ah evet evet. Evdeydim.
Polis: Ne yapıyordunuz?
Mustafa: Evde? Hmmm... Televizyon **seyrediyordum**.
Polis: Televizyonda ne **seyrediyordunuz?**
Mustafa: Televizyonda? Hmm.... Maç vardı! Futbol maçı.
Polis: Dokuz buçukta?
Mustafa: Evet.
Polis: Siz dün gece dokuz buçukta maç **izliyordunuz?**
Mustafa: Evet.
Polis: İspat edebilir misiniz?
Mustafa: Evet tabii. Ben her Cumartesi akşamı televizyonda maç izlerim. Her Cumartesi. Herkes bilir.
Polis: Dün akşam yalnız mıydınız evde?
Mustafa: Yalnızdım evet. Yani evde yalnız değildim. Karım ve çocuklarım vardı. Ama onlar **uyuyorlardı**. Ben maçı yalnız izledim. Karım futbolu hiç sevmez.
Polis: Maçı kim kazandı?
Mustafa: Hmmm. Bilmiyorum. Ben sonunu izlemedim... Çünkü ben... Ben koltukta uyumuşum. Çok yorgundum...

The person markers that are attached after -(y)DI are those same ones that we attach after -DI. Note, however, that because the second vowel in -Iyor never harmonizes, therefore never changes, the form of -(y)DI that appears in the compound tense form is always du.

Exercise 1 Where were you last year around this time? What were you doing? Where are you now? What are you doing now? Fill in the blanks with -Iyordu or -Iyor and appropriate person markers.

1. Geçen sene bu zamanlarda Londra'daydım. (Ben) arkadaşlarımla gez _____. Şimdi İstanbul'dayım. Türkçe öğren _____.
2. Geçen sene bugün bu saatlerde Şili'deydim. Arkadaşım Ricardo ve ailesiyle yemek ye _____. Şimdi New York'tayım, evde tek başıma film izle _____.
3. (Biz) geçen sene bu zamanlarda Fransızca öğren _____. Şimdi Fransızca kitaplar oku _____ ve Fransız arkadaşlarımızla sohbet et _____.
4. Geçen sene bu zamanlarda bir alışveriş merkezinde çalış _____. Şimdi bir kütüphanede çalış _____.
5. Geçen sene bu zamanlarda İstanbul'da kar yağ _____ ama hava çok soğuk değildi. Şimdi kar yağ _____ (neg.) ve hava çok soğuk.
6. Geçen Cumartesi bu saatte balkonda çay iç _____. Şimdi Kimya ödevi yap _____.
7. Ayşen geçen hafta bu saatte dans et _____. Şimdi hasta, hastanede yat _____.
8. Annem dün bu saatte baklava yap _____. Biz şimdi o baklavaları ye _____.

17.2 -Ar/-Ir + -(y)DI, 'used to/would otherwise'

The combination of the aorist and the past tense results in an expression we use to talk about our past habits and interests. Its meaning is very similar to the meaning of 'used to' in English.

Ben İstanbul'dayken her haftasonu Büyükada'ya giderdim.
Ben eskiden günde bir paket sigara içerdim.

Another meaning that can be expressed by the same structure is 'would (otherwise)' as in 'I would come to Bodrum with you this weekend, but I have too many things to do.' Note that the first meaning of -Ar/-Ir + (y)DI has past interpretation, but the second one expresses hypothetical present situations: what you would do now, if the situation were different. More examples of this type of -Ar/-Ir + (y)DI can be found in the conditionals chapter (Chapter 28).

Ben seninle Bodrum'a gelirdim ama çok işim var. (I would otherwise come).

The form of the -(y)DI after -Ar/-Ir in the affirmative construction is regular. Remember however that in the negative construction, first person singular and plural forms do not have the negative aorist marker **z**. In the past aorist when the negative aorist is followed by -(y)DI, **z**. reappears in all persons.

Ben	ara-r-ım	ara-r-dı-m	ara-ma-m	ara-ma-z-dı-m
Sen	ara-r-sın	ara-r-dı-n	ara-ma-z-sın	ara-ma-z-dı-n
O	ara-r	ara-r-dı	ara-ma-z	ara-ma-z-dı
Biz	ara-r-ız	ara-r-dı-k	ara-ma-yız	ara-ma-z-dı-k
Siz	ara-r-sınız	ara-r-dı-nız	ara-ma-z-sınız	ara-ma-z-dı-nız
Onlar	ara-r-lar	ara-r-lar-dı	ara-ma-z-lar	ara-ma-z-lar-dı

The yes-no question particle *mI* is inserted between -Ar/-Ir or -z and -(y)DI.

Ben	ara-r **mı**-ydı-m	ara-ma-z-**mı**-ydı-m
Sen	ara-r **mı**-ydı-n	ara-ma-z **mı**-ydı-n
O	ara-r **mı**-ydı	ara-ma-z **mı**-ydı
Biz	ara-r **mı**-ydı-k	ara-ma-z **mı**-ydı-k
Siz	ara-r **mı**-ydı-nız	ara-ma-z **mı**-ydı-nız
Onlar	ara-r lar-**mı**-ydı	ara-ma-z-lar **mı**-ydı

Note that the verb *bil-* is always used with *Iyor-DI* in the past tense. So 'I didn't know' is *bilmiyordum*, not *bilmedim*. *Bilmedim* sounds very unnatural to a native speaker.

Exercise 2 Fill in the blanks with *-Ar/-Ir* + *(y)DI* and person markers.

Eskiden Büyükada'da bir yazlığımız vardı. Her yaz tatilinde annem kardeşimi ve beni Büyükada'daki yazlığa götür _____. Bütün yazı orada geçir _____. Babam da hafta içi İstanbul'daki evde kal _____. Ve işe gidip gel _____. Haftasonları da Büyükada'ya bizim yanımıza gel _____. Yazlık evimiz denize uzak bir yerdeydi. Oraya bazen yürüyerek, bazen bisikletle, bazen de faytonla çık _____. Orada günlerimiz çok güzel geç _____. Denize gir _____, bisiklete bin _____, komşumuz Moşe Amca ile beraber balık tut _____. Moşe Amca'nın çocuğu yoktu ama bir sürü kedisi vardı. Kediler de bizimle beraber balık tutmaya gel _____. Akşamları annem bize ilginç hikayeler oku _____. Bazen de Moşe Amca'nın eşi Sosi Teyze piyano çal _____. Orada hiç sıkıl _____ (neg.). Her yıl yazın gelmesini dört gözle bekle _____.

Exercise 3 Fill in the blanks with the affirmative and negative forms of the past aorist.

1. Ben çocukken hiç ıspanak ye _____ ama bezelyeyi çok sev _____.
2. Sen lisedeyken okula neyle git _____?
3. Kızkardeşim Aynur eskiden sabahları bize kahvaltı hazırla _____.
4. Annem kardeşimin tiyatrocu olmasını iste _____ (neg.).
5. Biz eskiden yabancı televizyon kanallarını izle _____ (neg.). Siz izle _____?

17.3 *-(y)AcAK* ± *-(y)DI*, 'was going to'

This combination expresses events that were going to happen *but did not happen* for some reason.

İstanbul'da Zeynep'i ziyaret edecektim ama vaktim olmadı.
'I was going to visit Zeynep in İstanbul, but I did not have time.'

The adverbs *az kalsın*, *az daha*, *neredeyse*, all meaning 'almost,' are typically used with either *-Iyor + DI* or *-(y)AcAK + DI* verbs. They emphasize the meaning 'almost' or 'was going to' that is already marked with *-(y)AcAktI*.

Az kalsın / az daha / neredeyse otobüsü kaçıracaktık.

You can use these with *Iyor-DI* as well with the same interpretation. With *Iyor-DI*, the event that was avoided is much closer. In the examples above, the speaker was almost missing the bus, but in the one below, s/he was even closer to missing it.

Az kalsın / az daha / neredeyse otobüsü kaçırıyorduk.

These adverbs cannot be used with other tense markers or their combinations.
    The form of the future-past combination (e.g., 'will have done') is pretty straightforward. It takes the person markers that are attached to the *-(y)DI* suffix and the question particle *mI* is inserted in-between the two tense markers, just as we saw above in other combinations.

Exercise 4 Complete the sentences with the *-(y)AcAK + (y)DI* form and add new sentences with *-DI* structure.

What was your vacation plan? What happened?
Örnek: Biz tatile uçakla <u>gidecektik</u>, ama uçağı <u>kaçırdık, otobüsle gittik</u>.

Compound tenses

1. Biz Mavi Otel'de kal _____, ama _____
2. Biz denize gir _____, ama _____
3. Biz bir sürü fotoğraf çek _____, ama _____
4. Biz yeni insanlarla tanış _____, ama _____
5. Selda da bizimle tatile gel _____, ama _____

17.4 -mIş ± -(y)DI, the remote past

Combination of *mIş* with *-(y)DI* expresses a remote past event, and an event that has already happened and been completed.

Biz bu filmi görmüştük.
'We had seen this film.'

Sizinle Arnavutköy'de Musa Bey' in evinde tanışmamış mıydık?
'Had not we met at Arnavutköy, at Musa Bey's house?'

The adverbs *çoktan* ('already') and *henüz* ('yet') can be used with this combination and emphasize the meaning. Note however that their use is not restricted to this combination. They can be used with other tense markers (only *-DI*, in the case of *çoktan*, or only *-Iyor* in the case of *henüz*).

Ben ilkokuldayken ablam çoktan liseyi bitirmişti.
'When I was at elementary school, my elder sister had already finished high school.'

The phrase *hayatımda hiç bu kadar*... meaning 'never in my life,' is typically used with the *mIş-(y)DI* combination:

Dün akşamki film çok sıkıcıydı. Hayatımda hiç bu kadar sıkılmamıştım!
'The film last night was very boring. Never in my life was I bored that much!'

Exercise 5 Complete the sentences with *-mIş + (y)DI*.

1. Ben 15 yaşındayken <u>çoktan</u> ilk kitabımı oku ___
2. Ben 15 yaşındayken <u>henüz</u> Murat'la tanış ___
3. Mozart iki yaşındayken <u>henüz</u> beste yap ___
4. 1498'de Kristof Kolomb Amerika'yı <u>çoktan</u> keşfet ___
5. Sen sınıfa girdiğinde biz derse <u>çoktan</u> başla ___

17.5 -Iyor, -(y)AcAK, -ArI-Ir, -mIş + -(y)mIş

-(y)mIş, just like *-(y)DI*, can be used with other tense markers. Its function is to mark 'reported' action, not necessarily reported past. Note the examples:

Ahmet: Ben yarın Ankara'ya gid**iyor**um.
Ayşe, Suna'ya: Ahmet yarın Ankara'ya gid**iyormuş**.

So, we attach *-(y)mIş* to the original tense marker in the phrase that we hear, when we are reporting that sentence to another person. When the tense marker is *-DI*, we replace it with *-mIş*. We do not add *-(y)mIş* to *-DI*.

Ahmet: Ben geçen hafta Ankara'ya gittim.
Ayşe, Suna'ya: Ahmet geçen hafta Ankara'ya gitmiş.

Use of *-mIş* with *-(y)mIş* expresses sarcasm and disbelief. In the following example, the speaker does not believe the person who says that the test was not difficult.

Sınav çok zor değilmişmiş!

Exercise 6 Imagine that the speaker in the Büyükada story in Exercise 2, on page 122 was your grandmother. You hear that story from her, and report it to us. Complete the story, using the correct forms:

Örnek:

Eskiden Büyükada'da bir yazlığımız vardı.
becomes
Babaannemlerin eskiden Büyükada'da bir yazlıkları varmış.

Her yaz tatilinde annem kardeşimi ve beni Büyükada'daki yazlığa götürürdü.
becomes
Her yaz tatilinde annesi, kızkardeşini ve onu Büyükada'daki yazlığa götürürmüş.

Exercise 7 Now re-tell the story at the very beginning of this chapter, on pages 119–20. What was Mustafa doing last night? What does he say? Report what he says. Note that sometimes you need to use *-mIş* only, sometimes you will need to use other tense markers together with *-(y)mIş*.

Mustafa dün gece saat dokuz buçukta evdeymiş. Televizyon izliyormuş ...

Exercise 8 Your friend is talking to you. Report what you hear to someone else. Which form do you need to use/add?

(a) İki gün önce İzmir'e geldim. Hala bir otelde kalıyorum. Maalesef henüz bir daire bulamadım. Daireler ya çok pahalı, ya da çok kötü.
(b) Annemle babam her Cuma akşamı AKM'ye klasik müzik konserine ya da operaya giderler. Geçen hafta ben de onlarla gittim. Klasik müzik konseri vardı. Çok güzeldi.
(c) New York'tayım. Çocuklar da burada. İki gündür kar yağıyor ve hava çok soğuk. Çocuklar bahçede oynuyorlar ve çok eğleniyorlar. Ben soğuk havaları hiç sevmiyorum. Kaliforniya'yı özledim!
(d) Gelecek sene Ankara'ya taşınacağız. Çok heyecanlıyız! Mehmet bize yardım edecek. Belki onu ikna ederiz, o da bizimle gelir!

Exercise 9 Fill in the blanks with appropriate tense markers.

1. Dün akşam Sedat'la sinemaya gittik. Film hiç güzel değildi. Hayatımda hiç bu kadar sıkıl _____.
2. Babaannem anlatıyor. O gençken Mecidiyeköy'de otur _____. Yazları sık sık Heybeli Ada'ya git _____. O zaman adalara bu kadar çok turist gel _____ (neg.). Adalar çok sessizmiş.
3. Annem saat sekiz buçukta geldi. Ben o zamana kadar çoktan bütün işlerimi bitir _____.

Compound tenses

4. Kardeşim 1996'da doğdu. Ben o zaman çoktan ilkokuldan mezun ol _____, orta okula başla _____.
5. Eskiden Ankara'da otur _____ (biz). Ben Ankara'yı hiç sev _____. Yaz tatillerini dört gözle bekle _____. Çünkü tatilleri İstanbul'da, anneannemle geçir _____.
6. Mehmet'i dün akşam Şişli'de gördüm. Ehliyet kursuna git _____. Bu ayın sonunda ehliyet sınavına gir _____, ve ehliyet al _____.
7. Ben çocukken asla bezelye ye _____! Siz çocukken ne ye _____ (neg.)?
8. Dün akşam saat sekizde telefonum çaldı. Ben o zaman televizyon seyret _____.
9. Gazetede okudum. Yarın çocuklar karne al _____.
10. Ben üniversitedeyken çok az İngilizce bil _____, o yüzden kimseyle İngilizce konuş _____. Hiç arkadaşım yoktu.
11. Pazar günü otobüste Ayşe Hanım'ı gördüm ama konuşamadım. O başka biriyle konuş _____.
12. Televizyonda söyledi. Yarından itibaren hava sıcaklığı bütün yurtta düş _____.
13. Dün sabah hava çok güzeldi. Biz havuza git _____ ama öğleden sonra yağmur başladı, biz de planlarımızı değiştirdik, havuza gitmedik.
14. Ezgi çok zayıflamış. Onu neredeyse tanı _____ (neg.).
15. Mehmet çok dikkatsiz bir şoför. Dün az kalsın kaza yap _____.
16. Mektupları Kadıköy Postanesi'nden gönder _____ ama postane kapalıydı.
17. Bana geçen sene herkes İzmir çok güzel de _____. Ben ilk defa bu yaz İzmir'e gittim. Maalesef o kadar da güzel değilmiş.

Exercise 10 Complete the first part of the sentences.

1. _____. Hayatımda hiç bu kadar korkmamıştım.
2. _____. Hayatımda hiç bu kadar utanmamıştım.
3. _____. Hayatımda hiç bu kadar üzülmemiştim.
4. _____. Hayatımda hiç bu kadar sinirlenmemiştim.
5. _____. Hayatımda hiç bu kadar sıkılmamıştım.

Chapter 18

Person markers

Contents
18.1 Person markers on nouns and adjectives
18.2 Person markers on pronouns
18.3 Person markers on *var* and *yok*
18.4 Person markers on verbs

18.1 Person markers on nouns and adjectives

Turkish does not have auxiliary verbs or copula verbs. Sentences such as 'I am a doctor' are formed with the attachment of the person (subject) marker to the predicate noun. Each person has a different marker, as shown in the table below. I-type vowel harmony is applied to the first and the second person suffixes. The third person singular does not have a marker. The third person plural is marked only with the attachment of the plural marker *-lAr*. Negation is marked with the negative word *değil* 'not' and in such cases, the person markers are attached to the word *değil*.

Ben	-(y)Im	Biz	-(y)Iz
Sen	-sIn	Siz	-(s)InIz
O	–	Onlar	-(lAr)

	(+)	(−)	(?)
Ben	Doktor-um. Amerikalı-yım.	Doktor değilim. Amerikalı değilim.	Doktor muyum? Amerikalı mıyım?
Sen	Doktor-sun. Amerikalı-sın.	Doktor değilsin. Amerikalı değilsin.	Doktor musun? Amerikalı mısın?
O	Doktor. Amerikalı.	Doktor değil. Amerikalı değil.	Doktor mu? Amerikalı mı?
Biz	Doktor-uz. Amerikalı-yız.	Doktor değiliz. Amerikalı değiliz.	Doktor muyuz? Amerikalı mıyız?
Siz	Doktor-sunuz. Amerikalı-sınız.	Doktor değilsiniz. Amerikalı değilsiniz.	Doktor musunuz? Amerikalı mısınız?
Onlar	Doktor-(lar). Amerikalı-(lar).	Doktor değil(ler). Amerikalı değil(ler).	Doktor(lar) mı? Amerikalı(lar) mı?

Person markers

John: Ben Amerikalıyım. Sen nerelisin?
Sofie: Ben Fransızım.

John: Ben İsveçliyim. Siz nerelisiniz? Siz de İsveçli **misiniz**?
Jenny: Hayır, ben İsveçli değil**im**. Ben Belçikalı**yım**.

Person markers can be used after the case markers. It is especially very common to use the person marker after the locative case: *Ben . . . . dayım* 'I am at . . . '
  Sen neredesin?

iş	işte	ben işteyim.
tatil	tatilde	ben tatildeyim.
ofis	ofiste	ben ofisteyim.
izin	izinde	ben izindeyim.
yemek	yemekte	ben yemekteyim.

Jale: Ben İstanbul'dayım. Sen neredesin?
Seda: Ben İzmir'deyim.

Seda: Ben İstanbulluyum. Ama şimdi İzmir'deyim.
Selim Bey: Ben mimarım. Ama şimdi hastanedeyim. Çünkü hastayım.

Locative case and the person marker can be used also to talk about how many siblings one has. The sentence that asks how many siblings one has is *Siz kaç kardeşsiniz?*

A: Siz kaç kardeşsiniz?
B: Biz iki kardeşiz.

A: Ayşeler kaç kardeş(ler)?
B: Ayşeler üç kardeş(ler).

Note that in this structure the subject is always plural (*biz, siz* or *onlar*) and the sentence *Biz iki kardeşiz* includes the speaker. It means that s/he has one sibling and in total they are two siblings.
  When we are talking about our age, we use the same structure with the locative case-marked noun *yaşında*.

Sen kaç yaşındasın? 'How old are you?' (literally, 'At what age are you?')
Ben 19 yaşındayım. Ablam 23 yaşında. 'I am 19. My elder sister is 23.'

Exercise 1 Attach person markers to the following words.

Ben	öğrenci __	Amerikalı __	Ürdünlü __	bekar __	suçlu __
Sen	öğrenci __	Amerikalı __	Ürdünlü __	bekar __	suçlu __
O	öğrenci __	Amerikalı __	Ürdünlü __	bekar __	suçlu __
Biz	öğrenci __	Amerikalı __	Ürdünlü __	bekar __	suçlu __
Siz	öğrenci __	Amerikalı __	Ürdünlü __	bekar __	suçlu __
Onlar	öğrenci __	Amerikalı __	Ürdünlü __	bekar __	suçlu __

Exercise 2 Complete the sentences with person markers.

1. Ben Eskişehirli _____. Sen nereli _____?
2. Ben Amerikalı _____. Sen de Amerikalı _____?
3. Siz çok genç _____ ve çok güzel _____.

4. Biz çok akıllı _____.
5. Ayşe Hanım sarışın _____. Ahmet Bey sarışın değil _____. Ben de sarışın değil _____.
6. Ben Türk _____, Ürdünlü değil _____.
7. Bu sınav hiç zor değil _____.
8. Biz doktor _____. Onlar hemşire _____.
9. Siz Sıvaslı _____?
10. Siz çok uzun boylu _____. Basketbolcu _____?
11. Ben iyi _____. Siz nasıl _____?
12. Ben 25 yaşında _____. Siz kaç yaşında _____?

Exercise 3 Complete the sentences with person markers.

Ben Tufan. Türk _____. Çok ünlü bir şarkıcı _____. Uzun boylu _____. Kumral _____ ve yeşil gözlü _____. Çok yakışıklı _____ ve çok yetenekli _____. Evli değil _____, bekar _____. 30 yaşında _____. Terazi burcu _____.

18.2 Person markers on pronouns

The same set of person markers that are attached to nouns and adjectives can be attached to pronouns when they appear in the predicate position in a sentence.

Bu resimdeki adam   ben-im
                     sen-sin
                     o
Bu resimdeki adamlar biz-iz
                     siz-siniz
                     onlar

Locative pronouns take the same person markers.

Ben buradayım.
Sen buradasın.
O burada.
Biz buradayız.
Siz buradasınız.
Onlar burada(lar).

Similarly, question words are inflected with the same set of person markers in predicate positions. Case markers, when necessary, precede the person markers.

Ben kim-im?
Sen nerede-sin?
O ne?
Biz nasıl-ız?
Siz kiminle-siniz?
Onlar ne zaman(lar)?

18.3 Person markers on *var* and *yok*

The same set of person markers that are attached to nouns, adjectives, and pronouns can be attached to existentials.

Ben bu işte var-ım / yok-um.
Sen bu resimde de var-sın / yok-sun.
O bu listede var / yok.
Biz bu işte var-ız / yok-uz.
Siz bu resimde de varsınız / yok-sunuz.
Onlar bu listede var(lar) / yok(lar).

18.4 Person markers on verbs

There are three basic paradigms of person markers that are attached to verbs. The first paradigm is attached to *-Iyor, -(y)AcAK, -Ir/Ar* and *-mIş*. The second one is attached to *-DI* and conditional *-sA* and the last one co-occurs with the optative *-(y)A*. Note especially the difference to the first person plural marker in these paradigms. Vowel and consonant harmony rules apply to the person markers. Negation in verbal stems appears between the verb stem and the tense/aspect markers, as a suffix, and therefore does not make any difference to the paradigm in terms of the form of the person markers.

	z-paradigm				
	-Iyor	-(y)AcAK	-mIş	-Ir/Ar	-mAlI
Ben	istiyor**um**	isteyeceğ**im**	istemiş**im**	ister**im**	istemeliy**im**
Sen	istiyor**sun**	isteyecek**sin**	istemiş**sin**	ister**sin**	istemeli**sin**
O	istiyor	isteyecek	istemiş	ister	istemeli
Biz	istiyor**uz**	isteyeceğ**iz**	istemiş**iz**	ister**iz**	istemeli**yiz**
Siz	istiyor**sunuz**	isteyecek**siniz**	istemiş**siniz**	ister**siniz**	istemeli**siniz**
Onlar	istiyor**(lar)**	isteyecek**(ler)**	istemiş**(ler)**	ister**(ler)**	istemeli**ler**

	k-paradigm	
	-sA	-DI
Ben	istesem	istedim
Sen	istesen	istedin
O	istese	istedi
Biz	istesek	istedik
Siz	isteseniz	istediniz
Onlar	isteseler	istedi**(ler)**

	l-paradigm
	-(y)A
Ben	isteyeyim
Sen	iste
O	istesin
Biz	isteyelim
Siz	isteyin(iz)
Onlar	istesinler

The yes-no question particle comes before the person markers in the *z*-paradigm, but follow the person markers in the *l*- and *k*-paradigms.

Sen gidiyor **mu**sun? Gidecek **mi**sin? Gider **mi**sin? Gitmiş **mi**sin?
Sen gittin **mi**? Gitsen **mi**?
Biz gidelim **mi**?

Exercise 4 Fill in the blanks with person markers and complete the sentences.

1. Siz nerede oturuyor _____?
2. Ahmet bu yaz tatilini Bodrum'da geçirecekmiş _____.
3. Babamlar her akşam sahilde yürüyüş yapıyor _____.
4. Sen Haziran'da üniversite sınavına girecek _____?
5. Siz karşıya deniz otobüsüyle mi geçecek _____?
6. Biz saat dokuzda yola çıktı _____. Siz saat kaçta yola çıktı _____.
7. Yarışmayı sen kazanmış _____! Yoksa bilmiyor muydu _____?
8. Siz yine geç kalmış _____. Toplantı çoktan başladı _____.
9. Musa mektupları göndermiş _____?
10. Ben bu yıl üniversiteden mezun olacak _____. Sonra iş arayacak _____.
11. Sen ne zaman mezun olacak _____?
12. Sen dün gece kaçta yattı _____?
13. Biz yarın akşam tiyatroya gidecek _____. Sen de gelir _____?
14. Sizin misafirleriniz kaçta gelecek _____?
15. Sen Ankara'da otelde mi kalıyor _____?
16. Siz saat kaçta terminalde olacak _____?
17. Ben sizi Ahmet Bey'le tanıştıracak _____.
18. Siz Ahmet Bey'in babasıyla tanışıyor _____?
19. Ben İzmit'de doğmuş _____. Sen nerede doğdu _____?
20. Siz nerede kaldı _____? Biz saat dokuzda buluşmayacak _____?
21. Siz yağmura mı yakalandı _____?

Chapter 19

Postpositions

Contents
19.1 Simple postpositions and their case-marked complements
19.2 Possessive-marked postpositions
19.3 Spatial postpositions with the possessive
19.4 Postpositions with clausal complements

In this chapter, we learn words such as 'like' ('I am a tourist like you.'), 'since' ('We have been living here since 1990.'), 'until' ('I will wait for you until 7pm.') and so on. These words are called postpositions because they come after their nominal complements, as opposed to prepositions in English that come before their complements ('for you, until 7pm, since Friday' etc.) Just like verbs, the complements of postpositions take case markers and you need to learn each postposition together with the case marker that comes along with its complement.

This chapter has two sections. The first one is devoted to postpositions and their simplex complements. In the second section, we see postpositions with their nominalized, clausal complements (sentential). In the case of the clausal complements, you add *-DIK* or *-(y)AcAK* to the verb in the clause and then you attach the case marker that the postposition requires. See the examples below:

Parti**den sonra** eve döndüm.
'I returned home after the party.'

Liseden mezun ol**duktan sonra** Fransa'ya gideceğim.
'I will go to France **after I graduate** from high school.'

19.1 Simple postpositions and their case-marked complements

Here is a list of simple postpositions with their case-marked complements. They are grouped according to their case type. Note that *kadar* can take both dative and genitive. It can also appear without any case marker. Think about it as three different *kadar* postpositions.

-(y)A göre 'for,' 'suitable,' 'according to,' 'when compared to'

Bu film **çocuklara göre** değil.
'This film is not suitable **for children**.'

Haberlere göre yarın bütün gün yağmur yağacak.
'**According to the news**, it will rain all day tomorrow.'

Ankara, **İstanbul'a göre** doğuda.
'Ankara is on the east **when compared to İstanbul**.'

-(y)A kadar 'until,' 'as far as'

Saat **dokuza kadar** seni bekledim.
'I waited for you until nine.'

Ankara'ya kadar trenle gideceğiz.
'We will go as far as Ankara by train.'

-(y)A rağmen 'in spite of'

Yağmura rağmen denize giriyorlar.
'They are swimming in the sea in spite of the rain.'

-(y)A doğru 'towards'

Akşama doğru parka gideceğiz.
'We will go to the park towards the evening.'

-(y)A karşı 'against,' 'towards (feelings)'

AIDS'e karşı savaşan bir organizasyonda çalışıyorum.
'I am working in an organization that fights against AIDS.'

Ona karşı neler hissediyorsun?
'What do you feel towards her?'

-DAn beri 'since, for'

Biz **1990'dan beri** burada oturuyoruz.
'We have been living **here since 1990**.'

İki yıldan beri burada oturuyoruz.
'We have been living here **for two years**.'

-DAn bu yana 'since'

Sınavdan bu yana hiçbirşey okumadım.
'I haven't read anything **since the exam**.'

-DAn önce 'before'

Dersten önce buluşalım mı?
'Shall we meet **before the class**?'

-DAn sonra 'after'

Dersten sonra buluşalım mı?
'Shall we meet **after the class**?'

-DAn başka 'other than'

Ondan başka kimseyi sevemem!
'I cannot love anybody **other than her**.'

-DAn dolayı 'because of'

Postpositions

Hava kirliliğinden dolayı pek çok hayvan ölüyor.
'**Because of air pollution**, a lot of animals are dying.'

(-nIn) gibi 'like'

Ben de **senin gibi** turistim.
'I am a tourist **like you**.'

(-nIn) için 'for'

Bu kitapları **senin için** getirdim.
'I brought these books **for you**.'

(-nIn)ile 'with'

Ablası ile alışverişe gidecekmiş.
'She will go shopping **with her sister**.'

(-nIn) kadar 'as . . . as'

Ben **senin kadar** uzun boylu değilim.
'I am not **as tall as you**.'

Ø kadar 'about, approximately'

Seni **iki saat kadar** bekledim.
'I waited for you for **about two hours**.'

Some of these postpositions behave differently when they occur with nouns and pronouns. While the complements of *göre*, *beri*, *önce*, and *sonra* (those that take dative- and ablative-marked complements) have case marking on both noun and pronoun complements, *gibi*, *için*, and *ile* (those that take genitive-marked complements) require case on pronouns but not on noun complements. We say *senin gibi* and *Ahmet gibi* (not *Ahmet'in gibi*). *-(y)A kadar* (*kadar* that takes dative-marked complement) behaves like *göre*, *beri*, *önce*, and *sonra*, that is, other postpositions that take dative-marked complements, while *-(nIn) kadar* behaves like *için* and *gibi*, other genitive-taking postpositions.

Ban**a** göre/kadar   Ahmet'**e** göre/kadar
O**ndan** beri/önce/sonra   Ahmet'**ten** beri/önce/sonra
Se**nin** gibi/için/ile/kadar   Ahmet gibi/için/ile/kadar (Note that, it is not Ahmet'**in**)

Remember that the genitive case is different in the first person subjects. In the case of the postpositons, this is reflected on the complement as well:

Ben**im** gibi, için, ile, kadar . . .
Senin gibi, için, ile, kadar . . .
Onun gibi, için, ile, kadar . . .
Biz**im** gibi, için, ile, kadar . . .
Sizin gibi, için, ile, kadar . . .
Onlar gibi, için, ile, kadar . . .

The postposition *ile*, which is spelled as a separate word above, can be written and pronounced as a part of the word as well. Because of this property, it can be treated as a case marker (instrumental case) as well. See Chapter 4 on case markers for a more detailed discussion of *ile* as a case marker.

19.2 Possessive-marked postpositions

Some postpostions bear a possessive marker and this marker agrees in person with its complement. When the complement is a pronoun, it appears with a genitive case marker and thus, in terms of their structure, such postpositions are similar to the genitive-possessive structures that are discussed in Chapter 5. *(-nIn) hakkında* 'about' is one such postposition.

Bu film Kaliforniya'daki Kızılderililer hakkında.
'This film is about the Indians in California.'

Bu film sen**in** hakk**ın**da.
'This film is about you.'

Bu film biz**im** hakk**ımız**da değil.
'This film is not about us.'

Hakkında is different from the other postpositions listed above because it is a complex word with a possessive marker.

Note how the word *hakkında* changes due to person agreement.

Benim hakkımda	'about me'
Senin hakkında	'about you'
Onun hakkında	'about him'
Bizim hakkımızda	'about us'
Sizin hakkınızda	'about you'
Onlar hakkında	'about them'

When the complement is *onlar* it does not take the genitive case. This is not peculiar to the pronoun *onlar* though. When pronouns have the plural marker *-lAr*, they do not have case. As you see in the following examples, when plural pronouns have an extra *-lAr*, the word *hakkında* is not inflected with the possessive marker and remains as *hakkında*.

Bizler hakkında 'about (each and every one of) us'
Sizler hakkında 'about (each and every one of) us'

Note how the question words *ne* and *kim* are inflected. The genitive case is required only when the question word has a definite or specific interpretation. When the question word has *-lAr*, genitive case is not used.

Ne(yin) hakkında 'about what'
Kim(in) hakkında 'about who'

Bu belgesel film ne/kim hakkında?
'This documentary film is about what/who?'

Ne-ler hakkında 'about what-plural'
Kim-ler hakkında 'about who-plural'

Here is a list of some other postpositions with a similar structure. Note that *sayesinde* and *sırasında* have the locative case *-DA* on the postposition. The others have ablative, dative, or instrumental case instead of the locative case. The suffix *-CA* can also be used in some instead of a case marker.

Postpositions

-(nIn) sayesinde 'thanks to'
Tolga annesi sayesinde bu kadar başarılı oldu.
'Tolga was this successful thanks to his mother.'

-(nIn) sırasında 'during'
Lütfen film sırasında konuşmayın.
'Please do not talk during the film.'

-(nIn) yüzünden 'because of'
Trafik yüzünden geç kaldık.
'We were late because of traffic.'

-(nIn) tarafından 'by'
Köylüler tarafından yetiştirilen meyveler pazarda satılıyor.
'The fruit that was grown by the peasants is sold at the local bazaar.'

-(nIn) açısından/bakımından 'from the point of view'
Sizin açınızdan/bakımınızdan bir sakıncası var mı?
'Is this okay with you?' (literally, 'Is there a problem in your point of view/from your perspective?'

-(nIn) adına 'in the name of, on behalf of'
Kahramanlık adına neler yapıyorlar!
'What are they doing in the name of heroism?'

-(nIn) uğruna 'for the sake of'
Adnan Bihter uğruna nelere katlandı!
'What has Adnan been bearing with for the sake of Bihter!'

-(nIn) şerefine 'for the honor of'/'in honor of'
Yeni müdürümüz şerefine bir parti verdik.
'We gave a party in honor of our new manager.'

-(nIn) yerine 'in the place of'
Eski evimizin yerine bu apartman dairesini aldık.
'We bought this apartment in place of our old house.'

-(nIn) nedeniyle 'because of'
NATO toplantısı nedeniyle yollar trafiğe kapanmış.
'The roads are closed because of the NATO meeting.'

-(nIn) yoluyla 'by means of'
Öğrencilere e-posta yoluyla haber gönderdik.
'We informed the students by means of email.'

-(nIn) aracılığıyla 'through'
Velilere öğrenciler aracılığıyla haber verdik.
'We informed the parents through the students.'

-(nIn) boyunca 'all along'
Küçük Ahmet yol boyunca sürekli ağladı.
'Little Ahmet cried all along the way.'

-(nIn) süresince 'during the period of'
Lise eğitimi süresince özel gitar dersi aldı.
'He took private guitar classes during his high school education.'

19.3 Spatial postpositions with the possessive

Some other postpositions appear in a genitive-possessive compound structure in a similar fashion. In other words, some genitive-possessive compounds sound like postpositions or are used as postpositions expressing spatial relationships such as *under, above, near*. In such structures, the complement takes the genitive case, and the "postposition" takes a possessive marker that agrees with the complement in person.

(-nIn) yanında(n) 'near'
Okul **caminin yanında**.
'The school is **near the mosque**.'

(-nIn) altında(n) 'under'
Kedi **masanın altında**.
'The cat is **under the table**.'

(-nIn) üstünde(n) 'above, on'
Ahmet'in üstünde okul üniforması var.
'**Ahmet** has a school uniform **on him**.'

(-nIn) arkasında(n) 'behind'
Otobüsün arkasından koştuk ama yetişemedik.
'We ran **after the bus** but could not catch it.'

(-nIn) arasında(n) 'between, among'
Ağaçların arasında küçük bir evimiz var.
'We have a small house **among the trees**.'

(-nIn) önünde(n) 'in front of'
Bu otobüs **bizim okulun önünde** duruyor mu?
'Does this bus stop **in front of our school**?'

(-nIn) içinde(n) 'in, through'
Parkın içinden geçtik.
'We walked through the park.'

(-nIn) dışında(n) 'outside'
Artık sadece **kafelerin dışında** sigara içebiliyorlar.
'Now they can smoke only **outside the cafés**.'

(-nIn) karşısında(n) 'across'
Bizim dükkanın karşısına yeni bir kuaför açıldı.
'A new hairdresser opened **across from our shop**.'

(-nIn) etrafında(n) 'around'
Sizin **okulun etrafında** eczane var mı?
'Is there a pharmacy **near** (literally **around**) **your school**?'

Postpositions

These kinds of postpositions or genitive-possessive structures are very productive. They can be formed with any noun that has a spatial meaning. The postposition part can take a locative, ablative (or any other) case marker depending on the position and the function of the phrase. In the examples below, you see *altı* marked with locative, ablative, accusative, and no case. As seen in the last example, such structures can have the genitive case as well, and form genitive-possessive chains.

Masanın **altında** kitap var mı?
'Are the books under the table?' (Location)

Masanın **altından** kitapları verir misin?
'Could you give me the books from under the table?' (Source)

Masanın **altını** temizlediniz mi?
'Have you cleaned under the table?' (Theme/object)

Masanın **altına** ne sakladınız?
'What have you hidden under the table?' (Direction)

Masanın **altı** temizmiş.
'It is clean under the table.' (Subject)

Masanın **altının** temizliğinden kim sorumlu?
'Who is responsible for cleaning under the table?'

The postpositions such as *hakkında* are not productive in terms of case-taking properties. They appear only with the case markers that are listed above. So they are more lexicalized kind of "postpositions," while the so-called "spatial" ones are like nominal compounds and are more productive.

Exercise 1 Translate the following sentences into Turkish.

1. I have not seen Jale since 1999.
2. I will finish this book before Friday.
3. My mom will not be at home after four o'clock.
4. I am not as tall as my sister.
5. These gifts are for you.
6. These films are not appropriate for children.
7. I will wait for Oğuz until 6:00 pm.
8. We did shopping for the party on Friday.
9. She does not speak enough French to read this book.

Exercise 2 Fill in the blanks with postpositions *beri, kadar, sonra, önce, için, göre* (you may use each of them more than once).

1. Biz 1990'dan _____ burada oturuyoruz.
2. Türkiye'de kadınlar 1934'ten _____ oy verebiliyor.
3. Saat sekize _____ kafede seni bekledik!
4. Saat sekizden _____ kafede seni bekliyoruz.
5. Dersten _____ nereye gideceksiniz?
6. Maalesef ben senin _____ güzel Arapça konuşamıyorum.

7. Bu güneş gözlükleri çocuklar _____.
8. Bu güneş gözlükleri çocuklara _____.
9. Soğanları 10 dakika _____ kavurun.
10. Yeni evimiz _____ perde bakıyoruz.
11. Kurban Bayramı'ndan _____ babamlarla görüşmeyeceğiz.
12. Sevgi'nin baklavası annemin baklavası _____ lezzetli değilmiş.
13. İkinci Dünya Savaşı'ndan _____ neler oldu?

Exercise 3 Fill in the blanks with *kadar* only. You will need to guess which *kadar* to use and then mark the case on the complement accordingly.

1. Yarın çok önemli bir testimiz var. Saat onbir _____ çalışacağız.
2. Uçağımız iki saat _____ gecikecek.
3. Ben annem _____ uzun boylu değilim.
4. Süleyman sen _____ çalışkan değil.
5. Bu raporları Çarşamba _____ bitirmek gerekiyor.
6. Bu hafta sonu Bursa _____ gidip geleceğim.
7. İki mil _____ koşup geleceklermiş.
8. Ahmet Tarkan _____ yakışıklı değil ama o _____ güzel şarkı söyleyebiliyor.
9. Onu seviyormuş ama evlenecek _____ değil.

Exercise 4 Fill in the blanks with *hakkında*. Change it according to the person.

1. Ben senin _____ hiçbirşey bilmiyorum.
2. Sen benim _____ ne biliyorsun?
3. Herkes onun _____ iyi şeyler düşünüyor.
4. Müdür Bey bizim _____ rapor yazıyormuş.
5. Sizin _____ şikayet varmış.
6. Onlar _____ herkes ne düşünüyor?

Exercise 5 Choose (a), (b), (c) or (d) as the correct form to fill the gaps.

1. Ben bu yemeği _____ için hazırladım.
   (a) onun   (b) o   (c) oyun   (d) onunla
2. Ben bu yemeği _____ için hazırladım.
   (a) kendimin (b) kendim   (c) kendisim   (d) kendisimin
3. Bu güne kadar _____ kadar tembel bir öğrenci görmedim.
   (a) onun   (b) o   (c) ona   (d) ondan
4. Bu hediyeleri _____ için aldım.
   (a) Sen   (b) sana   (c) senden   (d) senin
5. Restoranı arayıp _____ için rezervasyon yaptıracağım.
   (a) Ahmet Bey'in (b) Ahmet Bey (c) Ahmet Bey'e (d) Ahmet Bey'den

Postpositions

Exercise 6 Here are some idiomatic expressions with *gibi*. Can you guess their meaning? Match the expressions in the two columns.

1. Çok güzel ve şıkım . . .
2. Yaşlıyım ama çok sağlıklıyım . . .
3. Çok yorgunum . . .
4. Çok sarhoşum . . .
5. Çok soğuk ve ciddiyim . . .

a. Buz gibiyim.
b. Turşu gibiyim.
c. Fıstık gibiyim.
d. Turp gibiyim.
e. Kütük gibiyim.

19.4 Postpositions with clausal complements

Postpositions take clausal complements as well. When they take clausal complements, the verbs in these structures are nominalized with *-DIK* or *-(y)AcAK* and then a possessive marker is attached to mark the subject of the subordinated verb.

Here is a list of most commonly used postpositions with clausal complements and their examples.

-DIğI / -(y)AcAğI için 'because . . .'
Orhan herşeyi Nalan'ı sevdiği için yapmış.
'Orhan did everything because he loved Nalan.'

Orhan Nalan'la buluşacağı için dersten erken çıkmış.
'Orhan left the class early because he would meet Nalan.'

-DIğI / -(y)AcAğI zaman 'when . . .'
Orhan Nalan'ı ilk gördüğü zaman ona aşık olmuş.
'Orhan fell in love with Nalan when he saw her for the first time.'

Orhan Nalan'la buluşacağı zaman çok heyecanlanıyormuş.
'Orhan feels very nervous when he meets Nalan.'

-DIğI / -(y)AcAğI sırada 'while . . .'
Orhan Nalan'la parkta dolaştığı sırada Nil onları görmüş.
'While Orhan was walking around at the park with Nalan, Nil saw them.'

-DIğI / (-(y)AcAğI) gibi 'like, the way . . .'
Orhan annesinin öğrettiği gibi baklava yapıyormuş.
'Orhan is making baklava the way his mother makes it.'
Orhan annesinin öğreteceği gibi dolma da yapacakmış.
'Orhan will make dolma the way his mother teaches him.'

-DIğI halde 'despite, although'
Orhan istemediği halde ders çalışıyormuş.
'Orhan is studying although he doesn't want to.'

-DIktAn sonra 'after'
Orhan mezun olduktan sonra Nalan'la evlenecekmiş.
'Orhan will marry Nalan after he graduates.'

-DIğIndAn beri 'since'
Orhan Nalan'ı gördüğünden beri onu düşünüyormuş.
'Orhan has been thinking about Nalan since he saw her.'

-mAdAn önce 'before'
Orhan Nalan'la tanışmadan önce böyle değilmiş.
'Orhan was not like this before he met Nalan.'

-IncAyA kadar 'until'
Orhan Nalan gelinceye kadar parkta onu bekleyecekmiş.
'Orhan will wait for Nalan at the park until she comes.'

-(y)AcAk kadar 'x enough . . .'
Nalan Orhan ile evlenecek kadar deli değilmiş.
'Nalan is not crazy enough to marry Orhan.'

Here is a more detailed discussion of some of these structures with more examples:
   -DIğI için/-(y)AcAğI için 'because . . .' expresses a causal relationship. It is formed with the attachment of nominalizing suffixes and a possessive marker to the verb stem: Verb-*DIK/-(y)AcAK*-possessive.

Ben geç kal**dığım için** bugün işe taksi ile gidiyorum.
'Because I am late, I am going to work by taxi.'

Sen içki içme**diğin için** ben de içmiyorum.
'Because you are not drinking, I am not drinking either.'

Ben sizi düşün**düğüm için** sigarayı yasaklıyorum.
'I am forbidding smoking because I am concerned about you.'

Here is the full paradigm of the structure:

Kal-dığ-ım / kal-acağ-ım için
Kal-dığ-ın / kal-acağ-ın için
Kal-dığ-ı / kal-acağ-ı için
Kal-dığ-ımız / kal-acağ-ımız için
Kal-dığ-ınız / kal-acağ-ınız için
Kal-dık-lar-ı / kal-acak-lar-ı için

In the case of the nominal structures, the verb *ol-* is added to the sentence and the inflections follow *ol-*. In existential sentences, *var* and *yok* are replaced with *ol-* and inflections are attached to *ol-*. Here are some examples:

Ankara kışın çok soğuk.
Ankara kışın çok soğuk **olduğu için** Ankara'yı hiç sevmiyorum.
'Because Ankara is very cold in the winter, I don't like Ankara.'

Ankara kışın pek sıcak değil.
Ankara kışın pek sıcak **olmadığı için** Ankara'yı hiç sevmiyorum.
'Because Ankara is not warm at all in the winter, I don't like Ankara.'

Bu otobüste çok yolcu **var**.
Bu otobüste çok yolcu **olduğu için** biz bu otobüse binmiyoruz.
'Because there are a lot of passengers in this bus, we are not getting on.'

Postpositions

Yanımda hiç para **yok**.
Yanımda hiç para **olmadığı için** taksiye binemiyorum.
'Because I do not have any cash on me, I cannot take a cab.'

-DIğI / -(y)AcAğI zaman / sırada 'when / while' is a similar structure in terms of its derivation: verb-*DIK / -(y)AcAK*-POSSESSIVE *zaman*.

(Sen) Ankara'ya geldiğin zaman bize telefon et.
(Sen) uyuduğun sırada eve hırsız girmiş.

Here is the full paradigm:

Kal-dığ-ım / kal-acağ-ım zaman/sırada
Kal-dığ-ın / kal-acağ-ın zaman/sırada
Kal-dığ-ı / kal-acağ-ı zaman/sırada
Kal-dığ-ımız / kal-acağ-ımız zaman/sırada
Kal-dığ-ınız / kal-acağ-ınız zaman/sırada
Kal-dık-lar-ı / kal-acak-lar-ı zaman/sırada

Note that in this structure you may replace *zaman* with other 'time' words such as *gün*, *akşam* etc.

Seni **gördüğüm gün** çok yağmur yağıyordu.
Seninle **karşılaştığımız akşam** sana soracaktım.

-DIğI / -(y)AcAğI halde is exactly the same as *zaman* in terms of its inflection. It has a 'despite' or 'although' interpretation.

Ben 'kapıyı kapatın' dediğim halde kapıyı kapatmamışlar.
Kapıda 'köpek giremez' yazdığı halde misafirler köpeklerini getirmişler.
İngilizce bilmediği halde, iş görüşmesinde 'biliyorum' dedi.

-mAdAn önce and *-DIktAn sonra* express the sequence of events. When they take noun complements, the complement is marked with the ablative case. When they take verbal complements, *önce* requires *-DIK* as a nominalizer before the ablative case, while *sonra* requires *-mA*:

Noun + *-DAn sonra*   vs.   Verb + *-DIktAn sonra*
Noun + *-DAn önce*   vs.   Verb + *-mAdAn önce*
Parti**den** sonra...   Parti bit**tikten** sonra...
Parti**den** önce...   Parti bit**meden** önce...
                              Ben ödevimi bitir**dikten** sonra...
                              Ben New York'a git**meden** önce...

-(y)A kadar takes dative when its complement is a noun. When it is attached to a clausal complement, it takes *-IncA* before the dative case, so the suffix attached to a verb is *-(y)IncAyA*.

Noun + *(y)A kadar*   vs.   Verb + *-(y)IncAyA kadar*
Sınava kadar...   Ödevimi bitir-**inceye** kadar...
                            Sen ara-**yıncaya** kadar...

Alternatively, especially in colloquial speech, the following structures are also very commonly used:

Ö**lünceye** kadar... = Ö**lene** kadar...
Seni öl**ene** / ölünceye kadar seveceğim.

Kitabımı bitir**inceye** kadar... = Kitabımı bitir**ene** kadar...
Kitabımı bitir**ene** / bitir**inceye** kadar tatile gitmeyeceğim.

-DAn beri 'since' is one of those postpositions that take *-DIK* on the verb of its clausal complement. It is different than the others, however, because it takes an extra possessive marker after *-DIK* and before the case marker: Verb-*DIK*-possessive-*DAnberi*. The possessive marker agrees with the subject of the clause.

Noun + *-DAn beri*   vs.   Verb + *-DIğIndAn beri*
Dünden beri   Ara-dığ-ım-dan beri
                           Ara-dığ-ın-dan beri
                           Ara-dığ-ı-ndan beri
                           Ara-dığ-ımız-dan beri
                           Ara-dığ-ınız-dan beri
                           Ara-dık-ları-ndan beri

Dün**den beri** yağmur yağıyor.
'It has been raining since yesterday.'

Sen İstanbul'a gel**diğinden beri** yağmur yağıyor.
'It has been raining since you came to İstanbul.'

Exercise 7 Complete the sentences with *-DIğI* and *-(y)AcAğI için*.

1. _____ için doktora gidiyorum.
2. _____ için onu çok seviyorum.
3. _____ için Ankara'da oturuyoruz.
4. _____ için çocukları beklemedik.
5. _____ için size çok kızıyorum.
6. _____ için radyonun sesini kıstık.
7. _____ için trafik polisi bizi durdurdu.
8. _____ için Türkçe öğreniyorum.
9. Babam çok sigara iç _____
10. Annemler yarın akşam Bodrum'a git _____
11. Biz maalesef tatilde burada ka _____
12. Sevda gelecek yıl Mustafa ile evlen _____
13. Ben balık yeme _____
14. Yorgos her yıl Kıbrıs'a git _____
15. Banu Hanım bana selam verme _____
16. Selim Bey Farsça bil _____
17. Biz Türkçe bil _____
18. Ben hala ödevlerimi bitireme _____

Postpositions

Exercise 8 Complete the sentences with -DIK, -(y)AcAK and possessive markers.

1. Ben seni ara _____ zaman sen neredeydin?
2. Otobüs gel _____ zaman hepimiz duraktaydık.
3. Osman büyü _____ zaman doktor olacakmış.
4. Misafirler gel _____ zaman bize haber verin lütfen.
5. Gözlüğümü çıkar _____ zaman hiçbirşey göremiyorum.
6. Sen ders çalış _____ zaman biz partide eğleniyorduk.
7. Sen ara _____ zaman biz kahve içiyorduk.
8. Ayşe büyü _____ zaman doktor olacakmış.
9. Biz mezun ol _____ zaman hemen iş bulamamıştık.

Exercise 9 Complete the sentences with -DIğI / -(y)AcAğI.

1. Ben bugün çok uyu _____ halde uykum var.
2. Annem Fransız filmlerini sevme _____ halde bizimle sinemaya geldi.
3. Sen rejimde ol _____ halde baklava mı yiyorsun?
4. Biz 'haftasonu çalışmayız' de _____ halde patron bizi Cumartesi günü işe çağırdı.
5. Siz İstanbul'a hiç gitme _____ halde Topkapı Sarayı'nı biliyorsunuz.
6. Onlar yolu bil _____ halde kaybolmuşlar.

Exercise 10 Complete the sentences with necessary suffixes.

1. Bu makaleyi bitir _____ kadar çalışacağım.
2. Çocuklar uyan _____ kadar ev sessizdi.
3. Onu bul _____ kadar aradım.
4. Sarhoş ol _____ kadar içti.
5. Türkçe öğren _____ kadar İstanbul'da kalacağım.
6. 10 Kilo ver _____ kadar rejim yapacaklar.
7. Ahmet gel _____ kadar onu beklemek zorundayım.
8. Kahvelerimiz gel _____ kadar konuşabiliriz.
9. Radyo pili bit _____ kadar çalışacak.
10. Çocuklar ödevlerini bitir _____ kadar dışarıya çıkamadılar.

Exercise 11 Add -DIktAn (sonra) or -mAdAn (önce).

1. Sen evlen _____ sonra nerede oturacaksın?
2. Ben New York'a taşın _____ önce New York hakkında çok az şey biliyordum.
3. Kardeşim doğ _____ önce biz iki kardeştik.
4. Babam gel _____ önce evi temizlemek lazım.
5. Otel müdürü biz gel _____ önce odalarımızı hazırlatmış.
6. Otobüsten in _____ sonra 200 metre kadar yürüyün.
7. Kar yağ _____ önce hava daha soğuktu.
8. Yemek ye _____ önce ellerinizi yıkayın.
9. Finaller bit _____ sonra büyük bir parti vereceğiz.
10. Bu teklifi kabul et _____ önce iyi düşünmek lazım.

11. Mustafa kaza yap _____ önce bu kadar dikkatli bir şoför değildi.
12. Tarkan ünlü bir şarkıcı ol _____ sonra New York'a taşındı.
13. Bu yanlış otobüsmüş! Biz otobüse bin _____ sonra fark ettik.
14. Babam sabahları kahvesini iç _____ önce çok sinirli oluyor.
15. Çocuklar uyan _____ önce bütün işlerimi bitirdim.
16. Selami Bey zengin ol _____ sonra çok değişti.
17. Saatim çal _____ önce mışıl mışıl uyuyordum.
18. Saatim çal _____ sonra yataktan fırladım.
19. Her sabah banyo yap _____ sonra kahvaltı yapıyorum.
20. Yerlerinize otur _____ sonra kemerlerinizi bağlayın.

Exercise 12 Fill in the blanks and complete the sentences with *beri* appropriately.

1. Ben New York'a gel _____ beri simit yemiyorum.
2. Ben arabamı sat _____ beri işe otobüsle gidiyorum.
3. Annem Ankara'ya taşın _____ beri onu görmüyorum.
4. Sen üniversiteden mezun ol _____ beri bu işte mi çalışıyorsun?
5. Orhan kaza yap _____ beri araba kullanamıyor.
6. Biz o korku filmini izle _____ geceleri uyuyamıyoruz.
7. Onlar bizimle tanış _____ beri buraya daha sık geliyorlar.
8. Siz burada çalışmaya başla _____ beri daha mutlu görünüyorsunuz.
9. Biz . . .

Exercise 13 Fill in the blanks appropriately to complete the sentences.

1. (sen) _____ zaman sana çok kızıyorum.
2. (o) _____ kadar onu bekledik.
3. (biz) _____ beri onu aramadık.
4. (siz) _____ önce bize haber verir misiniz?
5. (onlar) _____ sırada ben plajda güneşleniyordum.
6. (ben) _____ kadar tatile çıkmayacağım.
7. (o) _____ ben oğlumu görmüyorum.
8. (sen) _____ kadar müzik dinledim.
9. (ben) _____ zaman çok heyecanlanırım.
10. (ben) _____ sonra İstanbul'da iş arayacağım.
11. (siz) _____ zaman mutlaka bize haber verin.
12. (o) _____ zaman bize de haber verecek, beraber gideceğiz.
13. (ben) _____ beri köpeğim eve dönmedi.

Exercise 14 Complete the sentences appropriately.

1. Çocuklar bahçede oynadığı _____
2. Ahmet üniversiteden mezun olduktan _____
3. Babam kolunu kırdığından _____
4. Maalesef biz bu projeyi bitirinceye _____
5. Belki biz siz gelinceye _____
6. Ben Alev'le tanışmadan _____

Postpositions

7. Cep telefonum çalmadan _____
8. Bana o mesajı gönderdikten _____
9. Ali İstanbul'a geldiği _____
10. Sen hep yendiğin _____

Exercise 15 Complete the sentences with *-DIğI halde, -DIğI için, -DIğI gibi, -DIğI zaman, -mAdAn önce, DIktAn sonra*.

1. Hiç yemek yeme _____ halde kilo alıyorum.
2. Yarın tatile çık _____ için bugün bütün işleri bitirmem gerekiyor.
3. Ben _____ o filmi daha önce seyret _____ için sizinle sinemaya gelmiyorum.
4. Ben _____ tavsiye et _____ gibi yapmışlar.
5. Ben _____ 'gitmeyin' de _____ halde Marmaris'e gitmişler.
6. Ben _____ İstanbul'a gel _____ zaman seni arayacağım.
7. Ben _____ İstanbul'a gel _____ önce onlar İstanbul'dan ayrılmışlar.
8. Ben _____ İstanbul'a gel _____ sonra onlar İstanbul'dan ayrıldılar.
9. Ahmet hiç çalış _____ halde sınavdan en yüksek notu aldı.
10. Ben _____ İtalyanca bil _____ için benimle İtalyanca konuşuyorlar.
11. Ben _____ İspanyolca bil _____ halde Gypsy Kings'in şarkılarını anlamıyorum.
12. Türkçe bil _____ halde iş görüşmesinde biliyorum demiş.
13. İstanbul kar yağ _____ önce daha soğuktu. Kar yağ _____ sonra hava ısındı.

Exercise 16 Write four sentences with *sonra, önce, beri* and *-DIğI için* based on the story below.

1991'de üniversiteden mezun oldum. Hemen Ardemir'de çalışmaya başladım. 1993'de Bodrum'da Sevda ile tanıştım. 1994'te evlendik. Ben o zamana kadar İstanbul'da oturuyordum. Sevda İzmir'de çalışıyordu ve İzmir'i çok seviyordu. İzmir'den ayrılmak istemiyordu. Onun için biz İzmir'de oturmaya karar verdik. Ben işimden ayrıldım ve İzmir'de başka bir iş buldum.

Chapter 20

Passive

Contents
20.1 The passive suffixes
20.2 Impersonal passive
20.3 Passive contexts
20.4 Passive and case markers
20.5 The *tarafından* phrase and the *-CA* suffix

20.1 The passive suffixes

The passive is formed by the attachment of a passive suffix to the verb stem. It is attached right after the verb stem and all the other verbal suffixes follow the passive suffix. This order never changes.

Verb – PASSIVE – (-(y)Abil-) NEG – TENSE – PERSON
ara-n-ma-dı-m

The passive suffix appears as *-n*, *-In* or *-Il*. The distribution of these suffixes is rule-governed:

Verbs ending in a vowel take *-n*   ara-n, oku-n, izle-n
Verbs ending in *-l* take *-In*   kal-ın, gel-in
Others take *-Il*   bak-ıl, sor-ul, yap-ıl

20.2 Impersonal passive

In English, only transitive verbs (e.g., 'break, eat, read') can be passivized, whereas in Turkish you can attach a passive suffix to both transitive and intransitive verbs (e.g., 'run, laugh, sleep'). When an intransitive verb is passivized, it has an impersonal passive reading, where the performer of the action is either not known, or it is everybody. It can be attached to the verb 'run' for example (*Bu parkta koşulur*), resulting in the meaning 'Running is done in this park.' You will see more examples below.

20.3 Passive contexts

The passive is used when we are talking about general events that everybody does.

Yazın denize girilir.
Kışın kardan adam yapılır.
Yarın saat sekizde yola çıkılacak, önce İzmir'e gidilecek.

It is used in signs (and commands). The signs such as 'No parking' or 'No smoking' are formed with a passive verb in Turkish.

Passive

Sigara içilmez.
Park yapılmaz.
Girilmez.

Passive is commonly used in instructions or recipes where the performer of the action is assumed to be everybody.

Tencere fırına koy-ul-ur.
Kısık ateşte pişir-il-ir.
Biraz tuz ekle-n-ir.

20.4 Passive and case markers

Note the case markers when you are forming the passive sentences. When the object of the active form of the verb has the accusative case, the case marker is dropped and the object becomes the subject of the passive verb.

Sekreter mektubu yazdı.   Mektup yazıldı.

When there is a dative-, locative- or ablative-marked noun phrase as the object, the case markers do not change, i.e., they do not get deleted.

Turistler Kapadokya'ya gitmek**ten** vazgeçti.   Kapadokya'ya gitmek**ten** vazgeçildi.
Turistler Bodrum**'a** gidecekler.   Bodrum**'a** gidilecek.
Turistler müzenin önü**nde** buluşacaklar.   Müzenin önü**nde** buluşulacak.

Exercise 1 Attach the right form of the passive suffix to these verbs.

sor ___	ara ___	bekle ___	bil ___
bak ___	kavga et ___	dinle ___	dinlen ___
koy ___	geç kal ___	gel ___	git ___
ye ___	iç ___	iste ___	kal ___
söyle ___	konuş ___	koş ___	dans et ___
otur ___	öğret ___	oku ___	ol ___

Exercise 2 Pick the right verbs and list what is typically done (and not done) in your country in the winter (or in the summer).

denize gir-, dondurma ye-, kayak yap-, ormanda piknik yap-, sıcak çikolata iç-, kardan adam yap-, kartopu oyna-, plaj voleybolu oyna-, yürüyüş yap-, fotoğraf çek-, okula git-, arkadaşları ziyaret et-, televizyon seyret-, balık tut-, sörf yap-, plajda kumdan kale yap-, arkadaşları ziyaret et- (you may add some more verbs of your own)

Exercise 3 Now using the verbs in Exercise 2, or with new verbs, ask your friends what is typically done in the winter (or in the summer) in their home town.

Örnek: Sizin şehrinizde (sizin orada) yazın denize girilir mi?

Exercise 4 Complete the sentences with the passive suffix and other necessary suffixes.

1. Cumhuriyet Bayramı bütün yurtta törenlerle kutla _____
2. Bütün müşteriler ara _____
3. Bu kadar kar ve fırtına bekle _____ (neg.)
4. Bu klinikte hastalara özenle bak _____
5. Artık bütün yurtta saat 8:00'de bu radyo programı dinle _____
6. Heryıl 10 Kasım'da Atatürk an _____
7. Bütün dergiler abonelere gönder _____
8. Patron 'lütfen yarın sabah geç kal _____' dedi.
9. Yarın sabah pikniğe git _____.
10. Bu otelde sabah kahvaltısı sabah kaçta yap _____?
11. Bu kursta ilk kurda hangi ders kitabı okut _____?
12. Garsonların maaşları ayın kaçında ver _____?
13. Birinci sınıfta öğrencilere hangi konular öğret _____?
14. Çalışanlara zam konusunda ne söyle _____?

Exercise 5 Guess where you can see these signs and mark whether they have a passive suffix or not.

	Nerede?	Etken	Edilgen
itmeyiniz			
kemerlerinizi bağlayınız			
sessiz olunuz			
çöp atmayınız			
park yapılmaz			
biletsiz girilmez			
lütfen rezervasyon yaptırınız			
saç kesilir, manikür yapılır			
bilet ve telefon kartı bulunur			
lütfen yaya geçitini kullanınız			
göle girilmez			
lütfen şoförle konuşmayınız			
yolculuk esnasında şoförle konuşulmaz			
kapıyı kapatınız			
sigara içilmez			
damsız girilmez			
randevusuz hasta kabul edilir			

Passive

Exercise 6 *Cacık nasıl yapılır?* Find the verbs in the instructions and then write down their root (or infinitive) forms.

Malzemeler

İki bardak yoğurt
Biraz tuz
İki orta boy salatalık
Üç diş sarımsak
5 Bardak su
Dere otu

Yapılışı

Salatalıkların kabuğu soyulur. Salatalıklar rendelenir. Sarımsak iyice ezilir. Dere otu ince ince doğranır. Yoğurt, su, dere otu, sarımsak ve tuz bir kaba koyulur ve iyice karıştırılır. Karışım kaselere koyulur ve soğuk servis yapılır.

1. soy-mak 2. _____ 3. _____ 4. _____
5. _____ 6. _____ 7. _____ 8. _____

Exercise 7 You are looking for _____. What would you write in an advertisement? Use the passive form of the verbs.

Örnek: a soprano. Bir soprano aranıyor.

a used (*kullanılmış*) laptop
a 1-year-old Van cat
a secretary
a driver
a math tutor
a dining table for eight people
a tall good-looking man with a navy-blue jacket
a brown bag
a baby sitter
a four-bedroom apartment near Bağdat Caddesi
a music teacher for a kindergarten
a Chinese actress for a TV commercial

Exercise 8 Rephrase the sentences in passive voice.

Örnek: Polis beni tutukladı. Ben tutukla-n-dı-m.

Ayşegül beni partiye davet etti.
Manav dükkanı kapattı.
Çocuklar Turgut Bey'i pazarda gördüler.
Atatürk Türkiye Cumhuriyeti'ni 1923'te kurdu.
Kristof Kolomb Amerika kıtasını 1497'de keşfetti.
Amerika halkı Barak Obama'yı başkan seçti.
Bayramda evsiz çocuklara hediyeler verdik.
Şükran Günü'nde hindi yedik.
Kurban Bayramı'nda kurban kesiyorlar.

Exercise 9 Match the dates, topics and verbs, and form sentences in the passive voice.

Örnek: Amerika kıtası 1492'de keşfedildi

Amerika kıtası	14. Yüzyıl	aç-
Başkan Kennedy	1453	fethet-
Boğaz Köprüsü	1492	icat et-
Canterbury Hikayeleri	2001	ilan et-
Cezayir'de bağımsızlık	1876	işgal et-
Eyfel kulesi	1889	keşfet-
İkiz Kuleler	1923	kur-
İstanbul	1934	öldür-
Kuveyt	1949	yık-
NATO	1962	ver-
Telefon	1963	yap-
Türk kadınlarına seçme ve seçilme hakkı	1973	yaptır-
Türkiye'de Cumhuriyet	1990	yaz-

Exercise 10 Your neighbour Neriman Teyze has been hospitalized. You do not know how long she will stay there. You and some other people in the neighbourhood have volunteered to take care of her plants, pets, and apartment until she is back. She gave you a list of things to do. Distribute the work to other people and let her know who will be doing what.

Neriman Teyzenin listesi:

1. Çiçekler sulanacak. Balkondaki büyük çiçekler her gün sulanacak. Salondaki menekşelere ve mutfaktaki küçük çiçeklere iki günde bir su verilecek.
2. Bankadan ATM kartı ile para çekilecek.
3. Mektuplar okunacak.
4. Her Çarşamba eve temizlikçi geliyor. O eve alınacak. Temizliçiye para verilecek.
5. Faturalar açılacak ve bankaya yatırılacak.
6. Balıklara hergün yem verilecek.
7. Köpeğim Toby için alışveriş yapılacak ve yemek hazırlanacak. Hergün sabah ve akşam ona yemek verilecek.
8. Kürklü mantom kuru temizleyiciden alınacak.
9. Tiyatro biletleri başkasına verilecek (masanın üstünde).
10. Telefon mesajları dinlenecek ve not alınacak.
11. Apartman görevlisine 'gazete ve ekmek getirme' denecek.
12. Londra'daki yeğenime telefon edilecek ve haber verilecek (telefon defterinde numarası var).

Sizin iş dağılımınız:

Ben...
Ahmet abi...
Suzan...
Nalan abla...
Mehmet ve Selçuk...
Hepimiz haftada bir gün...

Passive

Ablam ve ben...
Sen...
Babam...
Üst kattaki Melahat teyze...
Apartman görevlisi Cafer Efendi...
Cafer Efendinin oğlu Hüseyin...

Exercise 11 Complete the sentences using the passive forms of the verbs *yap-*, *ver-*, *iç-*, *bul-*, *konuş-*, *bin-*, *gir-*, *in-*:

1. Otobüse ön kapıdan _____, arka kapıdan _____.
2. Garaj kapısıdır. Park _____.
3. Piyano dersi _____.
4. Sigara _____.
5. Konser salonuna biletsiz _____.
6. Yolculuk esnasında şoförle _____.

Exercise 12 Complete the sentences with passive voice suffixes.

1. Yeni üniversite başbakan tarafından aç _____.
2. Hepimiz Cuma günkü partiye çağır _____.
3. Eski Türk romanları gençler tarafından oku _____ (neg.).
4. Türk kahvesi nasıl yap _____?
5. Tavla çok eski bir oyun. Hala oyna _____ mu?
6. Kaş Festivali'nde ünlü müzik grupları tarafından konserler ver _____, hep beraber şarkılar söyle _____, dans et _____ ve eğlen _____.
7. İngilizce bilen sekreter ara _____.

20.5 The *tarafından* phrase and the -CA suffix

An equivalent of the English *by*-phrase is formed with *tarafından*, but it is used only in formal contexts or formal writing. It is not used in colloquial speech.

Misafir kral havaalanında Cumhurbaşkanı tarafından karşılandı.
Genç müzisyenin besteleri Senfoni Orkestrası tarafından çalındı.

Tarafından bears a possessive marker that alternates according to the grammatical person of the agent. Here is the full paradigm:

Benim tarafımdan...
Senin tarafından...
Onun tarafından...
Bizim tarafımızdan...
Sizin tarafınızdan...
Onlar(ın) tarafından / taraflarından...

Although the position of the *tarafından* phrase is flexible, it usually occurs immediately before the verb.

The agent in passive sentences can be expressed with the attachment of the *-CA* suffix as well. *-CA* is used usually when the agent is an institution or an authority. It undergoes

A-type vowel harmony and consonant assimilation as well, and may appear as *ca, ce,* or *ça, çe*. After a possessive marker, it appears as *-ncA*. Because most authority names bear some sort of a possessive marker, it is more common to see this suffix in the form of *-ncA*.

Ayaklanma güvenlik kuvvetler**ince** bastırıldı.
Piyasadaki bazı ilaçlar Sağlık Bakanlığı'**nc**a yasaklandı.

Exercise 13 Here are some sentences in the active voice. Rewrite the sentences in passive voice. Use *-CA* to express the agents.

1. Taraflar anlaşmayı iptal etti.
2. Üniversite rektörlüğü yeni ders saatlerini ilan etti.
3. Gelişmekte olan ülkeler yeni ekonomi önlemlerini sevinçle karşıladı.
4. Sağlık Bakanlığı kapalı alanlarda sigara içimini yasakladı.
5. Türk Hava Yolları yeni uçuş tarifesini internet sitesinde yayınladı.
6. Kızılay kazazedelere yardım paketleri gönderdi.
7. İstanbul Belediyesi evsizlere yiyecek ve kışlık giyecek dağıtıyor.
8. İstanbul Valiliği bugünü kar tatili ilan etti.

Exercise 14 Now make passive sentences with the *tarafından* phrase. Use the same sentences from Exercise 13.

Chapter 21

Causative

Contents
21.1 The causative suffix
21.2 Case markers
21.3 Suffix order
21.4 Double causative

There are three important properties to learn when you are learning the causative structure in Turkish. The first one is the causative suffix. You need to learn which verb takes which causative suffix. The second one is the case markers that go along with the causative alternations on the verbs. Finally you need to learn the order of the causative suffix within a verb complex.

21.1 The causative suffix

There are four different forms of the causative suffix. Like the aorist, they are not always predictable.

Some monosyllabic and polysyllabic words take -*DIR*, which is the most common causative suffix:

-DIR yap-tır, yaz-dır, boz-dur, küs-tür, nefret et-tir, dik-tir, ye-dir . . .

Polysyllabic stems ending in a vowel, -*r*, or -*l* take -*t*:

-t kapa-t-, ara-t, oku-t, dinle-t, söyle-t, karar-t, düzel-t . . .

Some monosyllabic words take -*Ir*:

-Ir piş-ir, uç-ur, bit-ir, düş-ür, iç-ir, bat-ır, doğ-ur, kaç-ır . . .

Only the following words get -*Ar*:

-Ar çık-ar-, kop-ar . . .

Some monosyllabic words ending in -*k* get -*It*:

-It kork-ut-, ak-ıt, sark-ıt, ürk-üt . . .

Some irregular causative verbs:

gel > getir, gör > göster, kalk > kaldır, git > götür

21.2 Case markers

When a transitive verb is causativized, the subject of the transitive verb gets the dative case. The object retains its accusative case.

Hasan Ahmet'i dövdü.
Osman Hasan'**a** Ahmet'i döv**dür**dü.

When an intransitive verb is causativized, the subject of the intransitive verb gets the accusative case.

Hasan ağladı.
Osman Hasan'**ı** ağla**tt**ı.

Objects that carry dative or ablative case retain their case markers (dative and ablative respectively), and the subject of the non-causative verb bears the accusative case when it occurs with the causative verb.

Hasan sigardan nefret ediyor.
Osman Hasan'ı sigaradan nefret ettirdi.

21.3 Suffix order

When more than one voice suffix is attached to a verb stem, the causative suffix precedes the passive suffix (it is closer to the verb stem). When it is attached together with the reciprocal or the reflexive suffix, it follows them.

Verb + REFLEXIVE/RECIPROCAL + CAUSATIVE + PASSIVE

Causative with passive: *yap-tır-ıl-*, *oku-t-ul-*, *değiş-tir-il-*

Hava sıcaklığı düşmezse bütün sınıflara klima **yaptırılacak**.
Bu sene okullarda **okutulan** ders kitapları **değiştirilecekmiş**.

Causative with reciprocal (and passive): *öp-üş-tür-(ül)-*

Yönetmen başroldeki oyuncuları **öpüştürdü**. Oyuncular **öpüştürüldü**.

Causative with reflexive (and passive): *giy-in-dir-(il)-*

Bakıcı çocukları **giy-in-dir-ip** dışarıya çıkardı. Çocuklar **giy-in-dir-il-di**.

21.4 Double causative

It is possible to have more than one causative suffix attached one after another to a verb stem. In such cases, each causative suffix adds an agent to the event: Have somebody get somebody do something...

Arabalar durdu.
Trafik polisi arabaları **durdurdu**.
Hasan trafik polisine arabaları **durdurttu**.

Exercise 1 Attach the right form of the causative suffix to the verbs below. Note that some of them are irregular verbs, i.e., they do not become causatives with a suffix, they rather become a totally different verb.

dinle ___ oku ___ bekle ___ git ___ gör ___
söyle ___ ye ___ iç ___ ara ___ kız ___

Causative

öl ___	sus ___	yaz ___	boz ___	küs ___
dik ___	kes ___	karar ___	çık ___	kop ___
ak ___	sark ___	kalk ___	gel ___	ezberle ___

Exercise 2 Complete the sentences with causative suffixes.

1. Geçen haftasonu kuaföre gidip saçımı kes _____.
2. Pasaport almak için yeni bir resim çek _____ gerekiyor.
3. Otelde rezervasyon yap _____ (sen)?
4. Annem kardeşimin düğününde giymek için yeni bir gece elbisesi dik _____.
5. Annesi bebeğe yemek ye _____ istiyor ama bebek yemek yemek istemiyor.
6. Çocukları kork _____ diye köpekleri dışarıya çık _____ (ben).
7. Hiç bozuk param yok. Para boz _____ için şu dükkana gidiyorum.
8. Bilgisayarım çalışmıyor. Onu yap _____ zaman sana mesaj yazabileceğim.
9. Bugün öğleden sonra bir dişçiye gidip ağrıyan dişimi çek _____.
10. Sinan çok komik fıkralar anlatıp hepimizi gül _____.
11. Yarın ne piş _____ bilmiyorum.
12. Sayın dinleyiciler, şimdi size bu sene Erovizyon Şarkı yarışmasında birinci olan şarkıyı dinle _____ (biz).
13. Kedim dün doğ _____. Çok sevimli dört yavrusu var.
14. Şu tepemde vızıldayan sineği öl _____ istiyorum.
15. Çalar saatim çalışmıyor. Beni saat yedide kalk _____, lütfen?
16. Otelimiz camiye çok yakın. Bu sabah ezan sesi bizi erkenden uyan _____.
17. Sınav sonuçları öğrencileri sevin _____.
18. Sen ödevlerini bit _____ sonra bizimle sinemaya gelir misin?
19. Ben Osman'ın matematik dersine kayıt yap _____ bilmiyordum.
20. Seni en çok ne kız _____?
21. Çocuklar her sabah sekizde kalkıp okula gidiyor. Onları genellikle babaları okula git _____.
22. Geçen hafta iki arkadaşım beni ziyarete geldi. İstanbul'u gezmek istediler. Ben onları gez _____.
23. Bardaklar yere düşmüş. Onları kim düş _____?
24. Anneannem çok hasta. Dün onu hastaneye yat _____.
25. Sen dün beni çok kork _____.
26. Mehmet Bey dün akşam Çırağan Saray'ında oğlunu evlen _____.
27. Lütfen beni daha fazla sinirlen _____ !
28. Sinem oyuncak bebeklerini teker teker sandalyelere otur _____, sonra onlara yemek ye _____ ve süt iç _____.
29. Kardeşim ve ben küçükken kağıttan gemiler yapıp, onları küçük bir leğende yüz _____.
30. Ben bu habere çok şaşırdım. Bu haber beni şaşır _____.
31. Melis saç kurutma makinasıyla saçını kuru _____ ve şarkı söylüyor.

Exercise 3 Complete the sentences with causative suffixes and appropriate case markers.

1. Anneannem okuma-yazma bilmediği için mektuplarını ben yazıyorum. Anneannem mektupları _____ ben _____ yaz _____.

2. Sevim Hanım ödevlerimizi kontrol etti. Biz Sevim Hanım _____ ödevlerimiz _____ kontrol et _____.
3. A: Gazetede bizim üniversite hakkında çıkan haberleri gördün mü?
   B: Evet, gördüm. Onlar _____ ben _____ Hasan gör _____.
4. A: Mektuplar geldi mi?
   B: Hayır, postacı henüz mektupları gel _____.
5. Köpeğim galiba hasta. (Ben) o _____ bir doktor _____ muayene et _____ istiyorum.
6. Müşteriler katalogları görmek istediler. Ayşe onlar _____ kataloglar _____ gör _____.
7. İspanyolca bir mektup aldım. O _____ Roberta _____ tercüme et _____.
8. Anahtarımı evde unutmuşum. Ofisimin kapısı _____ Cafer Efendi _____ aç _____.
9. Ben şarkı söylemek istemiyordum. Ayşe ben _____ zorla şarkı söyle _____.
10. Onunla tanışmak istiyor musunuz? Ben siz _____ o _____ bu akşam tanış _____.
11. Bu ilaç bana hiç iyi gelmedi. Sürekli öksürmeye başladım. Bu ilaç ben _____ öksür _____.
12. Misafirler gitmekten vazgeçti. Osman misafirler _____ gitmek _____ vazgeç _____.

Exercise 4 Complete the sentences with causative suffixes *when it is necessary*.

1. Sen bu konuyla ilgilen _____?
2. Hayır bu konu beni hiç ilgilen _____.
3. Eğer siz Musa Bey'le görüş _____ istiyorsanız ben sizi onunla memnuniyetle görüş _____.
4. Ahmet ve Selim yıllardır konuşmuyorlardı. Onları geçen hafta annem barış _____. Duyduğuma göre barış _____ sonra yine çok yakın arkadaş olmuşlar.
5. Otobüs bozulunca şoför bütün yolcuları Kadıköy'e varmadan in _____.
6. Yarışmayı kim başla _____?
7. Yarışma saat kaçta başla _____?
8. Otel müdürü turistler otelden ayrıldıktan sonra odaları temizle _____, ve yeni müşteriler için hazırla _____.
9. Polis arabaları dur _____.
10. Kırmızı ışıkta bütün arabalar dur _____.
11. Hızlı hızlı merdiven çıkmak beni terle _____.
12. İtfaiyeciler çok çalıştılar ama orman yangınını dur _____.
13. Bütün balonlar patla _____.
14. Balonları kim patla _____?
15. Ben senden kork _____ (neg.)! Sen beni kork _____ (neg.)!
16. Turisler bütün şehri gez _____. Rehber onlara bütün şehri gez _____.
17. Ben roman okumayı sevmiyordum. Bana roman okumayı amcam sev _____.

Chapter 22

Reflexive

Contents
22.1 Reflexive verbs
22.2 Reflexive pronoun
22.3 Emphatic *kendi* and *kendi kendine*
22.4 Use of *kendi* as a personal pronoun

22.1 Reflexive verbs

Reflexive verbs are formed with the attachment of the suffix *-In* to the verb and have the interpretation of acting upon 'oneself.' The verb 'to comb' is *tara-*, for example, and with the attachment of the reflexive suffix, it becomes *taran-*, meaning 'to comb oneself.' Here are some more examples:

giy-in 'dress oneself' (= get dressed)
süsle-n 'ornament oneself'
ger-in 'stretch oneself'

Note that one of the passive markers is also *-In* in Turkish and this results in ambiguity in some examples. Here is one:

Çocuklar bayrama çıkmadan önce renkli tokalarla süslendi.

In the passive interpretation, some people decorated the children's hair before they went to the parade. In the reflexive interpretation, the children decorated their hair themselves.

22.2 Reflexive pronoun

Reflexive structures can be formed with the reflexive pronoun as well. *Kendi* is marked with a possessive marker depending on the person of the verb. It bears case markers in accordance with the position where it appears. Here are some examples:

Ahmet yanlışlıkla **kendisini** aramış.
'Ahmet called himself by mistake.'

Ben aynada **kendimi** gördüm.
'I saw myself in the mirror.'

In these examples, the reflexive pronoun appears in the direct object position and is marked with the accusative case. In the first example, it is a third person singular pronoun 'himself,' therefore it has the third person singular possessive marker *-sI* before the accusative case. In the second example, the reflexive pronoun is 'myself' and has the first person singular possessive marker *-Im* before the accusative case.

The reflexive pronoun is used with non-reflexive verbs, i.e., verbs that do not have reflexive morphology. The full paradigm of the reflexive pronoun is set out in the table.

	Acc	Dat	Loc	Abl	Ins	Gen
kendim 'myself'	kendimi	kendime	kendimde	kendimden	kendimle	kendimin
kendin 'yourself'	kendini	kendine	kendinde	kendinden	kendinle	kendinin
kendi(si) 'him/her/itself'	kendi(si)ni	kendi(si)ne	kendi(si)nde	kendi(si)nden	kendi(si)yle	kendi(si)nin
kendimiz 'ourselves'	kendimizi	kendimize	kendimizde	kendimizden	kendimizle	kendimizin
kendiniz 'yourselves'	kendinizi	kendinize	kendinizde	kendinizden	kendinizle	kendinizin
kendileri 'themselves'	kendilerini	kendilerine	kendilerinde	kendilerinden	kendileriyle	kendilerinin

22.3 Emphatic *kendi* and *kendi kendine*

The reflexive *kendi* can be used for emphasis as well and has the interpretation 'I myself,' or 'he himself.' Here are some examples:

Bu soruları ben kendim bile yapamıyorum.
'Even I myself cannot do these questions.'

Dosyaları Bekir kendisi getirecek.
'Bekir, himself, will bring the folders.'

The phrase *kendi kendine* means 'on your own/on my own' etc. It has the possessive marker to mark its person.

Ben bütün soruları kendi kendime cevapladım.
Hansel ve Gratel yollarını kendi kendilerine buldular.

Here is the full paradigm:

Ben kendi kendime ...
Sen kendi kendine ...
O kendi kendi(si)ne ...
Biz kendi kendimize ...
Siz kendi kendinize ...
Onlar kendi kendilerine ...

Reflexive

22.4 Use of *kendi* as a personal pronoun

Reflexive *kendi* can be used as a personal pronoun replacing 'he' or 'she.' It is more polite and respectful than the other third person singular pronoun *o*. It is more polite than the use of the person's name as well.

Kendisi henüz gelmedi 'He (himself) has not arrived yet.'

Use of *kendi* as a personal pronoun can be accompanied by the attachment of -*lAr*. In such uses the respect and the degree of politeness is even higher. Note that in the example, *kendiklerini* refers to one single person. It may have a plural people interpretation as well, but when *kendileri* refers to more than one person, that additional respect and politeness is no longer available.

Kendilerini tanıyor musunuz? 'Do you know his highness/him(self)?'

Exercise 1 Make these verbs reflexive and use them in a sentence.

1. gör-
2. yuvarla-
3. salla-
4. yıka-
5. temizle-

Exercise 2 Fill in the blanks with reflexive pronouns. Pay attention to the person, and the case marker. You will pick the right case by looking at the verb.

1. Ben _____ (myself) asla affetmeyeceğim.
2. John bize _____ (himself) tanıtmadı.
3. Sen _____ (yourself) ne sanıyorsun?
4. Lütfen _____ (ourselves) komik duruma düşürmeyelim.
5. Çocuklar _____ (for themselves) oyuncak seçiyorlar.
6. Annem _____ (herself) televizyonda görünce çok şaşırdı.
7. Ben bu elbiseyi _____ (for myself) aldım.
8. Serhat ve sen _____ (for yourselves) bir yer bulun, biz de geliyoruz.
9. Aynada _____ (myself) görünce korktum.
10. Herkes _____ (himself/herself) suçlu olmadığını söyledi.
11. Hiçkimse _____ (himself/herself) dalga geçilmesinden hoşlanmaz.
12. Osman dikiz aynasında _____ (himself) baktı.
13. Hepimiz suçu _____ (ourself) aradık.
14. Sen hiç _____ (yourself) onun yerine koydun mu?

Chapter 23

Reciprocal

Contents
23.1 Reciprocal verbs
23.2 Collective interpretation
23.3 Reciprocal pronoun *birbiri*

23.1 Reciprocal verbs

Reciprocal verbs are those that have the interpretation of 'each other' in Turkish. They are formed with the attachment of the reciprocal suffix *-(I)ş* to verb stems. For example, the verb *bak-* 'look' becomes *bakış-* and has the meaning 'look at each other.' I-type vowel harmony applies to the suffix. When the verb stem ends in a vowel, the vowel part of the suffix is dropped and only *-ş* is attached to the verb stem.

Some examples are:

bak-ış	'look at each other'	Adamlar bakıştılar.
öp-üş	'kiss each other'	Turistler öpüştü.
yaz-ış	'write to each other'	Orhan ve ben iki yıldır yazışıyoruz.
çarp-ış	'hit each other'	Arabalar otoyolda çarpıştı.

Be careful! The verb *seviş* (*sev*-reciprocal) means 'make love (to each other)' but it is used with the meaning 'to love/like each other' in some dialects. For example, you may hear a sentence such as *Komşularımla pek sevişiriz*, meaning 'My neighbours and I like each other very much.'

The following verbs have (or sound like they have) a reciprocal suffix. It would be misleading to interpret them with the reciprocal reading though.

anlaş- means 'get along with each other,' rather than 'to understand each other.'
konuş- means 'speak.' It does not necessarily mean 'talking to each other' and it is not related to the verb *kon-*.
buluş- means 'meet.' It does not mean 'to find each other.'
alış- means 'get used to.' It does not mean 'take each other.'
çalış- means 'to work/study.' It does not have anything to do with the verb *çal* 'steal/play.'
yetiş- means 'to be raised (or to grow up)' or 'to catch (a bus etc.)' when it is used with a dative case. It is not neccessarily related to the verb *yet* 'to be sufficient.'

Reciprocal verbs are used with the comitative/instrumental case: *-(y)lA: buluş-, bakış-, öpüş-, yazış-* ...

Reciprocal

23.2 Collective interpretation

Another meaning of the *-(I)ş* suffix which does not neccessarily involve an 'each other' interpretation is observed in the following cases. In all these cases, the stem verbs are intransitive, and the action is performed collectively.

gülüş- 'to laugh together'
ağlaş- 'to cry together'

In the following example, in addition to the collective interpretation the action includes an interpretation of 'towards different directions.'

koşuş- 'to run here and there, or from/to different directions'
uçuş- 'to fly here and there'

23.3 Reciprocal pronoun *birbiri*

The reciprocal pronoun 'each other' is *birbiri* in Turkish. Just like the reflexive pronoun, it is used with person markers and then takes case markers regularly. Due to the meaning of the reciprocal pronoun, it is possible only in the plural form. The reciprocal pronoun is not used with verbs that have a reciprocal suffix *-(I)ş*.

Çocuklar birbirlerine baktılar.
'Children looked at each other.'

Çocuklar birbirlerini tanımıyorlar.
'Children do not know each other.'

Çocuklar tanışmıyorlar.
'Children do not know each other.'

Here is the full paradigm of reciprocal pronouns.

	Acc	Dat	Loc	Abl	Ins	Gen
Birbirimiz	birbirimizi	birbirimize	birbirimizde	birbirimizden	birbirimizle	birbirimizin
Birbiriniz	birbirinizi	birbirinize	birbirinizde	birbirinizden	birbirinizle	birbirinizin
Birbirleri	birbirlerini	birbirlerine	birbirlerinde	birbirlerinden	birbirleriyle	birbirlerinin

Exercise 1 Which of the following have reciprocal interpretation?

	Reciprocal?
1. Kuşlar gürültüden korkup uçuştular.	Yes/No
2. Her akşam babamla konuşuyorum.	Yes/No
3. Öğrenciler derste gülüşünce öğretmen kızdı.	Yes/No
4. İstanbul'a alışmak hiç kolay olmadı.	Yes/No
5. Murat'la bu yıl hiç görüşmedik.	Yes/No
6. Adnan o Finlandiyalı kızla iki yıldır yazışıyormuş.	Yes/No
7. Başbakan yeni ekonomi paketi hakkında konuşuyor.	Yes/No

Exercise 2 Add the reciprocal -*Iş* to the following verbs, state whether they are reciprocal or collective actions. If they are neither, state what they mean.

Reciprocal   Collective   Other

sev
ara
bekle
bak
koş
gel
söyle
kon
otur
kork

Exercise 3 Translate the following into Turkish using the reciprocal pronoun *birbiri* 'each other.' Do not forget the case markers where they are necessary.

1. We don't like each other.
2. Did you see each other at the beach?
3. They run into each other at the library every Tuesday.
4. My cousin and I cat-sit each other's cats.
5. Adnan and I did not stay at each other's apartments before.
6. Suzan and Nazan water each other's plants when they go out of town.
7. They are not talking to each other.
8. Two sisters never leave each other alone.
9. We love each other. Do you love each other?
10. We looked at each other for a while without speaking.

Chapter 24

Subordination

Contents
24.1 -*DIK* and -*(y)AcAK* with verbal predicates
24.2 Nominal sentences
24.3 Existential sentences with *var* and *yok*
24.4 Subordination of questions
24.5 *De-* vs. *söyle-* and *diye*

24.1 -*DIK* and -*(y)AcAK* with verbal predicates

In this chapter we study the Turkish equivalents of the following sentences:

I know that Spain will win in the World Cup.
I heard that the meeting was cancelled.

Turkish does not have a 'that' word. So the structures that correspond to the sentences above have -*DIK* or -*(y)AcAK* suffixes on the embedded verb. These suffixes nominalize the sentences and are followed by a possessive marker that marks the person of the embedded subject on the verb. The structure, when it appears in an object position, takes the case markers assiged by the verb of the matrix clause.

In the example below, the embedded verb *kazan-* 'win' is marked with -*(y)AcAK* and the third person possessive marker. Spain is the subject of the verb *kazan-* so it is third person singular. Spain, the embedded subject, bears the genitive case marker, so that a genitive-possessive compound is formed. With all these markers, you can distinguish the embedded subject and the matrix subject, as well as the embedded verb and the matrix verb. Literally, the sentence means 'I know Spain's winning in the World Cup.' Because the embedded sentence is the object of the matrix verb *bil-* 'know,' an accusative verb, it carries an accusative case marker.

Dünya Kupası'nı İspanya kazanacak.

[Dünya Kupası'nı İspanya'nın kazan-acağ-ı]-nı biliyorum.

Here is the structure:

... [Embedded Subject-GENITIVE Embedded Verb-*DIK*/-*(y)AcAK*-POSSESSIVE]-CASE Matrix Verb

The Turkish version of the other example, 'I heard that the meeting was cancelled,' is as follows:

[Toplantı-nın iptal edil-diğ-i]-ni duydum.

Note the similarity between such structures and the genitive-possessive compounds:

[Toplantı-nın yer-i]-ni bilmiyorum.

The embedded subject bears the genitive case, the verb bears -*DIK* and the possessive marker that goes along with the embedded subject's person. It is followed by the case marker (accusative) assigned by the matrix verb.

Here is an example for the full paradigm:

Babam benim baklavayı çok sevdiğimi biliyor.
Babam senin baklavayı çok sevdiğini biliyor.
Babam onun baklavayı çok sevdiğini biliyor.
Babam bizim baklavayı çok sevdiğimizi biliyor.
Babam sizin baklavayı çok sevdiğinizi biliyor.
Babam onların baklavayı çok sevdiklerini biliyor.

The last sound of both suffixes undergoes k–ğ alternation because a suffix that starts with a vowel (possessive) follows them. That is why in the examples they appear as -*(y)AcAğ* or -*DIğ-*. Note that in the last example with the third person plural marker, the suffix appears as -*DIK*, because it is not followed by a vowel. Rather it is followed by -*lAr*, the third person plural marker.

In such structures, -*(y)AcAK* expresses the future interpretation, while -*DIK* is the non-future, that is, it expresses present or past tense. The difference between past and present interpretation can be disambiguated with some adverbs such as *şimdi* or *dört yıl önce*, as exemplified in the first three sentences below, or the past interpretation is attributed due to context, as seen in the fourth example below.

Yeni müdürümüz-ün yarın işe başlayacağını duydum.
Murat Bey'in şimdi bu şirkette çalıştığını bilmiyordum. (PRESENT)
Murat Bey'in dört yıl önce bu şirkette çalıştığını bilmiyordum. (PAST)
Murat Bey'in üniversitede fizik okuduğunu bilmiyordum.

The genitive marker on the embedded subject is optional when the subject is indefinite. In those cases when the subject appears without -*nIn*, the verb still bears the possessive marker:

Sekreter bugün hiç mektup gelmediğini söyledi.
Ben yarın yağmur yağmayacağını duydum.

However, when the subject has the plural marker -*lAr*, or the possessive marker, or when it is a proper name, a pronoun, *herkes*, *hiçkimse*, or *hava*, the genitive case is obligatory.

Hasan mektupların gelmediğini hatırladı.
Hasan Murat Bey'in arabasının bozulduğunu biliyormuş.
Hasan sizin mektup yazdığınızı söyledi.
Hasan herkesin toplantıya geç geldiğini söyledi.
Hasan havanın bugünden itibaren daha sıcak olacağını duymuş.

When the matrix subject and the embedded subject are the same, the subject is either not expressed or is expressed as a reflexive pronoun. In the following example, the subject of *rezervasyon yaptırmak* and the subject of *söylemek* are the same: Ahmet.

Ahmet rezervasyon yaptıracak.
Ahmet rezervasyon yaptıracağını söylüyor.
Ahmet *kendisi*nin rezervasyon yaptıracağını söylüyor.

Subordination

Exercise 1 Form sentences with *-DIK* or *-(y)AcAK* using the verb in the brackets as the matrix verb of the sentence. You may have *ben* as the matrix subject.

Örnek:

Hasan bu yıl üniversiteden mezun olacak. [duy-]
Hasan'ın bu yıl üniversiteden mezun olacağını duydum.

1. Yeşim bu yaz bir gazetede staj yaptı. [bil-]
2. Bu kahve çok şekerli olmuş. [söyle-]
3. Yarın yağmur yağacak. [duy-]
4. Münevver Hanım alışverişe gitti. [gör-]
5. Komşumuzun köpeği hastalanacak. [anla-]
6. Mektuplar geç gelecek. [tahmin et-]
7. Nesrin hiç balık yemiyor. [bil-]
8. Babam sigarayı bırakacak. [san-]
9. Işıl çok kötü öksürüyor. [duy-]
10. Serdar bayat tavuktan zehirlendi. [düşün-]
11. Nehir'in ateşi düştü. [farket-]
12. Bugün trenler çalışmıyor. [öğren-]
13. Telefonun çalıyor. [duy-]

Exercise 2 Look at the sentences below and determine which subject is the embedded subject and mark that subject with the genitive case. Hint: pay attention to the person markers on the verbs.

1. Ben _____ babam _____ bu akşam eve geç geleceğini biliyorum.
2. Siz _____ Bodrum'da olduğunuzu biz _____ bilmiyorduk.
3. Aslıhan _____ sen _____ İngilizce kursuna başladığını söyledi.
4. Suzan _____ onlar _____ bahçede kahvaltı yaptıklarını görmüş.
5. Selim Bey _____ Arnavutköy'de oturduğunu siz _____ biliyor muydunuz?
6. Sen _____ Ramazan'da oruç tuttuğunu herkes _____ biliyor.
7. Zeynep Hanım _____ bu dönem ders vermediğini onlar _____ duymuşlar mı?
8. Bu çocuklar _____ ne istediğini ben _____ bir türlü anlamıyorum.
9. Siz _____ Ankara'ya taşınacağınızı biz _____ duymuştuk.
10. Siz _____ onlar _____ ne zaman geleceklerini biliyor musunuz?

24.2 Nominal sentences

Subordination of nominal sentences (sentences with a nominal predicate) can be done by the addition of the verb *ol-* to the structure after the noun or the adjective.

Aylin doktor. Ben [bu]-nu biliyorum.
Ben [Aylin-in doktor ol-duğ-u]-nu biliyorum.
Aylin hastaymış. Ben [bu]-nu duydum.
Ben [Aylin-in hasta ol-duğ-u]-nu duydum.
Aylin uzun boylu. Ben [bu]-nu hatırlıyorum.
Ben [Aylin-in uzun boylu ol-duğ-u]-nu hatırlıyorum.

In the case of the negative sentences, such as *Aylin doktor değil*, the subordination is formed with the negative of *ol-*.

Aylin doktor değil. Ben [bu]-nu biliyorum.
Ben [Aylin-in doktor ol-ma-dığ-ı]-nı biliyorum.
Aylin hasta değilmiş. Ben [bu]-nu duydum.
Ben [Aylin-in hasta ol-ma-dığ-ı]-nı duydum.
Aylin uzun boylu değil. Ben [bu]-nu hatırlıyorum.
Ben [Aylin-in uzun boylu ol-ma-dığ-ı]-nı hatırlıyorum.

Note that you get rid of the markers *-(y)mIş* and *-(y)DI* on the nouns, if there are any, attach *ol(ma)-* and then attach *-DIK* and *-(y)AcAK* to the verbs.

Exercise 3 Form sentences with *-DIK* or *-(y)AcAK* using the verb in the brackets as the matrix verb of the sentence. You may have *ben* as the matrix subject.

Örnek:

Şahin'in yeni dairesi deniz manzaralıymış. [duy-]
Şahin'in yeni dairesinin deniz manzaralı olduğunu duydum.

1. Halil'in nişanlısı Finlandiyalıymış. [duy-]
2. Bu dolmalar çok lezzetli. [bil-]
3. Bozcaada'daki oteller çok pahalı değil. [san-]
4. Bu saatte köprüde trafik çok yoğundur. [tahmin et-]
5. Saat sekiz buçuk. [farket-]
6. Bu çantalar çok ağır. [anla-]
7. Bu zarftaki belgeler çok önemli. [anla-]
8. Mehmet'in oğlu onsekiz yaşında. [bil-]
9. Bu kurabiyeler tarçınlı değilmiş. [farket-]
10. Bu sitedeki bütün villalar iki katlı ve havuzlu. [gör-]

24.3 Existential sentences with *var* and *yok*

Subordination of existential sentences (sentences with *var* and *yok*) can be done by substituting for *var* and *yok* the verb *ol-*. Remember that the sentences with nominal predicates can be formed by the *addition* of the verb *ol-* to the structure. In existential sentences, the verb *ol-* *replaces* the existential, and then the suffixes *-DIK* and *-(y)AcAK* are attached to the verb *ol-*, just as they are attached to the other verbs.

İstanbul'da bu yıl çok Japon turist var.
İstanbul'da bu yıl çok Japon turist(-in) olduğunu biliyorum.

The negative existential is replaced by the negative of the verb *ol-*.

İstanbul'da bu yıl hiç Japon turist yok.
İstanbul'da bu yıl hiç Japon turist(-in) olmadığını duydum.

In such sentences, the genitive marker (*-nIn*) on the embedded subject is optional. It is usually not used.

Subordination

Exercise 4 Form sentences with *-DIK* or *-(y)AcAK* using the verb in the brackets as the matrix verb of the sentence. You may have *ben* as the matrix subject.

Örnek:

Ceren'in ceplerinde bir sürü şeker var. [bil-]
Ceren'in ceplerinde bir sürü şeker olduğunu biliyorum.

1. Bugün hiç vaktim yok. [söyle-]
2. Bu banka hesabında hiç para yok. [farket-]
3. Bu odada neden klima yok? [sor-]
4. Esra'nın 12 yaşında bir oğlu var. [duy-]
5. Yanımızda yeterince para varmış. [san-]
6. Bugün parkta çok çocuk vardı. [gör-]

24.4 Subordination of questions

Questions such as 'who?, what?, how?' are embedded just like statements. When the question word appears as a predicate, it is embedded with the question word and *ol-*.

Şu gözlüklü adam kim?
Şu gözlüklü adamın kim olduğunu biliyor musun?
Elindeki paket ne?
Elindeki paketin ne olduğunu tahmin edebilir miyim?

When the question word appears as the object or the subject of the verb, the verb is inflected in accordance with the rule described above, and the question word is inflected by case if it is necessary.

Hasan'ı kim aramış?
(Sen) Hasan'ı kim-in aradığını biliyor musun?
Hasan ne okuyordu?
(Ben) Hasan'ın ne okuduğunu hatırlamıyorum.
Aslıhan kiminle evleniyor?
(Siz) Aslıhan'ın kiminle evlendiğini duydunuz mu?
Nejat düğününe kimi davet etmemiş?
(O) Nejat-ın düğününe kimi davet etmediğini bilmiyor.
Çocuklar istasyona nasıl gidecekler?
(O) Çocukların istasyona nasıl gideceklerini sanıyor?

Yes-no questions are embedded differently. You add *-(y)Ip* to the verb that will be embedded, and then you duplicate it (repeat it) and add negative *-mA* and then *-DIK* or *-(y)AcAK* to the second occurrence of the verb. Possessive markers (and case markers, if they are necessary) follow.

This is the structure:

Matrix Subject [Embedded Subject-GENITIVE ... Verb *-(y)IP* Verb *-mA-DIK/-(y)AcAK*-POSSESSIVE]-CASE Matrix Verb

Murat Adana'ya gitti mi?
(Ben) Murat'ın Adana'ya gidip gitmediğini bilmiyorum.

When the verb is one of those compound verbs that are formed with *et-* (e.g., *telefon et-*) only the verb part is repeated. In those cases when *et-* is a part of the word, e.g., *seyretmek*, and in those more lexicalized examples such as *dans et-*, it is also possible to repeat the whole verb complex, as seen in the last example below.

Ben misafirlerin **telefon edip etmediklerini** bilmiyorum.
Ben misafirlerin televizyon **seyredip etmediklerini** bilmiyorum.
Ben misafirlerin televizyon **seyredip seyretmediklerini** bilmiyorum.
Ben misafirlerin **dans edip etmediklerini** bilmiyorum.
Ben misafirlerin **dans edip dans etmediklerini** bilmiyorum.

Note that the sentences that have a nominal predicate and existential sentences with *var/yok* are formed with *ol-*, and the *-(y)Ip . . . mAdIK* structure is attached to *ol-*.

Murat Adana'da mı?
(Ben) Murat'ın Adana'da olup olmadığını bilmiyorum.
Türkçe sınıfında Bulgar öğrenci var mı?
(Ben) Türkçe sınıfında Bulgar öğrenci olup olmadığını hatırlamıyorum.

Exercise 5 Combine the sentences using *-DIK* and *-(y)AcAK* as well as other necessary suffixes.

1. Misafirler yarın saat ikide gelecekler. Suzan Hanım bunu biliyor.
2. Dün Akmerkez'e alışverişe gittim. Annem bunu bilmiyor.
3. Çocuklar sürpriz bir parti düzenliyorlar. Hasan bunu biliyor.
4. Müdür Bey istifa etti. Herkes bunu öğrenmiş.
5. Servis otobüsleri yarın akşam geç gelecek. Bunu anons ettiniz mi?
6. Ben yaz tatilimde Fransa'ya gideceğim. Ablam bunu bilmiyor.
7. Ben eskiden çok kiloluydum. Arkadaşlarım bunu bilmiyor.
8. Sezgin küçükken çok yaramaz bir çocuktu. Sezgin bunu söylüyor.
9. Ben balık yemiyorum. Yusuf bunu anladı.
10. Biz yemekten sonra parka gideceğiz. Çocuklar bunu tahmin etmişler.
11. Selin her sabah kahvaltıda simit yemek istiyor. Selin bunu söylüyor.
12. Sen bu yaz Tolga'yla evleneceksin. Bunu herkes duymuş.
13. Onlar havaalanına taksiyle gitmişler. Bunu tahmin ettim.
14. Uçağı kaçıracağız. Bunu nereden biliyordun?
15. Atatürk Selanik'de doğmuş. Öğrencilerin çoğu bunu bugün öğrendi.
16. Hayriye Teyze çocuklara kek yapacakmış. Ben bunu tahmin ettim.
17. Siz vapurla geleceksiniz. Bunu hiçkimse düşünemedi.
18. Siz kahvenizi şekersiz içiyorsunuz. Bunu garsona söyleyin.
19. Öğrenciler İngilizce biliyorlar. Biz bunu varsayıyoruz.
20. Murat bu sene mezun olacak. Annesi öyle zannediyor.
21. Ablamın sesi çok güzel. Bunu kimse bilmiyor.
22. Sen Örümcek Adam'la dans ediyordun. Rüyamda gördüm.
23. Ahmet'in kedisi kaçmış. Herkes öyle sanıyor.

Subordination

Exercise 6 Here are things you know about Yukiko. State them with the verb . . . .
biliyorum

Örnekler:

Yukiko her yıl İstanbul'a geliyor.
(ben) Yukiko'nun her yıl İstanbul'a geldiğini biliyorum.

Yukiko 20 yaşında.
(ben) Yukiko'nun 20 yaşında olduğunu biliyorum.

Yukiko'nun köpeği yok.
(ben) Yukiko'nun köpeği olmadığını biliyorum.

1. Yukiko Tokyo'da oturuyor.
2. Yukiko çok güzel Türkçe konuşuyor.
3. Yukiko bol bol seyahat ediyor.
4. Yukiko çok güzel kıymalı börek yapıyor.
5. Yukiko gelecek yıl üniversitede Karşılaştırmalı Edebiyat okuyacak.
6. Yukiko erkek arkadaşıyla geçen yıl bir partide tanıştı.
7. Yukiko sigara içmiyor.
8. Yukiko Türk kahvesini çok seviyor.
9. Yukiko İstanbul'da yaşamak istiyor.
10. Yukiko Haziran'da Madrid'e gidecek.
11. Yukiko Tokyo'da doğdu.
12. Yukiko evli değil.
13. Yukiko'nun çok Türk arkadaşı var.
14. Yukiko'nun annesi Türk, babası Japon.
15. Yukiko düz siyah saçlı ve çekik gözlü.
16. Yukiko bu yaz İstanbul'da.
17. Yukiko'nun bir kedisi var.
18. Yukiko'nun kedisinin adı Haydar.
19. Yukiko'nun İstanbul'da bir evi yok.
20. Yukiko'nun kardeşi yok.
21. Yukiko vejeteryan değil.

Exercise 7 Say what Yukiko does not know about you. Here are some questions that she has in mind. You need to use the *(y)Ip . . . mAdIK* structure.

Örnek:

Japonca anlıyor muyum?
Yukiko (benim) Japonca anlayıp almadığımı bilmiyor.

1. suşi seviyor muyum?
2. vejeteryan mıyım?
3. hiç Tokyo'ya gittim mi?
4. sarışın mıyım?
5. hergün gazete okuyor muyum?
6. İspanya-Hollanda maçını izledim mi?

7. İstanbul'da mı doğdum?
8. kardeşim var mı?
9. Türk kahvesini nasıl içiyorum?
10. sesim güzel mi?
11. güzel dans ediyor muyum?
12. kedim var mı?
13. tatilde Bodrum'a gidecek miyim?

Exercise 8 Here are some yes-no questions. Use them as embedded clauses with the verb ... *bilmiyorum*.

Örnek:

Annem kahve istiyor mu?
Annem-in kahve iste-yip iste-me-diğ-i-ni bilmiyorum.

1. Trabzon uçağı kalktı mı?
2. Şebnem'in annesi kahvesini şekerli mi içiyor?
3. Bugün toplantı var mı?
4. Türkçe sınıfında İranlı öğrenci var mı?
5. Film başladı mı?
6. Yağmur yağıyor mu?
7. Macaristan'ın başkenti Budapeşte mi?
8. Nalan Hanım mektupları bitirdi mi?
9. Misafirler birşey içmek istiyorlar mı?
10. Hasan'ın dedesi Kadıköy'de mi oturuyor?

24.5 De- vs. söyle- and *diye*

Some students find the verbs *de-* and *söyle-* confusing. These two verbs appear in very different structures although their meaning is similar. There is yet another structure, *diye* + V, which may be difficult to distinguish as well. Here is a list of tips to understand when to use which one.

The verb *de-* is used when we are directly quoting somebody. He said '....'

Ayşe 'şarkı söylemek istiyorum,' dedi.
Recep 'misafirler geliyorlar,' dedi.

Note that, sometimes, these statements do not have quotation marks, although it is obvious from the context that there is a direct quotation. You see such kinds of uses especially in news reports.

The verb *söyle-* is used when we are reporting what somebody says, without directly quoting him or her: 'He said *that* he ...'

Ayşe şarkı söylemek istediğini söyledi.
Recep bize misafirlerin geldiğini söyledi.

Such structures do not have quotation marks and the verbs are inflected with *-DIK* or *-(y)AcAK*, which are discussed in this chapter.

Subordination

Diye is used when we are quoting again, but we use it with verbs such as *sor-*, *kız-*, *bağır-*, *merak et-*, etc. Its use is similar to the use of 'that' or 'whether' in sentences such as 'He said that...'

Compare this use in the examples below.

Ayşe bize 'geliyor musunuz' diye sordu.
Ayşe bize gelip gelmediğimizi sordu.

We never use *diye* with the verbs *de-* or *söyle-*.

Exercise 9 Complete the sentences with *de-*, *diye sor-*, *sor-* or *söyle-*.

1. Fatma Hanım 'misafirler geliyorlar mı?' _____.
2. Ona 'fasulye pişirdim,' _____.
3. Ona fasulye pişirdiğimi _____.
4. Fatma Hanım misafirlerin gelip gelmediklerini _____.
5. Fatma Hanım 'yine fasulye pişirmişler!' _____.
6. Fatma Hanım 'yine fasulye mi pişirmişler?' _____.

Chapter 25

Infinitives with -*mA* and -*mAK*

Contents

25.1 The infinitive -*mAK*
25.2 -*mA* vs. -*mAK*
25.3 -*DIK*/-(*y*)*AcAK* vs. -*mA*
25.4 The use of -(*s*)*I* with -*mA*
25.5 Clauses with -(*y*)*Iş*

25.1 The infinitive -*mAK*

The infinitive marker is -*mAK* in Turkish. It is the suffix that we use when referring to verbs without any inflection: *konuşmak* 'to speak.' Verbs are listed with this marker in the Turkish dictionary and they are usually mentioned as inflected with -*mAK* in speech.

'Koşmak' geçişsiz bir eylemdir.
'(The verb) to run is an intransitive verb.'

-*mAK*-inflected verbs are used in contexts where you would typically use an -*ing* inflected verb in English. Here are some examples where -*mAK* verbs occur in subject positions.

Kapalı alanlarda sigara iç**mek** yasak.
'Smoking inside buildings is prohibited.' (literally, 'to smoke inside buildings . . . ')

Türkçe öğren**mek** çok kolay.
'Learning Turkish is very easy.' (literally, 'to learn Turkish . . . ')

Here are some examples where -*mAK* verbs occur in predicate positions.

En sevdiğim şey sabahları sahilde yürü**mek**.
'The thing I like the most is walking on the beach in the mornings.'

Aysu'nun tek amacı sınavda yüksek bir puan al**mak**.
'The only goal of Aysu is to get a high score in the test.'

In all these examples the infinitive -*mAK* is used in the subject position. When -*mAK* appears in the object position it is inflected by appropriate case markers that are determined by the verbs:

Accusative	-*mAK*-Ø	Şarkı söyle**mek** istiyorum. 'I want to sing.'
	-*mAyI*	Şarkı söyle**meyi** öğreniyorum. 'I am learning to sing.'
Dative	-*mAyA*	Şarkı söyle**meye** çalışıyorum. 'I am trying to sing.'

Infinitives with -mA and -mAK

Ablative	*-mAktAn*	Şarkı söyle**mekten** hoşlanıyorum. 'I like to sing.'
Locative	*-mAktA*	Şarkı söyle**mekte** ısrar ediyorum. 'I insist on singing' (lit. 'I insist to sing.')
Instrumental	*-mAklA*	Şarkı söyle**mekle** geçinemezsin. 'You cannot survive by singing.'

In all these examples, the subject of the matrix verb and the subject of the embedded verb is the same. That is, the subject of 'want' and the subject of 'sing' is the same in the first example above. The next section discusses examples where the two subjects are different. It focuses on infinitive structures such as the following:

Ben şarkı söyle**mek** istiyorum. 'I want to sing.'
Ben Ahmet'in şarkı söyle**me**sini istiyorum. 'I want Ahmet to sing.'

In addition, the following sections contrast *-mA* marked complements with those inflected with *-DIK/ -(y)AcAK*.

Ben Ahmet'in şarkı söyle**diğ**ini biliyorum.
'I know that Ahmet is singing.'

Ben Ahmet'in şarkı söyle**me**sini istiyorum.
'I want Ahmet to sing.'

25.2 *-mA* vs. *-mAk*

When the subject of the embedded verb and the subject of the matrix verb is the same (as is the case in the first example above), *-mAK* is attached to the verb. In the example below, the subject of *şarkı söyle-* and the subject of *iste-* are the same: *ben*. No distinctive marking of the embedded subject is necessary on the embedded verb. That is, it does not carry a possessive marker.

(Ben) şarkı söyle**mek** istiyorum.

If the *-mAK* clause appears in the direct object position of a verb that requires a case marker, the case marker is attached after *-mAK*, as seen in the examples above. Here are some more examples:

Ben halk türküleri dile**mekten** ve saz çal**maktan** hoşlanıyorum.
Annem karda düş**mekten** ve bir yerini kır**maktan** korkuyor.
Bu dosyaları aç**maya** çalışıyoruz ama henüz başaramadık.
Biz tatilde evde kal**mayı** tercih ediyoruz.
Ahmet para kazan**makla** yetinmiyor.

When a vowel-ending suffix (e.g., accusative or dative case) is attached to *-mAK*, it undergoes k~ğ alternation and the suffix appears as *-mAğı* or *-mAğA*. So in the third and fourth examples above, the verbs should be *açmağa* or *kalmağı*. Remember, however, that in the language spoken today you very rarely hear this form. Rather, ğ is replaced by *y*, as seen in those two examples. You should not confuse this with *-mA*, which has a slightly different use and function, as discussed below.

-mA (without *k*) is used when the two subjects (the matrix subject and the embedded subject) are different (as seen below). It would be more practical to think of *-mAK* and *-mA* as two different suffixes.

Ben Ahmet'in şarkı **söylemesini** istiyorum.

Possessive markers expressing the embedded subject are marked on the verb after *-mA*. In the example above, the subject of *iste-* is *ben* (matrix subject) and the subject of *şarkı söyle-* is *Ahmet* (embedded subject). The embedded subject is marked on the embedded verb by means of the possessive marker *-(s)I*. The possessive marker is followed by a case marker because the embedded clause ('Ahmet's singing') appears in the direct object position.

Remember that possessive-marked objects have to have a case marker when they appear in the direct object position of a transitive verb. That is why, whenever we have a *-mA* and a possessive marker, we have case markers as well. The embedded subject is marked with a genitive case marker *-nIn*. In this way, you can clearly distinguish the embedded subject and the matrix subject. Note that in the examples with *-mAK*, because there is only one subject, the subject is expressed only once. The genitive case marker is not necessary.

Here are other examples, with different person markers on embedded verbs.

Babam **benim** piyano dersi **al-ma-m-ı** istiyor.
Patronun **senin** biraz Almanca **öğren-me-n-i** istiyor.
Ahmet Bey **bizim** de toplantıya **katıl-ma-mız-ı** söyledi.
Hiçkimse **sizin** buradan **taşın-ma-nız-ı** istemiyor.
Annem **çocukların** hiç durmadan **bağır-ma-ları-na** çok kızıyor.

Remember that *-mA* is always followed by a possessive marker. In this respect it contrasts with *-mAk* and *-mAk+* case markers (in which case, *-mAk* appears as *-mA*). Verbs are categorized according to their subject referentiality. Verbs that occur in structures where the matrix subject and the embedded subject can be co-referential (referring to the same person) are the following. You may use *-mAK* with these verbs.

-(y)A alış-
-(y)I bekle-
-DAn bık-
-DAn bunal-
-DAn cesaretlen-
-(y)A çalış-
-DAn çekin-
-DAn faydalan-
-DAn hoşlan-
-(y)I iste-
-(y)A karar ver-
-(y)I özle-
-(y)I planla-
-(y)I sev-
-DAn sıkıl-
-DAn şikayet et-
-(y)I talep et-
-(y)I tercih et-

Infinitives with -mA and -mAK

-DAn utan-
-DAn vazgeç-
-DAn yararlan-

Here are examples using some of them:

Hergün aynı kişileri görmekten bunaldım.
Gece yarılarına kadar ders çalışmaktan bıktım.
Bu kadar çabuk hasta olmayı beklemiyordum.
Gece erken yatmaya alışmışlar.

Some of the verbs that occur in structures where the matrix subject and the embedded subject *cannot* be co-referential are as follows. These verbs are only used with *-mA*.

-(y)I affet-
-(y)I beğen-
-(y)A canı sıkıl-
-(y)lA dalga geç-
-(y)I dinle-
-(y)I emret-
-(y)I izle-
-(y)I merak et-
-(y)I onayla-
-(y)I öner-
-(y)I rica et-
-(y)I seyret-
-(y)A sinirlen-
-(y)A şaşır-
-(y)A kız-
-(y)A inan-
-(y)I tavsiye et-
-DAn şikayetçi ol-

Here are some example sentences:

Ayşegül'ün bir an önce eve gitmesini tavsiye ettim.
Senin yurt dışına çıkmanı onaylamıyorlar.
Komşularımın gürültü yapmasından şikayetçi oldum.
Senin sınavdan bu kadar düşük bir not almana şaşırdım.

If you look at the meaning of these words, you will see that they are typically actions that cannot have the same subject (it would be anomalous to recommend oneself to do something for example). A very restricted subset of these verbs, however, can be used in structures where the matrix subject and the embedded subject are the same, but in these contexts, 'oneself' is treated as a different person grammatically, and *-mA*, rather than *-mAK* is used:

Sınavdan bu kadar düşük not al**ma**ma şaşırıyorum.
Hasan (kendisinin) bu kadar tembel olmasına inanamıyor.

A STUDENT GRAMMAR OF TURKISH

Exercise 1 What would you like to do in the summer? Here is a list of verbs. Complete the sentence with a verb and the correct form of the -*mAK* suffix.

Ben bu yaz _____ _____ *istiyorum.*

    denize gir-   -mak
    sörf yap-   -mek
    güneşlen-
    kilo ver-
    seyahat et-
    bol bol kitap oku-
    dinlen-
    sadece uyu-
    dondurma ye-
    anneme git-
    kumdan kale yap-
    sigarayı bırak-
    . . . . .

Exercise 2 Now form sentences just like the ones you formed in Exercise 1. This time you have a different embedded subject.

Örnek: Ayşe Orhan'ın <u>onu sık sık aramasını</u> istiyor.

Ayşe Orhan'ın _____ _____ _____ *istiyor.*

    onu   dans et-   -masını
    onunla   tatile git-   -mesini
    ona   şarkı söyle-
    onun   yemek yap-
    ondan   tavla oyna-
    onda   sinemaya git-
             kahve falına bak-
             sık sık ara-
             şiir oku-
             mektup yaz-

Exercise 3 Add -*mAK* and complete the sentences below. Note that some verbs require a case marker after -*mAK*.

1. Gelecek yıl Edremit'e git _____ istiyorum.
2. Sen de bizimle şarkı söyle _____ ister misin?
3. Herkes amcamı ara _____ korkuyor.
4. Karadeniz'de denize gir _____ cesaret edebiliyor musun?
5. Trafikte saatlerce bekle _____ sıkıldım.
6. Yağmurlu havalarda araba kullan _____ hiç hoşlanmıyorum.
7. Bir bilet almak için saatlerce kurukta bekle _____ nefret ediyorum.
8. Japonlarla Japonca konuş _____ cesaret edemiyorum.
9. Orhan ve Sezin Arapça öğren _____ vazgeçmişler.
10. Sen balık pişir _____ ne anlarsın?

Infinitives with -mA and -mAK

Exercise 4 Report the commands using -*mA*.

Örnek:

Hüseyin: 'Arabamı yıka!'
Hüseyin sana ne söyledi? Hüseyin sana ne dedi?
Hüseyin bana arabamı yıkamamı söyledi.
Hüseyin bana 'arabamı yıka' dedi.

1. Annem: 'Akşam yemeğe geç kalma.'
   Annen sana ne söyledi? Annen sana ne dedi?
   Annem bana _____ söyledi.
   Annem bana _____ dedi

2. Şule: 'Yarın akşam beni ara.'
   Şule senden ne istedi? Şule sana ne dedi?
   Şule benden _____ istedi.
   Şule bana _____ dedi.

3. Ahmet: 'ellerinizi yıkayın'
   Ahmet çocuklara ne söyledi / dedi?
   Ahmet _____ söyledi.
   Ahmet _____ dedi.

4. Hayriye Teyze: 'Saat dokuzda vapur iskelesinde olun.'
   Hayriye teyze ne söyledi / dedi?
   Hayriye teyze _____ söyledi.
   Hayriye Teyze _____ dedi.

5. Arda: 'Bu filmi mutlaka izleyin.'
   Arda ne dedi / istedi?
   Arda _____ söyledi.
   Arda _____ dedi.

Exercise 5 Fill in the blanks with -*mA* or -*mAK* and person and case markers, if necessary. Remember you need to use -*mAK* when the embedded subject and the matrix subject are the same, and -*mA* when the two subjects are different. Remember also that you mark the embedded subject in the form of a possessive marker after -*mA*.

1. Arkadaşım rafting yap _____ çok seviyor.
2. Arkadaşım rafting yapmak için Köprülü Kanyon'a git _____ istiyor.
3. Ben de onunla git _____ istiyorum.
4. Marmaris'e git _____ çok istiyorum.
5. Mezun ol _____ dört gözle bekliyorum.
6. Bu işten iyi para kazan _____ beklemiyordum.
7. Hasan'ın bu işten iyi para kazan _____ beklemiyordum.
8. Sizin benimle gel _____ istiyorum.
9. Ayşe amcasının bu konuda birşey söyle _____ kızdı.
10. Hikmet Bey seni ara _____ istiyor.
11. Annemin git _____ çok üzüldüm.
12. Sizin de bizimle gel _____ şaşırdım.
13. Çocukların geç kal _____ kızdım.

14. Ahmet'in başkan ol _____ karar verdik.
15. Ahmet'in eve git _____ herkesi şaşırttı.
16. Annem Ahmet'e eve git _____ söyledi.
17. Annem Ahmet'in eve git _____ istedi.
18. Annem Ahmet'in eve git _____ kızdı.

25.3 -DIK / -(y)AcAK vs. -mA

Verbs are categorized according to whether they take -*DIK*/-*(y)AcAK* or -*mA*. Some verbs take only -*DIK* or -*(y)AcAK* while others take only -*mA*. Yet another group of verbs take both. Those verbs that can take both -*DIK*/-*(y)AcAK* and -*mA* are further divided into two groups: (1) those that have the same meaning with -*DIK*/-*(y)AcAK* or -*mA*; (2) those that have a different meaning when they occur with -*DIK*/-*(y)AcAK* or -*mA*.

In the following example, the only difference between the sentences is tense. Other than tense, the meaning of the clauses is the same. Contrast this with the next set of sentences.

Aylin'in geç kalmasına kızdık.
Aylin'in geç kalacağına kızdık.
Aylin'in geç kaldığına kızdık.
'We were surprised that Aylin is/was/will be late.'

The first sentence, when the complement bears -*mA*, refers to the manner in which Aylin plays the piano. The second sentence, with -*DIK*, refers to the actual action of playing the piano. See their translations.

Aylin'in piyano çalmasını gördük.
'We saw the way Aylin was playing the piano.'

Aylin'in piyano çaldığını gördük.
'We saw that Aylin was playing the piano.'

Anneannem çiçekleri suladığını hatırladı.
'My grandmother remembered that she watered the flowers.'

Anneannem çiçekleri sulamayı hatırladı.
'My grandmother remembered to water the flowers.'

Verbs that take both -*DIK*/-*(y)AcAK* and -*mA* and have the same/similar meaning are the following:

-DAn hoşlan-
-(y)A içerle-
-(y)A kız-
-DAn kork-
-(y)A memnun ol-
-(y)A sevin-
-(y)A şaşır-
-(y)A üzül-

Infinitives with -mA and -mAK

In contrast, the following verbs can take both *-DIK/-(y)AcAK* and *-mA* and have different meanings.

-(y)I anla-
-(y)A dikkat et-
-(y)I duy-
-(y)I farket-
-(y)I gör-
-(y)I hatırla-
-(y)I inan-
-(y)I kabul et-
-(y)I söyle-
-(y)I unut-

Exercise 6 Translate the following sentences into Turkish.

1. I remembered to water the flowers. ('water': *sula-*)
2. I remember that I watered the flowers.
3. Don't forget that you took this class last semester.
4. Don't forget to take this class this semester.

Exercise 7 Select the right form of the verb. Note that when two options are possible, they do not have to have the same meaning.

1. Ben kuşların bizim balkona yuva _____ farkettim.
   (a) yapacaklarını   (b) yapmalarını   (c) both (a) and (b)
2. Onlar çiçekleri _____ unutmuşlar. O yüzden çiçekler kurumuş.
   (a) suladıklarını   (b) sulamayı   (c) both (a) and (b)
3. Onlar çiçekleri _____ unutmuşlar. Bugün tekrar sulamışlar.
   (a) suladıklarını   (b) sulamayı   (c) both (a) and (b)
4. Ayşe'nin bize sürpriz _____ anladık.
   (a) yapacağını   (b) yapmasını   (c) both (a) and (b)
5. Ayşe'nin bize sürpriz _____ anladık, ama belli etmedik.
   (a) yapacağını   (b) yapmasını   (c) both (a) and (b)
6. Ayşe'nin bize sürekli şaka _____ sıkıldık.
   (a) yapmasından   (b) yaptığından   (c) both (a) and (b)
7. Çocukların bizimle adaya _____ memnun olduk.
   (a) gelmelerine   (b) geldiklerine   (c) both (a) and (b)
8. Hüseyin'e Meral'i de partiye davet _____ söyledim ama benim sözümü dinleyip onu davet edecek mi bilmiyorum.
   (a) etmesini   (b) ettiğini   (c) both (a) and (b)
9. Hüseyin'e Meral'i de partiye davet _____ söyledim. O bunu unutmuştu, neredeyse Meral'i tekrar davet edecekti.
   (a) etmesini   (b) ettiğini   (c) both (a) and (b)
10. Çocukların 23 Nisan'da şarkı _____ gördüm.
    (a) söylemelerini   (b) söylediklerini   (c) both (a) and (b)

25.4 The use of -(s)I with -mA

The possessive -(s)I may be attached after the suffix -mA and it does not necessarily imply any 'possession' meaning. Such structures that are exemplified below can be used interchangeably with those without -(s)I in colloquial speech. Note that the second example does *not* necessarily mean 'I know his piano playing' although it bears the third person singular possessive marker -(s)I. It rather has the same meaning as the first example.

Piyano çalmayı biliyorum.
'I know how to play the piano.'

Piyano çalmasını biliyorum.
'I know how to play the piano.'

Also possible: 'I know the way s/he plays the piano.'

It is possible to interpret the sentence above with possessive meaning though, and in that case it has some 'manner' interpretation ('I know the way he plays the piano.') and it can be paraphrased as *(onun) nasıl piyano çaldığını biliyorum*. It is important to note that the paraphrase version with *nasıl çaldığını* is more common and if you would like to express 'the way he plays the piano' it is safer to go with the paraphrase version.

(Onun) piyano çalmasını biliyorum.
'I know the way he plays the piano.'

(Onun) nasıl piyano çaldığını biliyorum.
'I know the way he plays the piano.'

When the possessive marker is used together with the aorist, as exemplified below, it emphasizes sarcasm. That is, the speaker implies that 'they' cannot play the piano (well).

Ben onların piyano çalmalarını bilirim (sarcastic use)/gördüm.
'I know/saw the way they play the piano.'

25.5 Clauses with -(y)Iş

-(y)Iş is attached to verbs to derive nouns. Some of the lexicalized derivations with -(y)Iş, such as *uçuş* 'flight', were listed and discussed in Chapter 9. One of the uses of -(y)Iş is very similar to the use of -mA(k), and that is why it is included in this chapter. Here are some examples of where it can substitute for -mA (and -DIK).

Soygun sırasında dükkanda ol**uş**unuz / ol**ma**nız ne büyük bir talihsizlik.
'How unfortunate it is that you were at the store during the robbery.'

İstanbul'da kal**ış**ınıza / kal**ma**nıza / kal**dığ**ınıza sevindim.
'I am happy about your stay in İstanbul.'

Apart from such examples, -(y)Iş is usually used when expressing the 'manner' in which the action is performed.

Infinitives with -mA and -mAK

Bu adamın yürüyüşü bana bir aktörü hatırlattı.
'The way this man walks reminded me of an actor.'

-*(y)Iş* can also be used when we talk about countable events, as exemplified below.

Bugün bu köprüden ikinci geçişim.
'This is my second crossing on this bridge.'

Chapter 26

Adjectives

Contents
26.1 Adjectives
26.2 Derived adjectives
26.3 Locative *ki* construction
26.4 Comparative structures
26.5 Superlative structures
26.6 Question words as modifiers
26.7 Quantifiers and determiners as modifiers
26.8 Adjectives with nominalized complements

26.1 Adjectives

Adjectives are words that modify nouns and describe their properties. They precede nouns in a noun phrase, as seen in the first example below, when they have the modifier function. As the second example shows, they can also appear as predicates in sentences.

Kırmızı araba 'red car' MODIFIER
Ahmet'in arabası kırmızı 'Ahmet's car is red.' PREDICATE

When adjectives appear in a predicate position, they can bear tense, aspect, and person markers. In such cases, tense and person markers of the nominal paradigm are used. To negate the sentence, just as is the case in the nominal sentences, *değil* is used; see the last example below.

Ahmet'in babası çok yaşlıydı.
Ben uzun boylu ve sarışınım.
Ben uzun boylu değilim.

26.2 Derived adjectives

The most commonly used derivational affix is the *attributive* marker -*lI*, which appears as -*lı*, -*li*, -*lu*, or -*lü* due to vowel harmony. -*sIz* is the deprivative suffix that corresponds to the -*less* suffix in English (as in the word *homeless*). Here is a list of a few derivational suffixes that derive adjectives from nouns.

Derivation suffix	Noun stem	Derived form
-*lI*	su 'water, juice'	sulu 'juicy'
	kar 'snow'	karlı 'snowy'
	resim 'picture'	resimli 'illustrated'
	akıl 'mind'	akıllı 'smart'
	güç 'power'	güçlü 'powerful'

Adjectives

-sIz	tuz 'salt'	tuzsuz 'salt-free'
	anlam 'meaning'	anlamsız 'meaningless'
	akıl 'mind'	akılsız 'stupid'
	güç 'power'	güçsüz 'powerless'
-lIk	dağ 'mountain'	dağlık 'mountainous'
	gece 'night'	gecelik 'for a night'
	kış 'winter'	kışlık 'for winter'
-CI	uyku 'sleep'	uykucu 'fond of sleeping'
	yalan 'lie'	yalancı 'liar'
	milliyet 'nation'	milliyetçi 'nationalist'
-sAl	kuram 'theory'	kuramsal 'theoretical'
	evren 'universe'	evrensel 'universal'
-sI	kadın 'woman'	kadınsı 'womanish, womanly'
	çocuk 'child'	çocuksu 'childish'

Relative clause suffixes and gerunds are typical derivational suffixes that derive modifiers from verbs. See Chapter 31 on relative clauses for a detailed discussion of such derivations. Here are some examples:

Derivation suffix	Verb stem	Derived form
-(y)An	yürü- 'walk'	yürüyen (merdiven) 'escalator'
	gül- 'laugh'	gülen (yüz) 'smiling'
-mIş	piş- 'cook'	pişmiş 'cooked'
	kayna- 'boil'	kaynamış 'boiled'
-(y)AcAK	yap- 'do'	yapacak (işler) '(things) to do'
	gel- 'come'	gelecek (yıl) 'next (year)'
-DIK	tanı- 'know'	tanıdık (adam) 'acquintance'

There are other derivational suffixes that form adjectives from verbs.

-gIn	kız- 'be angry'	kızgın 'angry'
	dur- 'stop'	durgun 'stable'
-IcI	kur- 'found'	kurucu 'founding'
	kır- 'break'	kırıcı '(heart) breaking'
-mA	iç- 'drink'	içme (suyu) 'drinking water'
-GAç	utan- 'be embarrassed'	utangaç 'shy'
-sAl	gör- 'see'	görsel 'visual'

Yet another way to derive modifiers is presented below. The possessive marker is attached to nouns and agrees in person with the noun that is being modified. These can be considered a variety of relative clauses.

<Noun-POSSESSIVE marker Adjective> Noun

Masrafı büyük işler
Cost-POSSESSIVE big jobs
'Jobs whose cost is big.'

Karnı aç adamlar
Karnı tok çocuklar

Adjectives can be derived from adjectives by means of reduplication also. See Chapter 37 on reduplication for examples and discussion.

26.3 Locative *ki* construction

So-called "locative *ki*" is the locative case followed by the particle *ki*. In the example *bu sokaktaki evler* it means 'the houses in this street,' so it forms a modifier and it is followed by a noun. Here are some examples:

Bu sokak**taki** evler çok pahalı
Televizyon**daki** film çok güzel
Bu üniversite**deki** öğrenciler çok akıllı.
Bu şehir**deki** müzeler hiç pahalı değil.

ki can be attached to adverbs of time such as *şimdi, yarın, Çarşamba günü* and other adverbs such as *sonra* and *önce*.

Şimdi**ki** işimi daha çok seviyorum.
Yarın**ki** tren saat kaçtaymış?
Çarşamba gün**kü** ders saat kaçta başlıyor?
Önce**ki** hafta çok yağmur yağdı.

The particle *ki* does not alternate due to vowel harmony and remains as *ki*. There are two exceptions to this: *bugün* and *dün*.

Dün**kü** gazetede ekonomik kriz ile ilgili bir haber vardı.
Bugün**kü** maçta Beşiktaş iki gol attı.

Exercise 1 Translate the sentences using the *-DAki* structure.

    Ornek: The pictures in this book are colorful.
                Bu kitaptaki resimler renkli.

1. The man in this picture is Murat Bey.
2. The songs on this CD are in French.
3. The white car in the picture is mine, the green one is Hayriye's.
4. The tourists in that bus are Japanese, but they speak a little Turkish.
5. This man in the newspaper is the Prime Minister.
6. The police officer in the museum is very tired.

Adjectives

7. The metro in İstanbul is not very fast.
8. The messages on my cell phone are very long.
9. The museums in İstanbul are closed on Monday, but open on Sunday.
10. Are the glasses on the table yours?
11. The students in Ankara are very happy.
12. The meeting on Friday is not necessary.
13. The shop on the corner is ours but the tables in the shop are theirs.

26.4 Comparative structures

Comparative structures are formed by adding *daha* 'more' before an adjective.

Bodrum yazın **daha** kalabalık.
Senin kırmızı elbisen **daha** güzel.
Onunla yüzyüze konuşman **daha** uygun olur.
Kardeşim doğduktan sonra **daha** büyük bir eve taşındık.

If the object that is being compared is mentioned in the sentence, it is marked with the ablative. *Daha* can be dropped in such sentences when the ablative case is expressed.

Bu araba şu araba**dan (daha)** pahalı.
Bu sınıftaki öğrenciler öbür sınıftaki öğrenciler**den (daha)** çalışkanmış.
Ben İstanbul'u Ankara'**dan (daha)** çok seviyorum.

Exercise 2 Make sentences with the adjectives below using the comparative structure.

Example: *kalabalık*- Beşiktaş vapuru Kabataş vapurundan daha kalabalık.

1. uzun:
2. lezzetli:
3. anlayışlı:
4. önemli:
5. sessiz:
6. gürültülü (for places):
7. gürültücü (for people):
8. genç:
9. yaşlı (for people, trees and marginally, buildings):
10. eski (for furniture, things):
11. renkli:
12. beyaz:

26.5 Superlative structures

Superlative structure is formed with *en* 'most' that comes before the adjective regardless of the structure or the type of the adjective. Superlative *en* is usually used with the locative *ki* structure, as seen in the first example below, or it appears in a genitive-possessive construction, as exemplified below.

Mehmet bu sınıftaki **en** çalışkan öğrenci.
'Mehmet is the most hard-working student in this class.'

Mehmet bu sınıfın **en** çalışkan öğrencisi.
'Mehmet is the most hard-working student of this class.'

En güzel ve **en** güvenli araba koltukları bu mağazada.
'The nicest and the safest car seats are in this shop.'

Bu hayvanat bahçesindeki **en** büyük hayvan şu fil.
'The biggest animal in this zoo is that elephant.'

Exercise 3 Talk about *your* city using the superlative structure with *-DAki*. Use the following adjectives and add some more adjectives if you like.

Örnekler:

İstanbul'daki en güzel manzaralı üniversite Boğaziçi Üniversitesi.
İstanbul'daki en ünlü saray Topkapı Sarayı.

kalabalık	pahalı
ucuz	havalı
yüksek	temiz
kirli	güzel
ulaşımı kolay	güzel manzaralı
ünlü	büyük
küçük	popüler

26.6 Question words as modifiers

Some question words precede nouns and function as modifiers. Here is a list with examples. The question word *ne* meaning 'what?' immediately precedes nouns. *Nasıl* is followed by *bir* and means 'what kind of?' rather than 'how?' when it is used with singular nouns. With plural nouns it is used without *bir*. *Kaç* means 'how many?' and modifies countable nouns, while *ne kadar* meaning 'how much?' modifies uncountable or mass nouns. *Kaçıncı* is 'which?' but refers to an ordinal number and requires a response in ordinal numbers. The word *hangi* means 'which?' and is very similar to *which?* in English.

Here are some examples:

ne 'what'	Ahmet'in babası **ne iş** yapıyor?
nasıl 'how'	**Nasıl otellerde** kalmak istiyordunuz?
	Nasıl bir otelde kalmak istiyordunuz?
kaç 'how many'	Siz bu otelde **kaç gün** kalacaksınız?
kaçıncı 'which' (in ordinal number)	Oğlunuz **kaçıncı katta** oturuyor?
hangi 'which'	**Hangi romanı** yeni bitirdiniz?
ne kadar 'how much'	Bu çorbaya **ne kadar yağ** koyuyorsun?

Adjectives

Exercise 4 Pick one of the modifiers to fill in the blanks.

1. Zeren _____ süt içti?
   (a) ne kadar   (b) kaçıncı   (c) ne
2. Bu yılki festival _____ İstanbul Film Festivali?
   (a) kaç   (b) kaçıncı   (c) nasıl
3. Aynur nikahına _____ arkadaşını çağırmış?
   (a) nasıl   (b) kaç   (c) ne
4. Metin çayına _____ şeker atıyor?
   (a) kaçıncı   (b) hangi   (c) kaç
5. Merve bu yıl _____ sınıfta?
   (a) ne   (b) kaçıncı   (c) ne kadar
6. Mete _____ bir araba almak istiyor?
   (a) nasıl   (b) hangi   (c) kaçıncı
7. Şu meşhur dizi _____ televizyon kanalında?
   (a) nasıl   (b) hangi   (c) ne
8. Sen ailenin _____ torunusun?
   (a) nasıl   (b) kaçıncı   (c) ne kadar
9. İsmet İnönü _____ cumhurbaşkanıydı?
   (a) kaçıncı   (b) ne   (c) kaç
10. Siz _____ tür kitaplar okuyorsunuz?
    (a) ne   (b) nasıl   (c) kaçıncı
11. Bu _____ biçim çocuk kitabı? Hiç resmi yok.
    (a) nasıl   (b) ne kadar   (c) ne
12. Sen _____ bir üniversitede okumak isterdin?
    (a) nasıl   (b) kaç   (c) ne
13. Bu şehirden _____ bir günde ayrıldınız?
    (a) kaç   (b) nasıl   (c) hangi
14. Bu şehirden _____ günde ayrıldınız?
    (a) kaç   (b) nasıl   (c) ne
15. Bu şehirden _____ gün ayrıldınız?
    (a) ne kadar   (b) nasıl   (c) hangi

26.7 Quantifiers and determiners as modifiers

Here is a list of quantifier words that come before nouns and express quantity.

birkaç 'a few, several'	Aslı bize **birkaç** kitap tavsiye etti.
birçok 'many, a lot of'	**Birçok** turist İstanbul'a ikinci defa gelmek istiyor.
biraz 'a little'	Bana **biraz** kitap okur musun?
bir miktar 'some'	Çorbaya **bir miktar** tuz ekleyelim.
bir takım 'some, a number of'	Fenerbahçe yeni lig için **bir takım** planlar yapıyormuş.
bazı 'some, certain'	**Bazı** öğrencilerin Türkçe sözlüğü yok.
bütün, tüm 'all'	**Bütün** çalışanlara zam yapıldı.
her 'every'	**Her** öğrenci en az dört ders alacakmış.

herhangi bir 'any' **Herhangi** bir hastanede muayene olabilirmişiz.
kimi 'some certain (person)' **Kimi** öğrenciler kayıt için son günü bekliyorlar.
bu/o kadar 'this/so much' **Bu kadar** çok çilek yersen hasta olursun.
şu kadar 'this much' Bize **şu kadar** çilek reçeli ayırmışlar.
çok 'a lot of' Müzemize Salı günleri **çok** ziyaretçi geliyor.
az 'a little/few' Türkçe sınıfında bu yaz daha **az** öğrenci var.
fazla 'too much/many' Sen çok **fazla** kahve içmiyor musun?
hiçbir 'none' **Hiçbir** öğrenci son soruyu cevaplayamamış.
başka '(the) other' **Başka** bir planınız var mı?

Quantifier	Count or mass?	Plural or singular?
birkaç	Count	Singular
birçok	Count	Singular
biraz	Mass	Singular
bir miktar	Both	Singular
bir takım	Count	Plural
bazı	Count	Plural
bütün	Count	Plural
her	Count	Singular
herhangi bir	Count	Singular
kimi	Count	Both
çok	Both	Singular
az	Both	Singular
fazla	Both	Singular
hiçbir	Count	Singular
başka	Both	Both

26.8 Adjectives with nominalized complements

Some adjectives such as *belli, açık, saçma, anlamsız, gerekli, gereksiz, yanlış, doğru* take complements marked with *-DIK/-(y)AcAK* and *-mA* and *-mAK*. Some of these adjectives are *-DIK, -(y)AcAK* adjectives, some others are *-mA/-mAK* adjectives. Some others take both types of markers on their complements, but there is a meaning difference between the two uses.

Here are some examples where adjectives take complements with *-DIK, -(y)AcAK*.

Sizin bu konuyu pek anlamadığınız belli.
Sizin bugün gazete okumadığınız çok açık.
Sizin hiç gazete okumadığınız bir gerçek.

Adjectives

Here are some examples with the adjectives *saçma, anlamsız, gerekli, gereksiz, lazım, saçma, sıkıcı* etc. that take *-mA* or *-mAK*-marked complements.

Senin hala annenle oturman çok saçma.
Sizin bu saate kadar burada oturmanız çok anlamsız.
Onların hergün telefon etmeleri gereksiz/gerekli.
Bizim Fransızca öğrenmemiz lazım.
Burada oturup onu beklemek çok saçma.
Hergün vapurla karşıya geçmek/geçmeniz çok güzel, zevkli, heyecanlı, sıkıcı ...

When an adjective takes both suffixes, there is an obvious meaning difference. In the first example below, the speaker is not calling her mother every day. In the second example, she is calling her mother and accepts that this not the right thing to do.

Benim hergün annemi aradığım doğru değil.
'It is not true that I call my mother every day.'

Benim hergün annemi aramam doğru değil.
'My calling my mother every day is not right.'

Here is a summary of adjectives according to their complements:

-DIK/-(y)AcAK adjectives:	belli, açık, gerçek
-mA/-mAK adjectives:	saçma, anlamlı, anlamsız, gerekli, gereksiz, lazım, saçma, zevkli, güzel, heyecanlı, sıkıcı
-DIK/-(y)AcAK and *-mA/mAK* adjectives:	doğru

Exercise 5 Fill in the blanks appropriately *-DIK/-(y)AcAK* or *-mA/-mAK* and other suffixes if necessary.

1. Annemin Ankara'ya taşın _____ anlamsız.
2. Ahmet Bey'in sekreteriyle evlen _____ doğru mu?
3. Çocukların birbirleriyle Türkçe konuş _____ lazım.
4. Hergün Ahmet'le kavga et _____ açık.
5. Senin hiç Almanca bi _____ belli.
6. Toplantının Pazartesi günü ol _____ saçma.
7. Toplantının Pazartesi günü ol _____ lazım.
8. Toplantının Pazartesi günü ol _____ belli.
9. Benim toplantıdan önce bütün raporları bitir _____ gerekli.
10. Akşamları Moda'da dolaş _____ çok zevkli.
11. Otobüsle 18 saat yolculuk yap _____ çok sıkıcı!

Chapter 27

Adverbials

Contents
27.1 Adverbs and adverbials
27.2 Derivation of adverbs
27.3 Adverbs of time
27.4 Frequency adverbials
27.5 Adverbs of manner
27.6 Adverbs of place, source, location, direction
27.7 Adverbs of quantity or degree
27.8 Miscellaneous adverbs

27.1 Adverbs and adverbials

Adverbs are those words or phrases that modify verbs, adjectives, other adverbials, or whole sentences. In terms of their meaning, they may express time, manner, place, quantity, degree, or respect. In terms of their form, they may be simple or derived. Words such as *şimdi* 'now,' *hemen* 'right away,' *asla* 'never,' *belki* 'maybe' are some of the simplex adverbs in Turkish. We use the term 'adverb' for such words that stand as one single word functioning as an adverb. Groups of words or phrases such as 'in front of the library' or 'by a new regulation' that are nouns or noun phrases most of the time but have adverb function are called 'adverbials.' These phrases modify verbs by describing how, where, or when the event happens.

27.2 Derivation of adverbs

Adjectives can be used as adverbs in Turkish. In other words, the same form can be used as an adverb or as an adjective. This is similar to the use of the word *fast* in English.

Ahmet **hızlı** arabalardan hoşlanıyor. Adjective, *hızlı* modifies 'car.'
Ahmet çok **hızlı** koşuyor. Adverb, *hızlı* modifies 'running.'

Adverbs may be derived by reduplication of adjectives and, marginally, nouns. Some examples are as follows. In some reduplicated adverbs (e.g., *yavaş yavaş* 'slowly') the interpretation also implies an action that is done in steps. In the first example below, the woman eats her meal slowly but also piece by piece.

Yaşlı kadın **yavaş yavaş** yemeğini bitirdi.
'The old woman finished her meal slowly.'
(*yavaş* 'slow,' *yavaş yavaş* 'slowly')

Biz **kolay kolay** bu işten vazgeçmeyiz.
'We don't give upon this job easily.'
(*kolay* 'easy,' *kolay kolay* 'easily')

Adverbials

Ahmet **hızlı hızlı** nereye gidiyor?
'Where is Ahmet going this fast?'
(*hızlı* 'fast,' *hızlı hızlı* 'fast – adverb')

Çocuklar bahçe duvarında **kardeş kardeş** oturuyorlar.
'The children are sitting on the wall in a sisterly/brotherly manner.'
(*kardeş* 'sibling,' *kardeş kardeş* 'sisterly/brotherly manner')

When nouns such as 'morning' and 'night' are reduplicated in this manner, they have a special interpretation, in addition to the adverbial interpretation. In the first example below, the interpretation is not only 'in the morning' but also expresses some sort of a surprise to an unexpected situation. The speaker is surprised to see that the mother is going somewhere that early in the morning or doing something that is typically not done in the morning. So the sentence could be translated as 'Where was your mother going that early in the morning?' In the second example, again, somebody knocks on the door of the speaker and s/he is expressing her surprise by the adverb *gece gece* because she does not expect somebody at that late hour. In the last example in the passive voice, the speaker is critical about the person who works on Sunday, because people typically do not work on Sundays.

Annen sabah sabah nereye gidiyordu?
(*sabah* 'morning,' *sabah sabah* 'early in the morning')

Gece gece kapımızı kim çalıyor?
(*gece* 'night,' *gece gece* 'late at night')

Pazar Pazar çalışılır mı?
(*Pazar* 'Sunday,' *Pazar Pazar* 'on Sundays')

Adverbs can also be derived by the attachment of the suffix -*CA*, which undergoes consonant assimilation and *A*-type vowel harmony. It can be attached to adjectives or nouns. It can be attached to pronouns as well, as seen in the last example below.

Babam kapıyı yavaşça açtı.
(*Yavaş* 'slow,' *yavaşça* 'slowly')

Günlerce prova yaptılar.
(*gün* 'day,' *günlerce* 'for days')

Ailece tatile gideceklermiş.
(*aile* 'family,' *ailece* 'whole family')

Yeni sınav tarihleri rektörlükçe açıklandı.
(*rektörlük* 'University president's office,' *rektörlükçe* 'by the president's office')

Bence bu çok güzel bir kitap. Sence?
(*ben* 'I' *bence* 'in my opinion,' *sen* 'you,' *sence* 'in your opinion')

Be careful! Do not confuse this -*CA* with the diminutive -*CA* that is attached to adjectives (e.g., *güzelce bir kız*). Words with diminutive -*CA* are still adjectives and modify nouns. They do not express manner, so *güzelce* in the example means 'somewhat beautiful' not 'in a beautiful manner.'

Adverbs can be formed with the addition of *bir biçimde/şekilde, olarak* as well.

Antrenör oyuncuları kırıcı **bir biçimde** azarladı. (in a heart-breaking manner...)
Motosikletle güvenli **bir biçimde** seyahat edebilir misiniz? (safely...)
Bir anne **olarak** bu fikrinize katılmıyorum. (as a mother...)
Yasal **olarak**, bu ülkede çalışamazsınız. (legally...)
Yiyecek **olarak** yanınıza ne aldınız? (as food...)

Nouns inflected by case markers can be used as place adverbs that express goal, source, location or in the case of the instrumental case, manner.

Annem Ankara'**ya** taşınıyor. (direction)
Bu tren Erzurum'**dan** geliyor. (source)
Bu lokanta**da** ne tür yemekler var? (location)
Suzan zarfları bıçak**la** açtı. (manner)

-(y)lA can be used to express manner in the following examples too:

Hasan telaş**la** dükkana girdi. (in a hurry)
Biz acele**yle** çocukları dışarıya çıkardık. (in a hurry)

Adverbs can be derived from verbs by the attachment of some suffixes such as *-IncA, -(y)ArAK*:

Çocuklar **koşarak** içeriye girdiler.
Misafirlerin hepsi **gelince** çay servisi başladı.
Yemeğinizi **bitirmeden** parka gidemezsiniz.

27.3 Adverbs of time

These are the days of the week, seasons, times throughout the day and so on. They can be simplex words, or derived words, or word combinations.

Here is the list of days of the week:

Pazartesi 'Monday'
Salı 'Tuesday'
Çarşamba 'Wednesday'
Perşembe 'Thursday'
Cuma 'Friday'
Cumartesi 'Saturday'
Pazar 'Sunday'

When they are used in a sentence to express the day as in 'on Friday,' the word *günü* is attached after the name of the day:

Pazartesi günü bir toplantımız var. 'We have a meeting on Monday.'
Cumartesi günü çalışıyor musunuz? 'Are you working on Saturday?'

When expressing a future event, the dative case *-(y)A* is attached to the name of the day, as seen in the first example below. This kind of adverbial formation is used with other nouns (*sabah, yıl, hafta,* etc.) as well. Below are some examples.

Adverbials

Pazartesi**ye** bir sınavımız daha var.
Akşam**a** birkaç misafirimiz gelecek.
Gelecek yıl**a** inşaat bitmiş olur.

Here is a list of the seasons:

ilk bahar 'spring'
sonbahar / güz 'fall'
yaz 'summer'
kış 'winter'

There are two words for 'fall.' The word *güz* is mostly used as a modifier in phrases such as *güz dönemi* 'fall semester.' The phrases 'in the spring' and 'in the fall' are formed with the locative case *-DA*, whereas 'in the winter' and 'in the summer' are formed by the attachment of *-In* to the word.

ilk bahar**da** 'in the spring'
sonbahar**da** 'in the fall'
yaz**ın** 'in summer'
kış**ın** 'in winter'

Here are the other time adverbs:

Present time adverbs
bugün 'today'
şimdi 'now'
asla 'never'
bazen 'sometimes'
bu/şu günlerde 'these days'
akşam, akşama, akşamleyin 'in the evening'
sabah, sabaha, sabahleyin, sabah sabah 'in the morning'
öğlen, öğleyin 'noon, at noon'
gece, geceleyin, gece gece 'night, at night'
gece yarısı 'midnight'
bir ara 'at one point'

Past time adverbs
dün 'yesterday'
önceki gün/evvelsi gün 'the other day'
geçen hafta 'last week'
geçen sene/yıl 'last year'
geçen haftasonu 'last weekend'
demin 'a few minutes ago'
geçenlerde 'the other day, some time ago'
biraz önce 'a few minutes ago'

Future time adverbs
yarın 'tomorrow'
gelecek hafta, sene 'next week, year'
gelecek Cuma 'next Friday'
yakında 'soon'
öbürsü gün 'the other day'

bir hafta sonra 'one week later'
biraz sonra 'some time later'
birazdan 'in a short while'

Exercise 1 Select the right time adverb and complete the sentences. Pay attention to the tense marker on the verbs.

1. _____ bütün gün ders çalıştım.
   (a) dün   (b) demin   (c) geçen sene
2. _____ tatile gideceğiz.
   (a) geçenlerde   (b) geçen gün   (c) gelecek hafta
3. _____ televizyonda çok güzel bir film izledim.
   (a) geçenlerde   (b) şimdi   (c) gelecek hafta
4. _____ babam aradı. Otobüsü kaçırmış. Bu akşam yemeğe geç gelecekmiş.
   (a) biraz önce   (b) birazdan   (c) yarın
5. Şahin _____ üniversiteden mezun oldu ama hala iş bulamamış.
   (a) gelecek sene (b) geçen gün   (c) geçen sene
6. _____ Melek'in doğumgünü partisi vardı.
   (a) gelecek sene (b) geçen haftasonu (c) hergün
7. _____ bizim sokak trafiğe kapalı olacakmış.
   (a) geçen hafta (b) yarın   (c) dün
8. Ablam _____ hepimize bir sürpriz yapacakmış.
   (a) yakında   (b) dün   (c) geçenlerde
9. _____ güneş doğacak.
   (a) birkaç yıl sonra (b) geçen gün (c) birazdan
10. _____ okullar tatil olacakmış.
    (a) geçen Cuma (b) gelecek Cuma   (c) Cuma'da

27.4 Frequency adverbials

Frequency is marked with the locative case and numerals. The words *defa* and *kere* mean 'time' as in 'three times a day.'

Haftada üç gün spor salonuna gidiyoruz. 'three days a week...'
Dişlerinizi günde iki defa fırçalayın. 'twice a day...'
Yılda iki kere Bodrum'a gidiyoruz. 'twice a year'

Here is how you say 'once in every two years' etc.

Biz iki yılda bir Bodrum'a gidiyoruz. 'every two years'

Exercise 2 Complete the sentences with the frequency adverbials provided between brackets.

1. Babam _____ (once a week) Almanya'daki amcamla telefonda konuşuyor.
2. Sen _____ (twice a year) mi doktora kontrole gidiyorsun?
3. Aslı _____ (four days a week) yüzme havuzuna gidiyor.
4. Bizim _____ (once a year) izin alma hakkımız var.
5. Annem _____ (three times a day) köpeğini dışarıya çıkarıyor.
6. Dedem _____ (twice a day) bu ilaçtan içiyor.

Adverbials

7. _____ (twice a month) komşularımızla buluşup sinemaya gidiyoruz.
8. Bu konferans _____ (every three years) Ankara'da düzenleniyor.

Here is a list of most commonly used frequency adverbs:

sıksık 'frequently'
bazen 'sometimes'
çoğu zaman 'most of the time'
çoğunlukla 'mostly'
genellikle 'generally'
kimi zaman 'from time to time'
her zaman 'always'
hep 'always'
asla 'never'
hiçbir zaman 'never'
arada sırada 'occasionally'
arasıra 'occasionally'

The plural form of the noun, that is the name of a time period, denotes duration when it is used with the suffix -*CA*:

yıllarca 'for years'
günlerce 'for days'
haftalarca 'for weeks'
yüzyıllarca 'for centuries'
aylarca 'for months'

Yıllarca bu bölgeye hiç yağmur yağmadı.
'For years it has not rained in this area.'

Kayıp köpeğimizi **haftalarca** aradık.
'We looked for our missing dog for weeks.'

Aylarca evimize gelmeyeceğiz.
'We will not come home for months.'

The suffix -*DIr*, attached to a time adverb, expresses the meaning 'for' in English. It is used for events that have been continuing for a period of time. Such uses are restricted to the progressive marker -*Iyor*.

İki yıldır Beşiktaş'ta oturuyoruz.
'We have been living in Beşiktaş for two years.'

Annemle teyzem **yıllardır** konuşmuyorlar.
'My mother and my aunt have not talked to each other for years.'

With other tense markers, the duration phrase is used in the bare form without -*DIr*. Note that in all these examples with the past tense -*DI*, progressive -*Iyor*, or future -*(y)AcAK*, the English versions have the word *for*, whereas in Turkish we have -*DIr* with progressive only.

İki yıl Beşiktaş'ta oturduk.
'We lived in Beşiktaş for two years.'

İki yıl Beşiktaş'ta oturacağız.
'We will live in Beşiktaş for two years.'

The meaning expressed by *since* in English can be expressed by the postposition *-DAn beri* (or *-DIğIndAn beri* after verbs) attached to the date or time phrase in Turkish.

1989'**dan beri** Beşiktaş'ta oturuyoruz. 'since 1989...'
Hasan'ı Çarşamba'**dan beri** görmedim. 'since Wednesday...'
Hasan'ı Ankara'ya taşın**dığından beri** görmedim. 'since he moved to Ankara...'

-DAn beri can be used in the place of *-DIr* as well and can have a 'for' interpretation. The following sentences have the same meaning.

Annemi iki yıl**dan beri** görmüyorum.
Annemi iki yıl**dır** görmüyorum.

27.5 Adverbs of manner

-(y)ArAk suffix derives adverbs from verbs and expresses manner, *koş-* becomes *koşarak*, for example, or *gülümse-* becomes *gülümseyerek*, and *ağla-*, *ağlayarak*.

Adam **koşarak** içeriye girdi.
Hasan **gülümseyerek** bize doğru geliyor.
Çocuk **ağlayarak** annesini arıyordu.

-(y)A is another suffix attached to verbs to derive adverbs. In addition to the suffix, the verb is reduplicated (repeated) and *-(y)A* is attached to each occurrence of the verb: *ağla-* 'cry' becomes *ağlaya ağlaya* 'crying,' as in the example below.

Çocuk **ağlaya ağlaya** annesini arıyordu.
Kadın **bağıra bağıra** çocukları azarladı.

It is possible to use a different verb each time. In the first example below, the man comes and goes to convince the speaker. So a repeated coming and going is described. In the second one the children play jumping and running around. *Hopla-* and *zıpla-* both mean 'jump,' maybe in different manners, but again this adverbial too expresses a repeated action of jumping. Note the following examples:

Adam **gide gele** bizi ikna etti.
Çocuklar **hoplaya zıplaya** oynuyorlardı.
Hasan amca **bağıra çağıra** çocukları bahçesinden çıkardı.

Adverbs of manner can also be formed with the instrumental case *-(y)lA* attached to nouns.

Çocuklar **heyecanla** hediyelerini açtılar.
Yaşlı adam **endişeyle** haberleri dinliyordu.

Note that adjectives that have *-lI*, can be turned into adverbs by replacement of *-lI* with *-(y)lA*. Here are some examples.

Adverbials

Noun	Adjective	Adverb
hız 'speed'	hızlı 'fast'	hızla 'fast, adverb'
gurur 'pride'	gururlu 'proud'	gururla 'proudly'
sabır 'patience'	sabırlı 'patient'	sabırla 'patiently'
huzur 'peace'	huzurlu 'peaceful'	huzurla 'peacefully'

Adjectives that have *-sIz*, can be turned into adverbs by the attachment of *-CA* to the adjectives after *-sIz*.

Noun	Adjective	Adverb
ses 'sound'	sessiz 'quiet'	sessizce 'quietly'
huzur 'peace'	huzursuz 'restless'	huzursuzca 'restlessly'
sabır 'patience'	sabırsız 'impatient'	sabırsızca 'impatiently'

Exercise 3 Translate the sentences into Turkish, forming adverbs with the adjectives listed on the right.

1. The woman ran up the stairs <u>fast</u>. 'fast': hızlı
2. The child was crying <u>quietly</u> at the train station. 'quiet': sessiz
3. The witness answered the questions <u>honestly</u>. 'honest': dürüst
4. Murat finished his meal <u>quickly</u>. 'quick': çabuk
5. The teacher answered all the questions <u>patiently</u>. 'patient': sabırlı
6. The murderer <u>cruelly</u> killed the victim. 'cruel': cani
7. I <u>definitely</u> do not know the password. 'definite': kesin
8. Fasten your seatbelts <u>tightly</u>. 'tight': sıkı
9. He is driving very <u>fast</u>. 'fast': hıkı

Exercise 4 Complete the sentences with the correct forms of the derivational suffixes *-(y)ArAK*, *-(y)Ip*, *-(y)lA*. Remember that *-(y)ArAK* and *-(y)Ip* are attached to verbs and *-(y)lA* is attached to nouns.

1. Adam gül _____ bize selam verdi.
2. Çocuk korku _____ annesine sarıldı.
3. Mustafa banyoda bağır _____ şarkı söylüyor.
4. Kral arabasından in _____ halkı selamladı.
5. Öğrenciler heyecan _____ bahçeye çıktılar.

27.6 Adverbs of place, source, location, direction

These adverbs are usually noun phrases with locative, dative, or ablative case:

Kevser **Ankara'da** oturuyor.
Murat hergün **annesine** gidiyor.
Bu hediyeler **sizin misafirlerinizden** geldi.
Gazetelerimizi **kapının önüne** bırakmışlar.

Some adverbs of direction are as follows. These adverbs can be inflected with various case markers according to their meaning and position in a sentence.

dışarı 'outside'   içeri 'inside'
aşağı 'down(ward)' yukarı 'up(ward)'
sağ 'right'   sol 'left'
ileri 'forward'   geri 'backward'

Hasan hergün çocukları **dışarı(ya)** çıkarıyor.
Eski gazeteleri **aşağı(ya)** indirdim.
Bana **yukarıdan** bir battaniye getirir misin?
Gönderdiğimiz mektupların hepsi **geri** gelmiş.

The adverbs *yukarı* and *aşağı* can be pronounced as *yukardan* or *aşağdan* with /ı/ omission.

27.7 Adverbs of quantity or degree

Adverbs of quantity or degree modify verbs as well as other adjectives and adverbs and they appear immediately before the verb or the adjective that they modify.

çok 'much, very, too'	Nazan Hanım'ın en son kitabı **çok** güzelmiş.
daha 'more'	Çocuklar bugün **daha** fazla yorulmuş.
pek 'very much'	Bu odanın manzarası **pek** güzelmiş.
fazlasıyla 'excessively'	Bu film **fazlasıyla** sıkıcı.
fazla 'excessively'	Kendinize **fazla** güvenmeyin.
son derece 'extremely'	**Son derece** anlayışlı bir babanız var.
oldukça 'quite'	Toplantı **oldukça** sıkıcıydı.
az çok 'more or less'	Ben Türkçe'yi **az çok** anlıyorum.
az 'a little, not much'	Siz daha **az** kazanıyorsunuz.
biraz 'a few'	Bana **biraz** bakar mısın?
bu/şu/o/ne kadar 'this/that much'	Lütfen bu kadar **hızlı** yürümeyelim.
bu/şu/o/ne denli 'this much'	Türk yemeklerini **ne** denli sevdiğiniz belli oldu.
ne kadar 'how much'	Eski oda arkadaşlarımı **ne kadar** çok özlemişim.
nasıl 'how much'	Sizi **nasıl** merak ediyorum biliyor musunuz?

27.8 Miscellaneous adverbs

Adverbs discussed in this section are very frequently used and they usually have more than one interpretation depending on the position where they occur, tense of the clause they appear in, or context.

Ancak 'not before,' 'only'

When *ancak* appears before time adverbs, it means 'not before' or 'only.'

Bu raporları **ancak** yarın bitirebilirim.
'I can finish these reports only tomorrow (not before tomorrow).'

Bizimle **ancak** yaz sonunda görüşebilirlermiş.
'They can see us only at the end of the summer.'

Adverbials

When it appears with nouns and pronouns, it means 'only.'

Bizi **ancak** sen anlarsın. 'Only you understand us.'

Artık 'now' or 'no longer'

When *artık* appears in affirmative sentences, it can be translated as 'now' with a contrastive stress on 'now.' This indicates a stress on the fact that the current situation is a recent one. So, in the first example below, the speaker implies that they were not living in İstanbul until recently. In negative sentences, it means 'no longer.'

Artık İstanbul'da oturuyoruz. 'Now we live in İstanbul.'
Artık İstanbul'da oturmuyoruz. 'We no longer live in İstanbul.'

Daha 'yet' or 'still,' or 'more'

Daha means 'yet' in negative, 'still' in affirmative sentences.

Annem **daha** işten gelmedi.
'My mother has not come from work yet.'

Ben **daha** çalışıyorum, sizinle gelemeyeceğim.
'I am still working, I cannot come with you.'

Biz **daha** yemeğimizi yemedik.
'We have not finished our meal yet.'

When *daha* appears before some time adverbs, it emphasizes some closeness to the event time expressed by the adverb. In the first example below, the speaker emphasizes the temporal closeness to the time she saw Murat. In the second example, again, the speaker expresses a surprise that results from the fact that Selim's marriage was *only* last year, so it was very recent.

Biz Murat'ı **daha** bu sabah gördük.
'We saw Murat only this morning.'

Selim **daha** geçen yıl evlenmemiş miydi?
'Didn't Selim get married only last year?'

Daha can be used in comparative structures with adjectives or adverbs and means 'more.'

Bekir **daha düzenli** bir adam.
'Bekir is a more organized man.'

Yelda **daha güzel** dans ediyor.
'Yelda is dancing better.'

Işıl'ın **daha çok** kitabı varmış.
'Işıl has more books.'

Hayriye **daha meşgul**.
'Hayriye is busier' (literally, 'more busy')

Hala 'still'

Hala means 'still' in affirmative and negative sentences.

Ben **hala** raporları bitiremedim.
'I still couldn't finish the reports.'

Selim **hala** ders çalışıyor.
'Selim is still studying.'

Meğer, meğerse 'it turns out that . . . '

Meğer or *meğerse* means 'apparently,' 'it turns out that,' or 'it seems that' and is used to express an unexpected situation. It is always used with *-mIş or -(y)mIş* as it expresses a revision of the speaker's knowledge about a situation on the basis of new information or inference. It usually appears at the beginning or at the end of a sentence.

İstanbul'u ne kadar özlemişim **meğer**.
'It turned out that (I realized that) I missed İstanbul.'

Meğer İstanbul'u ne kadar özlemişim.
'Apparently, I missed İstanbul so much.'

Meğer Hasan bir yıldır işsizmiş.
'It turned out that Hasan has been unemployed for a year.'

In the examples above, the speaker realizes something that s/he was not aware of or learns something that s/he did not know.

Chapter 28

Conditional

Contents
28.1 -sA and -(y)sA
28.2 Irrealis or hypothetical conditional or 'wish' with -sA
28.3 -sA and nominals
28.4 Other uses of -sA
28.5 Realis conditional with -(y)sA
28.6 -(y)sA and nominals
28.7 *keşke* and *eğer*
28.8 Conditionals with question words
28.9 Conditionals without -sA or -(y)sA

28.1 -sA and -(y)sA

Conditional mood is expressed with the attachment of one of the conditional suffixes (-*(y)sA* and -*sA*) to the predicates. The difference between them is the same kind of difference that we have between -*(y)DI* and -*DI* and -*(y)mIş* and -*mIş*. The difference is especially important and relevant for the slot where these suffixes appear in the verb complex. The following is a simplified representation of the verb complex. See Chapter 9 for the full verb complex.

| Verb | -(y)A(bil) | -mA | -(y)Abil | -Iyor
-(y)AcAK
-mIş
-Ir/-Ar
-mAlI
-DI
-(y)A
-mAktA
-sA | -(y)mIş
-(y)DI
-(y)sA |

As seen above, -*sA* appears in the same slot where tense/aspect markers such as -*DI*, and -*Iyor* appear. -*(y)sA*, however, goes along with the copula -*(y)mIş* and -*(y)DI*. Both suffixes undergo the A-type vowel harmony and appear as -*sa*, -*se* or -*ysa* or -*yse*. -*sA* can be attached to both vowel-ending and consonant-ending words and always appears as -*sa* or -*se*. The other suffix is -*(y)sA*, and appears as -*ysa* or -*yse* after vowel-ending verbs and -*sa* or -*se* after consonant-ending words. Only -*(y)sA* can appear as an independent word (*ise*) although it is not used as *ise* very frequently.

Just like the other tense/aspect and modality markers in its slot, -*sA* can be attached to verbs only. The other conditional suffix -*(y)sA* can be attached to both verbs and nominals, including nouns, pronouns, adjectives, and the existentials *var* and *yok*.

Verb	-Iyor	-(y)mIş
	-(y)AcAK	-(y)DI
	-mIş	**-(y)sA**
	-Ir/-Ar	
	-mAlI	
	-DI	
	-(y)A	
	-mAktA	
	-sA	

Noun	**(y)sA**
Pronoun	
Adjective	
var/yok	

The suffixes -sA and -(y)sA are different in terms of their stress pattern as well. -sA can be stressed when it appears as the final syllable of the word, if it is a word-final stress word, and if there is not another reason for being non-stressed (such as the presence of a negative suffix). On the other hand, -(y)sA, just like -(y)mIş and -(y)DI, is never stressed. The primary stress remains on the syllable that precedes it.

Both -sA and -(y)sA are followed by the k-paradigm of person agreement:

Ben	arasam	arıyorsam
Sen	arasan	arıyorsan
O	arasa	arıyorsa
Biz	arasak	arıyorsak
Siz	arasanız	arıyorsanız
Onlar	ararlarsa	arıyorlarsa

We can talk about two basic types of conditionals in Turkish expressed by -sA and -(y)sA. The first one, marked by -sA, is the irrealis or hypothetical conditional, which expresses a hypothetical situation (e.g., 'If I were the king of England . . . ') or a wish which is unlikely to come true (e.g., 'If I could fly . . . '). The second one, expressed by -(y)sA, is the realis conditonal which expresses the possibility of or condition on certain events (e.g., 'If you work hard, you can finish your homework on time'). Here is a more detailed description of the two types of conditionals.

28.2 Irrealis or hypothetical conditional or 'wish' with -sA

-sA is attached to the verb directly and has an irrealis interpretation, i.e., the event does not or cannot happen or is not true. For example, *Fransızca bilsem (bil-se-m)* . . . means 'if I spoke French . . . ,' i.e., the speaker does not speak French. S/he is talking about a hypothetical situation.

Fransızca bilsem, Fransa'da iş arayabilirim (ama bilmiyorum).
'If I spoke French, I could look for a job in France (but I do not speak French).'

In this kind of conditional, there are some restrictions on the tense of the verb in the non-conditional clause. It is, usually, the aorist. The future -(y)AcAK is also possible marginally. But other tense markers cannot be used.

Conditional

Fransızca bilsem, Fransa'da iş ararım.
Fransızca bilsem, Fransa'da iş arayacağım.

A past tense marker can follow *-sA* without any change in the meaning. In other words, in such structures *-sA* and *-sAydI* have the same meaning. The use of *-(y)DI* emphasizes the conditional meaning (the impossibility of the situation). *-sAydI* (but not *-sA* alone) can have past interpretation as well. We understand whether it refers to a past event or not from the context or time adverbs that are used within the sentence. The first two sentences below can have the same time reference (now). The sentences that have past adverbials (*geçen yıl* and *dün*) have past interpretation.

Fransızca bilsem, Fransa'da iş ararım.
Fransızca bilseydim, Fransa'da iş arardım.
Geçen yıl Fransızca öğrenseydin, şimdi Fransa'da iş arayabilirdin.
Dün ablanı görseydim, kitaplarını ona verecektim.

Note that when *-(y)DI* is used in the first clause after *-sA*, it should be used in the second clause as well.

Süpermen olsam size yardım ederim, ama değilim.
Süpermen olsam size yardım ederdim, ama değilim / ama değildim.
Süpermen olsaydım size yardım ederdim, ama değilim / ama değildim.
(You cannot say 'Süpermen olsaydım size yardım ederim, ...')

The *-sA* clause can be used alone without the second clause. This is especially common with *keşke* 'I wish' that will be discussed in one of the following sections. In such uses it just expresses a wish: 'I wish I could dance better' or 'I wish my sister visited us.' Note that in these examples, the suffix *-sA* is directly attached to the verb stem in the sense that it does not have a tense/aspect marker preceding it. Note also that the *-(y)AbIl* does not count as a tense marker.

Keşke ablam bize gelse.
Keşke daha güzel dans edebilsem.
Keşke yılbaşında Paris'e gidebilsem.
Keşke yağmur yağmasa.

28.3 *-sA* and nominals

-sA is not attached to nominals directly. This is a property of the tense, aspect and modality markers that occur in the same slot as *-sA*. Rather, *ol-* is added to the structure, and *-sA* is attached to it.

Aynur'un sesi güzel değil. Güzel olsa(ydı) yarışmada daha iyi bir derece alır(dı).
Zengin olsam bütün dünyayı dolaşırım (ama değilim).

In the case of the existential sentences, *var* and *yok* are replaced with *ol-* and the conditional suffix is attached to *ol-*.

Bozuk param yok. Bozuk param olsa bahşiş veririm.
Durakta hiç yolcu yok. Durakta yolcu olsa, otobüs durup yolcuları alır.

An important property of this type of conditional is the 'wish' interpretation. So, *Fransızca bilsem*... can have the interpretation 'I wish I could speak French...' Due to this special interpretation of *-sA*, it can be used with *iyi olur* 'would be good' or *fena olmaz* 'would not be bad' that express a wish. Here are some examples for this kind of use:

Sabah biraz daha erken kalksan iyi olur.
Biraz daha yüksek sesle konuşsalar fena olmaz.

Exercise 1 Attach the correct form of *-sA* to the following verbs. Mark their person as well.

Ben	ara ___	bekle ___	bil ___
Sen	dans et ___	dinle ___	dinlen ___
O	geç kal ___	gel ___	git ___
Biz	iç ___	iste ___	kal ___
Siz	konuş ___	koş ___	anla ___
Onlar	ver ___	oku ___	eğlen ___

Exercise 2 Attach the correct form of *-mAsA* to the following verbs. Mark their person as well.

Ben	sev ___	şarkı söyle ___	soru sor ___
Sen	telefon et ___	uyu ___	ver ___
O	yat ___	ye ___	yürü ___
Biz	al ___	bul ___	düşün ___
Siz	hasta ol ___	kalk ___	öğren ___
Onlar	otur ___	tatil yap ___	gez ___

Exercise 3 Attach the correct form of *-sA... mI* to the following verbs. Do not forget to add person markers.

Ben	ara ___	bekle ___	dinlen ___
Sen	dans et ___	dinle ___	oku ___
O	koş ___	gel ___	git ___
Biz	satın al ___	bul ___	düşün ___
Siz	kirala ___	kalk ___	öğren ___
Onlar	otur ___	tatil yap ___	gez ___

Exercise 4 Complete the sentences with the correct form of *-sA* and other necessary markers (e.g., person markers).

1. Çocuklar bu kadar sık hasta olma _____.
2. Biz her yaz Marmaris'e git _____.
3. (Onlar) bize de sıcak çikolata ikram et _____.
4. Onur tatili bizimle geçir _____.
5. Esen bize gitar çal _____.
6. (Sen) bu gece bizde kal _____.
7. Ağla _____ sesimi duyar mısınız?
8. Yanınızda bozuk para taşı _____.
9. (Biz) Polis çağır _____ mı?

Conditional

10. Siz de bize eşlik et _____.
11. (Ben) bu gece erken yatabil _____.
12. Hüseyin bey sınavda çok zor sorma _____.
13. Sesi güzel ol _____ neyse.
14. (Biz) turist ol _____.
15. Murat bu yazın başında evlen _____.
16. Evimiz kampüse daha yakın ol _____.
17. Uçak biletleri bu kadar pahalı ol _____ (neg.).
18. Prenses kurbağayı öp _____ (neg.).
19. Adnan bizi hergün ara _____ (neg.).
20. Atatürk hayatta ol _____.
21. Deniz suyu biraz daha ısın _____.
22. Oda arkadaşım Türkçe bil _____.
23. Artık yağmur yağ _____ (neg.).
24. Topkapı Sarayı bugün açık ol _____.
25. Şimdi şöyle köpüklü bir Türk kahvesi ol _____ da içsek.

Exercise 5 Here are some examples with nominal sentences. Use them to form conditional/wish sentences.

Örnek: Ayşe'nin çocuğu yok. <u>Çocuğu olsa</u> bizimle bu tatile gelemez.

1. Ben öğrenci değilim.   _____ öğrenci bileti alırım.
2. Bizim karnımız tok.   _____ sizinle yemeğe geliriz.
3. Bu akşam televizyonda maç var.   _____ o romantik filmi seyrederiz.
4. Manavda hiç patlıcan yok.   _____ size karnıyarık yaparım.
5. Hava yağmurlu.   _____ biraz yürüyüş yaparız.
6. Otobüs sabah değil.   _____ öğleden önce sizde oluruz.
7. Sinan uzun boylu değil.   _____ basketbol oynayabilir.
8. Benim bilgisayarım bozuk.   _____ hergün mesajlarıma bakabilirim.
9. Bu çay şekerli değil.   _____ içebilirim.
10. Maalesef fazla kalemim yok.   _____ elbetteki size veririm.

28.4 Other uses of -sA

Note that some uses of -*sA* are not necessarily conditional. -*sA* can be used as an emphasis marker corresponding to 'even' in English, for example.

Babanız ol**sa** size böyle bir iyilik yapmaz.
'Even your father would not do something that good to you.'
(literally, even if he were your father, he wouldn't do . . . ')
Evimiz ol**sa** bu kadar rahat ederdik.
'Even if this were our (own) house, we couldn't be this comfortable.'

It is important to note that in the examples above, this particular interpretation is possible only if the word that is preceding *olsa (babanız* and *evimiz,* in the examples) bears the contrastive stress. Here are some other uses of -*sA* without a conditional sense:

-sA bile 'even if'
Şimdi yola çık**san bile**, beşten önce orada olamazsın.
'Even if you depart now, you cannot be there before five.'

-sA . . . DA 'although'
Balığı pek sevme**sem de** faydalı olduğu için yiyorum.
'Although I don't like fish, I eat it because it is healthy.'

Hava güneşli olma**sa da** sıcak.
'Although the weather is not sunny, it is hot.'

Çok parası olma**sa da** fakirlere yardım ediyor.
'He is helping the poor although he does not have a lot of money.'

-sA dA . . . mAsA dA 'whether or not'
Hava güzel ol**sa da** ol**masa da** parka gideceğiz.
'Whether the weather is nice or not, we will go to the park.'

İste**sen de** iste**mesende** Ebru'yu davet edeceksin.
'You will invite Ebru whether you like it or not.'

-sA . . . sA 'at most, only'
İçse içse üç-dört kadeh içer/içebilir.
'He (can) drink(s) at most three–four glasses.'

Bu işi **yapsa yapsa** babam yapar.
'Only my father could do this.'

-sA bari 'at least'
In this use of *-sA*, the word *bari* could be at the end of the clause as exemplified below in the first two sentences. As seen in the last one, *bari* could appear at the end of the clause as well.
Sesi güzel ol**sa bari**.
'At least her voice could be beautiful (but it is not).'

Geç kalma**salar bari**.
'I hope at least they won't be late.'

Sigara içiyorlar. **Bari** pencereyi aç**salar**.
'They are smoking. They could at least open the window.'

-mAktAnsa 'rather'
Hasan'la maça git**mektense** evde kalmayı tercih ederim.
'Rather than going to the game with Hasan, I prefer staying at home.'

Düşük bir notla geç**mektense** bu dersten kal daha iyi.
'Rather than passing with a low grade, you'd better fail.'

28.5 Realis conditional with -(y)sA

This kind of conditional is expressed by -(y)sA. It comes after tense markers that are attached to the verb. A variety of tense markers can be used with -(y)sA. Each tense marker has its own interpretation.

Verb-*Ir/Ar-(y)sA* . . .   Verb-*Ir/Ar*   option, guess, or possibility
                            Verb-*(y)AcAK*   definite plan about the future
                            Verb-*Iyor*   the result, definite result
                            Verv-*(y)A*   expected behavior, suggestion

Yağmur yağarsa denize giremeyiz.
Mahmut Amca belediye başkanı olursa, buraya otobüs durağı yaptıracak.
Yanıma şemsiye almazsam, yağmur yağıyor.
Konsere giderseniz biz de gelelim.
Erken giderseniz bize de bilet alın.

Verb-*DI-(y)sA* . . . , . . .   Verb-*mIştIr*
                                 Verb-*Ir/Ar*

Ders beşte bit**tiyse** öğrenciler çoktan gitmiştir.
(Dersin beşte bitip bitmediğini bilmiyoruz.)

Babam hastalan**dıysa** bugün işe gitmemiştir.
(Hasta olup olmadığını bilmiyoruz.)

The same conditional structure can be used with the aorist as well. Both structures express a 'guess' related to the result of the event described in the conditional clause.

Ders beşte bit**tiyse** öğrenciler birazdan gelirler.
Babam hastalan**dıysa** bugün işe gitmez.

The future tense marker before the conditional is used to express a future situation, as seen in the examples below. The verb in the matrix clause can be in the imperative mood or it may bear the optative suffix, both expressing a command or a suggestion.

Verb-*(y)AcAk-sA*, . . .   Verb
                            Verb-*(y)A*

Murat'la konuşacaksanız, ona sınav saatlerini söyleyin.
'If you will talk to Murat . . . '

Araba alacaksan mutlaka bu marka al.
'If you will buy a car . . . '

Erzurum'a gidecekseniz ben de geleyim.
'If you will go to Erzurum . . . '

The progressive marker -*Iyor* in the conditional clause expresses a current situation and just as is the case with clauses with future markers, such clauses can be followed by verbs in the imperative or optative mood.

Verb-*Iyor-sA*, ...   Verb
                        Verb-*(y)A*

Türkçe öğrenmek istiyorsanız, size daha iyi bir sözlük lazım.
'If you want to learn Turkish ...'

Baban tavla oynamayı bilmiyorsa biz ne yapalım?
'If your father does not know how to play backgammon ...'

Bizimle sinemaya geliyorsan biraz acele et.
'If you are coming to the movies with us ...'

28.6 -(y)sA and nominals

Remember that -*sA* is not attached to nouns or other nominals and you rather need to use the verb *ol-* to host the conditional marker. In the realis type of conditional, the suffix -*(y)sA* is attached directly to nouns or adjectives. The matrix clause can have an aorist marker or future marker or it can appear in the imperative mood.

Noun-*(y)sA* ...   Verb-*Ir/-Ar*
                      Verb-*(y)AcAK*

Zeynep hastaysa yarınki toplantıya gitmez.
'If Zeynep is sick ...'

Kardeşin o kadar uzun boyluysa basketbolcu olabilir.
'If your brother is that tall ...'

Yemek güzelse bir tabak daha yiyeceğiz.
'If the meal is tasty ...'

Otobüsün beşteyse, terminale taksiyle git.
'If your bus is at five ...'

In these examples, there is the possibility of being sick, or being tall, or the meal may be delicious or not ... and the conditional clause expresses what may possibly happen if the subject is sick, or tall etc. Note in the last example that case markers and the conditional suffix can both be attached to the nouns and, in such cases, case markers precede the conditional marker.

Exercise 6 Fill in the blanks with -*(y)sA* and appropriate tense and person markers.

1. Babamın uçağı saat beşte in _____, babam hala havaalanındadır.
2. Hülya bütün gece ders çalış _____, henüz uyanmamıştır.
3. Annem çay demle _____ onlara da birer bardak vermiştir.
4. Bütün gece kar yağ _____ yollar kapanmıştır.
5. Ayşe vejeteryan _____ bu akşamki yemekte aç kalmıştır.
6. Güneş doğmadan yola çık _____, çoktan Kayseri'ye varmışlardır.
7. Nejat o kadar kısa boylu _____, onu takıma almamışlardır.
8. Bursa'da hava sıcak _____, bugün pikniğe gitmişlerdir.
9. Murat bu yıl mezun ol _____, şimdi iş arıyordur.
10. Bilgisayarı hala bozuk _____, mesajlarını okuyamamıştır.

Conditional

Exercise 7 Fill in the blanks with *-(y)sA* and appropriate tense and person markers.

1. Musa'nın en sevdiği renk mavi _____, ona mavi bir kazak alalım.
2. Ahmet erken uyanabil _____, bizimle derse gelecek.
3. Arabası çalışma _____, işe otobüsle gidecek.
4. Bilet bul _____, yarın akşamki konsere gideceğiz.
5. İşiniz yok _____, siz de bizimle konsere _____?
6. Annen hasta _____, neden işe git _____?
7. Onsekiz yaşından küçük _____, ehliyet al _____.
8. Babam erken gel _____, bizi arabayla okula götür _____.
9. Kuşlar bu kadar alçaktan uç _____, kar yağ _____.
10. Bebekler uyu _____, gürültü yap _____ (siz).
11. Karnınız aç _____, size yiyecek birşeyler hazırla _____ (ben).
12. Kızım iste _____, biz bu haftasonu beraber alışverişe git _____.

28.7 *keşke* and *eğer*

To emphasize the 'wish' meaning, *keşke* 'I wish' can be added to the conditional sentence. When there is *keşke*, the second part of the sentence is not expressed. *Keşke* can be used only with the irrealis conditional and expresses an unrealized wish. The following are complete sentences:

Keşke daha zengin olsam. 'I wish I were richer.'
Keşke bir kız kardeşim olsa. 'I wish I had a sister.'
Keşke Ankara'ya taşınsak. 'I wish we would move to Ankara.'

Eğer means 'if' and it is used to emphasize the conditional meaning. It can be used optionally with all the realis kind of conditionals.

Eğer yağmur yağsaydı hava biraz serinlerdi.
Eğer otobüs geç gelmeseydi toplantıya geç kalmazdık.
Eğer anneleri erken gelirse, çocukları parka götürecek.
Eğer mektubumu aldıysa, bizi hemen arayacaktır.

Exercise 8 Here are some examples with existential sentences. Use them to make some conditional/wish sentences.

Örnek: Bir arabam yok.   Keşke bir arabam olsa.
Kız arkadaşımın bir köpeği var.   Keşke kız arkadaşımın bir köpeği olmasa.

1. Bodrum'da bir yazlık evim yok.
2. Sağlık problemlerim var.
3. Bu saatte çok trafik var.
4. Televizyonda futbol maçı var.
5. Yarın bütün gün toplantı var.
6. Hiç vaktim yok.
7. Çok sinirli bir babam var.
8. Param yok.
9. Ev arkadaşımın bir kedisi var.
10. Çok gürültücü komşularım var.

11. Bilgisayarımda virüs vardı.
12. Ateşim var.
13. Balkonumuzda kırmızı sardunyalar yok.
14. Fıstığa allerjim var.
15. Şemsiyem yok.
16. Arife günü dersim var.
17. Çocukların partisinde palyaço yoktu.
18. Çantamda gözlüğüm yok.
19. Cebimde hiç bozuk para yok.
20. Arabada yedek lastiğim yoktu.

28.8 Conditionals with question words

Conditional clauses are used with question words such as *kim* 'who,' *nere(ye/den/de)* 'where' and *ne kadar* 'how much' to express meanings such as 'whoever,' 'wherever,' 'however much.'

Nereye gidersen git seni bulurum.
'I find you wherever you go.'

Ne isterseniz yapabilirsiniz, hiç kızmam.
'You can do whatever you want. I won't be angry.'

Ne kadar isterlerse (o kadar) kalabilirler.
'They can stay as long as they want.'

The conditional can also have a 'no matter...' kind of interpretation. Observe the following examples:

Ne söylediysem dinletemedim.
'(He) did not listen no matter what I said.'

Ne söylersem söyleyeyim beni dinlemiyor.
'No matter what I say, she doesn't listen to me.'

Ne yaparsam yapayım beni dinlemiyor.
'No matter what I do, he doesn't listen to me.'

The following use of the conditional carries some sarcasm, as the translations indicate:

Ona ne anlattılarsa artık, çok sinirliydi.
'God knows what they told him, he was very angry.'

Nereye gittilerse, hala dönemediler.
'God knows where they went, they have not returned yet.'

Exercise 9 Fill in the blanks with appropriate conditional markers.

1. Sen yarın Mustafa'yı gör _____ ona selam söyle.
2. Taksi 10 dakika içinde gel _____ (neg.) uçağı kaçıracağız.
3. (Biz) Türkçe öğren _____ (neg.) Türkiye'de iş bulamayız.
4. Davet ettiğimiz herkes partiye gel _____ yemek yetmeyecek.
5. Tarkan Yale'de konser ver _____, ben mutlaka o konsere giderim.

Conditional

6. (Siz) taze meyve ve sebze yer _____ daha sağlıklı olursunuz.
7. (Sen) sigarayı bırak _____ böyle öksürmezsin.
8. (Siz) Rana'nın konserine git _____ haber verin biz de gelelim.
9. Sınavım iyi geç _____ herkese yemek ısmarlayacağım.
10. Fransızca bil _____ seni hemen işe alırlar.
11. Bu sorunun cevabını bil _____ büyük ödülü kazanacak.
12. Piyangodan büyük ikramiye çık _____ ne yaparsın?
13. Rusça bil _____ Ilyana gibi Rusça korosunda şarkı söyleyebilirsin.
14. Misafirler çay içmek iste _____ (neg.) onlara kahve ikram edebilirsiniz.
15. Benzinimiz bit _____ yandık!
16. Selami Bey'in kedisi yine evden kaç _____ Selami Bey onu aramayacakmış.
17. Selami Bey kedisine ciğer ver _____ kedi evden kaçmaz.
18. Baş ağrın geç _____ (neg.) doktorunu ara.
19. (Ben) bulaşıkları yıka _____ (neg.) Kıvanç çok kızacak.
20. Bugün güneş aç _____ hep beraber plaja gidip güneşlenelim mi?
21. Bu yemekleri sev _____, dolaptaki pizzadan yiyebilirsin.
22. (Sen) sula _____ (neg.) bahçemizdeki bütün çiçekler kuruyacak.
23. İbrahim ağabey şarkı söyle _____ herkes kaçacak.
24. Otobüsü kaçır _____ eve taksiyle gideceğiz.
25. Başbakan ol _____ enflasyon konusunda birşey yaparım.
26. (Sen) İtalyanca bil _____ İtalyanca konuşuruz.
27. Murat yarın derse gel _____ ona bu mektubu verin lütfen.
28. Galiba ateşim var, hasta oluyorum. Hasta ol _____, tatil planlarımı değiştireceğim. İnşallah olmam.
29. Murat dün tatilden dön _____ bugün çalışmaya başlamıştır. Dönüp dönmediğini bilmiyoruz.
30. Murat dün tatilden dön _____ bugün çalışmaya başlardı. Bugün işe gelmedi, demek ki henüz dönmemiş.

28.9 Conditionals without -sA or -(y)sA

In addition to the *-(y)sA* and *-sA* suffixes, there are a couple of gerunds and postpositional structures that express a conditional meaning. Here are some of them.

-DIğI/-(y)AcAğI takdirde 'in the case of, if'

Erken gel**diğiniz takdirde** toplantıya erken başlayabiliriz.
Erken gel**irseniz** toplantıya erken başlayabiliriz.
'If/in the case you come early, we can start the meeting early.'

Zamanında gel**mediğiniz takdirde** koltuklarınızı başkasına verebiliriz.
'If/In the case you do not come on time, we may give your seats to others.'

-DIğI/-(y)AcAğI takdirde is the same as *-(y)sA* in terms of its interpretation. Verbs that it is attached to have a possessive marker after *-DIK* to express the subject of the clause. The postposition *takdirde* does not alternate. As seen in the second example above, negation is marked with the suffix *-mA* preceding *-DIK*.

-mAsI halinde 'in the case of, if'

Geç gel**meniz halinde** lütfen bize haber verin.
Geç gel**irseniz** lütfen bize haber verin.

-mAsI halinde is similar to *-DIğI/-(y)AcAğI takdirde*, except that it has *-mA* instead of *-DIK*. It has a possessive marker expressing the subject of the clause.

-mAdIkçA 'unless'

Yağmur din**medikçe** partiyi bahçede yapamayız.
Yağmur din**mezse** partiyi bahçede yapamayız.
'Unless the rain stops, we cannot have the party in the garden.'

Ben İngilizce öğren**medikçe** iyi bir iş bulamayacağım.
'Unless I learn English, I will not be able to find a good job.'

The *-mAdIkçA* structure is the same as the negative conditional expressed with the combination of negative *-mA*, *-(y)sA* and the aorist. It is attached to the verb and no other marker is attached to the verb before or after *-mAdIkçA*.

Exercise 10 Here are some conditional sentences with *-(y)sA*. Rewrite them using *-DIğI takdirde*. Pay attention to the person markers.

1. Kar yağışı durmazsa uçuşlar aksayacak.
2. Sınavlar ertelenmezse öğrencilerin çoğu sınavlara giremeyecek.
3. Altın fiyatları düşerse piyasalar karışacak.
4. Biz zamanında orada olursak toplantıya başlayacaklar.
5. Ben taksi bulabilirsem hemen geleceğim.
6. Sen bu ihaleyi alırsan, sık sık Kazakistan'a gideceksin.
7. Siz bahçeli bir eve taşınırsanız köpek besleyebilirsiniz.
8. Konuşmacılar bu otelde kalırlarsa, kongre merkezine yürüyerek gidebilirler.
9. Konuşmalar yediden önce biterse yemeğe yetişiriz.
10. O saatte metro çalışmazsa taksiye bineriz.

Chapter 29

Ability and possibility with -(y)Abil

Contents
29.1 -(y)Abil
29.2 Negative -(y)AmA, -mAyAbil, and -(y)AmAyAbil

29.1 -(y)Abil

Both ability ('can') and possibility ('may') are expressed with the suffix *-(y)Abil* in Turkish. The same suffix is used to express permission as well. When it is attached to verbs, the first vowel of the suffix undergoes vowel harmony, while the last syllable does not alternate: *aç-abil-*, *iç-ebil-*, *dur-abil-*, etc. The suffix is followed by tense, aspect, and person markers.

Sen çayı şekersiz iç**ebil**ir misin?
Saat kaçta evde ol**abil**irsiniz?
Yarınki toplantılara Hale Hanım da katıl**abil**ecek.
Burada otur**abil**ir miyim?

In the affirmative sentences, the interpretation and ability-possibility distinction is determined by the context. Tense markers and person markers that are attached to the verb, because they are a part of the context, may give clues regarding the interpretation as well. For example, with the permission and possibility interpretations, usually the aorist (present tense) markers are used.

-(y)Abil is used to form polite requests as well. Using *-(y)Abil* together with the aorist makes the question more polite. The first example below sounds more polite than the second one without *-(y)Abil*:

Radyonun sesini biraz kısabilir misiniz?
Radyonun sesini biraz kısar mısınız?

29.2 Negative -(y)AmA, -mAyAbil, and -(y)AmAyAbil

In the expression of negation, the order of the *-(y)Abil* suffix with respect to the negative marker *-mA* is important. The *-(y)Abil* that expresses ability and permission precedes the negative suffix. Note in the examples that the second part of the suffix is dropped in the negative sentences. So the negative ability or permission is expressed by *-(y)A-mA*, without *bil*.

A STUDENT GRAMMAR OF TURKISH

	Affirmative	Negative
Ben	güzel yemek yap-abil-iyor-um.	güzel yemek yap-a-mı-yor-um.
Sen	güzel yemek yap-abil-iyor-sun.	güzel yemek yap-a-mı-yor-sun.
O	güzel yemek yap-abil-iyor.	güzel yemek yap-a-mı-yor.
Biz	güzel yemek yap-abil-iyor-uz.	güzel yemek yap-a-mı-yor-uz.
Siz	güzel yemek yap-abil-iyor-sunuz.	güzel yemek yap-a-mı-yor-sunuz.
Onlar	güzel yemek yap-abil-iyor-lar.	güzel yemek yap-a-mı-yor-lar.

In the case of the 'possibility' meaning, the -(y)Abil suffix precedes the negative suffix. Note also that the suffix appears as -(y)Abil with the full form in the negative as well as the affirmative sentences. Following is the affirmative form and two different negative forms. The affirmative form is ambiguous and its interpretation is context-dependent. The negative of the ability and the possibility are shown side by side so that they can be compared.

Affirmative (+) (both ability and possibility)	Ability negative (−)	Possibility negative (−)
Partiye gel-ebil-ir-im 'I may/can come to the party'	Partiye gel-**e-me**-m 'I cannot come...'	Partiye gel-**me-yebil**-ir-im 'I may not come...'
Partiye gel-ebil-ir-sin	Partiye gel-**e-me**-z-sin	Partiye gel-**me-yebil**-ir-sin
Partiye gel-ebil-ir	Partiye gel-**e-me**-z	Partiye gel-**me-yebil**-ir
Partiye gel-ebil-ir-iz	Partiye gel-**e-me**-yiz	Partiye gel-**me-yebil**-ir-iz
Partiye gel-ebil-ir-siniz	Partiye gel-**e-me**-z-siniz	Partiye gel-**me-yebil**-ir-siniz
Partiye gel-ebil-ir-ler	Partiye gel-**e-me**-z-ler	Partiye gel-**me-yebil**-ir-ler

When both the ability and the possibility meanings need to be expressed (as in 'I may be able to go to the party,' or in the negative, 'I may not be able to go to the party'), in the case of the affirmative sentence, only one -(y)Abil is used and the sentence is disambiguated within the context. In the case of the negative sentences, two -(y)Abil suffixes are attached to the word, one before the negative -mA and one after it. The tense marker comes after the -(y)Abil suffixes.

Affirmative (both ability and possibility)	Negative (both ability and possibility)
Partiye gel-ebil-ir-im 'I may/can come to the party'	Partiye gel-**e-me-yebil**-ir-im 'I may not be able to come.'
Partiye gel-ebil-ir-sin	Partiye gel-**e-me-yebil**-ir-sin
Partiye gel-ebil-ir	Partiye gel-**e-me-yebil**-ir
Partiye gel-ebil-ir-iz	Partiye gel-**e-me-yebil**-ir-iz
Partiye gel-ebil-ir-siniz	Partiye gel-**e-me-yebil**-ir-siniz
Partiye gel-ebil-ir-ler	Partiye gel-**e-me-yebil**-ir-ler

Exercise 1 Complete the sentences with -(y)Abil and -(y)Abil + Neg as shown in the example:

Balıklar yüze<u>bilir</u>ler ama şarkı söyle<u>yemez</u>ler.

Ability and possibility with -(y)Abil

1. Kuşlar uç _____ ama yüz _____.
2. Kediler ağaca tırman _____ ama dans et _____.
3. Bebekler süt iç _____ ama kahve iç _____.
4. 18 yaşından küçükler otobüsle seyahat et _____ ama araba kullan _____.
5. Uludağ'daki turistler kayak yap _____ ama denize gir _____.
6. (Siz) bu gölde yüz _____ ama balık yakala _____.
7. (Biz) bu ormanda piknik yap _____ ama ateş yak _____.
8. (Sen) bu istasyonda trenden in _____ ama transfer yap _____.
9. (Siz) sınavda ders notlarınıza bak _____ ama birbirinizle konuş _____.
10. (Ben) Çince oku _____ ama yaz _____.

Exercise 2 List what you can do and what you cannot do.

1. Neler yapabilirsiniz?   2. Neler yapamazsınız?

Exercise 3 Match the animals and the abilities and then form sentences with *-(y)Abil* or *-(y)AmA*.

Ahtapot   ağaca tırman-
At   çok hızlı koş-
Balık   et ye-
Deve   evde yaşa-
Fil   kemik ye-
İnek   şarkı söyle-
Kanguru   uç-
Köpek   yumurtla-
Kuş   yük taşı-
Tavuk   yüz-
Yılan   zıplaya-

Exercise 4 *-(y)Abil* is used to form polite requests as well. Complete the questions below with *-(y)Abil* to form polite requests.

Örnek: (to the cab driver) Beni şu köşede indirebilir misiniz?

1. Affedersiniz, (siz) kapıyı aç _____?
2. Şu parayı boz _____ (siz)?
3. Biraz daha yüksek sesle konuş _____ (siz)?
4. Boş bir tabak getir _____ (siz)?
5. Telefonlara bak _____ (siz)?
6. Şu taksiyi durdur _____ (siz)?
7. Uçuş saatlerimizi öğren _____ (biz)?
8. Çocukları parka götür _____ (siz)?
9. Çamaşırları ipe as _____?
10. İstanbul Modern müzesinin yerini öğren _____ (siz)?
11. Çocukları uyandır _____ (siz)?
12. Köpekleri bahçeye çıkar _____ (siz)?

13. Sizinle iskeleye kadar yürü _____ (ben)?
14. Televizyonun sesini biraz kıs _____ (siz)?
15. Sabah gazetemizi kapıya bırak _____ (siz)?

Exercise 5 Translate the sentences into Turkish:

1. I cannot go to Ankara this weekend.
2. I may go to Bodrum with my uncle.
3. I may not be able to finish this report before 5 pm today.
4. I can buy the tickets for you.
5. I may not call my mother from the airport.
6. I may give a lecture on Ottoman history in the summer school.
7. I can take the guests to the dinner tonight.

Chapter 30

Obligation and necessity

Contents
30.1 *-mAlI*
30.2 *lazım / şart / gerek / gerekli*
30.3 *zorunda / mecburiyetinde olmak* and *zorunda / mecburiyetinde kalmak*
30.4 *-mAğA mecbur ol-*

Obligation and necessity are marked with the suffix *-mAlI* 'must, should' that is attached to the verb stem. In addition to the *-mAlI* suffix, obligation can be marked with the predicates *gerek, gerekli, şart,* and *lazım,* as well as special verb complexes such as *zorunda ol-, zorunda kal-, mecbur ol-, mecbur kal-, mecburiyetinde kal-.*

30.1 *-mAlI*

The *-mAlI* suffix undergoes both A-type and I-type vowel harmony. In addition to the obligation meaning, it is used to express suggestion, as seen in the second example below.

Saat altı olmuş, artık eve dön**meli**yim.
'It is 6 pm, I should go home.'

Üniversite sınavında iyi bir puan almak istiyorsan daha çok çalış**malı**sın.
'If you'd like to get a good mark in the university entrance exam, you should study harder.'

Here is the full declension table:

	+	−	+/?	−/?
Ben	okumalıyım	okumamalıyım	okumalı mıyım?	okumamalı mıyım?
Sen	okumalısın	okumamalısın	okumalı mısın?	okumamalı mısın?
O	okumalı	okumamalı	okumalı mı?	okumamalı mı?
Biz	okumalıyız	okumamalıyız	okumalı mıyız?	okumamalı mıyız?
Siz	okumalısınız	okumamalısınız	okumalı mısınız?	okumamalı mısınız?
Onlar	okumalı(lar)	okumamalılar	okumalılar mı?	okumamalılar mı?

30.2 *lazım / şart / gerek / gerekli*

These are nominal predicates that are used to express necessity. Here are some examples:

Yarın sabah erken kalkmak **lazım / şart / gerek / gerekli**.
'It is necessary to wake up early tomorrow morning.'

Sağlık sigortası yaptırmak **lazım/şart/gerek/gerekli**.
'It is necessary/obligatory to have health insurance.'

Gerek/gerekli and *lazım* have the same meaning. *Lazım* is an older word. *Şart* expresses obligation more than necessity. They can be used with infinitive *-mAK*, as seen in the examples above. The verb does not have a person marker and the subject of the clause is not expressed. So the clause has a general interpretation.

In such structures with *lazım/şart/gerek/gerekli*, a noun can be used instead of the *-mAK* clause as a subject.

Bu seyahate çıkmak için daha çok para lazım/şart/gerek/gerekli.
Bu dilekçe için kaç imza lazım/şart/gerek/gerekli.
Ryan'ın Fransa'ya gitmesi şart mı?

Alternatively, if you would like to mark the subject/person, you may express the subject marked with a genitive marker and the verb can bear a person agreement marker in the form of the possessive.

(Benim) yarın sabah erken   kalkmam lazım/şart/gerek/gerekli.
(Senin) . . . .   kalkman . . .
(Onun) . . . .   kalkması . . .
(Bizim) . . . .   kalkmamız . . .
(Sizin) . . . .   kalkmanız . . .
(Onların) . . .   kalması/kalkmaları . . .

30.3 *zorunda/mecburiyetinde olmak* and *zorunda/mecburiyetinde kalmak*

Both *zorunda/mecburiyetinde (olmak)* and *zorunda/mecburiyetinde kalmak* are used with complement clauses with *-mAK*. The word *mecburiyetinde* is the older form of *zorunda* but it is still used today. *Mecburiyetinde/zorunda olmak* expresses a current situation without making any reference to the reasons behind the event.

Mecburiyetinde/zorunda kalmak expresses the situation that is a result of an unexpected or undesired event. In the first two examples, when the speaker is informed about the service bus problem in advance, *zorunda ol-* is used. In the second example, the service bus unexpectedly did not show up in the morning, and they had to take a cab (without planning it in advance). Note the same contrast in the other examples as well.

Bu hafta servisimiz çalışmıyor. İşe taksiyle gitmek zorundayız.
Bu sabah servis gelmedi, işe taksiyle gitmek zorunda kaldık.
Babam bu haftasonu çalışmak zorunda.
Ablamın düğünü için yeni bir elbise almak zorundayım.
Havalar birden soğuyunca tatil planlarımızı değiştirmek zorunda kaldık.

30.4 *-mAğA mecbur ol-*

The word *mecbur* is used with the *-mAğA* suffix attached to its complements. In colloquial and non-colloquial speech as well as the most current written forms, *-mAyA* replaces *-mAğA*. It expresses obligation.

Obligation and necessity

Polise herşeyi anlatmaya mecbursun.

Exercise 1 Complete the sentences with *-mAlI* and person markers.

1. (Sen) araba kullanırken daha dikkatli ol _____ ve herzaman emniyet kemerinizi bağla _____.
2. (Ben) daha az para harca _____.
3. Bence o gözlük kullan _____.
4. (Biz) Datça'ya bu mevsimde git _____ (neg.).
5. (Onlar) Bir an önce İtalyanca öğren _____.
6. Sağlıklı olmak için (sen) sigarayı bırak _____, spora başla _____ ve sağlıklı beslen _____.
7. Evde yiyecek birşey yok. Markete gidip alışveriş yap _____ (biz).
8. Basketbolcu olmak için biraz daha uzun boylu ol _____ (o).
9. Yarışmayı kazanmak için neler yap _____ (biz).
10. Tünele girerken farlarınızı yak _____ (siz).

Exercise 2 What should you do before you go on a vacation? Look at the example below and make similar sentences.

Örnek: Tatile gitmeden önce [otel rezervasyonu yaptır**mam**] lazım.

1. Uçak bileti al-
2. Güneş kremi al-
3. Patrondan izin iste-
4. Aileme haber ver-
5. Çanta hazırla-
6. Okumak için kitap ve dergi al-
7. Kedime bakacak birini bul-

Exercise 3 What should you do to lose some weight?

1. Sağlıklı beslen-
2. Kalorisi düşük yemekler ye-
3. Spor yap-
4. Daha çok hareket et-
5. Daha çok su iç-
6. Daha az dondurma ye-
7. Daha çok sebze ve meyve ye-

Exercise 4 Complete the sentences with *zorunda kal-* or *zorunda (ol-)*

1. Cüzdanımı evde unuttuğum için eve dönmek _____.
2. Sekreterim dün istifa etti. Bütün mektupları kendim yazmak _____.
3. Ahmet iyi bir bölümü kazanmak istiyorsa daha çok çalışmak _____.
4. Kilo vermek istiyorsan daha sağlıklı beslenmek _____.
5. Konser salonunda iyi bir yere oturmak için erken gitmek _____.
6. Yemeği yaktığım için misafirlere pizza ikram etmek _____.
7. Çocuklar hastalandığı için mi tatil planlarımızı değiştirmek _____ (siz)?

8. İşimi hiç sevmiyorum ama maalesef çalışmak _____.
9. Ödevimi bu akşam beşe kadar bitirmek _____.
10. Hasan Bey'i toplantıya çağırmak _____ (biz)?

Exercise 5 Complete the sentences with *zorunda ol-*, *şart*, *-mAyA mecbur ol-*. Do not forget to add person markers.

1. Sedef ve kocasını terminale bırakmak _____.
2. Ay sonuna kadar Pazar günleri de çalışmam _____.
3. Ona herşeyi itiraf etmeye _____.
4. Babam yarına kadar iyileşmezse, bir doktor bulmak _____.
5. Misafirleri kapıda karşılamak _____.
6. Senin bol bol su içmen _____.
7. Murat'ın Aslıhan'ın annesiyle tanışması _____.
8. Bu mektupların hepsini imzalamak _____?
9. Bu dersi almaya _____?
10. Babanı bu kadar sık araman _____?

Chapter 31

Relative clauses

Contents
31.1 Subject relative clauses with *-(y)An*
31.2 Subject relative clauses with *-(y)AcAK (olan)*
31.3 Non-subject relative clauses with *-DIK* and *-(y)AcAK*
31.4 Headless relative clauses

Relative clauses are complex clauses that have a modifier function. In the following examples, the clauses between the brackets modify the nouns that come after them.

[Dün akşam izle-diğ-imiz] filmi beğendin mi?
'Did you like the film [that we watched last night]?'

[Babamı ara-yan] hanım kimmiş?
'Who is the lady [that called my father]?'

En sev-diğ-im dizi bu akşam saat dokuzda.
'The TV series [that I like the most] is at nine tonight.'

Note that the relative clauses precede the nouns that they modify, just like the adjectives. In that sense they contrast with the counterparts in English. Another difference between English and Turkish relative clauses is that Turkish does not have a complementizer such as 'that, what, who, where' in its relative clauses. Rather, relative clauses are formed with *-DIK*, *-(y)AcAK*, and *-(y)An* that are attached to the verbs of the clauses. *-DIK* and *-(y)AcAK* are followed by a possessive marker that marks the subject of the relative clause. No possessive markers are used after *-(y)An*.

izle-**diğ**-imiz film
watch-**DIK**-POSSESSIVE-1PLURAL
'film that we watch(ed)'

Türkçe konuş-**an** adam
Turkish speak-**(y)An** man
'Turkish-speaking man'

-(y)AcAK clearly expresses future. The other relative clause markers are non-future, i.e., they can have past or present tense interpretation depending on the context. In the examples above, the interpretation can be 'the film that we watched' or 'the film that we watch.' Similarly, in the second example, the interpretation can be 'the man who speaks Turkish' or 'the man who is speaking Turkish' or 'the man who spoke Turkish.' Such tense differences are either marked with time adverbs such as 'yesterday,' 'now,' or 'last week' or you may guess the tense based on the context of the utterance.

The suffix *-(y)An* marks subject relative clauses, while *-DIK* is typically used with object relatives. *-(y)AcAk* can be used with both. Below is a more detailed discussion of this distinction.

31.1 Subject relative clauses with -(y)An

The suffix -*(y)An* appears on subject clauses such as 'a secretary who can speak English,' 'the man who called me yesterday.' In such examples, the noun that is modified ('a secretary' and 'the man') is the 'subject' of the verb in the relative clause ('speak' in the first example, and 'call' in the second example).

[İngilizce bil**en**] sekreter arıyoruz.
[Şu köşede sigara iç**en**] adamı tanıyor musunuz?
[Bizimle beraber otobüsten in**en**] yolcular nereye gittiler?
[Ağla**yan**] çocuğun annesi kimmiş?

So far we have seen verbal sentences in the examples (remember, Turkish can also express a sentence without a verb: 'he doctor,' rather than 'he is a doctor,' for example). Here is what happens when the noun is the subject of a nominal predicate, i.e., noun, adjective or one of the existentials *var/yok*. When the predicate is a noun or an adjective, optionally, *ol-* is added to the structure and it bears the relative clause marker -*(y)An*.

Adamlar çok akıllı. Çok akıllı (olan) adamları severim.
'The men are very smart. I like men who are very smart.'

Hanımlar doktor. Doktor (olan) hanımlar burada oturuyorlar.
'The ladies are doctors.' 'The ladies who are doctors live here.'

Ablam bir Fransızla evli. Bir Fransızla evli (olan) ablam Paris'te yaşıyor.
'My sister is married to a French (man).' 'My sister who is married to a French (man) lives in Paris.'

In the case of the existentials, *ol-* is obligatory and it replaces *var/yok*. The relative clause marker is attached to *ol-*.

Bir ablamın çok kitabı var. Çok kitabı olan ablam . . .
'One of my sisters has a lot of books.' 'My sister who has a lot of books . . .'

Bu çocuğun bakıcısı yok. Bakıcısı olmayan çocuk . . .
'This child doesn't have a nanny.' 'The child who doesn't have a nanny . . .'

Bu mahallede çok sokak köpeği var. Çok sokak köpeği olan mahalle.
'There are a lot of street dogs in this neighborhood.' 'The neighborhood where there are a lot of street dogs.'

Exercise 1 Attach the correct form of the relative -*(y)An* and complete the sentences.

1. Gazeteciler kampüste kal _____ öğrencilerle konuşmak istiyorlar.
2. Annemler benimle Fransa'ya gel _____ arkadaşlarımla tanıştılar.
3. Sizin de Tarkan dinle _____ aradaşlarınız var mı?
4. İngilizce bil _____ sekreterler arıyorlarmış.
5. Bana matematik dersi ver _____ bey Selim'in babasıymış.
6. Çin yemeklerinden nefret et _____ bir kuzenim var.
7. Max'ın kedileri çok sev _____ bir köpeği var.
8. İstanbul'da otur _____ arkadaşların çok şanslı.

Relative clauses

9. Sigara iç _____ müşteriler bahçede oturacaklar.
10. Fotoğraf çek _____ turistlerin hepsi Japon mu?

Exercise 2 In this exercise, you list the properties of a girl or a guy whom you can never date (*çık-*: 'go out, date'). You need to use the subject relative clause marker *-(y)An* to form sentences such as 'I never go out with a girl [who does not listen to Tarkan].': *Tarkan dinlemeyen bir kızla asla çıkmam.* You are given a sentence which describes what the girl does or does not do, and you take this sentence, make a relative clause and place it in the sentence given at the top of the list. Remember that to make the sentence a relative clause you get rid of the tense/aspect marker (in this example below it is *-Iyor*) and attach *-(y)An*.

Tarkan dinlemiyor.
Tarkan dinle-me-yen bir kızla asla çıkmam.

Remember also, when you have sentences with nominal predicates (nouns and adjectives), you add the verb *ol-* to the structure. When you have an existential sentence, you get rid of *var* and *yok* and then add *ol-*.

_____ bir çocukla / bir kızla asla çıkmam.

Sigara içiyor.
Çok konuşuyor.
Yüksek sesle konuşuyor.
Türkçe bilmiyor.
Benden daha uzun/kısa boylu.
Sarışın.
Türk kahvesi içmiyor.
Kahve falına inanmıyor.
Cuma akşamları çalışmak istiyor.
Üniversiteden 10 yılda mezun oldu.
Hiç tatil yapmıyor.
Köpekleri sevmiyor.
Üniversite mezunu değil.
Ananaslı pizza sevmiyor.
İki yıldır Hindistan'da oturuyor.

Exercise 3 Now, let's complete the sentences with relative clauses that describe 'a hotel where you would never stay.' Remember that when the sentence is an adjective sentence such as *Çok pahalı*, you may optionally omit *olan*.

_____ bir otelde asla kalmam.

Havuzu yok.
Çok pahalı.
Çok kalabalık.
Şehir merkezine uzak.
Denize uzak.
Kliması bozuk.
Odaları çok küçük.

Personeli İngilizce bilmiyor.
Yemekleri hiç güzel değil.
Kredi kartı kabul etmiyor.
Pek temiz değil.
Faresi ve hamamböcekleri var.

Exercise 4 And in this last one, you descibe a roommate in a similar way.

_____ biriyle asla aynı evde kalamam!

Çok sık banyo yapmıyor.
Evi pek sık temizlemiyor.
Çok kötü yemek yapıyor.
Gürültülü partiler veriyor.
Kedisi var.
Sigara içiyor.
Horluyor.
Sabah çok erken kalkıyor ve beni uyandırıyor.
Kirayı hep geç ödüyor.
Çok dağınık.
Uyuşturucu kullanıyor.

Exercise 5 Here is a similar exercise: What kind of a secretary are you looking for? List the properties of a perfect secretary you would like to hire.

Nasıl bir sekreter arıyorsunuz? Sekreterin özellikleri:

Fransızca konuşacak
bilgisayar kullanabilecek
akıllı
güzel
güzel giyinecek
üniversite mezunu
seyahat edebilecek
güzel konuşacak
kültürlü
hızlı yazı yazacak
tecrübesi var
takıntısı yok
sigara içmeyecek

31.2 Subject relative clauses with -(y)AcAK (olan)

Subject relative clauses can be formed with *-(y)AcAK* and *-(y)AcAk olan* as well, and express a future meaning. Here are two examples where you can see the contrast between *-(y)AcAK* and *-(y)AcAk (olan)* relatives.

Relative clauses

Ben ödevlerime **yardım edecek birini** arıyorum.
Seninle Fransa'ya **gelecek olan arkadaşın** bu mu?

There is a slight difference between *-(y)AcAK* and *-(y)AcAk olan* relative clauses. With *-(y)AcaK (olan)*, the event that is described in the clause will take place in the future. In the first example, the speaker is looking for someone who will help with her homework in the future. Actually there is no such person yet, when and if s/he is found, s/he will help. With *-(y)AcAK olan*, the person already exists, and her/his identity is clear but the event has not yet taken place. In the second example, the speaker is referring to a particular person, who will go to France.

Exercise 6 Fill in the blanks with *-(y)AcAK* or *-(y)AcAK olan*.

1. Kızıma ders ver _____ öğrenci arıyorum, henüz bulamadım.
2. Kızıma ders ver _____ öğrenci ile biraz önce konuştum.
3. Kızıma ders ver _____ öğrenci ODTÜ'de kimya okuyormuş.
4. Kızıma ders ver _____ öğrenci hem akıllı hem de eğlenceli biri olmalı.

Exercise 7 Fill in the blanks with *-(y)An* or *-(y)AcAK (olan)*. Remember, the difference between *-(y)An* and *-(y)AcAK (olan)* is only the tense. In the future tense reference, you need to pay attention whether the person being referred to is already known to the speaker or not.

1. Her hafta gel _____ satıcılar bu hafta gelmediler.
2. Gelecek hafta Ankara'ya git _____ mühendisler bugün toplantı yapıyorlar.
3. Dün seni ara _____ öğrenci not bırakmamış.
4. Muharrem Bey'in arabasını almak iste _____ adam arabayla ilgili birkaç soru soracakmış.
5. Noel Baba ile konuşmak iste _____ çocuklar kapıda bekliyorlar.
6. Başbakan savaşta öl _____ askerlerin aileleriyle konuştu.
7. Gelecek sene editörlük yapmak iste _____ öğrenciler bize başvursun.
8. Gelecek sene editörlük yap _____ öğrenci yokmuş.
9. Gelecek sene editörlük yap _____ öğrenci bugünkü toplantıya gelmemiş.
10. Kızımla evlen _____ adam iyi bir iş sahibi olmalı.

31.3 Non-subject relative clauses with *-DIK* and *-(y)AcAK*

Non-subject relative clauses such as 'the car that my father bought,' or 'the house where we live,' are formed with the attachment of *-DIK* and *-(y)AcAK* suffixes to the verb, depending on the tense of the clause: *-DIK* is used for past or present reference, while *-(y)AcAK* is used specifically for the future interpretation.

Babam araba aldı. O arabayı gördün mü?
[Babam-**ın** al-**dığ**-ı] arabayı gördün mü?

The subject of the verb in the relative clause bears the genitive case expressing the person, and it agrees with the possessive marker attached to the verb after the *-DIK* or *-(y)AcAK*. The object or the other non-subject constituent that the relative clause modifies comes after the relative clause. That is, just like an adjective modifying a noun, the relative clause modifier precedes the noun. In terms of the order of the relative clause with respect to the noun it is modifying, Turkish contrasts with English. In English the relative clause comes after the noun it is modifying.

[Annemin konuşacağı] doktor bu hastanede çalışıyor.
'The doctor [that my mother will talk to] works in this hospital.'

[Sevda'nın evlendiği] adam Fransız mıymış?
'Is the man [that Sevda married] French?'

[Gönderdiğim] mektupları almışlar mı?
'Have they received the letters [that I sent]?'

[Bizim eskiden oturduğumuz] ev vapur iskelesine yakındı.
'The house [where we lived in the past] was close to the pier.'

As you will remember, *-DIK* and *-(y)AcAK* suffixes are used in other types of subordination structures that are presented in Chapter 24. The first example below is an embedded sentence meaning 'I didn't know that Hasan called you' and the second one is a relative clause, 'Who is the man that Hasan called?'

Hasan-ın seni **ara-dığ-ı-nı** bilmiyordum.
'I didn't know that Hasan called you.'

Hasan-ın **ara-dığ-ı** adam kimmiş?
'Who is the man that Hasan called?'

So how do you recognize a relative clause when you see it in a text? Here are two tips for you. (1) Relative clauses do not have a case marker after the possessive marker. Because the possessive marked object always bears a case marker in the object position, lack of case marking is a very good indicator of a relative clause. (2) Relative clauses usually come right before nouns, whereas embedded sentences usually come right before verbs. In the examples above, the relative clause comes before the noun *adam*, and the subordinate clause comes before the verb *bilmiyordum*.

Exercise 8 Combine the sentences with *-DIK* relative clause structures.

Örnek:

Selim'in annesi   bizim için baklava   yaptı. O baklava çok lezzetli.
Selim'in annesi-**nin** bizim için   yap-tığ-ı baklava çok lezzetli.

1. Babam yemeğe arkadaşlarını çağırdı. Onlarla konuştun mu?
2. Ayhan'ın annesi Yeniköy'de bir yalıda oturuyor. O yalıyı gördün mü?
3. Tarkan yeni bir albüm çıkarmış. O albümü herkes çok beğenmiş.
4. Ben eski kitaplarımı öğrencilere verdim. O öğrenciler çok sevindiler.
5. Selami Bey yurt dışından fotoğraf makinası getirmiş. Aynur onu çok beğenmiş.

Relative clauses

Exercise 9 Make sentences such as 'I am looking for a house that is close to the pier, that is not very expensive . . . .' with *-DIK, -(y)AcAK* or *-(y)An*. Use *each* structure *at least once*.

Ben _____ bir ev arıyorum.

Evin özellikleri:

O ev vapur iskelesine yakın.
O ev çok pahalı değil.
Ayşe o eve bayılacak.
Ayşe o evi almak isteyecek.
Daha önce o evde çocuksuz bir aile oturuyordu.
Ev sahibi o evi boyadı ve tamir etti.
O ev deniz manzaralı.
Annem o evi çok beğenecek.
O evin hayaleti yok.

Exercise 10 Kim kime ne yapıyor? Answer the questions appropriately from the options supplied.

1. Kediyi kovalayan köpek bahçede uyuyor.
    (a) Kim kovalıyor?
    (b) Kim kaçıyor?
    (c) Kim uyuyor?
2. Kedinin kovaladığı köpek bahçede uyuyor.
    Yukarıda 1 ve 2'de farklı olan(lar)ı işaretleyin:
    kovalayan   kaçan   uyuyan
3. Ben annemin davet ettiği misafirleri tanımıyorum.
    Kim davet ediyor?
    ben   annem   misafirler
4. Ben annemi davet eden misafirleri tanımıyorum.
    Kimi davet ediyorlar?
    beni   annemi   misafirleri
5. Yaşlı kadının durdurup soru sorduğu polis toplantıya geç kaldı.
    (a) Kim durduruyor?
        kadın   polis
    (b) Kimi durduruyor?
        kadını   polisi
    (c) Kim toplantıya geç kalıyor?
        kadın   polis
6. İki yıldır oğlunu görmeyen amcam dün bize geldi.
    Kim geldi?
    amcam   amcamın oğlu
7. Ablamı yemeğe davet eden komşuların yeşil bir arabası var.
    (a) Kim davet ediyor?
        ablam   komşular

A STUDENT GRAMMAR OF TURKISH

    (b) Kimi davet ediyor?
        ablamı   komşuları
    (c) Kimin yeşil arabası var?
        ablamın   komşuların
8. Selim'i döven çocuğu yakalayan polis Ahmet'in amcasıymış.
    (a) Ahmet'in amcası kim?
        Selim   çocuk   polis
    (b) Polis ne yaptı?
        Selim'i dövdü   Selim'i yakaladı   çocuğu yakaladı
    (c) Selim'i kim dövdü?
        Ahmet'in amcası   polis   çocuk
9. Selim'in babası herkesin sevdiği ama pek anlamadığı romanlar yazıyor.
    (a) Kim romanlar yazıyor?
        Selim   Selim'in babası   herkes   hiçkimse
    (b) Kim romanları seviyor?
        Selim   Selim'in babası   herkes   hiçkimse

Exercise 11 Translate the parts of the sentences between brackets using relative clauses.

1. (Her/His favorite book) _____ *Savaş ve Barış*.
2. (The place that s/he would like to go to the most) _____ Güney Afrika.
3. (The last film he watched) _____ *Uzak*.
4. (The person he wants to meet the most) _____ Tarkan.
5. (The city where s/he wants to live) _____ İstanbul.

Exercise 12 For each definition, write down what it describes. Note that there may be several possibilities. Give just one of them.

    Örnek: Kahvaltıda yediğimiz bir yiyecek... yumurta

1. Sütlü ve şekerli içtiğimiz bir içecek.
2. Mektup gönderdiğimiz yer.
3. İstanbul hakkında romanlar yazan bir yazar.
4. Nazım Hikmet'in sevdiği kadın.
5. Ferzan Özpetek'in yaşadığı ülke.
6. Nuri Bilge Ceylan'ın çektiği bir film.
7. Shakespeare'in yazdığı bir oyun.
8. Fransa'da doğan bir yazar.
9. Dolmanın içine koyduğumuz birşey.
10. Uçakta yanımıza alamayacağımız birşey.
11. Uçakta yapamayacağımız birşey.
12. Daha çok yazın yediğimiz bir yiyecek.
13. Ayağımıza giydiğimiz birşey.
14. Daha iyi görmek için taktığımız birşey.
15. Güzel kokmak için sürdüğümüz birşey.
16. Kolumuza taktığımız birşey.
17. Boynumuza taktığımız birşey.

Relative clauses

18. Paramızı koyduğumuz küçük çanta.
19. Raylar üzerinde giden bir taşıt.
20. Uçan bir taşıt.

Exercise 13 Guess which animal is described. You may note more than one animal that matches the definition.

Hayvanları tanıyor musunuz?

1. Çok hızlı koşan bir hayvan.
2. Kışın uyuyan bir hayvan.
3. Et yemeyen bir hayvan.
4. Et yiyen bir hayvan.
5. Yüzen bir hayvan.
6. Öten bir hayvan.
7. Uçan bir hayvan.
8. Tüylü olan bir hayvan.
9. Kanatlı olan bir hayvan.
10. Dört bacaklı olan bir hayvan.
11. İki bacaklı olan bir hayvan.
12. Evcil olmayan bir hayvan.
13. Soğuk iklimlerde yaşayan bir hayvan.
14. Sıcak iklimlerde yaşayan bir hayvan.
15. Konuşan bir hayvan.

Exercise 14 Match the places listed in the first column with the descriptions in the second column. The first one is given to you.

1. alışveriş merkezi   a. Alışveriş yaptığımız yer.
2. eczane   b. Çay iç _____ ve tavla oyna _____ yer.
3. hastane   c. Film izle _____ yer.
4. kahve   d. Hastaların ilaç almak için git _____ yer.
5. kitapçı   e. Hastaların muayene olmak için git _____ yer.
6. konser   f. Kitap almak için git _____ yer.
7. kütüphane   g. Kitap okumak için git _____ yer.
8. postane   h. Mektup atmak ve pul almak için git _____ yer.
9. sinema   i. Müzik dinle _____ yer.

Exercise 15 Complete the definitions with the correct forms of the relative clauses and match the people in the first column with the descriptions in the second column.

1. bakıcı   araştırma yapan biri
2. dansçı   dans et _____ kişi
3. dansöz   çocuklara bak _____ kişi
4. doktor   göbek at _____ biri
5. gazeteci   hastaları tedavi et _____ kişi
6. sekreter   hayvanları tedavi et _____ biri
7. sucu   kitap ya da yazı yaz _____ biri

8. şarkıcı   su sat _____ kişi
9. veteriner şarkı söyle _____ kişi
10. yazar   telefonlara bak _____ kişi

31.4 Headless relative clauses

The noun that is modified by a relative clause can be omitted, as seen in the following examples. When the so-called head of the relative clause is omitted, all the inflectional markers such as the plural -*lAr* and case markers can be attached to the relative clause markers. In the following example, the plural marker on the head *kitap* is attached to the relative clause marker -*(y)An* in the second sentence.

Kütüphaneye yeni **gelen** kitap**lar** bu rafta.
Kütüphaneye yeni **gelenler** bu rafta.

A similar kind of head omission is observed in object relative clauses. Note in the following example that the accusative marker -*ı* on the head noun *arkadaş* is transferred to the relative clause marker-possessive unit.

Kampüste **rastladığım** arkadaşı tanımadım.
Kampüste **rastladığımı** tanımadım.

If the head noun does not have any inflection, it can simply be omitted without any changes to the relative clause part.

Mustafa'yı **gören** adam babasıymış.
Mustafa'yı **gören** babasıymış.

Things get more complicated when there is more than one suffix that needs to be transferred. Note that there are two suffixes on *resimlerin*, a plural marker and a genitive case. When they are transferred to the relative clause, the plural is attached to the relative clause marker -*DIK*, and then the genitive case appears at the end of the word, after the possessive marker of the relative clause. This is because when a word has a case, a possessive marker, and a plural marker, their order is fixed:

Word Stem-PLURAL-POSSESSIVE-CASE

Müzede **gördüğüm** resim**lerin** kopyaları bu kitapta da var.
Müzede **gördüklerimin** kopyaları bu kitapta da var.
The order of suffixes:
Verb-*DIK* (relative clause marker)-PLURAL-POSSESSIVE-GENITIVE

Exercise 16 Omit the head of the relative clauses in the sentences below and rearrange the suffixes.

1. Bugün doğan bebekler Terazi burcu olacak.
2. Derse geç gelen öğrenciler derse giremiyor.
3. Erken kalkan arkadaşlar kahvaltıyı hazırlıyorlar.
4. Vildan'ı davet eden arkadaşlar çok pişman oldu.
5. Benim dinlediğim şarkı fena değildi.
6. Annemin yaptığı kek daha güzeldi.

Relative clauses

7. Hastanenin önüne parkeden arabalara ceza kesilmiş.
8. Benim suladığım çiçek kurumamış.
9. Murat Bey'in verdiği ders daha ilginçmiş.
10. Seni arayan adam kimmiş?

Exercise 17 Here are some more challenging sentences mixed with relatively easier ones. Omit the heads of the relative clauses and pay attention to the order of suffixes.

1. Okuduğum kitapları kütüphaneye götürdüm.
2. Seni arayan öğrenciler seni buldu mu?
3. Şu pazarda meyve satan adam bugün hastaymış.
4. Pazardan aldığım üzümleri kızlar yemişler.
5. Beyhan hanımın yazdığı mektubu görmemiştim.
6. Işıl'ın tavsiye ettiği konsere gidiyoruz.
7. Musa'nın görüştüğü müşterilerle kim pazarlık yapacak?
8. Menekşe'nin her yaz gittiği otel hangi adada?
9. Bu yıl okula başlayan öğrenciler forma giymeyeceklermiş.
10. Seyrettiğim filmlerin hepsi alt yazılıydı.

Chapter 32

Word order

Contents
32.1 Word order variation
32.2 Restrictions on word order variation
32.3 Dislocated constituents

32.1 Word order variation

Turkish is a Subject-Object-Verb language as opposed to English, which is Subject-Verb-Object. In English, [you] [read] [a book]. In Turkish, [you] [a book] [read].

In English you have a relatively fixed word order, that is, you do not change the order of words in a sentence. In Turkish you can move the words around as long as they are marked properly with case markers that indicate their function (subject, location, direction, direct object etc.):

Aylin bahçede kitabı okuyor.
Aylin kitabı bahçede okuyor.
Aylin okuyor bahçede kitabı.
Aylin okuyor kitabı bahçede.
Aylin bahçede okuyor kitabı.
Aylin kitabı okuyor bahçede.
Bahçede Aylin kitabı okuyor.
Bahçede kitabı Aylin okuyor.
Bahçede kitabı okuyor Aylin.
Bahçede Aylin okuyor kitabı.
Bahçede okuyor Aylin kitabı.
Bahçede okuyor kitabı Aylin.
Kitabı Aylin bahçede okuyor.
Kitabı Aylin okuyor bahçede.
Kitabı bahçede Aylin okuyor.
Kitabı bahçede okuyor Aylin.
Kitabı okuyor Aylin bahçede.
Kitabı okuyor bahçede Aylin.
Okuyor Aylin bahçede kitabı.
Okuyor bahçede Aylin kitabı.
Okuyor Aylin kitabı bahçede.
Okuyor bahçede Aylin kitabı.
Okuyor kitabı Aylin bahçede.
Okuyor kitabı bahçede Aylin.

Word order

The first sentence above is the most neutral one. The other orders are used if you would like to present the information with a particular stress or focus. Here is a very general (and oversimplified) description of particular positions in a sentence. The canonical position of the verb is the end of the sentence. The position that is immediately preceding the verb is the place where you have the focused information. For example, in the sentences below, when the subject (*annem*) appears right before the verb, the interpretation is 'It is my mother who called my father, not somebody else.'

Annem babamı aradı. (Neutral. 'My mother called my father.')
Babamı annem aradı. (Mother-focused)

When 'mother' is placed in this position, it also bears a particular focus stress. So it is not only the word order but also the intonation that gives the mother the focus interpretation. If you would like to 'topicalize' a constituent in the sentence, you move it to the beginning of the sentence. In the following example, the second sentence reads: 'As far as the Turkish coffee is concerned, we do not like it.'

Biz **Türk kahvesini** pek sevmiyoruz.
Türk kahvesini biz pek sevmiyoruz.

The sentence-final position following the verb is the position for the backgrounded information. You may consider it an 'afterthought' slot. So the following sentence can be interpreted as 'We do not drink it much, I mean the Turkish coffee.'

Pek içmiyoruz Türk kahvesi.

32.2 Restrictions on word order variation

(**a**) *Adverb order*: Simple manner adverbs always appear right before the verb and when the verb moves around in the sentence, these adverbs move together with the verb.

Amcam Ankara'dan çabuk geldi.
Amcam çabuk geldi Ankara'dan.
Trafik bu saatte çok yavaş ilerliyor.
Trafik çok yavaş ilerliyor bu saatte.

The other adverbs are freer in their order.

(**b**) *Adjective order*: Adjectives always precede the nouns that they modify. When the adjective comes after the noun, it has a predicate interpretation, as seen below.

Beyaz araba 'white car' vs.
Araba beyaz 'The car is white.'
Kırmızı elbise 'red dress' vs.
Elbise kırmızı 'The dress is red.'

(**c**) *Direct object order*: When the direct object does not have a case marker, it appears immediately before the verb. The only other position where it can appear without the case marker is the postverbal position following the verb. A restricted number of adverbs or focus markers can appear between a bare object and a verb. These are exemplified below:

Ahmet kahve **mi** içiyor?
Ahmet kahve **bile** içiyor?
Ahmet kahve içiyor **mu**?

(d) *Yes-no question particle*: The question particle comes right after the constituent that is being questioned and undergoes vowel harmony accordingly. In the examples below, when it appears after 'coffee' it means 'is it coffee that Ahmet is drinking?' When it appears after *Ahmet* the interpretation is 'Is it Ahmet who is drinking coffee?' The neutral position, where the whole sentence or the verb is questioned, is the sentence-final position.

Ahmet kahve **mi** içiyor.
Ahmet **mi** kahve içiyor.
Ahmet kahve içiyor **mu**?

(e) *Postpositions*: Postpositions always come after their noun complements. In the example below, you cannot separate the words *babam* and *için* and you cannot change their order.

Babam için babalar günü hediyesi aldık.

(f) *Compounds*: Word order in compounds does not change, and the constituents cannot be separated.

32.3 Dislocated constituents

Some constituents can cross the phrase boundaries and move around in the sentence. Such long-distance dislocations are very common, especially in colloquial spoken language. Below are some examples. In the first example, the possessor that bears the genitive case is moved to the end of the sentence, and is expressed as an afterthought. In the second example, again a genitive-marked subject of an embedded clause is moved all the way to the end of the sentence. Adjectives can move in a similar fashion, as seen in the third example.

_____ Küçük bir yazlık evimiz vardı **bizim**.
Ben _____ bu kadar güzel Almanca konuştuğunu bilmiyordum **Yener'in**.
Bizim küçük _____ bir yazlık evimiz vardı, **bahçeli**.

Exercise 1 Put the words in order to make grammatical Turkish sentences. Note that, due to the flexibility of word order in Turkish, you have more than one option. Just pay attention to some restrictions, and do not put them in an ungrammatical order. Put either a period or a question mark at the end of the sentences.

1. ile annem Çanakkale'ye gidecekmiş araba Bodrum'dan
2. siz misiniz bizimle de sinemaya gelir
3. çabuk Hasan çok Abi geldi
4. açıklandı üniversite mı sonuçları sınavı
5. hiç Urfa'da Urfa'yı ama babam hatırlamıyor doğmuş
6. alacaktı misafirleri havaalanından kim
7. kızım yaşında bir benim var dört
8. okudu bütün Ahmet gün kitap kütüphanede
9. mi babası Mustafa ile şekerli kahvelerini içiyorlar
10. bu mıymış uyuyorlar çocuklar saatte

Word order

Exercise 2 Put the words in order to make grammatical Turkish sentences. Note that the words do not have any case, tense, or person markers. Mark them appropriately. You cannot use a word more than once, and you cannot add new words.

1. Kedi - bahçe
2. baba - Hasan - doctor
3. Murat - Adana
4. git - anne - alışveriş
5. bil - İngilizce - Türkan - mu
6. git- yaz- tatil - nere - siz
7. herkes - şimdi - dinlen - otel
8. konuş- Yorgos - hiç - Türkçe
9. öğrenci - Murat - üniversite
10. tembel - bir - Murat - değil - öğrenci

Exercise 3 Easy and challenging sentences are mixed in this exercise. Put the words in order. Add necessary suffixes.

1. yap - havuç - güzel - Nermin - kek - abla - çok
2. endişelendir - çevre - kirlilik - herkes
3. soğuk - siz - bardak - de - bir - su - iç - iste - mi
4. İstanbul - kar- yağ - Aralık
5. ve - gül - plaj - kale - çocuk - neşe - kum - yap
6. her - baba - Cumartesi - tenis - kulüp - oyna - Mithat - Amca - git
7. gazete - dede - ev- oku
8. vapur - git - biz - Beşiktaş
9. ye - vejeteryan - ol - için - kebap - ben
10. sen - fayton - hiç - bin - mi

Chapter 33

Questions

Contents
33.1 Yes-no questions with *mI*
33.2 Question words
33.3 Tag-questions with *değil mi?*
33.4 Adverbs used in questions: *hani*, *acaba*, and *yoksa*
33.5 *mI* for emphasis

33.1 Yes-no questions with *mI*

In English, you form yes-no questions by moving the auxiliary verb to the beginning of a sentence: *Adam is a student*: *Is Adam a student?* As mentioned earlier, Turkish does not have auxiliaries to do that. Instead, it forms yes-no questions by addition of a question particle to the sentence. *-mI* is the yes-no question particle in Turkish. It is written as a separate word and it appears in various positions in a sentence, following some constraints. Despite the fact that it is a separate word orthographically, it undergoes I-type vowel harmony through which its vowel harmonizes with the last vowel of the word it follows. That is why it is treated as a suffix most of the time.

There are five things that you need to learn about the question particle:
(a) It undergoes I-type vowel harmony. Here are some examples:

Bu ev **mi**?
Bursa şehir **mi**?
Bu araba **mı**?
Bu sarı **mı**?
Bu film uzun **mu**?
Bu şehir Tokyo **mu**?
Bu adam ünlü **mü**?
Bu adam Oğuz Bingöl **mü**?

(b) *-mI* is always written as a separate word.
(c) As discussed in the chapter on person markers and exemplified throughout this book, some person markers follow the question particle and some precede it. When the person markers precede *mI* they are attached to the tense marker and remain as a part of the verb. When they follow *mI* they appear on the particle.

Sen İtalyanca biliyor **musun**?
Sen hiç İtalya'ya gittin **mi**?

(d) *-mI* makes yes-no questions only. It is *not* used with other question words such as *ne* 'what,' *kim* 'who,' *niçin* 'why.'
(e) Placement of the question particle is pretty flexible. It may appear after any word that it is focusing on or questioning. The first question below, where the question particle appears at the end of the sentence, is the most neutral one. The second sentence asks whether it

Questions

is the mother who is coming with us to Ankara (as opposed to someone else). The third sentence is asking whether the mother is coming with us (as opposed to someone else) to Ankara. The fourth is asking whether she is going to Ankara (as opposed to another place). The question particle never appears at the beginning of a sentence.

Annen bizimle Ankara'ya geliyor **mu**?
Annen **mi** bizimle Ankara'ya geliyor?
Annen bizimle **mi** Ankara'ya geliyor?
Annen bizimle Ankara'ya **mı** geliyor?

Exercise 1 Which one of the choices can be an answer to the yes-no questions? First identify the correct answer, and then for the wrong ones, write a question that would be appropriate to ask to get that answer.

1. Ahmet Bey kahvaltıda kahve mi içiyormuş?
   (a) Evet, kahve içiyormuş.
   (b) Evet, Ahmet Bey içiyormuş.
   (c) Evet, kahvaltıda içiyormuş.
2. Adalar vapuru Bostancı'dan saat dörtte mi kalkıyor?
   (a) Evet, dörtte kakıyor.
   (b) Evet, Bostancı'dan kalkıyor.
   (c) Evet, adalar vapuru.
3. Adapazarı Ekspresi mi beş buçukta terminalde oluyor?
   (a) Evet, beş buçukta.
   (b) Evet, Adapazarı Ekspresi.
   (c) Evet, terminalde oluyor.
4. Siz yarın mı Bodrum'a gideceksiniz?
   (a) Hayır, biz gitmeyeceğiz.
   (b) Hayır, Bodrum'a gitmeyeceğiz.
   (c) Hayır, yarın gitmeyeceğiz.
5. Aynur Murat'la üniversiteden mezun olduktan sonra mı evlendi?
   (a) Evet, Murat'la evlendi.
   (b) Evet, mezun olduktan sonra evlendi.
   (c) Evet, Aynur evlendi.

33.2 Question words

Kim 'who,' *ne* 'what,' and *nasıl* 'how' are the three most common question words. *Kim* and *ne* are inflected with appropriate case markers when they appear as objects. When they are the direct object, for example, they take the accusative case. *Ne* can appear without a case marker when it expresses an indefinite/nonspecific direct object. *Kim* is always case marked when it is in a direct object position.

Kim şarkı söylüyor?
Kimi arıyorsunuz?
Kime bilet alacaksınız?
Kimde fazla kalem var?
Kimden para almayacaksınız?
Kiminle konuştunuz?

Ne bitti?
Ne aldınız? / Neyi aldınız?
Neye koyalım?
Sence George nede haklıydı?
Seni neden sorumlu tutuyorlar?
Kapıyı neyle açtınız?

The word 'where' is *nere-* in Turkish but it is always used with a case marker, either as *nerede* with the locative, or as *nereden* with the ablative, or as *nereyi* with the accusative case. When it appears in the subject position of a sentence, where no case marker is used, it bears the possessive marker *-(s)I*:

Neresi daha güzel?
Nereden geliyorsun?
Nereye gidiyorsun?
Nereyi daha çok özledin?
Nereyle anlaşma imzaladınız?

The other question words are *nasıl* 'how,' *niye, niçin, neden* 'why,' *hangi* 'which.' The use of these question words is very similar to their counterparts in English.

Buradan havaalanına **nasıl** gidebilirim?
Kahvenizi **nasıl** içersiniz?
Bunu bana **nasıl** yaparsın!
Bugün trenler **niye/niçin/neden** çalışmıyor?
Hangi tren Gebze'de duruyor?

The amount, time, or frequency can be asked with the question word *kaç*. It can either precede a noun as in *kaç öğrenci, kaç lira* etc. Or it can bear case markers.

A: Bu sınıfta kaç yabancı öğrenci var?
B: 20 öğrenci var.

A: Konser biletleri kaç lira?
B: 40 lira.

A: Fransızca dersiniz saat kaçta başlıyor?
B: Saat dörtte başlıyor.

A: Kitapların kaçı Fransızca?
B: Kitapların beşi Fransızca.

A: Öğrencilerin kaçta kaçı Tükçe dersi alıyor?
B: Üçte ikisi (2/3) Türkçe dersi alıyor.

Exercise 2 Replace the underlined words with a question word and turn the sentences into questions.

1. Mustafa Bey <u>İstanbul'da</u> oturuyor.
2. Sedat <u>Ayşegül ile</u> evlendi.
3. Annem Bursa'ya <u>otobüsle</u> gidecek.

Questions

4. Mehmet partisine Murat'ın kuzenlerini çağırmamış.
5. Babaannem evde televizyon seyrediyor.
6. Arda okula yürüyerek gidiyor.
7. Müge Hanım benimle konuşmak istiyormuş.
8. Annem bugün ablamın çocuklarına bakıyor.
9. Hasan New York'ta arkadaşlarında kalacakmış.
10. Anahtarları Cafer Efendi'den almışlar.
11. Bu uçak Şikago'dan geliyor.
12. Bu haftasonu nöbetçi olduğum için Mehmet'in partisine gidemiyorum.

33.3 Tag questions with *değil mi?*

See Chapter 34 on negation for tag questions.

33.4 Adverbs used in questions: *hani, acaba,* and *yoksa*

There are a number of modal adverbs that typically occur in questions. Most commonly used ones are *hani, acaba,* and *yoksa*.

Hani in questions means 'show me, let me see' and it can appear at the beginning of the question or at the very end. It is possible to use it with other question words such as *nerede, ne, kim*. In the first example it means 'Let me see, where is your ticket?'

Hani senin biletin?
Babanın bileti **hani**?

Note that there is no question word in the sentences above although they are questions in tone. What makes these questions is the word *hani*. *Hani* can be used with a question word as well, as exemplified below.

Hani nerede bana vereceğiniz kitaplar?
Bana vereceğiniz kitaplar **hani** nerede?
Hani kimde benim biletlerim?
Hani ne zaman geleceksiniz?

With or without a question word, *hani* in a sentence can have a question interpretation with a question intonation. However, it is possible to have *hani* in affirmative sentences with a special discourse function.

Hani resimli kitaplarımız vardı, hergün okurduk.
Üst katta bir komşumuz vardı **hani**.

In these sentences, *hani* has a 'don't you remember?' interpretation although the sentences are not really questions.

Acaba means 'I wonder' and expresses curiosity or doubt. It appears at the beginning or at the end of a sentence. It can be used with question words or the question particle *-mI*.

Acaba annem bana doğumgünümde ne alacak?
Tatilde Bodrum'a gitsek mi **acaba**?

Yoksa is typically used in yes-no questions where the question is expressed as a reaction to a sudden realization and surprise.

Yoksa İstanbul'dan taşınıyor musunuz?
Yoksa sana yalan mı söylüyormuş?

33.5 *mI* for emphasis

mI can also appear in statements which are not questions and in such structures it has an emphasis function. It may appear between two adjectives, or at the edge of a sentence. In the first example, the beauty of the girl is emphasized with the addition of *mI* to the sentence. In the second example, it has a 'once' interpretation: 'Once it snows here, you will see . . . '

Güzel mi güzel bir kız
Kar yağdı mı, dışarıya kolay kolay çıkamazsınız.

Chapter 34

Negation

Contents
34.1 *değil*
34.2 *hiç*
34.3 *-mA*
34.4 *değil* in verbal sentences
34.5 Tag questions with *değil*
34.6 *ne... ne de*
34.7 The existential *yok*

34.1 *değil*

In nominal structures, *değil* makes a sentence negative. It comes after nouns, adjectives, and pronouns.

A: John Amerikalı mı?
B: Hayır, John Amerikalı değil. (John is *not* American)

A: Saat dokuz mu?
B: Hayır, saat dokuz değil.

A: Türkçe zor mu?
B: Hayır, Türkçe hiç zor değil.

You may add person markers, tense markers *-(y)DI* or *-(y)mIş* or the question particle to *değil*, as seen in the examples below. Note that in the future tense, *değil* is replaced by *ol-*, plus the negative *-mA*.

Present	Past	Past Perfect	Future
yorgun değilim	yorgun değildim	yorgun değilmişim	yorgun olmayacağım
yorgun değilsin	yorgun değildin	yorgun değilmişsin	yorgun olmayacaksın
yorgun değil	yorgun değildi	yorgun değilmiş	yorgun olmayacak
yorgun değiliz	yorgun değildik	yorgun değilmişiz	yorgun olmayacağız
yorgun değilsiniz	yorgun değildiniz	yorgun değilmişsiniz	yorgun olmayacaksınız
yorgun değiller	yorgun değillerdi	yorgun değillermiş	yorgun olmayacaklar
	yorgun değildiler		

Here is how the paradigm looks with the question particle *mI*:

Present	Past	Past Perfect	Future
yorgun değil miyim?	yorgun değil miydim?	yorgun değil miymişim?	yorgun olacak mıyım?
yorgun değil misin?	yorgun değil miydin?	yorgun değil miymişsin?	yorgun olacak mısın?
yorgun değil mi?	yorgun değil miydi?	yorgun değil miymiş?	yorgun olacak mı?
yorgun değil miyiz?	yorgun değil miydik?	yorgun değil miymişiz?	yorgun olacak mıyız?
yorgun değil misiniz?	yorgun değil miydiniz?	yorgun değil miymişsiniz?	yorgun olacak mısınız?
yorgun değiller mi?	yorgun değiller miydi?	yorgun değiller miymiş?	yorgun olacaklar mı?
	yorgun değil miydiler?		

Case markers remain attached to the noun. That is, while person markers and tense markers come after *değil*, with the insertion of *değil* before tense and person markers, such a shift is not observed with the case markers. Observe the place of *değil* in the following examples:

Ben hasta**ydım**.
Ben hasta değil**dim**.
Biz ev**deydik**.
Biz ev**de** değil**dik**.

Exercise 1 Make the sentences negative with *değil*.

1. Aysu'nun babası çok yaşlı.
2. Bu kutudaki hediyeler çocukların.
3. Benim babam da öğretmen.
4. Yemek çok tuzlu.
5. Yavuz'un annesi sarışın.
6. Sizin babanız esmer ve bıyıklı.
7. Bu kitap benim.
8. Bu fotoğraflar sizin.
9. Bu çay şekerli.
10. Gülay hanım evli.

Exercise 2 Make these sentences negative with *değil*.

1. Bu mantarlar zehirliymiş.
2. Defne'nin babası Türk'müş.
3. Bugün hava yağmurlu.
4. Ben çok yorgunum.
5. Biz havaalanındayız.
6. Bu bilgisayar bozuk.
7. Siz daha kısa boylusunuz.
8. Haberler pek can sıkıcı.
9. Sen çok tembelsin.
10. Avustralyalısınız.
11. Komşularımız çok zengin.
12. Bu çamaşır makinası çok gürültülü.
13. Suna'nın yemekleri çok lezzetliydi.
14. Saat dokuz buçuktu.
15. Anahtarlar çekmecedeydi.
16. Suç kamyonun şoföründeydi.
17. Londra'da hava güneşliymiş.
18. Annemin hediyesi mutfaktaymış.
19. Ulusal Psikoloji Kongresi bu yıl Ankara'daymış.
20. Dün bütün gün toplantıdaydım.
21. Siz Bursa'dasınız.
22. Biz dün gece Arnavutköy'deydik.
23. Biz öğrenciyiz.
24. Onlar Kocaeli Üniversitesi'nde.

Negation

34.2 *hiç*

The word *hiç*, which is used with negation, emphasizes the meaning of negation. The sentence 'it is not difficult,' for example, means 'not difficult at all' with the addition of *hiç*.

Türkçe zor değil.
Türkçe **hiç** zor değil.

The word *hiç* cannot be used with affirmative sentences but it can occur with a question particle *mI* even in those sentences which do not have negation. In those cases its meaning is similar to the use of *ever* in English:

Sen **hiç** fil gördün **mü**? 'Have you ever seen an elephant?'

34.3 *-mA*

The negative marker on verbs is *-mA*, which is attached directly to the verb stem. It undergoes A-type vowel harmony:

git-**me**-di-n, al-**ma**-dık, oku-**ma**-ya-lım, gül-**me**-di-ler.

The only morphemes that occur before the negation *-mA* are the passive, causative, reflexive, reciprocal markers and the abilitative mood marker *-(y)A(bil)-*. Tense and person markers come after negation:

aç-ıl-ma-dı (open-PASSIVE-NEGATIVE-PAST)
yap-tır-ma-dık (do-CAUSATIVE-NEGATIVE-PAST-1 PLURAL)
öp-üş-me-di-ler (kiss-RECIPROCAL-NEGATIVE-PAST-3 PLURAL)
tara-n-ma-dı (comb-REFLEXIVE-NEGATIVE-PAST)

The syllable that immediately precedes the negative *-mA* bears the word stress in a verb, if it is a regular word-final stress word (see Chapter 2 for details about word stress). In those verbs where the word stress is on the final syllable such as *aradí*, *aradılár*, the stress is shifted to the syllable that precedes the negative marker (*-ra-*) after the attachment of *-mA*: *arámadı*, *arámadılar*.

Exercise 3 Make the following sentences negative with *-mA*.

1. Vapur üçte kalktı.
2. İbrahim balkonda gazete okuyor.
3. Güneş açıyor.
4. Poyraz 12 Aralık'ta doğdu.
5. Esen'e doğumgünü partisi veriyoruz.
6. Çiçekleriniz kurumuş.
7. Çocuklar bu hafta karnelerini alıyorlar.
8. Bekir ve Yelda yemeğe geç kaldılar.
9. Buse iki buçuk yıldır İtalyanca kursuna gidiyor.
10. Hasan çiçekleri sulamış mı?
11. Mehtap ablanın oğlu burada oturuyor.
12. Musa Cumartesi akşamları barmenlik yapıyor.

13. Martılar sahilde uçuşuyorlar.
14. Biz her sabah sekizde evden çıkıyoruz.
15. Dün akşam Seda'yla kahve içtik.
16. Mektuplar Salı akşamı geldi.
17. Hep beraber Melek'in fıkralarına gülüyorduk.
18. Babaannem yemek pişiriyor.
19. Tuğçe babasına telefon etmiş.
20. Balıkları beslemişler mi?

34.4 *değil* in verbal sentences

In some special cases, which are not very frequent in the language, *değil* can be used as a negation marker in verbal sentences as well. In such uses, the verb is inflected with tense, and the person marker appears on *değil*. Here are some examples:

Size inanacak değilim.
Bu havada kar yağacak değil ya.
Bu eski eşyaları bize bu fiyata satacak değilsiniz herhalde.

Such uses have special meaning and discourse functions. The first example above could be translated as 'Of course I will not believe you,' while a regular sentence negated with -*mA* (*Size inanmayacağım*) would only mean 'I will not believe you.' Similarly, the second example denies the statement 'it will snow in this (sunny) weather,' meaning 'Of course it will not snow in this weather.' Addition of *ya* adds an extra emphasis on the objection tone of the statement, meaning 'don't you see it?' The same sentence with -*mA* (*Bu havada kar yağmayacak*) is just a regular 'It will not snow in this weather,' without any of the objection tone that the *değil* statement has. In the third statement, the tone of the sentence has an expression of objection or rejection: 'You will not sell this old furniture to us at these prices, will you?' This example has a tag-question tone, which is a part of the 'objection' or 'assertion' tone. The word *herhalde* at the end has an 'of course, naturally' interpretation here, rather than 'perhaps.' It conveys some sarcasm as well and emphasizes the speaker's disbelief that the furniture would cost the amount demanded.

Interestingly, in such uses, *değil* and the verbal negative -*mA* can appear together, as seen in the example below. In such structures, too, the interpretation is that of an objection or disbelief: 'It is not the case that I do not understand you' or 'it is not the case that you could not answer the questions.'

Sizi anlamıyor değilim.
Soruları cevaplayamamış değilsiniz.

Contrast these examples with the 'tag question' examples in the following section.

34.5 Tag questions with *değil*

Tag questions are formed with *değil*. Note that in tag questions, no person marker is attached to the *değil mi* structure. They contrast with the negative questions exemplified above in the section on *değil*. Here are some examples:

Ayşe de bizimle geliyor, değil mi?
Ben sizinle sinemada buluşacağım, değil mi?

Negation

Onlar Japonmuş, değil mi?
Sen bu filmi hiç beğenmedin, değil mi?

34.6 ne... ne de

The *ne... ne de* structure is the 'neither... nor' structure in Turkish: *Ne kahve, ne de çay içtik.* 'We drank neither coffee, nor tea.' You may use it without *de* as well – that is why it is marked as optional in the examples below. The most important property of this structure is that when *ne... ne de* appears in a sentence, there cannot be any other negation (unless the sentence is very long). So it should not be used with negative verbs. However, in colloquial speech and in some news reports we hear examples where *ne... ne de* appears with negation.

Ne İstanbul'u **ne** (de) İzmir'i gördüm. Sadece Ankara'ya gittim.
Ne Arif **ne** (de) Selim partiye gelebileceklermiş.

Exercise 4 Here are some negative sentences. Rewrite them using the *ne... ne (de)...* structure. In the last two examples, be careful about the different case markers on the objects. In such cases, you may either repeat the whole structure (object and the verb), or if the two verbs have the same meaning, you may just select one verb and use that.

Örnek: Aynur çay içmiyor. Kahve de içmiyor. Aynur ne çay ne kahve içiyor.

1. Annem Samsun'a gitmedi. Erzurum'a da gitmedi.
2. Güneş açmadı. Yağmur da yağmadı.
3. Aylin'ı kızı aramamış. Oğlu da aramamış.
4. Turgay çayına şeker ve süt koymuyor.
5. Çocuklar dans etmedi. Şarkı da söylemediler.
6. Babam Fransızca bilmiyor. İngilizce de bilmiyor.
7. Ayşe pasaportunu yanına almamış. Kimliğini de yanına almamış.
8. Ben çimleri kesmedim. Çiçekleri de sulamadım.
9. Ercan aksiyon filmlerinden hoşlanmıyor. Gerilim filmlerini de sevmiyor.
10. Halil bize mesaj atmadı. Bizi aramadı da.

Exercise 5 Translate these sentences into Turkish, using *değil*, *-mA*, or *ne... ne de...* structures.

1. I do not live in İstanbul anymore.
2. I am not hungry.
3. We do not like him.
4. She drinks neither coffee nor tea.
5. Orhan's father is not a doctor, is he?
6. My handbag is too big, isn't it?
7. Isn't my handbag too big?
8. Mustafa is not here.
9. My cat doesn't like your cat.
10. You were not at home on Saturday.

Exercise 6 Make these sentences negative, using appropriate negation strategies.

1. Murat hastaymış.
2. Vedat akşam eve geç gelecekmiş.
3. Telefonunuz çaldı, duydunuz mu?
4. Gazeteleri kapıya bırakmışlar.
5. Zeren banyoda çoraplarını yıkıyor.
6. Hüseyin geçen martta evliydi.
7. Bizim biletlerimiz Özge'deymiş.
8. Bugün hava çok sıcak.
9. Anneannem doğumgününde Bodrum'a gidecekmiş.
10. Ozan iki yaşında.
11. Cem'in halasını tanıyor musunuz?
12. Dersten önce Beşiktaş'ta buluştunuz mu?
13. Derya'nın yeni dairesi deniz manzaralıymış.
14. Müdür bey mektupları imzaladı.

Exercise 7 Select the word or the suffix that makes these sentences negative and make the sentences affirmative by removing the negative part or changing it. You may need to make other alterations as well.

1. Kızılırmak kırmızı değil.
2. Annem sarışın ve uzun boylu değil.
3. Bu kahve hiç taze değil.
4. Bu baklava fıstıklı değil.
5. Nevin yarın derse gelmiyormuş.
6. Ben bu konuyu hiç anlamadım.
7. Ne yemek yiyor ne de birşey içiyor.
8. Ne Cumhurbaşkanı ne de Başbakan bu konuyla ilgilendi.
9. Siz de bizimle sinemaya gelmeyecek misiniz?
10. Çiçekleri sulamadınız mı?
11. Vedat romantik filmlerden hoşlanmıyor.
12. Biz artık öğrenci değiliz.
13. Bugün hava hiç soğuk değil.
14. Yağmur yağmıyor.

34.7 The existential *yok*

See Chapter 7 on existential *var/yok* for a discussion of the negative existential *yok*.

Chapter 35

Coordination

Contents

35.1 *ve* 'and'
35.2 *ile* or *-(y)lA*
35.3 *ama, fakat, ancak, yalnız, lakin* 'but'
35.4 *de* 'too', *de... de* 'both'
35.5 *-(y)Ip* and *-(y)ArAK*
35.6 *ya... ya, (ya...) ya da, veya, yahut, veyahut* '(either) or'
35.7 *hem... hem, hem... hem de*
35.8 *ne... ne, ne... ne de*
35.9 *ise* and *-(y)sA* 'as for', 'whereas'
35.10 *çünkü, zira* 'because'
35.11 Miscellaneous conjuncts
35.12 *ki*
35.13 Incomplete words in coordination

35.1 *ve* 'and'

The conjunction *ve* 'and' is used to conjoin nouns, pronouns, adjectives, adverbs and verbs. It can also be used to conjoin sentences. It is very similar to *and* in English in terms of its use and meaning.

Adjective *ve* adjective:

İstanbul bu mevsimde çok sıcak **ve** nemli olur.

Object noun *ve* noun:

İlhan düğününe yakın arkadaşlarını **ve** akrabalarını davet edecekmiş.

Subject noun *ve* noun:

Ali **ve** Murat bu yıl üniversiteye başlayacaklar.

Object pronoun *ve* pronoun:

Bu konu seni **ve** beni ilgilendirmez.

Adverb *ve* adverb:

Hırsız sessizce **ve** arkasına bakmadan kaçtı.

Verb *ve* verb:

Köpek kemiği aldı **ve** gitti.

Sentence *ve* sentence:

Yarın akşam Orhan'ı arayacağım **ve** herşeyi anlatacağım.
Esen çok çalıştı **ve** iyi bir üniversiteye girdi.

Ödevlerinizi bitirin **ve** öğretmeninize verin.
Halam her sabah kalkar, kahvaltısını yapar **ve** 7:30 vapuruyla işe gider.

35.2 *ile* or *-(y)lA*

İle 'and' has the same meaning as *ve*, but its use is restricted to noun-noun contexts. It can appear as a single free word (*ile*) or it can be attached to words as a suffix.

Ali **ile** vs Ali'**yle**
Selim **ile** vs Selim'**le**

When it appears as a suffix, *ile* undergoes A-type vowel harmony and the first vowel *i* appears as *y* after vowel-ending words. It gets deleted when the suffix is attached to a consonant-ending word. When it appears as a free suffix, it does not undergo vowel harmony and always appears as *ile*.

-(y)lA after words that end in a consonant	*-(y)lA after words that end in a vowel*
bilgisayar**la**	araba**yla**
ceket**le**	koro**yla**
süt**le**	sürü**yle**
çocuklar**la**	dergi**yle**
misafir**le** etc.	gazete**yle** etc.

Ali **ile** Murat kardeşmiş.
Ali'**yle** Murat kardeşmiş.
Ali **ile** Murat kütüphanede ders çalışıyorlar.
Ali'**yle** Murat kütüphanede ders çalışıyorlar.

Do not confuse the conjunction *ile* with *ile* that has an instrumental or comitative meaning. The conjunction *ile* conjoins two words, whereas the instrumental or comitative *ile* behaves more like a case marker and does not appear between two nouns.

Ahmet hergün okula araba**yla** gidiyor.	Instrumental
Annem kapıyı anahtarı **ile** açamamış.	Instrumental
Mustafa Bey sekreter **ile** konuşuyor.	Comitative
Annemi arkadaşlarım**la** tanıştırıyorum.	Comitative
Annem babam**la** bu akşam tiyatroya gidecek.	Comitative
Annem**le** babam bu akşam tiyatroya gidecekler.	Conjunction

See Chapter 4 for examples of this kind of *ile*.

35.3 *ama, fakat, ancak, yalnız, lakin* 'but'

All these conjunctions mean 'but.' They slightly differ in their meaning and degree of formality. *Lakin* is an old form, rarely used today. *Fakat* and *ancak* are more formal and can be seen more often in written texts. *Ama* is common in both spoken and written language and less formal than *fakat* and *ancak*.

Ben de sizinle tatile gelmek istiyorum **ama** önce tezimi bitirmem lazım.
'I would like to go on vacation with you, **but** I need to finish my thesis first.'

Coordination

Üniversiteyi bitirmiş **fakat** iş bulamamış.
'He graduated from university, **but** he couldn't find a job.'

Yalnız can also be used as an adjective or an adverb meaning 'alone,' 'lonely,' and 'only.' When it is used as such, it appears before nouns or in the case of the adverb use, it modifies the verb.

Yalnız insanlar daha çabuk yaşlanıyor.
'Lonely people age faster.'
Annem Ankara'da **yalnız** yaşıyor.
'My mother lives alone in Ankara.'
Beni **yalnız** sen anlıyorsun. 'Only you understand me.'

35.4 *de* 'too', *de... de* 'both'

When written as a separate word (i.e., when it is not a suffix), *dA*, has the meaning of 'too, as well.' Although it is not a suffix, it undergoes vowel harmony, which is reflected in its written form as well as its pronunciation. Therefore, it appears as *de* or *da* in writing and is pronounced as such. It undergoes consonant assimilation as well, but that is not reflected in writing. That is, although it can be pronounced as /te/ or /ta/ as well, after voiceless consonants, it is always written as *de* or *da*. Its position in a sentence is pretty flexible. It can appear anywhere except at the beginning of a sentence and it 'modifies' the word that it comes after.

Aslı **da** kitapları Murat'a vermiş.
'Aslı, too, gave the books to Murat.'
Aslı kitapları **da** Murat'a vermiş.
'Aslı gave the books, too, to Murat.'
Aslı kitapları Murat'a **da** vermiş.
'Aslı gave the books to Murat, too.'

This kind of *dA* can be attached to verbs as well, and can appear at the end of a sentence. Due to restrictions on the context of such a use, it is rarely seen in this position.

Aslı Murat'a sadece mesaj atmamış, onunla konuşmuş da.
'Aslı did not only send a message to Murat, she talked to him, too.'

When *dA* is 'reduplicated' it has the meaning 'both'.

Bodrum'a **da** Marmaris'e **de** gideriz.
'We go both to Bodrum and Marmaris.'

The second *-da* can be produced at the end of the sentence, so *dA* can appear at the end of the sentence. There is no difference in the meaning of the sentences with different word orders.

Bodruma'a **da** gideriz, Marmaris'e **de**.

Here are some more examples with *dA* and *dA... dA*:

Aslı İstanbul Üniversitesi'nde Fizik okuyor. Murat **da** orada Fizik okuyor.
Aslı İstanbul Üniversitesi'nde Fizik okuyor. Murat **da**.
'Aslı is studying Physics at İÜ. Murat, too.'

Aslı **da** Murat **da** İstanbul Üniversitesi'nde Fizik okuyor.
Aslı **da** İstanbul Üniversitesi'nde Fizik okuyor, Murat **da**.
'Both Aslı and Murat are studying Physics at İÜ.'

In addition to the 'too' meaning, the conjunction *dA* can be used with 'and' or 'so' to mean 'as well,' as seen in the examples below.

Kardan bütün yollar kapandı. Orhan **da** evine gidemedi.
'All the roads were closed because of snow, *and* Orhan couldn't go home.'

DA in elliptical contexts may mean 'that is why.'

A: Neden içeriye girmedin?
B: Rahatsız etmek istemedim **de**.
Longer form: Rahatsız etmek istemedim de ondan.

DA may have a 'would rather' interpretation, as well.

Ölürüm **de** böyle birşey istemem.
'I would rather die (than request something like that).'

35.5 -(y)Ip and -(y)ArAk

The suffix *-(y)Ip* is attached to verbs and conjoins verbal sentences that have the same subject and the same tense, aspect, and modality marker.

Çocuklar yemeklerini yi**yip** bahçeye çıktılar.
Restoranı ara**yıp** rezervasyon yaptırayım mı?
Yemekten sonra bulaşıkları yıka**yıp** kuruladık.
İşe nasıl gid**ip** geliyorsun?

-yIp replaces the inflection markers on the first verb when they are the same as the ones on the second verb. Another important point to mention is that the event described by the verb that bears *-(y)Ip* takes place before the other verb that bears the tense, aspect, and modality markers. So in the first example, children finish their meal and then go out. In the second and third examples, calling the restaurant takes place before making a reservation, and washing the dishes takes place before drying them. In the last example, going to work, of course, precedes coming back.

Just a note on the form of the verbs in the examples above. *-(y)Ip* appears as *yıp, yip, yup* or *yüp* after verbs that end in a vowel. *(y)* is dropped when the verb ends in a consonant, as seen in the last example. In the first example, the verb *ye-* appears as *yi-* before *yip*. Interestingly, this vowel change is not observed in another verb, *de-*, that looks quite similar to *ye-*. *De-* becomes *deyip* without a vowel change, although it may be pronounced as /diyip/ by some speakers. This difference in pronunciation and spelling is observed in other vowel-ending verbs as well. The second verb above, *arayıp*, may be pronounced as /arıyıp/ as well although it is not spelled as such. Similarly, *yıkayıp* may be pronounced as /yıkıyıp/. *Yiyip* is the only example where this kind of pronunciation is reflected in spelling.

The suffix *-(y)ArAk* can be used just like *-(y)Ip* as a conjunction meaning 'and.' It has the same sequential interpretation, i.e., the event marked with *-(y)ArAk* takes place before the other event.

Coordination

Annem misafirleri ara**yarak** toplantının yeni saatini bildirdi.
'My mother called the guests and informed them about . . . '

Vedat televizyonu kapat**arak** uyumaya gitti.
'Vedat turned off the TV and went to sleep.'

Note that *-(y)ArAk* can be used in adverbial clauses that express the manner of action as well. See Chapter 27 for a discussion of such examples.

35.6 ya . . . ya, (ya . . .) ya da, veya, yahut, veyahut '(either) or'

Ya . . . ya, ya . . . ya da, veya, yahut, veyahut all have the same meaning 'or.' *Yahut* and *veyahut* are older forms and their use is relatively more restricted.

Sana **ya** bugün **ya** yarın geleceğim.
Sana **ya** bugün **ya da** yarın geleceğim.
Sana bugün **ya da** yarın geleceğim.
Sana bugün **veya** yarın geleceğim.
Sana bugün **yahut** yarın geleceğim.
Sana bugün **veyahut** yarın geleceğim.

Ya alone can be used to mean 'don't you know?' or 'don't you remember?'

Size saat beşte geleceğim demiştim **ya**.
Saat beşte bir deniz otobüsü var **ya**, onunla geldim.

When it is used alone at the beginning of a clause, it may mean 'what if . . . '. Such sentences have question intonation.

Ya projeyi zamanında bitiremezsek?
'What if we cannot finish the project on time?'

Ya Hamlet Ofelya'yı sevmiyorsa?
'What if Hamlet doesn't love Ophelia?'

It may also mean 'what about . . . ?' in examples like the ones below:

Biz okula vapurla gidiyoruz. **Ya** siz?
Biz gelecek sene de Türkçe dersi alacağız. **Ya** onlar?

35.7 hem . . . hem, hem . . . hem de

Both *hem . . . hem* and *hem . . . hem de . . .* mean the same 'both . . . and.'

Hem mektup yazdım, hem telefon ettim.
Hem mektup yazdım, hem de telefon ettim.
Hem annem hem babam gelecek.
Hem mavi hem de kızmızı balon istiyorlar.

35.8 ne...ne, ne...ne de

Ne...ne, and *ne...ne de* both mean 'neither...nor.' They can conjoin nouns, adjectives, verbs and sentences.

Ne sentence, *ne* sentence:

Aylin **ne** yemek yedi **ne** (de) birşey içti.

Ne adjective *ne* adjective:

Hava **ne** sıcak **ne** (de) soğuk.

Ne verb *ne* verb:

Hüseyin bizi **ne** aradı **ne** (de) sordu.

Ne noun *ne* noun:

Murat **ne** dergi **ne** (de) kitap okuyor.

Ne pronoun *ne* pronoun:

Ne beni **ne** (de) seni dinliyor.

When two different types of persons (e.g., *biz* and *siz*) occur as the subject and thus require different person agreement markers on the verb (*-iz*, *-siniz* in the example below), *ne...ne* is marginally acceptable if the verb bears the person marker of either of the subject parts. In other words, although it is ungrammatical, it is possible to hear native speakers producing such sentences in both spoken and written Turkish.

Ne biz **ne** (de) siz onu ikna edebilirsiniz.
Ne biz **ne** (de) siz onu ikna edebiliriz.

The best way to deal with multiple person subjects is by postponing the production of the second *ne*, omitting the second verb. So you have a pronoun subject preceded by *ne* and then the verb that agrees with the subject pronoun and then the second *ne* and the second subject:

Ne biz onu ikna edebiliriz **ne** (de) siz.

Another, but less favored, way would be to repeat the verb with each person agreement.

Ne biz onu ikna edebiliriz **ne** (de) siz ikna edebilirsiniz.

35.9 *ise* and *-(y)sA* 'as for,' 'whereas'

The suffix *-(y)sA*, or its lexical form *ise*, can be used to express meaning 'as for' or 'whereas' and conjoins two sentences. *İse* or *-(y)sA* is attached to the first lexical item in the second clause. The suffix form undergoes A-type vowel harmony.

Selin bu sene liseye başladı. Pelin **ise** daha ilkokula gidiyor. (or Pelin'**se**)
'Selin started high school this year. As for Pelin, she is still at elementary school.'

Coordination

Annem çay içiyor, babam**sa** kahve. (or babam **ise**)
'My mother drinks tea, whereas my father drinks coffee.'

35.10 çünkü, zira 'because'

The forms *çünkü* and *zira* are both sentential conjunctions meaning 'because.' *Zira* is a much older form, used marginally, and mostly in written Turkish.

Toplantıya geç kaldık **çünkü** otobüsü kaçırdık.
'We were late to the meeting because we missed the bus.'

Japon işadamları ile bir anlaşma imzalayamadık, **zira** çok yüksek fiyatlar istediler.
'We couldn't sign a contract with the Japanese businessmen because …'

35.11 Miscellaneous conjuncts

Bu nedenle, bu yüzden, dolayısıyla, all meaning 'for this reason,' 'that is why,' 'because of this.'

These three expressions are used at the beginning of the second sentence in the conjunct.

Otobüsü kaçırdık. Bu nedenle / bu yüzden / dolayısıyla toplantıya geç kaldık.
'We missed the bus. That is why we were late to the meeting.'

hatta, üstelik 'moreover, not only that':

Günlerce **hatta** aylarca bu sınava çalışmışlar.
Ayça Murat için herşeyi yaparmış, **hatta** işini bile bırakırmış.
Bu alışveriş merkezi Türkiye'nin **hatta** Avrupa'nın en büyük alış veriş merkeziymiş.
Bugün işe geç kaldık. **Üstelik** patron da bunu farketti.

nitekim 'as a matter of fact, in fact, indeed':

Yağmur yağacak demişlerdi, **nitekim** yağdı.
Babamın sigarayı bırakacağını düşünmüyorduk, **nitekim** bırakmadı.

örneğin, mesela 'for example':
Both *örneğin* and *mesela* mean 'for example' and their use is the same as 'for example' in English. *Mesela* is an older word but it is used very frequently, especially in spoken language. *Örneğin* has a slightly more formal tone.

İstanbul'da görebileceğiniz pek çok tarihi mekan var. **Örneğin/mesela**, Topkapı Sarayı.

yoksa 'or, if not, otherwise':

Niçin öyle bakıyorsun? **Yoksa** bana inanmıyor musun?
Saat birde evden çıkmamız lazım. **Yoksa** geç kalırız.
Bir an önce Türkçe öğrenin. **Yoksa** Türkiye'de iş bulamazsınız.
Lütfen uslu durun, **yoksa** karışmam!

bari, hiç olmazsa, hiç değilse 'at least':

These three expressions can be used interchangeably.

Bari / hiç olmazsa / hiç değilse toplantıya vaktinde gelseydin.
'You could at least come to the meeting on time.'

oysa, oysaki, halbuki 'whereas, though':

Yine yağmur yağıyor. **Oysaki** hava durumunda güneş açacak demişti.
'It is raining again, though according to the weather forecast, it was going to be sunny.'

gerek... gerekse 'both... and':

Gerek hayvanlar **gerekse** insanlar, bütün canlılar çevre kirliliğinden etkileniyor.
Gerek yurt içinde **gerekse** yurt dışında, dünya kupası sonuçları coşkuyla karşılandı.

ister... ister, ister... isterse 'whether... or':

İster yalnız gel, **ister** ailenle gel, her zaman bizde kalabilirsin.
İster trenle, **ister** otobüsle git, yarın sabahtan önce orada olamazsın.

olsun... olsun 'whether... or':

Tembel **olsun**, çalışkan **olsun**, bütün öğrencileri Murat'ı çok severdi.

mI... mI 'either... or':

The yes–no particle *mI* may be doubled and may have an 'either... or' meaning.

Kahve **mi** çay **mı** içersiniz?
İzmir'e **mi** Manisa'ya **mı** taşınmışlar.

35.12 *ki*

The conjunction *ki* is a Persian borrowing and it is used very frequently in a variety of constructions with a variety of interpretations. As a complementizer, *ki* has a function that is very similar to the complementizer *that* in English.

Biliyorum **ki** çocuklar sıkılacak ve eve erken dönecekler. 'I know that...'
Anladım **ki** ona söylediğim hiçbirşeyi dinlememiş. 'I understood that...'
Bilmiyorum **ki** ne yapsam.
Birden farkettim **ki** misafirler Türkçe bilmiyorlar.

It also expresses some sort of a cause–effect relationship.

Param yok **ki** sana borç vereyim.
'I do not have any money, so I cannot lend you any.'

Hava o kadar güzeldi **ki** piknik yapmaya karar verdik.
'The weather was so nice that we decided to go on a picnic.'

Öyle birbağırdı **ki** herkes çok korktu.
'He shouted so loudly that everybody was scared.'

Especially in those examples where it appears at the end of a sentence, it expresses surprise and emphasis.

Hava o kadar güzeldi **ki** 'The weather was so nice.'
Öyle bir bağırdı **ki** 'He shouted so loudly.'

Coordination

Here are some more examples where it is used at the end of a sentence. In such uses the sentences may continue, but because the rest of the sentence is obvious, it is omitted.

Bir türlü anlamıyorlar **ki**.

A: Yazlığa gitmek için havaların ısınmasını mı bekleyeceksin?
B: Bilmiyorum **ki**.

Bende hiç para yok **ki**.

The *ki* in the so-called locative *ki* construction is attached to the word after the locative case. In contrast to the other *ki* structures exemplified above, in this construction *ki* appears as a suffix, that is, it is a part of the preceding word. Locative *ki* is used as a modifier and it is translated into English as if it is a relative clause structure. See Chapter 26 for more examples and further discussion of the locative *ki*.

Bahçede**ki** kediler. 'the cats that are in the garden'

[Arabada**ki** adam] Murat'ın arkadaşıymış.
'[The man who is in the car] is Murat's friend.'

Another use of *ki* is exemplified below. In the first sentence, a non-completed event is expressed with a -*(y)AcAk* and -*(y)DI* combination, and the second sentence expresses the reason for this situation. *Ki* appears between two clauses, and does not contribute to the interpretation, i.e. it may be omitted.

Tam dışarıya çıkacaktım (**ki**) yağmur başladı.

In addition to the uses discussed above, *ki* appears in many other structures and idiomatic expressions, such as *halbuki, oysaki, ne yazık ki, demek ki, yeter ki*.

35.13 Incomplete words in coordination

When conjuncts coordinate similar kinds of constituents that bear the same set of inflections (case, tense, person marker), the inflections can be 'suspended' and attached to the very last word. In the following example, the plural, possessive, and the case marker on *arkadaşlarımızı* may be omitted or not expressed because these markers are the same as the ones on *akrabalarımızı*.

Düğünümüze yakın arkadaş**larımızı** ve akraba**larımızı** çağırdık.
Düğünümüze yakın arkadaş ve akraba**larımızı** çağırdık.

A similar strategy is used for verbs. The first tense/aspect marker is maintained, while the second tense marker and the person marker are omitted because they are the same ones marked on the second verb.

Ona gidi**yordum** ama onunla konuşmadan geri dönü**yordum**.
Ona gidi**yor** ama onunla konuşmadan geri dönü**yordum**.

Note that in the examples above, you cannot omit -*Iyor* although it is repeated too. The verb has to bear a tense/aspect marker – it cannot occur in the bare form.

255

Exercise 1 Decide whether the *ile* in the following sentences has the 'with/by' meaning or the 'and' meaning.

	'with/by'	'and'
1. Suzan Musa'yla dans etmek istemedi.	o	o
2. Seza ile Harun yarın akşam evleniyorlar.	o	o
3. Seza yarın akşam Harun'la evleniyor.	o	o
4. Annemle biz yarın akşam geleceğiz.	o	o
5. Kuzenim Yasemin annesiyle Beşiktaş'ta oturuyor.	o	o
6. Kuzenim Yasemin'le annesi Beşiktaş'ta oturuyor.	o	o

Exercise 2 Translate these sentences into Turkish.

1. Aylin and Sera are good friends.
2. I can come with you to Taksim, but I cannot stay all night.
3. Hasan wanted to see you too but unfortunately he is working today.
4. Neither the students, nor the teachers like the new school regulations.
5. I will come either on Thursday or Friday.
6. Both Hasan and Selim would like to go to Kaş in the summer.
7. I opened the window and looked outside.

Chapter 36

Diminutive

Contents
36.1 -*CIK*
36.2 -*CIğIm*, -*CA*, -*CAnA*, -*CAğIz*
36.3 -*ImsI* and -*ImtrAk*

36.1 -*CIK*

-*CIK* is the most productive diminutive suffix. It undergoes both I-type vowel harmony and consonant assimilation. The final *k* undergoes *k*–zero alternation as well and as a result the suffix appears in sixteen different forms: -*cik*, -*çik*, -*cık*, -*çık*, -*cük*, -*çük*, -*cuk*, -*çuk*, -*ciğ*, -*çiğ*, -*cığ*, -*çığ*, -*cüğ*, -*çüğ*, -*cuğ*, -*çuğ*.

It can be attached to nouns, proper nouns, adjectives and the cardinal number *bir*:

kedi-cik (cat-DIM) 'little/poor cat'
Ömer-cik (Ömer-DIM) 'little/poor Ömer'
kısa-cık (short-DIM) 'very short'
bir-i-cik (one-DIM) 'the only/dear'

-*CIK* cannot be attached to any other numeral. However, when the numerals are followed by nominals such as *tane* 'piece, grain' or *milyon* 'million,' the diminutive can be attached to these words.

iki tane-cik (two piece-DIM) 'only two pieces'
iki milyon-cuk (two million-DIM) 'only two millions'

-*CIK* behaves differently according to the grammatical category of the stem it is attached to, with respect to not only morpho-phonological properties but also the intended meaning and function. The use of -*CIK* with common nouns and proper names is straightforward. No stem change is seen. The intended meaning is that of smallness in size or a feeling of affection. A word such as cat-DIM means 'little cat' or 'poor cat.' When it is attached to proper names, it usually expresses sympathy and affection as in the case of *Ayşe-cik* 'poor/dear Ayşe.'

When -*CIK* is attached to an adjective it results in a stem alternation. Those words that end in *k* undergo final consonant deletion: *küçük* 'small' > *küçü-cük*. Such a deletion is seen in adjectives only. Note that when the word is a noun *k* is allowed. Compare: *köpek* > *köpek-çik* 'dog-DIM' with *küçük* > *küçü-cük* 'small-DIM.' Another stem change, in the form of vowel epenthesis, is observed in words such as the cardinal number *bir* 'one' and some other adjectives: *bir* > *bir-i-cik* and *az* 'little' > *az-ı-cık*. Such a change is not observed in nouns or proper names. Contrast *kaz-cık* 'goose-DIM' and *Naz-cık* 'Naz-DIM' with *az-ı-cık*.

When attached to a noun or a proper noun, -*CIK* gives a meaning of smallness, affection, or sympathy. The meaning that it adds to adjectives, however, varies. When attached to an adjective such as 'small' or 'little,' which already has a dimensional meaning of smallness/shortness, it intensifies the meaning and makes the noun reference even smaller. In that sense, -*CIK* is more like an intensifier, rather than a diminutive, because it further amplifies the smallness of the size. In contrast, when -*CIK* is attached to adjectives that do not denote smallness, it is either ungrammatical, as in the case of *uzun* 'long' > **uzun-cuk*), or it results in a noun interpretation of the word ('the little long (one)') with a difference in the stress pattern.

The stress pattern of -*CIK* words varies due also to the grammatical category of the word. In adjectives with the diminutive suffix, the stress falls on the first syllable (e.g., *kısá* 'short' > *kísacık* 'very short'). In nouns and proper nouns, the stress pattern does not change with the attachment of -*CIK*. In those words that have word-final stress (e.g., *ayí* 'bear'), the stress passes onto the diminutive affix and the word-final stress pattern is retained (e.g., *ayı-cík*). Such a stress shift to the right is typical of all word-finally stressed words in Turkish, as discussed in Chapter 2. No stress-placement change is observed in those words that have non-final stress. The word *sandálye* > *sandálye-cik* is an example.

It is possible to attach more than one -*CIK* to a stem to intensify the effect of the diminutive morpheme (e.g., *kısa* (short) > *kısa-cık* 'very short' > *kısa-cı-cık* 'very very short').

36.2 -CIğIm, -CA, -CAnA, -CAğIz

The diminutive suffixes -*CIğIm*, -*CIğImA*, -*CIktA*, and -*CIktAn* are the other forms of -*CIK* diminutives. When -*CIK* is followed by the possessive marker (which is marked for person and number), it usually has a vocative function.

Nehir-ciğ-im (Nehir-DIM-POSSESSIVE-1sg) 'My dear Nehir'
anne-ciğ-im (mother-DIM-POSSESSIVE-1sg) 'my dear mother'

The possessive form together with the diminutive marker expresses an endearment of the addressee.

-*CA* is a diminutive suffix with four variants: -*ca*, -*ce*, -*ça*, -*çe*. It is less common and less productive than -*CIK*. It is attached to adjectives only (e.g., *büyük* 'big' > *büyükçe*, *ufak* 'small' > *ufakça*) and always has a diminutive or decreasing impact on the meaning of adjectives – even those such as *küçük* 'small' and *kısa* 'short.' Those words such as *büyük* that cannot enter into the derivation with -*CIK* (*büyük-cük) can be derived by -*CA* with a diminutive meaning: *büyük-çe* means 'not very big.' -*CA* does not result in a stress shift to the final syllable (e.g., *uzún* 'long' > *uzún-ca*, with no stress shift). Contrast the stress shift and the meaning change in the word *ufak* 'small' when derived with -*CA* vs. -*CIK*: *ufák* > *ufák-ça* (with no stress shift) results in a decrease in the degree of smallness, meaning 'not very small' and *ufák* > *úfa-cık* (with a stress shift to the initial syllable) causes an increase in the degree of smallness meaning 'very small.'

-*CAnA* is another form of -*CA*, as seen in examples *eski-cene* 'old-DIM,' *sulu-cana* 'juicy-DIM,' *fazla-cana* 'plenty-DIM.'

The other diminunive suffix, -*CAğIz*, is attached to nouns such as 'man,' 'girl,' 'woman' and expresses a feeling of strong pity or sympathy. *Kadın-cağız* 'woman-DIM' means 'poor woman,' for example. It does not denote 'smallness' or a decrease in the property of being a woman. -*CAğIz* does not have an impact on the stress pattern of the word. No stem change occurs either.

Diminutive

36.3 *-ImsI* and *-ImtrAk*

-ImsI and *-ImtrAk* are attached to adjectives that can have a variation in intensity and decrease the quality described by the adjective. They are usually attached to color and taste adjectives. For example, *yeşilimsi* refers to a color less than green, 'greenish,' *sarımsı* is less then yellow, 'yellowish,' *tatlımsı* is 'not very sweet.' The first vowel of these suffixes undergoes I-type vowel harmony, as seen in the examples. *Sarımtırak, kırmızımtırak, acımtırak, ekşimtırak* are examples with the suffix *-ImtrAk*, with the same meaning as *-ImsI*.

Exercise 1 Add the correct form of *-CIK* to these words. Note that some of them will be just diminutive and some will have a special meaning (e.g., *kitap*-DIM means 'booklet').

ayı ___	aslan ___	anne ___	serçe ___	prens ___	civciv ___
kedi ___	ada ___	kuzu ___	kurt ___	bebek ___	kitap ___
at ___	ağaç ___	kuş ___	ev ___	saat ___	göl ___

Exercise 2 Add the affection marker *-CIğIm* to the following words:

anne ___	Serap ___	dede ___	Can ___
Ayşgül ___	Nehir ___	abla ___	Işıl ___
Ayhan ___	Şevket ___	yenge ___	Oğuz ___
Burak Bey ___	anneanne ___	Mehtap Hanım ___	Seçil ___
Sally ___	<*your name*>	<*your best friend's name*>	

Chapter 37

Reduplication

Contents
37.1 Full reduplication   37.2 Partial reduplication

Reduplication is a method of word formation, in which you repeat either a part of the word or the whole word and the result is a new word. Words can be partially or fully reduplicated in Turkish. Nouns or adjectives can be reduplicated to form adverbs. Verbs can be reduplicated to express a certain manner in which the action is performed. Adjectives can be reduplicated to express emphasis.

37.1 Full reduplication

Here are some adjectives that can be reduplicated to form adverbs:

hızlı 'fast'   hızlı hızlı 'fast (adverb)'
yavaş 'slow'   yavaş yavaş 'slowly'
güzel 'nice'   güzel güzel 'nicely'

Here are some nouns that are reduplicated to form adverbs:

sabah 'morning'   sabah sabah 'in the morning'
akın 'sudden rush'   akın akın 'rushing in crowds'
adım 'step'   adım adım 'step by step'

See Chapter 27 on adverbials for a discussion of such adverbs formed through reduplication. Reduplication can also be used as a marker of plurality or measurement.

Bardak 'glass,' bardak bardak 'multiple numbers of glasses'

Some onomatopoeic words can also be reduplicated to form adverbs. Such forms usually do not exist in isolation and reduplication expresses a repeated action.

Alt kattaki komşular **bangır bangır** müzik çalıyorlardı.
Çocuklar korkudan **zangır zangır** titrediler.
Biri **güm güm** kapımıza vurdu.
Kuşlar **cik cik** ötüyorlar, **pır pır** uçuyorlar.

Verbs can be reduplicated as well. With the attachment of the -(y)A suffix and reduplication of the full form, adverbs can be derived from verbs. Here are some examples. The verbs with -(y)A cannot be used in isolation.

bağır-   Adam **bağıra bağıra** gitti.
ağla-   Çocuk **ağlaya ağlaya** annesini arıyordu.

Reduplication

Different verbs can be used in a similar manner with *-(y)A*, together but without reduplication:

bağıra çağıra 'by shouting'
güle oynaya 'happily'
gide gele 'coming and going repeatedly'

In another type of full reduplication, /m/-sound replaces the first consonant of the second word. When the word starts with a vowel, /m/ is just added to the second noun of the reduplicated pair and it adds the meaning of 'etc.' This use of reduplication is a part of colloquial Turkish. It is not used in formal, or written Turkish.

Bilet milet almadık henüz.   'We did not buy tickets etc. yet.'
Araba maraba almışlar.   'They bought a car etc.'
İzmir'e mizmir'e gidecek.   'He will go to İzmir etc.'
Çanta manta almayacak mısın?   'Won't you take a bag etc.?'

There is one more type of 'full' reduplication in Turkish. In this form, a similar-sounding nonsense word is attached to the word to emphasize the meaning. The second words are nonsense words and they are never used alone.

Eğri büğrü   'crooked'
Eften püften   'unimportant'
Yarım yamalak   'incomplete, unfinished'

37.2 Partial reduplication

Adjectives can be partially reduplicated to mark emphasis. The first sound or the first two sounds of the word are followed by one of the consonants *p, r, s,* or *m*, and this sound combination is attached to the word as a prefix. If the word starts with a vowel, one of these consonants is inserted right after the first vowel and the suffix is formed with this vowel-consonant sequence.

kırmızı becomes *kıpkırmızı* 'brightly, truly red'
mavi becomes *masmavi* 'completely, brightly blue'
boş becomes *bomboş* 'completely empty'
temiz becomes *tertemiz* 'completely clean'

Reduplication is not completely productive, that is, some adjectives cannot be reduplicated in this manner. Here is a list of the most common reduplicated adjectives:

With /p/	açık	'open'	apaçık
	canlı	'alive'	capcanlı
	dar	'narrow'	dapdar
	dolu	'full'	dopdolu
	düz	'right, sraight'	düpedüz*
	geniş	'wide'	gepgeniş
	ıslak	'wet'	ıpıslak
	ince	'thin'	ipince
	kara	'black'	kapkara
	karanlık	'dark'	kapkaranlık

	kısa	'short'	kıpkısa
	koyu	'dark'	kopkoyu
	kuru	'dry'	kupkuru
	sağlam	'strong'	sapasağlam*
	sarı	'yellow'	sapsarı
	soğuk	'cold'	sopsoğuk
	sivri	'sharp'	sipsivri
	taze	'fresh'	taptaze
	uzun	'long'	upuzun
	yalnız	'lonely'	yapayalnız*
	yeni	'new'	yepyeni
With /m/	başka	'different'	bambaşka
	beyaz	'white'	bembeyaz
	boş	'empty'	bomboş
	düz	'straight'	dümdüz
	sıcak	'hot'	sımsıcak
	siyah	'black'	simsiyah
	yassı	'flat'	yamyassı
	yeşil	'green'	yemyeşil
With /s/	bütün	'complete'	büsbütün
	doğru	'right'	dosdoğru
	koca	'big'	koskoca
	kocaman	'big'	koskocaman
	mavi	'blue'	masmavi
	mor	'purple'	mosmor
	pembe	'pink'	pespembe
	yuvarlak	'round'	yusyuvarlak
With /r/	temiz	'clean'	tertemiz
	çıplak	'naked'	çır(ıl)çıplak
	çabuk	'quick'	çarçabuk

(*) Note that, an extra vowel or a syllable is inserted after the reduplication prefix in these examples.

Exercise 1 What are the reduplicative forms of these adjectives? Use them with a noun as shown in the example.

mavi	masmavi	Masmavi bir deniz
yeşil	_____	_____
kocaman	_____	_____
düz	_____	_____
mor	_____	_____
sarı	_____	_____
çıplak	_____	_____
yuvarlak	_____	_____
taze	_____	_____
yeni	_____	_____
kırmızı	_____	_____

Reduplication

Exercise 2 Form reduplicated adjectives with the ones that are underlined.

Sıcak bir bahar günüydü. Gökyüzü maviydi. Birkaç tane beyaz bulut vardı. Hava temizdi. Kuşlar neşeyle ötüşüyorlardı. Babamla parka gitmeye karar verdik. Hemen yeni yazlık ayakkabılarımı giydim. Babam da çabuk hazırlandı. Parkta yeşil çimenlerde koştum. Uzun kaydıraklarda kaydım. Salıncaklarda sallandım. Babam bana baloncudan kocaman kırmızı bir balon aldı.

Chapter 38

Interjections and some idiomatic expressions

Contents
38.1 Interjections and some idiomatic expressions
38.2 Onomatopoeia

In this chapter, a list of commonly used interjections and some idiomatic expressions are presented together with some onomatopoeic expressions.

38.1 Interjections and some idiomatic expressions

Aa (rise-fall intonation):	Really? (understood)
Allah allah (flat tone):	Shows disappointment and surprise.
Allah allah (rise-fall):	Really? (shows disbelief)
Allah analı babalı büyütsün:	Said to the parents of a new-born baby.
Allah bağışlasın:	Said to the parents of a new-born baby or a child.
Allah gecinden versin:	Said when mentioning death.
Allah kahretsin:	Damn!
Allah mesut etsin:	Said to or about newlyweds.
Allah saklasın:	God forbid!
Allaha şükür:	Thank God!
Allah utandırsın:	Shame on him/her!
Amaan (fall-rise):	Indicates indifference or dislike.
Aman:	Indicates disgust or anger or disbelief.
Aman Allahım:	Oh my God!
Aman da aman:	Used as praise but with a tone of sarcasm.
Aman yarabbi:	Oh my God!
Aferin:	Well done! Used for praise for somebody's performance or work.
Aşkolsun:	Shame on you!
Ay:	Oh! (surprise) Ouch! (pain)
Ayol:	Well, mostly used by women.
Bakar mısın(ız)?	Excuse me?
Be:	Hey, hey you! Informal, used at the end of sentences.
Bravo!:	Bravo!
Çok şükür:	Thank God!
Deme?	Really? Oh no.
Ee? (rise-fall-rise):	And then?
Ee (flat tone):	Shows intolerance.
Evelallah:	Expresses self-confidence.
Eyvah:	My God! How awful!
Eyvahlar olsun!	My God! Look what happened!

Interjections and some idiomatic expressions

Haa (fall-rise):	I see.
Hadi be!	(1) Go on with you! (expresses disbelief) (2) Come on!
Hadi ya!	Shows surprise with disbelief.
Hay Allah:	Expresses disappointment.
Haydi / hadi:	Come on!
Hayhay:	Of course.
Hayırdır inşallah:	A reaction to something unexpected, potentially bad event. It means 'I hope this turns out to be a good thing.'
Hey:	Hey!
Hişt:	Produced to draw somebody's attention.
Hmm (rise-fall):	I see, I understand.
Hoppala:	Reaction to something unexpected.
İnşallah:	Hopefully, literally, 'if God permits.'
Maşallah:	Praise for accomplishment, positive characteristics.
Lanet olsun!	Damn!
Of:	Expresses boredom.
Oh:	Expresses relief.
Ooh:	Expresses pleasure.
Ooo (rising intonation):	Salutation when welcoming someone. Shows pleasure, appreciation.
Ooo (falling intonation):	Shows regret.
Ooo (rising, falling, rising):	Impatience, humiliation.
Sakın:	Used in commands. Emphasizes negative meaning 'do not dare to.'
Tabii:	Of course.
Tanrım!	My God!
Tüh:	Expresses disappointment.
Üf:	Shows pain.
Vah vah:	Expresses pity, sadness.
Valla:	I swear.
Valla mı?	Really? (informal)
Vay canına:	Oh dear, wow!
Yaa (rise-fall intonation):	Really?
Yaa (fall-rise intonation):	See? Haven't I told you?
Yaa (flat tone):	Disappointment, wonder.
Ya rabbim:	My God!
Yaşasın:	Hurrah!
Yazık:	What a shame!
Yazık *somebody-dative*:	Poor *somebody*
Yok ya!	Expresses disbelief.

38.2 Onomatopoeia

Here is a list of most commonly used onomatopoeic adverbs.

çangur çungur:	clink-clank
çarpık çurpuk:	crooked, deformed

çatır çutur:	sound of cracking, crashing
çıtır çıtır:	fresh (used for pastry)
cıvıl cıvıl:	lively
dangıl dungul:	boorish
fırıl fırıl:	refers to turning around
fısır fısır:	hissing, refers to whispering
fosur fosur:	sound of deep sleeping
gacır gucur:	creaking
güm güm:	sound of a drum, and heart
gümbür gümbür:	sound of a drum or a similar sound, loud music, big volumes of water
gürül gürül:	sound of water flow
hapur hupur:	used for eating, swallowing
harıl harıl:	hard, non-stop working
haşır huşur:	sound of crunching, crushing
hatır hutur:	harsh crunching
hışır hışır:	rustling
katır katır:	sound of crunching
katır kutur:	sound of crunching
kıtır kıtır:	eating with a crunch, gnashing
küt küt:	sound of heart beat, knocking
kütür kütür:	eating with a crunch
langur lungur:	nonsense, vulgar talk
mışıl mışıl:	used for good sleeping
parıl parıl:	very brightly
pat:	sound of falling
pat pat:	sound of hitting against a hard surface
patır kütür:	sound of footsteps
patır patır:	sound of footsteps, dropping on a hard surface
pırıl peril:	very bright and clean
pıt:	sound of dripping water
pıt pıt:	sound of heart beat
pıtır pıtır:	sound of rapid and quiet footsteps
şakır şukur:	sound of rattling, and also rain
şap:	sound of kissing
şapur şapur:	smacking of lips
şıp şıp:	falling in drops
şıpır şıpır:	falling in drops
tak tak:	sound of knocking
takır takır:	clippety-clop
takır tukur:	clippety-clop, sound of a solid object hitting against a hard surface
tangır tungur:	sound of clanging
tık tık:	ticking
tıkır tıkır:	clinking, rattling noise
tıngır mıngır:	clinking, rattling noise
vızır vızır:	buzzing, used for bees and also for busy traffic
zıngır zıngır:	shaking, trembling
zırıl zırıl:	sound of crying (implies excessive crying for no reason)
zırt pırt:	frequently (has a negative connotation)

Interjections and some idiomatic expressions

The word for barking is *havlamak* and the barking sound is *havhav*. The word for miaou is *miyavlamak* and the sound a cat produces is *miyav*.

Exercise 1 Choose the correct interjection with *Allah* as a response to the numbered statements. Some of the phrases in the list *could* be used in more than one sentence. Use each of them only once.

Allah allah, Aman Allahım, Evelallah, Hay Allah, Hayırdır inşallah, İnşallah, Maşallah, Vallahi

1. *Adnan*: Ayşegül'ün iş görüşmesi hiç iyi geçmemiş.
   Selami: _____. Bu işi çok istiyordu.
2. *Emel*: Sabahtan beri babamı arıyorum ama telefonunu açmıyor.
   Arda: _____ neden acaba?
3. *Selin*: Bu tren Hereke'de duruyor mu?
   Hasan: _____, bilmiyorum ki.
4. _____, 15 yıl geçmiş bile.
5. _____ bugün yağmur yağmaz.
6. Murat bu işte de çok başarılı olur _____.
7. Ne kadar da akıllı bir oğlunuz var, _____.
8. _____. Bu saatte kim geldi acaba?

Exercise 2 Complete the sentences with onomatopoeic words that you choose from the list below. Use each one of them only once.

fısır fısır, gacır gucur, katır kutur, küt küt, mışıl mışıl, pıtır pıtır, şapur şupur, tıkır tıkır, zırıl zırıl, zırt pırt

1. Bebek, odasında _____ uyuyor.
2. Ahmet'in _____ aramasından çok sıkıldım.
3. Bu saat bozuk değil ki. _____ çalışıyor.
4. Cansu'yu görünce çok heyecanlanıyorum. Kalbim _____ atıyor.
5. Adam karısının bir türlü mutlu olmayıp herşeye _____ ağlamasına çok kızıyormuş.
6. Nehir öyle _____ ne yiyor?
7. Bu ev çok eski, baksana merdivenleri _____ ses çıkarıyor.
8. Kardeşim misafirlerin kendisini _____ öpmesinden rahatsız olmuş.
9. Torunlarımı çok özlemişim! Evde böyle _____ dolaşmaları çok hoşuma gidiyor.
10. Huriye teyzeler merdivene oturmuş _____ dedikodu yapıyorlar.

Chapter 39

Spelling and punctuation

Contents

39.1 Long and short vowels
39.2 Fronted vowels
39.3 Vowel raising
39.4 Soft-*g* (*ğ*)
39.5 Infinitive *-mAK*
39.6 Clitics and particles
39.7 Compounds
39.8 Capital letters
39.9 Abbreviations
39.10 Punctuation

The most recent Turkish alphabet and the writing conventions were adopted in late 1920s, which is pretty recent. Therefore, Turkish spelling is very regular and predictable. Each alphabet character represents a phoneme in a word's spelling, although there are some exceptions to this generalization.

39.1 Long and short vowels

Long vowels are not indicated in writing because Turkish does not have long vowel alphabet characters. They used to be spelled with a circumflex accent (ˆ) in the past, but it is no longer used. You may still see such spellings in older or more traditional texts. Here are some examples, where the first vowel of the word is long. In the last two examples, the final vowels are long too.

mali 'financial'
lazım 'necessary'
galiba 'perhaps'
hala 'still'

You need to learn whether words have long vowels or not.

39.2 Fronted vowels

Fronted vowels in mostly Persian borrowings and borrowings from other languages are not marked in any way, so, you need to learn these too. Some commonly used examples are the following.

saat 'watch, time' (Contrast it with the vowel of the verb *sat-* 'sell.')
kar 'benefit' (Contrast this with *kar* 'snow.')
hala 'still' (Contrast this with *hala* 'aunt.')
hol 'hallway'
terminal 'terminal'
mesul 'responsible'
gol 'goal'

Spelling and punctuation

misal 'example'
emsal 'similar, equal'

Here are some common proper names that have fronted vowels: *İclal, Kemal, Zuhal, Hilal, Bilal, Nihal, Celal, İkbal*. You need to know that these words have fronted vowels, because the suffixes that you attach to these words harmonize as if the final vowels of these words were front vowels. For example, you say *İclal'i* or *Kemal'e*.

39.3 Vowel raising

Vowel raising before /y/ is observed in the production of suffixes such as *-(y)AcaK, -(y)AlIm, -(y)An, -(y)ArAK*, but it is not reflected in the spelling of these words. When a word ends in a non-high vowel, *a* or *e*, after the attachment of these suffixes, it is pronounced as a high vowel, /ı/ or /i/, respectively. Here are some examples:

gidecek is pronounced as /gidicek/
arayacak is pronounced as /arıycak/
anlayacak is pronounced as /anlıyacak/
söyleyecek is pronounced as /söylicek/
arayalım is pronounced as /arıyalım/
gitmeyeceğim is pronounced as /gitmicem/
arayanlar is pronounced as /arıyanlar/

39.4 Soft-g (ğ)

So-called soft-*g* or *ğ* is not pronounced in the standard variety of Modern Turkish. Rather, the vowel preceding it is lengthened. Here are some examples.

ağaç is pronounced as /aaç/
Boğaziçi is pronounced as /boaziçi/

When it appears at the end of a word, soft-*g* behaves like a consonant, that is, it takes the variant of the suffix that is attached to words that end in a consonant. For example, the dative case attached to the word *dağ* 'mountain' is *dağ-a*, not *dağ-ya*. In some other non-standard varieties (especially in those varieties that are spoken in the east of Turkey), it is pronounced as a consonant as well.

39.5 Infinitive -mAK

When the infinitive marker *-mAK* is followed by a vowel-initial suffix, it is spelled as *-mAy*... rather than *-mAğ*... In some old texts and traditional grammars, you may still see it spelled as *-mAğ*.

Annem şarkı söyle**meyi** çok seviyor.
Siz kütüphaneye ders çalış**maya** mı geldiniz?

39.6 Clitics and particles

The clitic *dA* meaning 'too' is written as a separate word. It undergoes A-type vowel harmony although it is not a part of the word it harmonizes with. Moreover, it undergoes consonant assimilation and is pronounced as /te/ or /ta/ as well, although this is not reflected in its spelling. In other words, it is never spelled as *te* or *ta*. In the second example below, it is pronounced as /ta/ but it is spelled as *da*.

Partimize yabancı öğrenciler **de** gelecekler.
Siz de gelin, Nihat **da** gelsin.

It is spelled as a part of the word and may appear as *te* and *ta* in spelling only when it is the locative case marker.

Paketleri **arabada** unuttuk.
Musa **İzmit'te** oturuyor.

Ki, when it functions as a conjunct, is written as a separate word. It does not undergo vowel harmony or consonant assimilation and appears as *ki* in any context. It is spelled as a part of the word only in a few lexicalized examples such as *belki, çünkü, oysaki, sanki*. In the so-called locative *ki* constructions (*bahçedeki kediler*), it is spelled as a suffix.

Nasrettin Hoca komşusuna **demiş ki . . .**
Bilmiyorduk ki . . .

The yes-no question particle *mI* is written as a separate word, but it undergoes vowel harmony just as *dA* does. Some person and tense markers come after the question particle and they are attached to the particle.

Annem uyandı mı?
Bu gazeteyi okuyor **musunuz**?
Selim'in annesi Fransız **mıydı**?

The *mI* particle is spelled as a separate word in those examples where it is not a question particle. For example:

Güzel **mi** güzel bir manzara.
Bu kasabada kışın kar yağdı **mı**, dışarıya çıkamazsınız.

39.7 Compounds

If words undergo a sound change during compounding, the two parts are written as one word. Some examples are:

Pazartesi (*Pazar ertesi*) 'Monday'
niçin (*ne için*) 'why'
kahvaltı (*kahve altı*) 'breakfast'
sütlaç (*sütlü aş*) 'sütlaç'

Words such as *-hane, -kızı, -oğlu, -zade, -zede*, are written as a part of the word when they occur in compounds. Note that some of them undergo a sound change as well.

Spelling and punctuation

hastane (*hasta hane*) 'hospital'
çayhane (*çay hane*) 'tea room'
kazazede (*kaza zede*) 'victim of an accident'
depremzede (*deprem zede*) 'victim of an earthquake'
dayıoğlu (*dayı oğlu*) 'son of uncle'
amcakızı (*amca kızı*) 'daughter of uncle'

Some idiomatic expressions where individual words lose their meaning are written as one word:

açgözlü (*aç gözlü*) 'greedy' (literally, hungry eye)
kabadayı (*kaba dayı*) 'villain, self professed hero' (literally, rough uncle)
yüzkarası (*yüz karası*) 'disgrace' (literally, face black)
aslanağzı (*aslan ağzı*) 'antirrhinum' (literally, lion mouth)
tavukgöğsü (*tavuk göğsü*) 'chicken breast pudding' (literally, chicken breast)
kafatası (*kafa tası*) 'skull' (literally, head bowl)

Here are some examples that are typically written as two separate words. See Chapter 5 for a discussion and more examples of possessive compounds.

bebek maması 'baby food'
dünya haritası 'world map'
Fransız İhtilali 'French Revolution'

The compounds that are formed with the verbs *et-* and *ol-* are written as one word if they undergo a sound change such as consonant doubling or vowel omission.

seyretmek (*seyir et*) 'watch'
keşfetmek (*keşif et*) 'discover'
hissetmek (*his et*) 'feel'
affetmek (*af et*) 'forgive'
reddetmek (*red et*) 'reject'
hallolmak (*hal ol*) 'be solved, taken care of'

When such a phonological change does not occur, the two words can be spelled as two individual words.

dans etmek 'dance'
telefon etmek 'telephone'
hasta olmak 'get sick'

Those regular compounds that are formed by *bil-*, *dur-*, *gel-*, *kal-*, *ver-*, *yaz-*, are written as one word. Some examples are *satıvermek, düşeyazmak, gidedurmak, yapabilmek*. See Chapter 9 for a discussion of these verbs.

Whether nominal compounds such as *ilkokul* 'elementary school,' must be written together as one word or as two words is a controversial issue in Turkish. Subparts of these compounds do not undergo a sound change or a shift in meaning.

39.8 Capital letters

Capital letters are obligatory in the following contexts.

(a) At the beginning of a sentence. However, if the first word of a sentence is a number, the first word that comes after this number is not capitalized (unless there is another reason for using the upper case).
(b) At the beginning of each line in a poem.
(c) For proper names: *Hayriye, Mustafa, Ahmet, İstanbul, Türkiye, Türkçe*.
(d) For titles that are used with proper names: *Mustafa Bey, Hale Hanım, Mehmet Usta, Cafer Efendi, Nuran Hemşire, Orhan Öğretmen*. However, words that express relationship are not capitalized: *Meliha teyze, Ahmet enişte, Yusuf amca*. When such 'relation names' appear before nouns, they are capitalized as they become a part of the proper name: *Baba Hayri, Dayı Kemal*.
(e) For proper names in the address line of a letter: *Sevgili Amca, Değerli Meslektaşlarımız, Canım Annem*.
(f) For the month and the day when they are associated with a particular date: *3 Eylül, 23 Nisan, 30 Ağustos, Pazar*. They are not capitalized when they are not associated with a particular date: *Her pazartesi saat dörtte toplantımız var*. 'We have a meeting at 4 pm every Monday.' *Benim en sevdiğim gün cuma*. 'My favorite day is Friday.'
(g) For titles of books, films, and journals: *Tarih ve Toplum, Babalar ve Oğullar, Yaprak Dökümü*. As seen in these examples, conjunctions (such as *ve, ile, ya da, da*) in titles are not capitalized.
(h) For the names of planets, when they refer to the actual planets: *Dünya, Merkür, Venüs*. When they do not refer to actual planets, they are not capitalized: *Çocukların renkli dünyası*.
(i) In addresses, for words such as 'street.' *Atatürk Caddesi, Barbaros Bulvarı, Yenidoğan Mahallesi*.
(j) For names of countries, nationalities, religions, ethnic groups, and languages: *İngiltere, Çerkesler, Türkçe*.
(k) Currency names are not capitalized: *dolar, dinar, lira, avro*.
(l) Signs are capitalized: *Çıkış* 'exit,' *Müdür* 'director,' *III. Kat* 'third floor'

39.9 Abbreviations

(a) Names of universities, institutions or foundations are abbreviated by maintaining the first letter of each noun. İstanbul Teknik Üniversitesi is İTÜ, Orta Doğu Teknik Üniversitesi is ODTÜ, Türkiye Büyük Millet Meclisi is TBMM, Türk Dil Kurumu is TDK and Avrupa Birliği is AB. It is also possible to see some examples where more than the initial letters are maintained. TÖMER (Türkçe Öğretim MERkezi).
(b) A period is not used after the letters. T.C. (Türkiye Cumhuriyeti) that is used in official documents is the only exception.
(c) For measures and chemistry symbols, international abbreviations are used. Fe, C, He, or cm ('centimeter'), km ('kilometer'), m ('meter'), g ('gram').
(d) In some abbreviations, the letters are pronounced as if the combination is a single word, each letter standing for a phoneme. İTU and ODTÜ are such examples pronounced as /itü/ and /odtü/. In such examples, the abbreviation includes vowels, so the

Spelling and punctuation

combination can be pronounced as a word. In some others, such as AB or TCDD, letters are produced one by one as /a-be/ or /te-ce-de-de/.

(e) When a suffix is attached to an abbreviated word, (') is used between the word and the suffix.

>Ablam İTÜ'de mimarlık okuyor.
>TDK'nın yeni sözlüğünü aldın mı?

The form of the suffix is determined by the way the abbreviation is pronounced. In the case of the İTÜ example, the locative case appears as *de*, as seen in the example. It would appear as *-nde* if the name of the university were produced in the full form as *İstanbul Teknik Üniversitesi'nde*. Note also the example below:
>Türkiye Büyük Millet Meclisi'ne kimler gidiyor?
>TBMM'ye kimler gidiyor?

39.10 Punctuation

Turkish punctuation is not very different from English punctuation, so it is not decribed in detail here. Here is a list of some differences. The information reported here is taken from *Yazım Kılavuzu*, available online since 2010. See the Turkish Language Academy (Türk Dil Kurumu) website (www.tdk.gov.tr) for the most recent updates, as the document is updated and revised periodically.

A period is used after numbers to express the ordinal number. So *birinci* 'first' can be spelled as 1. (number one, followed by a period). Names of kings, wars, etc. can be spelled this way: IV. Murat (*Dördüncü Murat*), VIII. Henry (*Sekizinci Henry*), II. Dünya Savaşı (*İkinci Dünya Savaşı*).

In writing the time, a period is used between the hour and the minute (rather than colon): 17.30, 1.40.

An apostrophe is used before the case markers, possessive, and person markers when they are attached to the following:

(a) Proper names including place names. Atatürk'ün, Erzurum'a, Nazım Hikmet'ten, Fransa'yla.

When nouns end in an alternating consonant ($p, ç, t, k$), the consonant does not change in spelling, but it is pronounced with alternation:

Spelling	*Pronunciation*
Zeynep'e	zeynebe
Faik'i	faiği
Yiğit'e	yiğidi
Çetin Emeç'i	...emeci

Note that when the same noun is used both as a proper name and a common name, its sound change is reflected in writing when it is used as a common name, but not when it is used as a proper name: *Bebek'i* (district in İstanbul) vs. *bebeği* (baby-accusative). Both words are pronounced the same: /bebei/.

When there is an explanation between brackets after a proper name, the apostrophe is placed after the brackets. Atatürk (1881–1938)'ün. The apostrophe is not necessary when the noun is not a proper name.

The apostrophe is not used after pronouns. The only exceptions can be observed in some religious texts when the third person pronoun *o* refers to Allah. Similarly, in some texts you may see such a use when *o* refers to Atatürk, or another highly respected person. Such uses, however, are very rare and highly marginal.

(b) Nationality names: *Ben Türk'üm. Isabelle Fransız'mış*.
(c) Country names, continent, river, mountain, sea names: *Türkiye Cumhuriyeti'ni, Osmanlı Devleti'ne, Amerika Birleşik Devletleri'nde, Azerbaycan Cumhuriyeti'yle, Asya'dan, Avrupa'ya, Nil Nehri'nden, Toros Dağları'ndan*. Note that when common nouns are used but referred to as particular regions, they are treated as proper names and are followed by apostrophe. *Boğaz'dan geçmişler*, where the word *boğaz* refers to the Bosphorous specifically.
(d) Abbreviations: *TDK'nın, ABD'de, TV'ye*. When there is a period or a superscript character after an abbreviation, the apostrophe is not used: vb. leri, $cm^3 e$ *(santimetre küpe)*, $m^2 ye$ *(metre kareye)*
(e) Derivation suffixes, plural markers, and those suffixes that are attached after derivation suffixes and plural markers are not followed by an apostrophe: *Türklerin, Türklük, Türkleşmek, Türkçü, Türkçülük, Türkçe, Müslümanlık, Hristiyanlar, Avrupalı, Avrupalılaşmak, Ankaralı, Bilecikli, Ahmetler, Mehmetler, Atatürkler, Avrupalılaşmakta, Türkçenin, Müslümanlıkta, Hollandalıdan, Hristiyanlıktan, Atatürkçülüğün*.
(f) An apostrophe is used after the *hanım, bey* kind of title words used with proper names: *Vedat Bey'e, Esen Hanım'da, Yavuz Paşa'yı*. However, the apostrophe is not used after the titles when they are used alone. *Cumhurbaşkanınca, Başbakana, Türk Dil Kurumu Başkanına kadar*, although they are capitalized.
(g) Similarly, an apostrophe is not used after period, era, and movement names: *Eski Çağın, Yükselme Döneminin, Cumhuriyet Dönemi Türk Edebiyatına*.
(h) An apostrophe is used after numbers and other dates: *1973'te, 8'inci madde, 4'üncü kat, 45'lik*.
(i) In colloquial speech, an apostrophe is used when a syllable or a sound is dropped: *N'aber? N'olur*. Such uses are restricted, and are not observed in formal written language.

Exercise 1 Correct the spelling of the following sentences. Some may have more than one error.

1. Anne'm yarın İstanbula gidicek.
2. Seni arıyanlar kim'miş?
3. Ahmet te bizimle geliyor mu?
4. Kim pizza yeyor?
5. Mustafa İstanbul'lu mu?
6. Seni telefonla arayorlar.
7. Anneside geliyormuş.
8. Aslıya öğretmeni demişki...
9. Siz de bu dedikoduları duymuşmuydunuz?
10. Amerikayı kim keşif etti?
11. Fransız İhtilal'i hangi tarihte'ydi?
12. Mehmet ODTÜde okuyor.
13. Sen burda napıyorsun?

Spelling and punctuation

14. İstanbul Üniversitesi'ye ne zaman gidiyoruz?
15. Sizde fıstık yiyermisiniz?
16. Siz de fazla kahve var mı?

Exercise 2 Add -*DA* or *dA* to the sentences below.

1. Ayhan boş zamanları _____ tiyatro _____ çalışıyor.
2. Partiye sizi _____ davet ettiler mi?
3. Parti kampüs _____ olacakmış.
4. Ankara _____ bu mevsim _____ çok soğuktur.
5. Nihat amcam Ankara _____ oturuyor.
6. Bu iş teklifini kabul etmeyip _____ ne yapacaksın?
7. Sokak _____ yaşayan kediler kışın ne yapıyorlar?
8. Telefon _____ çok ayrıntılı açıklayamadım. Bir _____ yüzyüze konuşabilir miyiz?
9. Nihat'ı _____ arar mısınız lütfen?
10. Nihat _____ bizim eski plaklardan varmış.
11. Nihat _____ çok sinirli bir adamdır.
12. Nihat _____ partiye gelecek mi?
13. Bütün suç Nihat _____ ama kendisi bunu kabul etmiyor.
14. Nihat _____ suçunu kabul etmiyor.
15. Mutfak _____ taze meyve suyu varmış.
16. Mutfak _____ çok küçükmüş canım.

Chapter 40

Conversation

Contents
40.1 Greetings
40.2 *sen*, *siz*, and plural agreement on verbs
40.3 Titles and forms of address
40.4 Family relations

40.1 Greetings

Here are the most common greetings.

(a) *Greetings*:
Merhaba	'Hello'
Günaydın	'Good morning'
İyi akşamlar	'Good evening'
İyi günler	'Have a nice day'
İyi geceler	'Good night'
İyi uykular	'Good night'
İyi şanslar	'Good luck'
Kolay gelsin	'May it be easy on you.' (to a person who is doing especially some physical work)

(b) *Saying goodbye*:
Allaha ısmarladık	'Goodbye' (when departing)
Güle güle	'Goodbye' (to the person departing)
Hoşçakal	'Goodbye'
İyi yolculuklar	'Have a nice trip.'
Yolunuz açık olsun	'Have a nice trip.'
Allah rahatlık versin	'Goodnight'
Hadi bay bay	informal 'bye'

(c) *Thank you words*:
Teşekkür ederim 'Thank you.' This is the most formal one among the thanking words. It may be inflected with the first person plural marker as well if the speaker is a part of the group that thank all together (just as 'Excuse us'): Teşekkür ederiz. Although it is possible to use other person markers as well, they are less common.

Teşekkürler	'Thanks'
Sağ ol(un)	'Thank you'
Yaşa	'Live (long),' an informal 'Thank you'
Mersi	'Merci'
Elinize sağlık	(literally, 'health to your hand,' said, upon tasting a dish, to praise the dish)

Conversation

- **(d)** *Acknowledging thanks*:
  - Rica ederim — 'You're welcome'
  - Birşey değil — 'You're welcome'
- **(e)** *Saying 'hi'*:
  - Selam söyle(yin) — 'Say hi to . . .'
  - Aleykümselam — when somebody says hi to you or sends greetings. This has some religious tone.
  - Sevgilerimi iletin — 'Convey my good wishes.' (formal)
  - Saygılarımı iletin — 'Convey my respect.' (very formal)
- **(f)** *Apology*:
  - Özür dilerim — 'I am sorry.'
  - Affedersin(iz) — 'Excuse me.'
  - Kusura bakma — 'I am sorry.' (literally 'Overlook my fault')
  - Pardon — 'Excuse me.' (for very minor excuses, informal)
  - Estağfurullah — A response to an apology, when the person puts himself/herself down.
- **(g)** *Miscellaneous greetings*:
  - Sıhhatler olsun. — Said to someone who has taken a shower or shaved.
  - Çok yaşa — 'Bless you'
  - Sen de gör / hep birlikte — Response to *çok yaşa*
  - Afiyet olsun — 'Bon appétit'
  - Başın(ız) sağ olsun — Said to someone who lost somebody recently.
  - Geçmiş olsun — Said to someone who is ill or who experienced something bad, such as an accident.
  - Kolay gelsin — Said when someone is in the process of doing something difficult (literally 'May it be easy').
  - Hayırlı olsun — Said upon hearing that someone has a new job, house etc.
  - Güle güle giy(in) — Said to someone who has bought a new item of clothing.
  - Güle güle kullan(ın) — Said to someone who has bought something new such as a piece of furniture or a car.
  - Güle güle otur(un) — Said to someone who has moved into a new house or apartment or recently bought such a place.
  - Allah bağışlasın — Said to someone referring to his or her child.
  - Allah kavuştursun — Said to someone when a person close to them has gone away (literally 'May God bring (you) together again').

Exercise 1 What would you say in these contexts? You may have more than one option. Choose from the items listed (a) to (s), after the sentences.

1. You run into your friend Nuri in the morning. Greet him and ask him how he is doing.
2. You run into your landlord Mustafa bey on the stairs. Greet him and ask him how he is doing.
3. You enter a small shop in the late afternoon. Greet the shopkeeper.
4. You are leaving the shop. Say goodbye to the shopkeeper.
5. You arrive at your office in the morning. Greet your colleague.

A STUDENT GRAMMAR OF TURKISH

6. You thank your friend for holding the elevator door for you.
7. How does your friend acknowledge your comment?
8. You say goodnight to your roommate before you go to bed.
9. You enter your classroom in the morning. Greet your friends.
10. You greet the janitor Cafer Efendi while he is mopping the floor.
11. Your colleague's father passed away.
12. Your cousin has just bought a car.
13. You are leaving the library. Your friend is studying for an exam and he will stay longer.
14. Your neighbor's son went to another country to work.
15. Your classmate is sick.

(a) *Teşekkür ederim.*   (b) *Kolay gelsin*   (c) *İyi çalışmalar.*   (ç) *Sağ ol*
(d) *İyi akşamlar.*   (e) *Merhaba.*   (f) *Nasılsın?*   (g) *Nasılsınız?*
(h) *İyi işler.*   (i) *Teşekkürler*   (j) *Günaydın.*   (k) *Mersi.*
(l) *Birşey değil.*   (m) *Rica ederim.*   (n) *İyi şanslar.*   (o) *İyi geceler.*
(ö) *Allah kavuştursun*   (p) *Geçmiş olsun*   (r) *Hayırlı olsun*   (s) *Başınız sağ olsun*

40.2 *sen*, *siz*, and plural agreement on verbs

The plural second person pronoun *siz* is used in formal or polite forms of address. It is not very easy to decide when exactly you should use *siz* though, because the formal–informal boundary is not an easy one to draw. It is common to use the formal *siz* when you are addressing your boss, or your colleagues at your workplace even if you do not have a very distant professional relationship, because it sounds more professional. It is also the best choice when you address your professors at the university. It is safe to use it in any context when you are talking to people that you have just met or people with whom you have a distant relationship.

Siz is never used when you are talking to children even if you meet them for the first time, and it is not preferred when you are talking to people who are in a lower position in a hierarchical social relationship. *Sen* is preferred when addressing God.

Speakers usually start with *siz* when they first meet and then they shift to *sen* after the relationship becomes more informal. But also keep in mind that *siz* is not just a simple default form of address that you can use safely. It may be very awkward to use it in contexts where you are expected to use *sen*. This is because it creates social distance. Children usually do not use *siz* when they are addressing their parents and grandparents but there are such families where children always use *siz* when addressing the older people.

In addition to *siz*, plural agreement on verbs is used when you address people in a formal context, especially in using commands and imperatives.

İçeri girebilirsiniz.
Ne arzu edersiniz?
Biraz daha çay alır mısınız?

It is common to use the third person *plural* agreement when addressing a highly important person. In the example below, the subject is third person singular, while the agreement on the verb is third person plural.

Müdür Bey bu sabah geç gelecekler.

Conversation

Exercise 2 Check whether you can use *sen* or *siz*.

		sen	siz
1.	Addressing your new neighbor Mustafa Bey	___	___
2.	Addressing your new neighbor's 4-year-old son	___	___
3.	Addressing your fiancée	___	___
4.	Addressing your fiancée's grandmother	___	___
5.	Addressing your boss	___	___
6.	Addressing your history professor	___	___
7.	Addressing your father's colleagues	___	___
8.	Addressing your dog	___	___
9.	Addressing your co-worker	___	___
10.	Addressing your classmates in the Turkish class	___	___
11.	Addressing your cousin	___	___
12.	Addressing your mother	___	___
13.	Addressing God	___	___
14.	Addressing your landlord	___	___
15.	Addressing a cab driver	___	___
16.	Addressing the prime minister	___	___

40.3 Titles and forms of address

Bey and *hanım*, when used together with names, have the formality of 'Mr.' and 'Mrs.' or 'Ms.' in English. *Bey* is used for men and *hanım* is used for women. An important difference is that the words *bey* and *hanım* are used with first names, rather than surnames.

Selim Bey
Melek Hanım

They can also be used with professional titles, as seen in the following examples:

Müdür Bey
Hoca Hanım (pronounced as /hoca:nım/)
Doktor Bey
Memur Bey (usually refers to police officers)
Şoför Bey

Bey and *hanım* can be used alone referring to men or women to mean 'gentleman' or 'lady.' They have even more formal and polite forms: *beyefendi* and *hanımefendi*.

Bu şemsiye şu beyefendinin.
Hanımefendi biraz rahatsız.
Hanımefendi, odanız hazır.

When used as an addressing form, the words *beyefendi* and *hanımefendi* can be translated as 'Sir' or 'Madam.' Another form of such address which can be used for both sexes is *efendim*.

Odanız hazır, efendim.
Başka bir arzunuz var mı, efendim?

Other than expressing the 'Sir/Madam' meaning, the word *efendim* can also be used when you request the repetition of something that you have not heard clearly. In this use it has a question intonation. Another context where it is used is when you pick up the phone. Instead of *alo* 'hello' you may say *efendim*.

Before surnames, the words *bay* and *bayan* can be used but they do not sound natural and sound more like (incorrect) translations from English. Using first names with *bey* and *hanım* sounds more natural and correct and has the same formality that the titles 'Mr.' and 'Mrs.' have.

bay Karaman
bayan Yılmaz

The words *bay* and *bayan* are used when addressing a crowd, just like the phrase 'ladies and gentlemen' in English: *baylar, bayanlar*. It is also common to use them on the doors of restrooms as *bay* and *bayan*.

Sevgili is the equivilant of 'Dear' in an addressing line of a letter written to a friend. *Sayın* is the more formal 'Dear' usually used in formal letters or a petition. *Sevgili*, when used as a noun, means 'lover.'

40.4 Family relations

Turkish is richer than English in terms of vocabulary regarding family relations. Here is a list of some of these terms.

anne 'mother'
baba 'father'
kız kardeş 'sister'
erkek kardeş 'brother'
ablan 'elder sister'
ağabey (abi) 'elder brother'
anneanne 'grandmother' (mother's side)
babaanne 'grandmother' (father's side)
dede 'grandfather'
büyük baba 'grandfather'
büyük anne 'grandmother'
nine 'great grandmother'
teyze 'aunt' (mother's sister)
hala 'aunt' (father's sister)
amca 'uncle' (father's brother)
dayı 'uncle' (mother's brother)
yenge 'sister- and aunt-in-law'
enişte 'uncle- and brother-in-law'
kayınvalide 'mother-in-law'
kaynana 'mother-in-law' (informal and slightly pejorative)
kayınpeder 'father-in-law'
görümce 'sister-in-law to a woman, your husband's sister'
baldız 'sister-in-law to a man'
kayın(ço) 'brother-in-law, your spouse's brother'

Conversation

bacanak 'husband of the sister-in-law of a man'
elti 'wife of the brother-in-law of a woman'

üvey is the word for 'step': *üvey baba, üvey kardeş*.

Of these words, *abla, ağabey, teyze* and *amca* can be used as addressing forms as well, addressing people who are not your relatives. *Yenge* and *dayı* are less common, but possible. They can also be used as titles attached to first names, as in *Ayşe teyze, Hasan amca*.

Küçük or *ufaklık* 'little one' can be used to address a child. *Yavrum*, or *yavrucuğum*, is used to address a child as well, and has an extra sense of affection. *Yavru* literally means 'offspring.'

Canım 'my dear,' *tatlım* 'honey,' *şekerim* 'honey,' *bir tanem* 'my only one' are used to express affection. Note that they all have the possessive marker.

Hocam is the form used to address a professor.

Appendix A
Verbal inflection paradigms

Simple tenses

	-DI	-(I)yor	-(y)AcAK	-Ir/Ar	-mIş	-(y)A (with imperative merged)
+	al-dı-m al-dı-n al-dı al-dı-k al-dı-nız al-dı-lar	al-ıyor-um al-ıyor-sun al-ıyor al-ıyor-uz al-ıyor-sunuz al-ıyor-lar	al-acağ-ım al-acak-sın al-acak al-acağ-ız al-acak-sınız al-acak-lar	al-ır-ım al-ır-sın al-ır al-ır-ız al-ır-sınız al-ır-lar	al-mış-ım al-mış-sın al-mış al-mış-ız al-mış-sınız al-mış-lar	al-a-yım al al-sın al-a-lım al-ın al-sın-lar
−	al-ma-dı-m al-ma-dı-n al-ma-dı al-ma-dı-k al-ma-dı-nız al-ma-dı-lar	al-m-ıyor-um al-m-ıyor-sun al-m-ıyor al-m-ıyor-uz al-m-ıyor-sunuz al-m-ıyor-lar	al-ma-yacağ-ım al-ma-yacak-sın al-ma-yacak al-ma-yacağ-ız al-ma-yacak-sınız al-ma-yacak-lar	al-ma-m al-ma-z-sin al-ma-z al-ma-yız al-ma-z-sınız al-ma-z-lar	al-ma-mış-ım al-ma-mış-sın al-ma-mış al-ma-mış-ız al-ma-mış-sınız al-ma-mış-lar	al-ma-ya-yım al-ma al-ma-sın al-ma-ya-lım al-ma-yın al-ma-sın-lar
?/+	al-dı-m mı? al-dı-n mı? al-dı mı? al-dı-k mı? al-dı-nız mı? al-dı-lar mı?	al-ıyor mu-yum? al-ıyor mu-sun? al-ıyor mu? al-ıyor mu-yuz? al-ıyor mu-sunuz? al-ıyor-lar mı?	al-acak mı-yım? al-acak mı-sın? al-acak mı? al-acak mı-yız? al-acak mı-sınız? al-acak-lar mı?	al-ır mı-yım? al-ır mı-sın? al-ır mı? al-ır mı-yız? al-ır mı-sınız? al-ır-lar mı?	al-mış mı-yım? al-mış mı-sin? al-mış mı? al-mış mı-yız? al-mış mı-sınız? al-mış-lar mı?	al-a-yım mı? — al-sın mı? al-a-lım mı? — al-sın-lar mı?
?/−	al-ma-dı-m mı? al-ma-dı-n mı? al-ma-dı mı? al-ma-dı-k mı? al-ma-dı-nız mı? al-ma-dı-lar mı?	al-m-ıyor mu-yum? al-m-ıyor mu-sun? al-m-ıyor mu? al-m-ıyor mu-yuz? al-m-ıyor mu-sunuz? al-m-ıyor-lar mı?	al-ma-yacak mı-yım? al-ma-yacak mı-sın? al-ma-yacak mı? al-ma-yacak mı-yız? al-ma-yacak mı-sınız? al-ma-yacak-lar mı?	al-ma-z mı-yım? al-ma-z mı-sın? al-ma-z mı? al-ma-z mı-yız? al-ma-z mı-sınız? al-ma-z-lar mı?	al-ma-mış mıyım? al-ma-mış misin? al-ma-mış mı? al-ma-mış mı-yız? al-ma-mış mı-sınız? al-ma-mış-lar mı?	al-ma-ya-yım mı? al-ma-sın mı? al-ma-ya-lım mı? — al-ma-sın-lar mı?

Compound tenses with -(y)DI

	-DI and -(y)DI	-Iyor and -(y)DI	-(y)AcAk and -(y)DI	-Ir/Ar and -(y)DI	-mIş and -(y)DI
+	al-dı-ydı-m al-dı-ydı-n al-dı-ydı al-dı-ydı-k al-dı-ydı-nız al-dı-ydı-lar	al-ıyor-du-m al-ıyor-du-n al-ıyor-du al-ıyor-du-k al-ıyor-du-nuz al-ıyor-lar-dı	al-acak-tı-m al-acak-tı-n al-acak-tı al-acak-tı-k al-acak-tı-nız al-acak-lar-dı	al-ır-dı-m al-ır-dı-n al-ır-dı al-ır-dı-k al-ır-dı-nız al-ır-lar-dı	al-mış-tı-m al-mış-tı-n al-mış-tı al-mış-tı-k al-mış-tı-nız al-mış-lar-dı
−	al-ma-dı-ydı-m al-ma-dı-ydı-n al-ma-dı-ydı al-ma-dı-ydı-k al-ma-dı-ydı-nız al-ma-dı-ydı-lar	al-m-ıyor-du-m al-m-ıyor-du-n al-m-ıyor-du al-m-ıyor-du-k al-m-ıyor-du-nuz al-m-ıyor-lar-dı	al-ma-yacak-tı-m al-ma-yacak-tı-n al-ma-yacak-tı al-ma-yacak-tı-k al-ma-yacak-tı-nız al-ma-yacak-lar-dı	al-ma-z-dı-m al-ma-z-dı-n al-ma-z-dı al-ma-z-dı-k al-ma-z-dı-nız al-ma-z-lar-dı	al-ma-mış-tı-m al-ma-mış-tı-n al-ma-mış-tı al-ma-mış-tı-k al-ma-mış-tı-nız al-ma-mış-lar-dı
?/+	al-dı mı-ydı-m? al-dı mı-ydı-n? al-dı mı-ydı? al-dı mı-ydı-k? al-dı mı-ydı-nız? al-dı mı-ydı-nız?	al-ıyor mu-ydu-m? al-ıyor mu-ydu-n? al-ıyor mu-ydu? al-ıyor mu-ydu-k? al-ıyor mu-ydu-nuz? al-ıyor-lar mı-ydı?	al-acak mı-ydı-m? al-acak mı-ydı-n? al-acak mı-ydı? al-acak mı-ydı-k? al-acak mı-ydı-nız? al-acak-lar mı-ydı?	al-ır mı-ydı-m? al-ır mı-ydı-n? al-ır mı-ydı? al-ır mı-ydı-k? al-ır mı-ydı-nız? al-ır-lar mı-ydı?	al-mış mı-ydı-m? al-mış mı-ydı-n? al-mış mı-ydı? al-mış mı-ydı-k? al-mış mı-ydı-nız? al-mış lar-mı-ydı?
?/−	al-ma-dı mı-ydı-m? al-ma-dı mı-ydı-n? al-ma-dı mı-ydı? al-ma-dı mı-ydı-k? al-ma-dı mı-ydı-nız? al-ma-dı-lar mı-ydı?	al-m-ıyor mu-ydu-m? al-m-ıyor mu-ydu-n? al-m-ıyor mu-ydu? al-m-ıyor mu-ydu-k? al-m-ıyor mu-ydu-nuz? al-m-ıyor-lar mı-ydı?	al-ma-yacak mı-ydı-m? al-ma-yacak mı-ydı-n? al-ma-yacak mı-ydı? al-ma-yacak mı-ydı-k? al-ma-yacak mı-ydı-nız? al-ma-yacak-lar mı-ydı?	al-ma-z mı-ydı-m? al-ma-z mı-ydı-n? al-ma-z mı-ydı? al-ma-z mı-ydı-k? al-ma-z mı-ydı-nız? al-ma-z-lar mı-ydı?	al-ma-mış mı-ydı-m? al-ma-mış mı-ydı-n? al-ma-mış mı-ydı? al-ma-mış mı-ydı-k? al-ma-mış mı-ydı-nız? al-ma-mış-lar mı-ydı?

Compound tenses with -(y)mIş

	-DI and -(y)mIş	-Iyor and -(y)mIş	-(y)AcAk and -(y)mIş	-Ir/Ar and -(y)mIş	-mIş and -(y)mIş
+	N.A.	al-ıyor-muş-um al-ıyor-muş-sun al-ıyor-muş al-ıyor-muş-uz al-ıyor-muş-sunuz al-ıyor-lar-mış	al-acak-mış-ım al-acak-mış-sın al-acak-mış al-acak-mış-ız al-acak-mış-sınız al-acak-lar-mış	al-ır-mış-ım al-ır-mış-sın al-ır-mış al-ır-mış-ız al-ır-mış-sınız al-ır-lar-mış	al-mış-mış-ım al-mış-mış-sın al-mış-mış al-mış-mış-ız al-mış-mış-sınız al-mış-lar-mış
−	N.A.	al-m-ıyor-muş-um al-m-ıyor-muş-sun al-m-ıyor-muş al-m-ıyor-muş-uz al-m-ıyor-muş-sunuz al-m-ıyor-lar-mış	al-ma-yacak-mış-ım al-ma-yacak-mış-sın al-ma-yacak-mış al-ma-yacak-mış-ız al-ma-yacak-mış-sınız al-ma-yacak-lar-mış	al-ma-z-mış-ım al-ma-z-mış-sın al-ma-z-mış al-ma-z-mış-ız al-ma-z-mış-sınız al-ma-z-lar-mış	al-ma-mış-mış-ım al-ma-mış-mış-sın al-ma-mış-mış al-ma-mış-mış-ız al-ma-mış-mış-sınız al-ma-mış-lar-mış
?/+	N.A.	al-ıyor mu-ymuş-um? al-ıyor mu-ymuş-sun? al-ıyor mu-ymuş? al-ıyor mu-ymuş-uz? al-ıyor mu-ymuş-sunuz? al-ıyor-lar mı-ymış?	al-acak mı-ymış-im? al-acak mı-ymış-sin? al-acak mı-ymış? al-acak mı-ymış-iz? al-acak mı-ymış-siniz? al-acak-lar mı-ymış?	al-ır mı-ymış-ım? al-ır mı-ymış-sın? al-ır mı-ymış? al-ır mı-ymış-ız? al-ır mı-ymış-sınız? al-ır-lar mı-ymış?	al-mış mı-ymış-m? al-mış mı-ymış-sın? al-mış mı-ymış? al-mış mı-ymış-ız? al-mış mı-ymış-sınız? al-mış lar-mı-ymış?
?/−	N.A.	al-m-ıyor mu-ymuş-um? al-m-ıyor mu-ymuş-sun? al-m-ıyor mu-ymuş? al-m-ıyor mu-ymuş-uz? al-m-ıyor mu-ymuş-sunuz? al-m-ıyor-lar mı-ymış?	al-ma-yacak mı-ymış-im? al-ma-yacak mı-ymış-sin? al-ma-yacak mı-ymış? al-ma-yacak mı-ymış-iz? al-ma-yacak mı-ymış-siniz? al-ma-yacak-lar mı-ymış?	al-ma-z mı-ymış-m? al-ma-z mı-ymış-sin? al-ma-z mı-ymış? al-ma-z mı-ymış-iz? al-ma-z mı-ymış-siniz? al-ma-z-lar mı-ymış?	al-ma-mış mı-ymış-im? al-ma-mış mı-ymış-sin? al-ma-mış mı-ymış? al-ma-mış mı-ymış-iz? al-ma-mış mı-ymış-siniz? al-ma-mış-lar mı-ymış?

Conditionals with -(y)sA

	-DI and -(y)sA	-Iyor and -(y)sA	-(y)AcAk and -(y)sA	-Ir/Ar and -(y)sA	-mIş and -(y)sA
+	al-dı-ysa-m al-dı-ysa-n al-dı-ysa al-dı-ysa-k al-dı-ysa-nız (al-dı-ysa-lar) al-dı-lar-sa	al-ıyor-sa-m al-ıyor-sa-n al-ıyor-sa al-ıyor-sa-k al-ıyor-sa-nız (al-ıyor-sa-lar) al-ıyor-lar-sa	al-acak-sa-m al-acak-sa-n al-acak-sa al-acak-sa-nız al-acak-sa-sınız (al-acak-sa-lar) al-acak-lar-sa	al-ır-sa-m al-ır-sa-n al-ır-sa al-ır-sa-k al-ır-sa-nız (al-ır-sa-lar) al-ır-lar-sa	al-mış-sa-m al-mış-sa-n al-mış-sa al-mış-sa-k al-mış-sa-nız (al-mış-sa-lar) al-mış-lar-sa
−	al-ma-dı-ysa-m al-ma-dı-ysa-n al-ma-dı-ysa al-ma-dı-ysa-k al-ma-dı-ysa-nız (al-ma-dı-ysa-lar) al-ma-dı-lar-sa	al-m-ıyor-sa-m al-m-ıyor-sa-n al-m-ıyor-sa al-m-ıyor-sa-k al-m-ıyor-sa-nız (al-m-ıyor-sa-lar) al-mıyor-lar-sa	al-ma-yacak-sa-m al-ma-yacak-sa-n al-ma-yacak-sa al-ma-yacak-sa-k al-ma-yacak-sa-nız (al-ma-yacak-sa-lar) al-ma-yacak-lar-sa	al-ma-z-sa-m al-ma-z-sa-n al-ma-z-sa al-ma-z-sa-k al-ma-z-sa-nız (al-ma-z-sa-lar) al-ma-z-lar-sa	al-ma-mış-sa-m al-ma-mış-sa-n al-ma-mış-sa al-ma-mış-sa-k al-ma-mış-sa-nız (al-ma-mış-sa-lar) al-ma-mış-lar-sa
?/+	al-dı-ysa-m mı? al-dı-ysa-n mı? al-dı-ysa mı? al-dı-ysa-k mı? al-dı-ysa-nız mı? al-dı-ysa-lar mı?	al-ıyor-sa-m mı? al-ıyor-sa-n mı? al-ıyor-sa mı? al-ıyor-sa-k mı? al-ıyor-sa-nız mı? al-ıyor-sa-lar mı?	al-acak-sa-m mı? al-acak-sa-n mı? al-acak-sa mı? al-acak-sa-k mı? al-acak-sa-nız mı? al-acak-sa-lar mı?	al-ır-sa-m mı? al-ır-sa-n-mı? al-ır-sa mı? al-ır-sa-k mı? al-ır-sa-nız mı? al-ır-sa-lar mı?	al-mış-sa-m mı? al-mış-sa-n mı? al-mış-sa mı? al-mış-sa-k mı? al-mış-sa-nız mı? al-mış-sa-lar mı?
?/−	al-ma-dı-ysa-m mı? al-ma-dı-ysa-n mı? al-ma-dı-ysa mı? al-ma-dı-ysa-k mı? al-ma-dı-ysa-nız mı? al-ma-dı-ysa-lar mı?	al-m-ıyor-sa-m mı? al-m-ıyor-sa-n mı? al-m-ıyor-sa mı? al-m-ıyor-sa-k mı? al-m-ıyor-sa-nız mı? al-m-ıyor-sa-lar mı?	al-ma-yacak-sa-m mı? al-ma-yacak-sa-n mı? al-ma-yacak-sa mı? al-ma-yacak-sa-k mı? al-ma-yacak-sa-nız mı? al-ma-yacak-sa-lar mı?	al-ma-z-sa-m mı? al-ma-z-sa-n mı? al-ma-z-sa mı? al-ma-z-sa-k mı? al-ma-z-sa-nız mı? al-ma-z-lar-sa mı?	al-ma-mış-sa-m mı? al-ma-mış-sa-n mı? al-ma-mış-sa mı? al-ma-mış-sa-k mı? al-ma-mış-sa-nız mı? al-ma-mış-lar-sa mı?

Appendix B
Nominal inflection paradigms

Nominal inflection paradigms

		+Plural		+Possessive	+Plural+Possessive
Bare form	Kahve	Kahve-ler	Benim	Kahve-m	Kahve-ler-im
			Senin	Kahve-n	Kahve-ler-in
			Onun	Kahve-si	Kahve-ler-i
			Bizim	Kahve-miz	Kahve-ler-imiz
			Sizin	Kahve-niz	Kahve-ler-iniz
			Onlarin	Kahve-leri	Kahve-ler-i
Accusative	Kahve-yi	Kahve-ler-i	Benim	Kahve-m-i	Kahve-ler-im-i
			Senin	Kahve-n-i	Kahve-ler-in-i
			Onun	Kahve-si-ni	Kahve-ler-i-ni
			Bizim	Kahve-miz-i	Kahve-ler-imiz-i
			Sizin	Kahve-niz-i	Kahve-ler-iniz-i
			Onlarin	Kahve-leri-ni	Kahve-ler-i-ni
Dative	Kahve-ye	Kahve-ler-e	Benim	Kahve-m-e	Kahve-ler-im-e
			Senin	Kahve-n-e	Kahve-ler-in-e
			Onun	Kahve-si-ne	Kahve-ler-i-ne
			Bizim	Kahve-miz-e	Kahve-ler-imiz-e
			Sizin	Kahve-niz-e	Kahve-ler-iniz-e
			Onlarin	Kahve-leri-ne	Kahve-ler-i-ne

Locative	Kahve-de	Kahve-ler-de	Benim Senin Onun Bizim Sizin Onların	Kahve-m-de Kahve-n-de Kahve-si-nde Kahve-miz-de Kahve-niz-de Kahve-leri-nde	Kahve-ler-im-de Kahve-ler-in-de Kahve-ler-i-nde Kahve-ler-imiz-de Kahve-ler-iniz-de Kahve-ler-i-nde
Ablative	Kahve-den	Kahve-ler-den	Benim Senin Onun Bizim Sizin Onların	Kahve-m-den Kahve-n-den Kahve-si-nden Kahve-miz-den Kahve-niz-den Kahve-leri-nden	Kahve-ler-im-den Kahve-ler-in-den Kahve-ler-i-nden Kahve-ler-imiz-den Kahve-ler-iniz-den Kahve-ler-i-nden
Instrumental Comitative	Kahve-yle	Kahve-ler-le	Benim Senin Onun Bizim Sizin Onların	Kahve-m-le Kahve-n-le Kahve-si-yle Kahve-miz-le Kahve-niz-le Kahve-leri-yle	Kahve-ler-im-le Kahve-ler-in-le Kahve-ler-i-nle Kahve-ler-imiz-le Kahve-ler-iniz-le Kahve-ler-i-nle
Genitive	Kahve-nin	Kahve-ler-in	Benim Senin Onun Bizim Sizin Onların	Kahve-m-in Kahve-n-in Kahve-si-nin Kahve-miz-in Kahve-niz-in Kahve-leri-nin	Kahve-ler-im-in Kahve-ler-in-in Kahve-ler-i-nin Kahve-ler-imiz-in Kahve-ler-in-iniz Kahve-ler-i-nin

Tense, person, and negation on nouns

	-(y)DI	-(y)mIş	-(y)sA
+	doktor-um doktor-sun doktor doktor-uz doktor-sunuz doctor(-lar)	doktor-du-m doktor-du-n doktor-du doktor-du-k doktor-du-nuz doktor-lar-dı (doktor-du-lar)	doktor-muş-um doktor-muş-sun doktor-muş doktor-muş-uz doktor-muş-sunuz doktor-lar-mış (doktor-muş-lar)	doktor-sa-m doktor-sa-n doktor-sa doktor-sa-k doktor-sa-nız doktor-lar-sa (doktor-sa-lar)
–	doktor değil-im doktor değil-sin doktor değil doktor değil-iz doktor değil-siniz doktor değil(-ler)	doktor değil-di-m doktor değil-di-n doktor değil doktor değil-iz doktor değil-siniz doktor değil(-ler)	doktor değil-miş-im doktor değil-miş-sin doktor değil-miş doktor değil-miş-iz doktor değil-miş-siniz doktor değil(-ler)-miş	doktor değil-se-m doktor değil-se-n doktor değil-se doktor değil-se-k doktor değil-se-niz doktor değil(-ler)-se
?/+	doktor mu-yum? doktor mu-sun? doktor mu? doktor mu-yuz? doktor mu-sunuz? doktor(-lar) mı?	doktor mu-ydu-m? doktor mu-ydu-n? doktor mu-ydu? doktor mu-ydu-k? doktor mu-ydu-nuz? doktor mu-ydu(-lar)?	doktor mu-ymuş-um? doktor mu-ymuş-sun? doktor mu-ymuş? doktor mu-ymuş-uz? doktor mu-ymuş-sunuz? doktor mu-ymuş(-lar)?	doktor-sa-m mı? doktor-sa-n mı? doktor-sa mı? doktor-sa-k mı? doktor-sa-nız mı? doctor(-lar)-sa mı?
?/–	doktor değil mi-yim? doktor değil mi-sin? doktor değil mi? doktor değil mi-yiz? doktor değil mi-siniz? doktor değil(-ler) mi?	doktor değil mi-ydi-m? doktor değil mi-ydi-n? doktor değil mi-ydi? doktor değil mi-ydi-k? doktor değil mi-ydi-niz? doktor değil(-ler) mi-ydi?	doktor değil mi-ymiş-im? doktor değil mi-ymiş-sin? doktor değil mi-ymiş? doktor değil mi-ymiş-iz doktor değil mi-ymiş-siniz? doktor değil(-ler) mi-ymiş?	doktor değil-se-m mi? doktor değil-se-n mi? doktor değil-se mi? doktor değil-se-k mi? doktor değil-se-niz mi? doktor değil(-ler)-se mi?

Appendix C

Verbs categorized according to their case-marked complements

This is a list of words that are typically taught during the first two years of Turkish language study.

-(y)I	altüst et- 'turn upside down'	eleştir- 'criticize'
	anlat- 'tell, narrate'	ertele- 'postpone'
	as- 'hang'	etkile- 'impress'
	at- 'throw (away)'	farket- 'notice'
	ata- 'appoint'	fırlat- 'throw'
	avla- 'hunt'	fışkırt- 'cause (liquid) to gust out'
	azalt- 'decrease, lessen'	geliştir- 'develop'
	azarla- 'scold'	gerçekleştir- 'realize'
	becer- 'be able to do something'	gez- 'tour'
	beğen- 'like'	giy- 'put on'
	besle- 'feed'	gör- 'see'
	bil- 'know'	haket- 'deserve'
	biriktir- 'collect'	harca- 'spend'
	boya- 'paint'	haşla- 'cook something in boiling water'
	burk- 'twist'	hazırla- 'prepare'
	buruştur- 'crumble'	hediye et- 'give something as a gift'
	çal- 'play, steal'	iddia et- 'claim'
	çek- 'pull, draw money'	ikna et- 'convince'
	çöz- 'solve, untie'	ilan et- 'announce'
	çözümle- 'figure out'	imzala- 'sign something'
	dağıt- 'distribute'	incit- 'hurt'
	dene- 'try'	indir- 'lower'
	destekle- 'support'	iptal et- 'cancel'
	dik- 'plant, sew'	itiraf et- 'confess'
	dilimle- 'cut into slices'	izle- 'watch, follow'
	dinle- 'listen to'	kabul et- 'accept'
	diz- 'line up'	kaçır- 'miss something, kidnap somebody'
	doğur- 'give birth to'	kaldır- 'raise, lift something, put away'
	doldur- 'fill'	kanıtla- 'prove'
	doyur- 'feed (until somebody is full)'	kapla- 'cover, wrap'
	dök- 'pour'	katla- 'fold'
	duyur- 'announce'	kaybet- 'lose something'
	düşün- 'think'	kazan- 'win something'
	düzenle- 'organize'	kes- 'cut something'
	eğit- 'educate, train'	
	ek- 'plant'	
	ekle- 'add'	

APPENDIX C

kızart- 'fry something'
kilitle- 'lock something'
kirlet- 'make something dirty'
kokla- 'smell'
kontrol altına al- 'take under control'
kontrol et- 'control, check'
kopart- 'tear off'
koy- 'put, place something' (takes -(y)A on place)
kullan- 'use'
kur- 'establish, found, set up'
mahvet- 'destroy, ruin'
oku- 'read'
onar- 'repair'
ortaya çıkar- 'reveal'
öldür- 'kill'
öner- 'recommend'
önle- 'prevent'
ör- 'knit'
ört- 'cover'
öv- 'praise'
paylaş- 'share something' (takes -(y)lA on the person)
pişir- 'cook'
postala- 'mail'
rahatsız et- 'disturb'
sağla- 'provide'
sakla- 'hide'
salla- 'shake, wave'
san- 'think, believe'
sat- 'sell'
savun- 'defend'
seç- 'choose'
selamla- 'greet'
sev- 'like'
sık- 'squeeze something, annoy/bother somebody'
sıkıştır- 'tighten something, put pressure on somebody'

sil- 'wipe'
soy- 'peel something, undress somebody or rob somebody'
sök- 'tear off'
söndür- 'extinguish (fire etc.)'
söyle- 'say'
süpür- 'sweep somewhere' (takes -(y)lA on the instrument)
sür- 'drive'
tahmin et- 'guess'
tak- 'put on, attach' (takes -(y)A on location)
takip et- 'follow'
tart- 'weigh'
taşı- 'carry, move'
tavsiye et- 'recommend something' (takes -(y)A on person)
tercih et- 'prefer'
topla- 'tidy, clear, pick fruit from trees' (e.g., kiraz topla)
unut- 'forget'
uyar- 'warn'
uygula- 'apply'
üret- 'produce'
ütüle- 'iron'
ver- 'give' (takes -(y)A on direction)
vur- 'shoot'
yak- 'burn'
yakala- 'catch'
yapıştır- 'stick, glue' (takes -(y)A on location)
yayınla- 'publish'
yaz- 'write'
yen- 'beat'
yıka- 'wash'
yırt- 'tear'
yolla- 'send'
yut- 'swallow'
yuvarla- 'roll'

-(y)A
acı- 'pity'
alış- 'get used to'
aşık ol- 'fall in love with'
bağır- 'shout at'
bağlan- 'be attached to'
bak- 'look'
başla- 'start'
bayıl- 'like something a lot'
benze- 'resemble'
bin- 'get on'

çalış- 'study, try to do something'
canı sıkıl- 'be upset about something'
çarp- 'hit'
cesaret et- 'to dare, to have the courage'
dal- 'dive into'
devam et- 'continue'
diren- 'resist doing something'
dön- 'return, go back'

Verbs categorized re case-marked complements

dönüş- 'turn into'	telefon et- 'telephone'
geç kal- 'be late'	teşebbüs et- 'attempt'
gül- 'laugh at'	tırman- 'climb'
güven- 'trust'	tutun- 'hold on to'
hakaret et- 'insult'	öfkelen- 'be angry at'
hayran ol- 'admire'	pişman ol- 'to regret'
hayret et- 'be surprised'	rastla- 'run into'
hazırlan- 'be prepared for something'	saldır- 'attack'
ısın- 'get used to'	selam ver- 'greet'
imza at- 'sign something'	sevin- 'be happy about something'
inan- 'believe'	sinirlen- 'be angry with'
itiraz et- 'object to'	şaşır- 'be surprised at'
karar ver- 'decide on'	şükret- 'be thankful about something'
karşı çık- 'object to'	ulaş- 'reach'
katıl- 'join, participate'	uy- 'adapt'
kavuş- 'meet somebody after a long separation'	uyum sağla- 'adapt'
kırıl- 'be hurt emotionally'	üzül- 'be sad'
kız- 'be angry with'	ver- 'give to somebody' (takes -(y)I on direct object)
koy- 'put, place somewhere' (takes -(y)I on object)	vur- 'hit something' (takes -(y)IA on instrument)
küs- 'be offended by'	yardım et- 'help'
memnun ol- 'be pleased about something'	yardımcı ol- 'help'
rastla- 'run into'	yelten- 'attempt'
tak- 'put on, attach' (takes -(y)I on object)	yerleş- 'settle down'
tavsiye et- 'recommend something to somebody' (takes -(y)I on direct object)	yerleştir- 'put, place, install'
	yetiş- 'reach, catch a bus etc.'
	yol aç- 'lead to'

-DA	aklı kal- 'stick in one's mind'	ısrar et- 'insist on something'
	anlaş- 'agree on something'	karar kıl- 'decide on something'
	diret- 'insist on something'	kusur bul- 'find faults in something'
	fayda gör- 'think something is useful'	

-DAn	anla- 'be knowledgable about something'	hoşnut kal- 'be pleased with'
	ayrıl- 'leave, depart'	iğren- 'feel disgust at'
	bahset- 'mention'	in- 'get off'
	bık- 'get tired of'	istifa et- 'quit (a job)'
	boşan- 'divorce'	kaçın- 'avoid'
	bunal- 'be overwhelmed by'	kork- 'be afraid of'
	çekin- 'refrain from'	medet um- 'expect help from somebody/thing'
	emin ol- 'be sure about'	memnun kal- 'be pleased with'
	faydalan- 'make use of'	muaf ol- 'be excepted from'
	fırla- 'rush out'	nefret et- 'hate'
	geri kal- 'lag behind'	rahatsız ol- 'be disturbed by'
	hoşlan- 'like'	sakın- 'avoid something'

sıkıl- 'be bored'
soğu- 'lose one's interest in, love of something'
sorumlu ol- 'be responsible for'
şikayetçi ol- 'complain about something'
tiksin- 'be disgusted'
usan- 'be tired of'

utan- 'be ashamed of'
uzaklaş- 'be distant from something'
ürk- 'be scared'
vazgeç- 'give up on something/somebody'
yararlan- 'make use of'
zarar gör- 'be damaged by'

-(y)lA

alay et- 'make fun of'
anlaş- 'get along with, make an agreement'
başa çık- 'cope with'
böbürlen- 'boast'
buluş- 'meet with somebody'
dalga geç- 'make fun of'
dans et- 'dance'
dertleş- 'have a heart-to-heart talk'
eğlen- 'make fun of'
evlen- 'get married to somebody'
geçin- 'make a living in'
görüş- 'see each other, have a formal meeting'
gurur duy- 'be proud of'

idare et- 'manage'
iftihar et- 'be proud of'
ilgilen- 'be interested in, deal with'
karşılaş- 'run into'
kavga et- 'fight with'
konuş- 'speak'
meşgul ol- 'be busy with'
mücadele et- 'fight with'
oyna- 'play with something'
övün- 'boast'
savaş- 'fight with'
sohbet et- 'chat with'
tartış- 'discuss' (takes *-(y)I* on topic)
uğraş- 'be engaged in, be busy with (a job)'
yetin- 'be satisfied with'

Appendix D

Verbs categorized according to their clausal complement types

Here are Turkish verbs listed alphabetically according to their clausal complement types.

		Complement type		
Verb	Case	-DIKI-(y)AcAK	-mA	-mAK
acı-	-(y)A	—	+	—
alay et-	-(y)lA	—	+	+
alın-	-(y)A	—	+	—
alış-	-(y)A	—	+	+
anla-	-(y)I	+	+	—
anla-	-DAn	—	—	+
anlat-	-(y)I	+	+	—
arzu et-	-(y)I	—	+	+
bahset-	-DAn	+	+	+
bak-	-(y)A	—	+	+
başa çık-	-(y)lA	—	+	+
başla-	-(y)A	—	—	+
bayıl-	-(y)A	—	+	+
becer-	-(y)I	—	+	+
beğen-	-(y)I	—	+	—
bekle-	-(y)I	—	+	+
bık-	-DAn	—	+	+
bil-	-(y)I	+	+	+
bozul-	-(y)A	+	+	—
böbürlen-	-(y)lA	—	+	+
bunal-	-DAn	—	+	+
canı sıkıl-	-(y)A	—	+	—
cesaretlen-	-DAn	—	+	+
çalış-	-(y)A	—	+	+
çekin-	-DAn	—	+	+
dalga geç-	-(y)lA	—	+	+
dene-	-(y)I	—	+	+
destekle-	-(y)I	—	+	—
devam et-	-(y)A	—	—	+
dile-	-(y)I	—	+	+
dinle-	-(y)I	—	+	—
diret-	-DA	—	+	+
düşün-	-(y)I	+	+	+

(cont.)

APPENDIX D

		Complement type		
Verb	Case	-DIKI-(y)AcAK	-mA	-mAK
eleştir-	-(y)I	−	+	−
emin ol-	-DAn	+	−	−
emret-	-(y)I	−	+	−
engelle-	-(y)I	−	+	−
ertele-	-(y)I	−	+	+
etkile-	-(y)I	−	+	−
farket-	-(y)I	+	−	−
farkına var-	(-nIn)	+	−	−
faydalan-	-DAn	−	+	+
geçin-	-(y)IA	−	−	+
gel-	-(y)A	−	−	+
geliştir	-(y)I	−	+	−
git-	-(y)A	−	−	+
gör-	-(y)I	+	+	−
gurur duy-	-(y)IA	−	+	+
haket-	-(y)I	−	+	+
hatırla-	-(y)I	+	+	−
hazırlan-	-(y)A	−	−	+
hoşlan-	-DAn	−	+	+
ısrar et-	-DA	+	+	+
içerle-	-(y)A	+	+	−
iddia et-	-(y)I	+	−	−
iğren-	-DAn	−	+	−
iftihar et-	-(y)IA	−	+	+
ikna et-	-(y)A	+	−	+
ilan et-	-(y)I	+	−	+
ilgilen-	-(y)IA	−	+	+
inan-	-(y)A	+	−	−
iste-	-(y)I	−	+	+
itiraf et-	-(y)I	+	−	−
itiraz et-	-(y)A	−	+	−
izin ver-	-(y)A	−	+	−
izle-	-(y)I	−	+	−
kabul et-	-(y)I	+	+	+
kaçın-	-DAn	−	+	+
kanıtla-	-(y)I	+	−	−
karar ver-	-(y)A	−	+	+
karşı çık-	-(y)A	−	+	−
katlan-	-(y)A	−	+	−
kız-	-(y)A	−	+	−
kontrol et-	-(y)I	+	−	−
kork-	-DAn	+	+	+
kusur bul-	-DA	−	+	−
mecbur kal-	-(y)A	−	+	+
mecbur ol-	-(y)A	−	+	+
medet um-	-DAn	−	+	−
memnun ol-	-(y)A	+	+	−
müsade et-	-(y)A	−	+	−

(cont.)

Verbs categorized re clausal complement types

		Complement type		
Verb	Case	-DIK/-(y)AcAK	-mA	-mAK
nefret et-	-DAn	−	+	+
oku-	-(y)I	+	−	−
ortaya çıkar-	-(y)I	+	+	−
öfkelen-	-(y)A	−	+	−
öğren-	-(y)I	−	−	+
öğütle-	-(y)I	−	+	−
öner-	-(y)I	−	+	+
önle-	-(y)I	−	+	−
öv-	-(y)I	−	+	−
övün-	-(y)IA	−	+	+
özle-	-(y)I	−	+	+
pişman ol	-(y)A	+	−	−
planla-	-(y)I	−	+	+
rahatsız ol-	-DAn	−	+	+
reddet-	-(y)I	+	−	−
sakın-	-DAn	−	+	−
sakla-	-(y)I	+	−	+
san-	-(y)I	+	−	−
savun-	-(y)I	+	+	+
seç-	-(y)I	−	+	+
sev-	-(y)I	−	+	+
sevin-	-(y)A	+	+	−
sıkıl-	-DAn	−	+	+
sinirlen-	-(y)A	−	+	−
söyle-	-(y)I	+	+	−
şaşır-	-(y)A	+	+	−
şikayet et-	-(y)I	−	+	−
şükret-	-(y)A	+	+	−
tahmin et-	-(y)I	+	+	−
talep et-	-(y)I	−	+	+
tavsiye et-	-(y)I	−	+	−
tercih et-	-(y)I	−	+	+
teşebbüs et-	-(y)A	−	+	+
umut et-	-(y)I	−	+	+
unut-	-(y)I	+	+	+
utan-	-DAn	−	+	+
ürk-	-DAn	−	+	+
üzül-	-(y)A	+	+	−
vazgeç-	-DAn	−	+	+
yararlan-	-DAn	−	+	+
yardım et-	-(y)A	−	+	−
yasakla-	-(y)I	−	+	−
yaz-	-(y)I	+	−	−
zannet-	-(y)I	+	−	−
zarar gör-	-DAn	−	+	+

Appendix E

Selected grammar books for further study

Books in Turkish
Banguoğlu, T. (1986) *Türkçe'nin Grameri*. Türk Dil Kurumu Yayınları (No. 528).
Duru, H. (2008) *Yabancılar için Türkçe Dilbilgisi (Temel Seviye)*. İstanbul: Mavi Ofset.
Gencan, T. N. (1971) *Dilbilgisi*. Türk Dil Kurumu Yayınları (No. 334).
Hengirmen, M. (1999) *Yabancılar için Türkçe Dilbilgisi*. Engin.
Koç, N. (1994) *Yabancılar için Dilbilgisi*. Ankara: İletişim Yayınları.

Books in English or in both Turkish and English
Göksel, A. and C. Kerslike (2005) *Turkish: A Comprehensive Grammar*. London: Routledge.
   (2010) *Turkish: An Essential Grammar*. London: Routledge.
Halman, T. S. (1981) *201 Turkish Verbs: Fully Conjugated in all the Tenses*. Hauppauge, NY: Barron.
Jaeckel, R. and G. Doğanata Erciyes (1992) *A Dictionary of Turkish Verbs: In Context and by Theme*. Washington, DC: Georgetown University Press.
Kornfilt, J. (1997) *Turkish*. London: Routledge.
Lewis, G. (1967) *Turkish Grammar*. Oxford: Oxford University Press.
   (2000) *Turkish Grammar*. Oxford: Oxford University Press.
Özsoy, A. S. (1999) *Turkish*. İstanbul: Boğaziçi University Press.
Serin, M. and E. E. Taylan (1995) *Workbook for H. Sebüktekin's Turkish for Foreigners*. İstanbul: Boğaziçi University Press.
Underhill, R. (1976) *Turkish Grammar*. Cambridge, MA: MIT Press.

Appendix F
Answer key to the exercises

Chapter 1 (Introduction): Exercise 1 *üniversite*: university, *istasyon*: station, *otomobil*: automobile, *greyfurt*: grapefruit, *apartman*: apartment building, *salata*: salad, *pizza*: pizza, *tren*: train, *çay*: tea, *faks*: fax, *kahve*: coffee, *kafe*: cafe, *telefon*: telephone, *gazete*: newspaper, *doktor*: doctor, *futbol*: soccer, *tenis*: tennis, *yoğurt*: yoghurt, *spagetti*: spaghetti, *ofis*: office, *makarna*: pasta, *pasta*: cake, *tuvalet*: toilet, *fobi*: phobia, *koridor*: corridor, *hobi*: hobby, *ceket*: jacket, *pantalon*: pants, *televizyon*: television, *kaset*: cassette, *sandalet*: sandal, *sandal*: row boat, *bot*: boots and boat, *otel*: hotel, *sekreter*: secretary, *müzik*: music, *müze*: museum, *taksi*: taxi, *park*: park, *problem*: problem, *profesör*: professor, *radyo*: radio, *psikoloji*: psychology, *spor*: sports, *tango*: tango, *tiyatro*: theatre, *termometre*: thermometer, *türban*: turban, *yat*: yacht, *yoga*: yoga, *zebra*: zebra, *modern*: modern, *milyon*: million, *matematik*: mathematics, *fizik*: physics, *labirent*: labyrinth, *kültür*: culture, *general*: general, *film*: film, *disket*: diskette, *Ağustos*: August, *banka*: bank, *turkuaz*: turquoise, *minyatür*: miniature

Chapter 2 (The sounds of Turkish): Exercise 1 1(b), 2(d), 3(c), 4(a), 5(d), 6(c), 7(a), 8(c), 9(a), 10(d). **Exercise 2** Ürdün/Jordan, Çin/China, Cezayir/Algeria, Hindistan/India, Şili/Chile, Japonya/Japan, Yeni Zelanda/New Zealand, Fas/Morocco, İspanya/Spain, Özbekistan/Uzbekhistan, Mısır/Egypt, Irak/Iraq. **Exercise 3** Teksas, Şikago, Vaşington, Kaliforniya. **Exercise 4** göller, kalemler, kelebekler, kalpler, saatler, kahveler. **Exercise 5** dersler, üniversiteler, kitaplar, sinemalar, sınavlar, öğretmenler, kalemler, taksiler, öğrenciler, arkadaşlar, tahtalar, radyolar, okullar, sınıflar, günler, çikolatalar, saatler, çantalar, akşamlar, metreler, dikkatler, ödevler, defterler, haller, geceler, bankalar, simitler, sular, evler, numaralar, harfler, kalpler. **Exercise 6** Evler kalabalık, Odalar sıcak, Masalar beyaz, Üniversiteler uzak, Havalar soğuk, Çantalar dolu, Bankalar kapalı, Öğrenciler Amerikalı, Bu adam Türk, Kitap kısa, Film sıkıcı. **Exercise 7** almak, aramak, beklemek, bilmek, bulmak, dans etmek, dinlemek, dinlenmek, düşünmek, geç kalmak, gelmek, gitmek, hasta olmak, içmek, istemek, kalmak, kalkmak, konuşmak, koşmak, kilo vermek, öğrenmek, öğretmek, okumak, olmak, oturmak, sevmek, şarkı söylemek, soru sormak, tatil yapmak, telefon etmek, uyumak, vermek, gülmek, yatmak, yemek, yürümek. **Exercise 8** evsiz, biletsiz, parasız, arkadaşsız, izinsiz, emsalsiz, uykusuz, sütsüz, aşksız, radyosuz, kalpsiz, saatsiz, akılsız, şekersiz, yoğurtsuz, ehliyetsiz, gülsüz, golsüz. **Exercise 9** İstanbullu, Atinalı, Portekizli, Amerikalı, Berlinli, Ürdünlü, Faslı, İranlı, Çinli, İsveçli, Koreli, Hollandalı, Afrikalı, Norveçli, Somalili, Kıbrıslı. **Exercise 10** Görüyor, ütülüyor, gülüyor, gözlüyor, küsüyor. **Exercise 11** 1.... sarışın mı? 2.... üzüm mü? 3.... ünlü mü? 4.... doktor mu? 5.... hayvan mı? 6.... beş mi? 7.... üç mü? 8.... altı mı? 9.... dokuz mu? 10.... dört mü? 11.... Türk mü? 12.... sulu mu? 13.... Amerikalı mı? 14.... mavi mi, ... Siyah mı? **Exercise 12** 1.... vanilyalı mı? 2.... saçlı ve bıyıklı mı?... bıyıklı mı? 3.... İzmirli mi? İstanbullu mu? 4.... gözlüklü mü? 5.... yoğurtlu mu? 6.... sütlü mü? 7.... şekerli mi? 8.... gözlü mü? 9.... boylu mu? 10.... sakallı mı? 11.... dikkatli mi? 12.... kalpli mi? **Exercise 13** tuttu, kustu, koştu, sustu, burktu. **Exercise 14** aldı, aradı, bekledi, bildi, kaçtı, götürdü, buldu, dans etti, dinledi, dinlendi, sattı, oturdu, düşündü, geç kaldı, üzüldü, gitti, bindi, şarkı söyledi, hasta oldu, içti, istedi, dedi, taktı, verdi, okudu, kalktı, konuştu, koştu, kilo verdi, değişti, değdi, ağladı, öğrendi, öğretti, tanıdı. **Exercise 15** Türkçe, Yunanca, Arnavutça, İspanyolca, İngilizce, Rusça, Fransızca, Arapça, Almanca, İtalyanca, Farsça, Azerice, Çince, Japonca, Özbekçe, Kırgızca, Hollandaca, İsveççe, Korece, Sırpça, Lazca, Ermenice, Kürtçe, Portekizce, Norveççe, Gürcüce, Bulgarca, Flemenkçe. **Exercise 16** sütçü, arabacı, ayakkabıcı, sucu, gözlükçü, gazeteci, haberci, avcı, balıkçı, televizyoncu, politikacı, kilimci, kitapçı, çaycı, fotoğrafçı, emlakçı. **Exercise 17** sütü, ceketi, saçı, sepeti, ardı, gözlüğü, kaseti, mutfağı, eteği, üçü, balığı, kalbi, ipeği, topu, dördü, kitabı, tacı, sokağı, ipi, robotu, Melek'i, meleği, derdi, ligi, dutu. **Exercise 18** 1. iznim, 2. karnım, 3. oğlum, 4. ömrü, 5. burnum.

Chapter 3 (The noun: an overview): Exercise 1 1. mutluluk, 2. kediciklerimize, 3. portakal suyu, 4. üniversite öğrencilerinde, 5. elma şekeri, 6. Aslıhan'ın kocaman kırmızı balonları, 7. ayakkabılarımızdan, 8. Yale Üniversitesi'nde, 9. İstanbullular, 10. yemeğimde. **Exercise 2** araba-mız, bakkal-da, ev-ler-imiz-de, sokak-ta, oyuncak-çı-lar, saat-çi, terminal-i, bilgisayar-ın, arkadaşlığımız, Ankara'ya, Erol'u, süt-çü, elma-n. **Exercise 3** anneannemiz, kitaplarımız, evdekiler, televizyonumuzda, Siirt'te, mutfakta, banyonuz, kahveniz, köpeğin, kuşun, ineğimiz. **Exercise 4** uzunluk, arabacı, yiyecek, akrabalık, içecek, kadınlık, misafirperverlik, Türklük, yabancılık, öğrencilik, giyecek, alacak, mutluluk, yorgunluk.

Chapter 4 (Case markers): Exercise 1 Bebek'te, Çin'de, sinemada, kitapta, bebekte, Japonya'da, üniversitede, gazetede, Ankara'da, Pakistan'da, kampüste, masada, Türkiye'de, Erzurum'da, çölde, bankada, Milan'da, Ağrı'da, saatte, radyoda, Ürdün'de, ofiste, profesörde, takside, evde, derste, sınıfta, güneyde, Yunanistan'da, sokakta, adamda, üçte, beşte, doğuda, batıda, terminalde. **Exercise 2** 1. üniversitede, 2. Ankara'da, 3. Burada, 4. Otelde, 5. Otobüste, 6. sınıfta, 7. CD'de, 8. Kitapçıda, 9. Kütüphanede, 10. Üniversitesi'nde, 11. lokantada, 12. Sizde, 13. okulda, 14. fotoğrafta, 15. çantada, 16. Sende, 17. Ahmet'te, 18. Onda, 19. Buralarda, 20. sokakta, 21. şehirde, 22. televizyonda, 23. dokuzda. **Exercise 3** 1. Şubatta, 2. Ocakta, 3. Kasımda, 4. Ekimde, 5. Ekimde, 6. Ağustosta, 7. Nisanda, 8. Mayısta, 9. . . . . **Exercise 4** arabaya, sokağa, kıza, hamama, elbiseye, Ankara'ya, bana, çocuğa, telefona, soruya, Ürdün'e, Yale'e, masaya, sandalyeye, ona, otobüse, mektuba, ağaca, mutfağa, Paris'e, Osman'a, Sally'ye, köye, televizyona, elmaya. **Exercise 5** 1. Kütahya'ya, 2. ona, 3. otobüse, 4. Ahmet'e, 5. onlara, 6. anneme, kime, 7. nereye, 8. Tahran'a, 9. bize, 10. polise, 11. bize, 12. masaya, 13. Halil'e, derse, 14. eve, 15. Mustafa Bey'e, 16. alışverişe, 17. tatile, 18. saate, 19. sandalyeye, 20. ağaca, 21. size, 22. Şeyda'ya. **Exercise 6** 1. tatilde, Erzurum'a, 2. beşte, toplantıya, 3. İstanbul'da, 4. masaya, 5. sinemaya, 6. Sinemada, 7. Kapıda, 8. kolejde, partiye, 9. Sana, 10. Ayşe'ye, 11. Noel'de, New York'a, 12. Size, partide, 13. Kafe'ye, 14. Yorgos'a, 15. Bana, 16. konsere, Sizde, Size, 17. beşe, 18. nereye, 19. nerede. **Exercise 7** arabadan, sokaktan, kızdan, hamamdan, elbiseden, Ankara'dan, benden, çocuktan, telefondan, sorudan, Ürdün'den, Yale'den, sandalyeden, masadan, ondan, otobüsten, mektuptan, ağaçtan, mutfaktan, Paris'ten, Osman'dan, Sally'den, Erzurum'dan, televizyondan, elmadan. **Exercise 8** 1. İstanbul'dan, 2. otobüsten, 3. Senden, 4. kitaplardan, 5. romanlardan, 6. neden, 7. fareden, 8. İzmir'den, 9. söylemekten, 10. Kitapçıdan, 11. polisten, 12. ıspanaktan, 13. neden, 14. evden, 15. terminalden, 16. manavdan, 17. üniversiteden. **Exercise 9** 1. Beşiktaş'ta, vapurdan, otobüse, 2. Bakkalda, 3. sekizde, evden, altıda, eve, 4. Beşiktaş'tan, 5. Ankara'dan,

Answer key to the exercises

Erzurum'dan, 6. Doktor'a, 7. çocuklara, 8. filmlerden, 9. Ahmet bey'den, bize, 10. buçukta, terminalden, 11. pencereden, sokağa, 12. neye, 13. evden, işe, 14. Ankara'dan, İstanbul'a kaç saatte, 15. Boston'dan, Mehmet'e, 16. hastanede, Evden, hastaneye, yarım saatte. 17. İstanbul'da, Ankara'ya, 18. İstanbul'dan, New York'a.
Exercise 10 dersi, üniversiteyi, kitabı, sinemayı, sınavı, öğretmeni, kalemi, taksiyi, öğrenciyi, arkadaşı, tahtayı, radyoyu, okulu, sınıfı, günü, çikolatayı, masayı, çantayı, akşamı, metreyi, ödevi, cep telefonunu, geceyi, bankayı, simidi, suyu, evi, numarayı, keki, Arap'ı, mutfağı, Beşiktaş otobüsünü, arabamı, Seda'yı, Salı akşamını. **Exercise 11**
1. Selim Bey'i, 2. filmi, 3. gazete, 4. Gazeteyi, 5. nece, 6. kitapları, 7. nece, 8. beni, 9. ne, 10. kahveyi, 11. kahve, 12. kahveyi, 13. Almanca, Fransızca'yı, 14. ne, Çay, kahve, 15. Dolmabahçe Sarayı'nı, 16. bardak, 17. bardağı, 18. öğrencileri, 19. adamı, 20. öğrenci, 21. otobüs, 22. otobüsü, 23. baklava, 24. Baklavayı, 25. köpekleri, 26. yemek, 27. yemeği, 28. ekmeği, 29. arabasını, 30. seni, 31. bizi, 32. yemeklerini, 33. İstanbul'u.
Exercise 12 arabayla, Mustafa'yla, anahtarla, aceleyle, telefonla, trenle, Elif'le, bıçakla, telaşla, mektupla, otobüsle, Necati'yle, tornavidayla, heyecanla, mesajla, uçakla, Suzan'la, baltayla, endişeyle, e-postayla, vapurla, Ömür'le, çekiçle, mutlulukla, dilekçeyle. **Exercise 13** 1. telefonla, 2. otobüsle, taksiyle, 3. bıçakla, 4. heyecanla, 5. kalemle, 6. davetiyeyle, 7. öğrencilerle, 8. e-postayla, 9. müşterilerle, 10. Selim'le.
Exercise 14 1. Sizinle, 2. onlarla, 3. Bizimle, 4. Benimle, 5. Seninle, 6. Onlarla, 7. onunla, 8. bizimle, 9. Onlarla, 10. Bununla, 11. neyle, 12. kiminle, 13. Şununla, 14. Bununla, 15. kimlerle, 16. Sizinle, 17. Onlarla, 18. benimle. **Exercise 15** 1. otobüsle, 2. sütlü, şekerli, 3. fincanla, 4. arkadaşımla, 5. boylu ve sakallı, 6. şapkayla, 7. şapkalı.

Chapter 5 (Genitive and possessive). Exercise 1 1. benim, 2. çocukların, 3. kimlerin, 4. bizim, 5. senin, 6. onların, 7. kimin, 8. senin, Hüseyin amcanın, 9. Atakan'ın, 10. annemin. **Exercise 2** 1. kimin, Senin, Orhan'ın, 2. benim, annemin, 3. Özgür'ün, Emel'in, 4. babamın, kimin, 5. evin, dairenin, 6. evin, işyerinin, 7. nerenin, Malatya'nın, 8. balıkların, kaplumbağaların, 9. benim, Hayriye teyze'nin, 10. babamın, Şirketin.
Exercise 3 1. Emel'in evi (note the apostrophe), 2. kitabın ikinci baskısı (note the sound change at the end of *kitap!*), 3. Restoranın adı, 4. öğrencinin notu, 5. dönemin başı, 6. öğretmenin arkadaşı, 7. Bakan bey'in sekreteri (note the apostrophe), 8. Şehrin resmi (note the vowel omission in the first word!), 9. sizin kapıcınız, 10. İstanbul'un müzeleri (note the apostrophe), 11. Van'ın kedileri (note the apostrophe), 12. Ekim'in yedisi (note the apostrophe), 13. Hindistan'ın kuzeyi (note the apostrophe), 14. Murat'ın yengesi (note the apostrophe), 15. bebeklerin isimleri, 16. bebeğin ismi (note the vowel change in *isim* and compare it with the use of *isim* in the previous example), 17. lokantanın önü, 18. sizin doktorunuz, 19. Marmaris'in havası, 20. ağacın gölgesi (note the sound change in the first word), 21. Barış Manço'nun hayatı, 22. bizim fotoğrafımız, 23. Nuran'ın cep telefonu.
Exercise 4 1. matematik öğretmeniyim, 2. Koç Lisesi'nde çalışıyorum. 3. Barbaros Bulvarı'nda oturuyorum. 4. futbol maçına gidiyorum. **Exercise 5** 1. üniversitenin kütüphanesinden, 2. arkadaşın arabası, 3. Sizin, eviniz, 4. Selim'in, babası, 5. Yasemin hanım'ın, ders kitabını, 6. şirketin misafiriyle, 7. Sizin üniversitenizde, 8. Murat bey'in sekreterini, 9. Kemal bey'in odasında, 10. Çocukların kahvaltısını, 11. Hakan'ın yalanlarına, 12. Zeynep'in amcası. **Exercise 6** 1. Benim iki kedim var. 2. Senin çocukların/çocuğun var mı? 3. Alice'in çok Türk arkadaşı var. 4. Pazartesi günü matematik dersimiz yok. 5. Cep telefonunuz var mı? 6. Onların tren bileti yok. 7. Babamın Ayvalık'ta çok büyük bir yazlık evi var. 8. Hasan Bey'in kırmızı bir arabası

APPENDIX F

var. 9. Şimdi zamanımız yok. 10. Birkaç dakikanız var mı? **Exercise 7** 1. Benim canım, 2. Senin canın, 3. Onun canı, 4. Bizim canımız, 5. Sizin canınız, 6. Onların canı. **Exercise 8** 1. Keyfim kaçtı, 2. İştahım yok, 3. İştahım kaçtı, 4. Keyfim yerinde, 5. Halim yok, 6. Uykum geldi, 7. Moralim bozuk, 8. Keyfim yok. **Exercise 9** 1. Hepimiz, 2. Hiçbirimiz, 3. Hepiniz, 4. Bazıları, 5. Üçü, 6. Bütün, 7. hepsi. **Exercise 10** 1. Ben babamın Fransız iş arkadaşlarıyla Fransızca konuşuyorum, 2. Elif Şafak'ın İngilizce romanları çok güzelmiş, 3. İstanbul'daki büyük otellerin yüzme havuzları çok pahalı. 4. Ekrem Enişte'nin ev telefonunun numarasını hiç kimse bilmiyor mu? 5. Bilgi Üniversitesi'nin Karşılaştırmalı Edebiyat bölümü hangi kampüste? 6. Ben kütüphanelerin eski kitap kokusuna bayılırım. 7. Hepimiz anneannemin bayram baklavasını özledik. 8. Boğaziçi Üniversitesi'nin yabancı öğrencileri kampüste mi kalıyor? 9. Dedemin av köpeklerinin yavruları çok şirinler. 10. Bursa'nın camilerinin minareleri ne kadar yüksek. **Exercise 11** 1. Babamın erkek kardeşinin kızı benim kuzenim. 2. Annemin kızkardeşinin kızı benim kuzenim. 3. Babamın annesi benim babaannem. 4. Annemin annesi benim anneannem. 5. Ablamın eşi benim eniştem. 6. Dayımın eşi benim yengem. 7 Annemin erkek kardeşi benim dayım, 8. Babamın erkek kardeşi benim amcam. 9. Babaannemin kızı benim halam. 10. Halamın eşi benim eniştem. **Exercise 12** 1. dayı: Birinin annesinin erkek kardeşidir. 2. görümce: Bir kadının eşinin kız kardeşidir. 3. torun: Birinin çocuğunun çocuğudur. 4. kayınvalide: Birinin eşinin annesidir. 5. elti: Bir kadının eşinin erkek kardeşinin eşidir. 6. dede: Birinin annesinin ya da babasının babasıdır. 7. bacanak: Bir erkeğin eşinin kızkardeşinin eşidir. 8. kayınbirader: Birinin eşinin erkek kardeşidir. 9. baldız: Bir erkeğin eşinin kızkardeşidir. 10. gelin: Birinin erkek çocuğunun eşidir. 11. damat: Birinin kız çocuğunun eşidir. **Exercise 13** Here are some sample answers: Elma masanın üstünde. Otobüs evin önünde. Ev üniversitenin yanında. Kediler televizyonun arkasında. Mektuplar çantanın içinde. Mektuplar derginin altında. Anahtar bizim yanımızda. **Exercise 14** *Food:* Fransız şarabı, Mercimek çorbası, okyanus balığı, patates kısartması, portakal suyu, Sezar salatası, Türk kahvesi. *Professions*: Bilgisayar programcısı, inşaat mühendisi, kadın doktoru, müzik öğretmeni, otobüs şoförü, polis memuru, turist rehberi. *Geographical names:* Amazon Ormanı, Atlas Okyanusu, Hazar Denizi, Londra Şehri, Nil Nehri, Sahara Çölü, Süveyş Kanalı, Taksim Meydanı, Van Gölü, *Places and institutions*: İş Bankası, Kremlin Sarayı, Osmanlı İmparatorluğu, Sağlık Bakanlığı, Sultan Ahmet Camii, Yale Üniversitesi. *Special days, time and dates*: anneler günü, Fransız İhtilali, Cumhuriyet Bayramı, kahvaltı saati, Kurtuluş Savaşı, vişne mevsimi, yaz sezonu. *Relations between two things*: İran-Irak savaşı, Kadın-erkek eşitliği, Obama-Erdoğan görüşmesi, Öğretmen-öğrenci ilişkisi, Türk-Yunan dostluğu.
Exercise 15 1. Ankara Üniversitesi'nde, 2. şarkılarından, 3. otobüsüne, 4. otobüsünden, 5. otobüsten, 6. üniversitede, 7. öğretmenimle, 8. kursuna, 9. anahtarını, 10. reçeline. **Exercise 16** 1. Özpetek'in ... filmini, 2. Ayşe'nin dükkanına, 3. Ahmet'in annesinden, 4. Onların kardeşi/kardeşleri, 5. Sizin şakalarınızdan, 6. Bizim doktorumuzla, 7. pastanenin önünde, 8. öğrencilerin hiçbirini, 9. Kasım'ın beşinde, 10. kolunu, bacağını, ... burnunu, 11. Ahmet'in kızarkadaşının evine, 12. Ahmet'in ... kızarkadaşından, 13. Jale'nin .... son mektubunu ... 14. Melek Hanım'ın yemeklerini, 15. Benim yemeklerime, 16. Senin yemeklerinden, 17. İstanbul Üniversitesi'nden, 18. Mine'nin ablasına, 19. Murat'ın köpeklerinden, 20. Kaya'nın ... arabasını.

Chapter 6 (Numerals and plurality). Exercise 1 dersler, üniversiteler, kitaplar, sinemalar, sınavlar, öğretmenler, kalemler, taksiler, öğrenciler, arkadaşlar, tahtalar, radyolar, okullar,

Answer key to the exercises

sınıflar, günler, çikolatalar, masalar, çantalar, akşamlar, metreler, ödevler, defterler, geceler, bankalar, simitler, sula, evler, numaralar, göller, şunlar, bunlar, onlar. **Exercise 2** cats: kediler, cars: arabalar, two cats: iki kedi, my cars: arabalarım, our car: bizim arabanız, our cars: bizim arabalarımız, these books: bu kitaplar, my father's horses: babamın atları, eleven buses: onbir otobüs, the buses: otobüsler, their books: onların kitapları, their book: onların kitabı. **Exercise 3** 43: kırküç, 108: yüz sekiz, 222: iki yüz yirmi iki, 1001: dokuz, 2049: ikibin kırk dokuz, 2: iki, 19: ondokuz, 248: iki yüz kırk sekiz, 90: doksan, 88: seksen sekiz, 7: yedi, 11: on bir, 2010: ikibin on, 333: üç yüz otuzüç, 215: iki yüz onbeş, 30: otuz, 8: sekiz, 5: beş. **Exercise 4** 1. birinci, 2. onsekizinci, 3. üçüncü, dördüncü, 4. ikinci, 5. kaçıncı, 6. birincisi, 7. altıncı, 8. ikinci, 9. onbeşinci, 10. Yirmiyedinci, 11. Onuncu, 12. birinci, ikinci. **Exercise 5** beşer, onikişer, sekizer, onar, dörder, altışar, yedişer, dokuzar, onbirer, üçer. **Exercise 6** 1. birer birer, 2. dörder dörder, 3. birer, 4. üçer, 5. yedişer, 6. altışar, 7. beşer, 8. ikişer. **Exercise 7** 11:00: Saat onbir, 08:30 Saat sekiz buçuk or sekiz otuz, 12:15 Saat oniki onbeş *or* saat onikiyi çeyrek geçiyor, 09:00 Saat dokuz, 10:45 Saat on kırkbeş, ya da onbire çeyrek var, 07:10 Saat yediyi on geçiyor, *or* yedi on. **Exercise 8** 1. 09:05, 2. 10:40, 3. 05:30, 4. 03:45, 5. 06:15, 6. 03:30, 7. 12:30. **Exercise 9** 1.17:40, 2. 13:15, 3. 20:00, 4. 19:00, 5. 10:00, 6. 12:00, 7. 07:00, 8. 12:30, 9. 07:30, 10. 17:00, 11. 16:45, 12. 08:15, 13. 19:30, 14. 24:00, 15. 09:05. **Exercise 10** 212 245 11 15: iki yüz oniki, iki yüz kırkbeş, onbir, onbeş. 216 304 14 95: iki yüz onaltı, üçyüzdört, ondört, doksanbeş. 314 333 24 52: üçyüz ondört, üç yüz otuzüç, yirmi dört, elli iki, 212 414 35 02: iki yüz oniki, dörtyüz on dört, otuzbeş, sıfır iki. **Exercise 11** 1933: bir dokuz yüz otuz üç, 2006: ikibin altı, 1973: bin dokuzyüz yetmiş üç, 2000: iki bin, 1966: bin dokuz yüz altmışaltı, 1881: bin sekiz yüz seksen bir, 1924: bin dokuz yüz yirmi dört, 1071: bin yetmiş bir. **Exercise 12** Bin dokuz yüz doksan dokuz (1999), bin altmış altı (1066), bin dokuz yüz dokuz (1909), iki bin kırk sekiz (2048), bin altı yüz dokuz (1609), bin dokuz yüz altmışsekiz (1968), iki bin oniki (2012), bin dört yüz doksan üç (1493), bin beş yüz yedi (1507), bin dokuz yüz seksen dört (1984), bin üç yüz kırkdört (1344), iki bin on (2010). **Exercise 13** The order will be 3, 5, 1, 2, 4: Dedem 1916'da Sakarya'da doğmuş. 1943'te anneannemle evlenmişler. 1944'te ve 1946'da iki kızları olmuş. İsimlerini Hale ve Hayriye koymuşlar. 1950'de İstanbul'a taşınmışlar. Orada dayım İbrahim de aileye katılmış. Dayımın doğum tarihi 1952. **Exercise 14** 1. (Ben) ondokuz yaşındayım. 2. Adana'ya taşındığımızda 23 yaşındaydım, 3. En büyük ağabeyin kaç yaşında? 4. Musa'nın dört yaşında bir oğlu var. 5. Bu 18 yaşında bir bina, 6. 2000 yılında kaç yaşındaydın? 7. Henüz 18 yaşında olmadığım için ehliyetim yok, 8. Babam 35 yaşında evlenmiş, 9. Bizim iki yaşında bir Van kedimiz var. 10. Atatürk öldüğünde Türkiye Cumhuriyeti kaç yaşındaydı? **Exercise 15** 1. bir bardak portakal suyu, 2. iki fincan Türk kahvesi, 3. bir kutu çikolata, 4. bir çift ayakkabı, 5. bir kase çorba, 6. iki şişe rakı 7. bir *çorba* kaşığı, 8. bir *tatlı* kaşığı şeker. **Exercise 16** 1. diş, 2. otobüs, 3. baş, demet, tutam, çay bardağı, 4. kaşık, 5. külah, top, 6. grup, 7. şişe, 8. kadeh, 9. adım, 10. avuç, 11. saksı, 12. kutu, 13. koçan, 14. dilim, 15. yudum, 16. sürahi, 17. kavanoz, 18. paket, 19. damla, 20. tabak **Exercise 17** 1. Türkçe sınıfındaki öğrencilerin yarısı bu yaz Türkiye'ye gitti. 2. Saat on buçuk, 3. Trende yarım saat uyudum. 4. Mektupları yarım saatte bitirebilirim. 5. Adam elmanın yarısını yedi. 6. Esen iki buçuk yaşında. **Exercise 18** 1. yarım, 2. yarım, 3. buçuk, 4. yarı, 5. yarı, 6. yarısını, 7. buçuk, 8. yarısı, 9. yarım, 10. yarısını, 11. yarım, 12. buçuk, 13. yarısını, 14. yarım. **Exercise 19** 1. Onüç artı beş, eşittir on sekiz, 2. Yirmi bölü dört eşittir beş, 3. Onbeş artı altı eşittir on dokuz, 4. Yirmi dokuz eksi ondört eşittir onbeş, 5. Yirmi üç eksi üç eşittir yirmi, 6. Üç çarpı beş eşittir onbeş, 7. Doksan dokuz bölü otuzüç eşittir üç.

APPENDIX F

Chapter 7 (Existential *var/yok*): Exercise 1 1 = a, 2 = i, 3 = b, 4 = f, 5 = c, 6 = j, 7 = g, 8 = h, 9 = e, 10 = d **Exercise 4** 1. Ben evli değilim. 2. Bu benim çocuğum değil. 3. Ben çocuk değilim. 4. Benim çocuğum yok. 5. Ahmet ve sen kardeş değilsiniz. 6. Bu odada hiç sandalye yok. 7. Sandalyeler bu odada değil. 8. Bu Mehmet Bey'in pasaportu değil. 9. Mehmet Bey'in bileti yok mu? 10. Bu Selim'in bisikleti değil. 11. Selim'in bisikleti yok. 12. Dün akşam partide çok yabancı yoktu. 13. Ben dün akşam partide değildim. 14. Bende hiç para yok. 15. Babam evde değil/yok. 16. Çocuklar bu saatte neden okulda değiller? 17. Bugün ders yok. 18. Murat artık öğrenci değil. 19. Bu film hiç güzel değil. 20. Bu gazetede hiç önemli bir haber yok. 21. Bu gazetedeki haberler hiç önemli değil. 22. Levent hiç yakışıklı değil. 23. Ankara buraya uzak değil. 24. Ankara'da hiç deve yok. 25. Bu deve değil, zebra. 26. Bu sorular hiç kolay değil. 27. Toplantı saat beşte değil mi? 28. Saat beşte toplantı yok mu?

Chapter 8 (Pronouns): Exercise 1 1. Biz, siz, 2. Onlar, 3. sen, 4. Ben, 5. O, 6. Siz, 7. Ben, 8. O, 9. Onlar, 10. Biz, 11. Biz, 12. Siz, 13. Ben, sen, 14. Biz, Onlar. **Exercise 2** 1. Onlar, 2. Biz, 3. Siz, 4. O, 5. Onlar, 6. Siz, 7. O, 8. Onunla, 9. onlarla, 10. Biz. **Exercise 3** 1. onu, 2. onlarla, 3. bunları, 4. şunu, 5. bunu, 6. şuna, 7. onları, bunlar, 8. Onu, 9. bunu, onunla, 10. şunun, 11. ona, 12. bunlardan. **Exercise 4** 1. Burada, 2. Burası, 3. Oraya, 4. Oraya, buraya, şuraya, 5. Oradan, şuradan, buradan, 6. Oraya, 7. Oraları, buraları, şuraları, 8. Burayı/burasını, orayı/orasını, şurayı/şurasını, 9. Şuradan, 10. Orada, burada, şurada.

Chapter 9 (The verb: an overview): Exercise 1 Here are some sample answers: gidiyorduk, geliyorlar, kaçıyormuşsunuz, gülmüşmüşsünüz, oturuyorduk... **Exercise 2** 1 = a, 2 = e, 3 = d, 4 = b, 5 = c. **Exercise 3** 1 = b, 2 = c, 3 = b, 4 = a, 5 = a, 6 = a, 7 = a, 8 = a, 9 = c, 10 = c/e, 11 = c/e, 12 = a, 13 = c. **Exercise 4** Here are some sample answers. It is possible to have alternative responses especially regarding the tense markers. 1. etti, 2. etmek, 3. ediyoruz, 4. ediyorsun?, 5. oldum, 6. çekiyorlar, 7. edecek misiniz?, 8. attı, 9. geçiyorsunuz?, 10. olamadı.

Chapter 10 (*-Iyor*, the progressive): Exercise 1 Ben alıyorum, arıyorum, bekliyorum, biliyorum. Sen buluyorsun, dans ediyorsun, dinliyorsun, dinleniyorsun. O düşünüyor, geç kalıyor, geliyor, gidiyor. Biz hasta oluyoruz, içiyoruz, istiyoruz, diyoruz. Siz kalkıyorsunuz, konuşuyorsunuz, koşuyorsunuz, kilo veriyorsunuz. Onlar öğreniyorlar, öğretiyorlar, okuyorlar, şarkı söylüyorlar. **Exercise 2** Sample answers: dondurma yemiyorum, İlknur'la konuşmuyorum, göbek atmıyorum, üzülmüyorum, kahve içmiyorum, şarkı söylemiyorum, dinlenmiyorum, tatil için plan yapmıyorum, maratona hazırlanmıyorum, alışveriş yapmıyorum, roman yazmıyorum, dans etmiyorum, rejim yapmıyorum, Fransızca öğrenmiyorum, araba kullanmıyorum, anneannemin çiçeklerini sulamıyorum, babamla tavla oynamıyorum, kahvaltı yapmıyorum, fotoğraf çekmiyorum, piyango bileti satın almıyorum. **Exercise 3** 1. yapıyor musun? 2. içiyor musun? 3. yiyor musun? 4. içiyor musun? 5. biliyor musun? 6. giriyor musun? 7. seviyor musun? 8. okuyor musun? 9. dinliyor musun? 10. ediyor musun? **Exercise 4** 1. söylüyorum. 2. dans ediyor. 3. istiyor musunuz? 4. sevmiyorum. 5. konuşuyor.... biliyor musun? 6. bilmiyorum. 7. kalıyorsun. 8. bekliyoruz. 9. yağıyor mu? 10. oturuyor(lar), oturuyorsunuz? 11. evleniyor(lar). 12. yağıyor. 13. istiyor musunuz? 14. yemiyorum. 15. dinlemiyorlar,

Answer key to the exercises

dinliyorlar. 16. konuşmuyorsun 17. biliyor. 18. kalkıyorum, duş alıyorum, kahvaltı yapıyorum. 19. dans ediyor? 20. seviyorum.

Chapter 11 (Future with *-(y)AcAK*): Exercise 1 Ben arayacağım, bekleyeceğim, bileceğim, bulacağım. Sen dans edeceksin, alacaksın, dinleneceksin, düşüneceksin. O geç kalacak, gelecek, gidecek, hasta olacak. Biz içeceğiz, isteyeceğiz, otelde kalacağız, erken kalkacağız. Siz konuşacaksınız, koşacaksınız, dinleyeceksiniz, öğreneceksiniz. Onlar öğretecekler, okuyacaklar, mezun olacaklar, atlayacaklar. **Exercise 2** Ben sevmeyeceğim, şarkı söylemeyeceğim, uyumayacağım. Sen telefon etmeyeceksin, soru sormayacaksın, vermeyeceksin, O yatmayacak, yemeyecek, yürümeyecek. Biz almayacağız, bulmayacağız, düşünmeyeceğiz. Siz hasta olmayacaksınız, kalkmayacaksınız, öğrenmeyeceksiniz. Onlar oturmayacak(lar), tatil yapmayacak(lar), gezmeyecek(ler).
Exercise 3 1. gelecek misin? 2. girecek misin? 3. çalışacak mısın? 4. konuşacak mısın? 5. koyacak mısın? 6. gidecek misin? 7. uğrayacak mısın? 8. edecek misin? 9. çıkacak mısın? 10. biriktirecek misin? **Exercise 4** 1. olacak mıyım, 2. oturacağım, 3. evlenecek miyim, 4. olacak mı? 5. çalışacağım, 6. alacak mıyım, 7. kullanacak mıyım, 8. yazacak mıyım, 9. tanışacak mıyım, 10. besleyecek miyim. **Exercise 5** 1. söyleyeceğim, 2. içecek misiniz? 3. içmeyeceğim. 4. dans edecek. 5. konuşacak. 6. kalmayacaksın.
7. bekleyeceğiz . . . gideceksiniz? 8. içmeyeceğim. 9. oturacaksınız. 10. evlenecekler.
11. çalışacak mısın? 12. çalışmayacağım. 13. yatacağım. 14. girecek misiniz?
15. dinleyecekler. 16. seveceğim. 17. olacak. 18. olacaksın? 19. kalkacak. 20. gideceksiniz.
21. kalacağız. **Exercise 6** Here are some sample answers. 1. *Yarın* kedimi veterinere götüreceğim. 2. *Gelecek hafta* babam ameliyat olacak. 3. *Gelecek ay* Selin liseden mezun olacak. 4. *Gelecek yıl* yaz tatilinde Singapur'a gideceğim. 5. *Haftaya* finaller başlıyor.
6. *Seneye* istatistik dersi alacağım. 7. *Birazdan / biraz sonra* uçağa bineceğiz. 8. Gelecek Çarşamba tatile çıkacağız. 9. *Yakında / çok yakında* beni anlayacaksın. 10. *Tekrar* gelecek misin? 11. *Bir ay sonra* İstanbul'a taşınacaklar. 12. *İki hafta sonra* sonuçları açıklayacaklar.
13. *Dersten sonra* tiyatroya gideceğiz. 14. *Artık* sizinle hep Türkçe konuşacağım. **Exercise 7**
1. okuyorum, uyuyacağım. 2. biniyoruz, olacağız. 3. yağıyor, yağacak. 4. çalışıyoruz, olacağız. 5. gelmiyor, olmayacak. 6. oturuyoruz, taşınacağız. 7. dinleniyoruz, edeceğiz
8. yiyoruz, çıkacağız. 9. kalacağız, edeceğiz. 10. öğreniyorsun?, alacak mısın? **Exercise 8**
1. yarın olacak. 2. olmayacağım, 3. gidecek misin? 4. buluşacaksınız, 5. evleneceğim, evil olacağım. 6. olacak mısın? 7. olacak. 8. olacaksın. 9. kullanmayacağım. 10. edecekler?
11. gelecek misin? 12. olacağım, olacaksın? 13. içmeyeceğim. 14. akıllanmayacak.

Chapter 12 (Past with *-DI* and *-(y)DI*): Exercise 1 Ben aradım, bekledim, bildim. Sen dans ettin, dinledin, dinlendin. O geç kaldı, geldi, gitti. Biz içtik, istedik, kaldık. Siz konuştunuz, koştunuz, sattınız. Onlar öğrettiler, okudular, hasta oldular. **Exercise 2** Ben sevmedim, şarkı söylemedim, soru sormadım. Sen telefon etmedin, uyumadın, vermedin. O yatmadı, yemedi, yürümedi. Biz almadık, bulmadık, düşünmedik. Siz hasta olmadınız, kalkmadınız, öğrenmediniz. Onlar oturmadılar, tatil yapmadılar, gezmediler. **Exercise 3**
Ben aradım mı? bekledim mi? dinlendim mi? Sen dans ettin mi? dinledin mi? bildin mi?
O geç kaldı mı? geldi mi? gitti mi? Biz aldık mı? bulduk mu? düşündük mü? Siz hasta oldunuz mu? kalktınız mı? öğrendiniz mi? Onlar oturdular mı? tatil yaptılar mı? gezdiler mi? **Exercise 4** 1. söyledim, çaldı. 2. içtiniz mi? 3. içmedim. 4. kaldınız. 5. bekledik, gelmedi. 6. kaldınız. 7. evlendiler. 8. yağdı. 9. çalıştın mı? 10. çalışmadım, yattım.
11. girdiniz mi? 12. dinlediler. 13. kazandı. 14. mezun oldun? 15. gittiniz? 16. kaldık.
17. etti. almadım. 18. gördüm. 19. bitirmedim. 20. dönmedi. 21. girmedi. 22. gitmedim.

APPENDIX F

gittin mi? 23. çaldı. aradın. 24. içmedi. 25. seyrettiniz mi? 26. dönecekler? **Exercise 5** Ben hastaydım, 10 yaşındaydım, evdeydim, üzgündüm, kızgındım. Sen anlayışlıydın, yorgundun, neşeliydin, mutluydun, evdeydin. O yaşlıydı, havalıydı, sıcaktı, soğuktu, yavaştı. Biz gençtik, mutsuzduk, endişeliydik, dükkandaydık, yoldaydık. Siz okuldaydınız, dersteydiniz, festivaldeydiniz, Ürdün'deydiniz, sinirliydiniz. Onlar kötüydü, açıktı, kapalıydı, pahalıydı, ucuzdu. **Exercise 6** 1. Ayşe'nin babası öğretmen miydi? 2. Yorgun muydun? 3. Biraz sinirli miydin? 4. O otobüsler miydi? (o otobüste miydiler?) 5. Derste miydiniz? 6. Toplantıda mıydık? 7. Yeterince hızlı mıydınız? 8. Hava yağmurlu muydu? 9. Hasan amca o zaman çok genç miydi? 10. Bu kahve senin miydi? 11. Babanın kahvesi şekerli miydi? 12. Geçen hafta hava güneşli miydi? **Exercise 7** 1. Uzun saçlıydım. Gözlüklü değildim. Sarışın değildim. Düz saçlıydım. Çok neşeliydim ve çok yaramazdım. Benim bir erkek kardeşim vardı. 2. Onun adı Hülya'ydı. O çok uzun boyluydu. Benden daha uzundu ve çok zayıftı. Onun dişlerinde tel vardı. Onun da bir erkek kardeşi vardı. Bir de köpeği vardı. Köpeği çok sevimliydi. Köpeğinin adı Şans'tı.

Chapter 13 (-mIş and -(y)mIş): Exercise 1 Ben mezun olmuşum, uyumuşum, kazanmışım. Sen dans etmişsin, dinlemişsin, dinlenmişsin. O geç kalmış, gelmiş, gitmiş. Biz içmişiz, istemişiz, kalmışız. Siz konuşmuşsunuz, koşmuşsunuz, sevinmişsiniz. Onlar öğretmiş(ler), okumuş(lar), aramış(lar). **Exercise 2** Ben anlamamışım, sarhoş olmamışım, öğrenmemişim. Sen telefon etmemişsin, uyumamışsın, vermemişsin. O yatmamış, yememiş, yürümemiş. Biz almamışız, bulmamışız, düşünmemişiz. Siz hasta olmamışsınız, kalkmamışsınız, soru sormamışsınız. Onlar oturmamışlar, tatil yapmamışlar, gezmemişler. **Exercise 3** Ben anlamış mıyım? geç kalmış mıyım? bulmuş muyum? Sen dans etmiş misin? dinlemiş misin? bilmiş misin? O beklemiş mi? kalkmış mı? gitmiş mi? Biz kazanmış mıyız? dinlenmiş miyiz? düşünmüş müyüz? Siz hasta olmuş musunuz? gelmiş misiniz? öğrenmişmisiniz? Onlar oturmuşlar mı? tatil yapmışlar mı? gezmişler mi? **Exercise 4** gelmiş, çalmış, demiş, bakmış, değilmiş, demiş, demiş, vermiş, demiş, kızmış, çıkarmış, vermiş, demiş. **Exercise 5** Ben güzelmişim, yedek listedeymişim, akıllıymışım, hızlıymışım, aptalmışım. Sen uzun boyluymuşsun, zekiymişsin, çalışkanmışsın, mutluymuşsun, çarşıdaymışsın. O önemliymiş, uzunmuş, kısaymış, pahalıymış, tatsızmış. Biz sessizmişiz, hastanedeymişiz, yoldaymışız, zayıfmışız, uyanıkmışız. Siz anlayışlıymışsınız, öğretmenmişsiniz, denizdeymişsiniz, ünlüymüşsünüz, yorgunmuşsunuz. Onlar havuzdaymış / havuzdalarmış / havuzdaymışlar, çantadaymış / çantadalarmış / çantadaymışlar, ucuzmuş / ucuzlarmış / ucuzmuşlar, küçükmüş / küçüklermiş / küçükmüşler, tatildeymiş / tatildelermiş / tatildeymişler. **Exercise 6** 1. Çocuklar parkta mıymışlar (or parktalar mıymış), 2. Biz genç miymişiz? 3. Sen o tarihte Londra'da mıymışsın? 4. Ben Hasan'dan daha akıllı mıymışım? 5. O dükkan Kapalı Çarşı'da mıymış? 6. Bu kahve şekerli miymiş? 7. Bu erikler ekşi miymiş? 8. Turistler oteldeler miymiş? (otelde miymişler?) 9. Konser saat dokuzda mıymış? 10. Misafirler yorgun muymuşlar? (yorgunlar mıymış?) **Exercise 7** Aydın'lar dün İstanbul'dan yola çıkmışlar. Bu akşam Marmaris'e gelmişler. Burada küçük bir pansiyon bulmuşlar. Akşam deniz kenarında bir balık lokantasında yemek yemişler. Yemek çok güzelmiş. Sonra Selim, eşi ve kızı ile buluşmuşlar. Selim'ler bana ve sana selam söylemişler. Bizi de Marmaris'e davet etmişler. Şimdilik haberler bu kadarmış. **Exercise 8** Here are some sample answers: 1. Hata bendeymiş. 2. Anahtarlar çekmecedeymiş. 3. Çok uzunmuş. 4. Hasan'mış. 5. Alt kattaymış. 6. Mustafa Akarsu'ymuş. 7. Beş liraymış. 8. Sekiz buçuktaymış. **Exercise 9** 1. doğdum, doğdun. 2. almış. 3. okudum, olmuş. 4. yağdı,

Answer key to the exercises

çıkmadık. 5. konuştum, yağmış, gitmişler, sıkılmış. 6. uyuyakalmışım. 7. geldi, kaldık. 8. yemedi, vejeteryanmış. 9. hastaymış, iptal etmiş. 10. beşteymiş.

Chapter 14 (Present tense with the aorist -*Ir/Ar*):
Exercise 1 Ben ararım, beklerim, bilirim. Sen dans edersin, dinlersin, dinlenirsin. O geç kalır, gelir, gider. Biz içeriz, isteriz, kalırız. Siz konuşursunuz, koşarsınız, şarkı söylersiniz. Onlar, öğretirler, okurlar, hasta olurlar. **Exercise 2** Ben sevmem, şarkı söylemem, uyumam. Sen telefon etmezsin, soru sormazsın, vermezsin. O yatmaz, yemez, yürümez. Biz almayız, bulmayız, düşünmeyiz. Siz hasta olmazsınız, kalkmazsınız, öğrenmezsiniz. Onlar oturmazlar, tatil yapmazlar, gezmezler. **Exercise 3** 1. uçarlar. 2. ağlarlar. 3. oyun oynarlar. 4. fotoğraf çekerler. 5. ders çalışırlar. 6. bize şeker verir. 7. çamaşır yıkar. 8. uyurlar. 9. bal yaparlar. 10. beraber tatile gideriz. 11. televizyon seyrederim. 12. çok kitap okur. 13. saçını kestirir. 14. arkadaşlarıyla buluşur. **Exercise 4** 1. içmez. 2. erken kalkmaz. 3. etmez. 4. sigara içmem. 5. tek başıma tatile gitmem. 6. tavla oynamaz. 7. denize girmezler. 8. İstanbul'u terk etmezler. 9. sevmem. 10. hoşlanmazsın. 11. konuşmaz. **Exercise 5** 1. Kapıyı açar mısın? 2. Biraz bekler misin? 3. Buraya gelir misin? 4. Gazete alır mısın? 5. Beni dinler misin? 6. Sigaranı söndürür müsün? 7. Burada kalır mısın? 8. Eski arabanı bana satar mısın? 9. Çocukları Van'a götürür müsün? 10. Doktora telefon eder misin? 11. Kitabımı saklar mısın? 12. Kravat takar mısın? 13. Çorap giyer misin? 14. Gülümser misin? 15. Metin'i partiye çağırır mısın? 16. Çiçeklerimi sular mısın? 17. Telefona bakar mısın? 18. Kediye yemek verir misin? 19. Dürüst olur musun? 20. Benimle evlenir misin? **Exercise 6** 1. gitti. gelecek. 2. taşınmışlar. 3. gelir. 4. gördünüz mü? görmedik. 5. kazanır?/kazanacak? 6. alır mısınız? ederim. 7. gideriz. 8. içmem. 9. eder. 10. geliyor. 11. gideceğiz / gidiyoruz, olur. 12. olur /oluyor. 13. içersiniz? 14. evlenirler mi? 15. sevmez. 16. bayılırım. 17. açar mısın? 18. rastladım, değişmemiş. 19. gelmiş. 20. aradınız mı? 21. binmiş... görmemiş 22. kalmamış, aldım (*almıştım* is better here, but you will see it in Chapter 17). 23. vermiş, çağırmamış, üzülmüş. 24. biliyor musun? bilmiyorum. 25. evlenmiş. 26. oldu Arıyor. 27. taşınacak, çalışacak. 28. oturuyoruz. 29. doğdum. 30. biliyor musunuz? 31. oynar. 32. içer misiniz? 33. kalıyor / kalır. 34. kaldınız. 35. gittim, yapmadım. 36. gördün mü? 37. bilmiyorum. 38. hastaydı, 39. gözlüklüydüm, saçlıyım, kullanıyorum. 40. sulayacak / suladı. 41. istiyor. 42. olacaksın.

Chapter 15 (-*mAktA* and -*DIr*):
Exercise 1 115 yaşındadır, Japonya'dadır, Londra'dadır, İstanbul'dadır... **Exercise 2** 1. gerçek, 2. tahmin, 3. gerçek, 4. tahmin, 5. tahmin, 6. tahmin, 7. tahmin, 8. tahmin, 9. gerçek, 10. gerçek. **Exercise 3** Some sample answers: Denize giriyorlardır, güneşleniyorlardır, dans ediyorlardır, uyuyorlardır, içki içiyorlardır, plaj voleybolu oynuyorlardır, sörf yapıyorlardır, balık yiyorlardır, plajda kitap okuyorlardır, dinleniyorlardır, arkadaşlarıyla konuşuyorlardır. Herhalde tavla oynamıyorlardır, Türk kahvesi içmiyorlardır, sıkılmıyorlardır...

Chapter 16 (Imperative and optative):
Exercise 1 alalım, arayalım, bekleyelim, bilelim, bulalım, dans edelim, dinleyelim, dinlenelim, düşünelim, geç kalalım, gelelim, gidelim, hasta olalım, içelim, isteyelim, kalalım, kalkalım, konuşalım, koşalım, kilo verelim. **Exercise 2** öğrenin, öğretin, okuyun, olun, oturun, sevin, şarkı söyleyin, soru sorun, tatil yapın, telefon edin, uyuyun, verin, yapın, yatın, yiyin, yürüyün. **Exercise 3** yapalım, içelim, yiyelim, içelim, yiyelim, dans edelim, dinleyelim, konuşalım, oynayalım, gidelim, yapalım, alalım. **Exercise 4** 1. gidelim mi? gitmeyelim, gidelim. 2. buluşalım mı, buluşmayalım, buluşalım. 3. koşalım mı? koşmayalım, binelim. 4. gidelim mi?

gitmeyelim, evde oturalım. 5. oynayalım mı, oynamayalım, yapalım. 6. içelim mi? içmeyelim, içelim. 7. dinleyelim mi? dinlemeyelim, dans edelim, 8. alışveriş yapalım mı? yapmayalım, seyredelim. 9. yapalım mı? yapmayalım, gidelim. 10. uyuyalım mı? uyumayalım, uyuyalım. 11. içelim mi? içmeyelim, yiyelim. 12. edelim mi? etmeyelim, gidelim, konuşalım. 13. dinlenelim mi? dinlenmeyelim, dinlenelim. 14. öğrenelim mi? öğrenmeyelim, öğrenelim.

Chapter 17 (Compound tenses): Exercise 1 1. geziyordum, öğreniyorum. 2. yiyordum, izliyorum. 3. öğreniyorduk, okuyoruz, ediyoruz. 4. çalışıyordum, çalışıyorum. 5. yağıyordu, yağıyor. 6. içiyordum, yapıyorum. 7. ediyordu, yatıyor. 8. yapıyordu, yiyoruz. **Exercise 2** götürürdü, geçirirdik, kalırdı, gelirdi, gelirdi, çıkardık, geçerdi, girerdik, binerdik, tutardık, gelirdi, okurdu, çalardı, sıkılmazdık, beklerdik. **Exercise 3** 1. yemezdim, severdim. 2. giderdin. 3. hazırlardı. 4. istemezdi. 5. izlemezdik, izlermiydiniz. **Exercise 4** 1. kalacaktık, ama yer yoktu, bir pansiyonda kaldık. 2. denize girecektik ama deniz çok soğuktu, biz de sadece güneşlendik. 3. çekecektik ama fotoğraf makinamız bozuldu. 4. tanışacaktık ama hiçkimse Türkçe bilmiyordu. 5. gelecekti ama patronundan izin alamadı, tatil planlarını erteledi. **Exercise 5** 1. okumuştum, 2. tanışmamıştım. 3. yapmamıştı. 4. keşfetmişti 5. başlamıştık. **Exercise 6** Babaannemlerin eskiden Büyükada'da bir yazlığı var**mış**. Her yaz tatilinde annesi kardeşini ve onu Büyükada'daki yazlığa götür**ürmüş**. Bütün yazı orada geçir**irlermiş**. Babası da hafta içi İstanbul'daki evde kal**ırmış** ve işe gidip gel**irmiş**. Haftasonları da Büyükada'ya onların yanına gider**miş**. Yazlık evleri denize uzak bir yerde**ymiş**. Oraya bazen yürüyerek, bazen bisikletle, bazen de faytonla çık**arlarmış**. Orada günleri çok güzel geç**ermiş**. Denize gir**erlermiş**, bisiklete bin**erlermiş**, komşuları Moşe Amca ile beraber balık tut**arlarmış**. Moşe Amca'nın çocuğu yok**muş** ama bir sürü kedisi var**mış**. Kediler de onlarla beraber balık tutmaya gel**irmiş**. Akşamları annesi onlara ilginç hikayeler ok**urmuş**. Bazen de Moşe Amca'nın eşi Sossi Teyze piyano çal**armış**. Orada hiç sıkıl**mazlarmış**. Her yıl yazın gelmesini dört gözle bekle**rlermiş**. **Exercise 7** Televizyonda maç varmış. Futbol maçıymış. İspat edebilirmiş. O her Cumartesi akşamı televizyonda maç izlermiş. Herkes bilirmiş. Dün akşam evde yalnızmış. Karısı ve çocukları da varmış ama onlar uyuyorlarmış. O maçı yalnız izlemiş. Karısı futbolu hiç sevmezmiş. Maçı kim kazandı bilmiyormuş. O sonunu izlememiş. Çünkü o koltukta uyumuş. Çok yorgunmuş. **Exercise 8** (a) İki gün önce İzmir'e gelmiş. Hala bir otelde kalıyormuş. Maalesef henüz bir daire bulamamış. Daireler ya çok pahalıymış, ya da çok kötüymüş. (b) Annesiyle babası her Cuma akşamı AKM'ye klasik müzik konserine ya da operaya giderlermiş. Geçen hafta o da onlarla gitmiş. Klasik müzik konseri varmış. Çok güzelmiş. (c) New York'taymış. Çocuklar da oradaymış. İki gündür kar yağıyormuş ve hava çok soğukmuş. Çocuklar bahçede oynuyorlarmış ve çok eğleniyorlarmış. O soğuk havaları hiç sevmiyormuş. Kaliforniya' yı özlemiş! (d) Gelecek sene Ankara'ya taşınacaklarmış. Çok heyecanlılarmış! Mehmet onlara yardım edecekmiş. Belki onu ikna ederlermiş, o da onlarla gidermiş! **Exercise 9** 1. sıkılmamıştım. 2. otururmuş, gidermiş, gelmezmiş. 3. bitirmiştim. 4. olmuştum, başlamamıştım. 5. otururduk, sevmezdim, beklerdim, geçirirdik. 6. gidiyormuş, girecekmiş, alacakmış. 7. yemezdim. yemezdiniz? 8. seyrediyordum. 9. alacakmış. 10. biliyordum, konuşmuyordum. 11. konuşuyordu. 12. düşecekmiş. 13. gidecektik. 14. tanımayacaktım. 15. yapıyordu. 16. Göndereceektim. 17. Demişti / derdi / diyordu. **Exercise 10** Here are some sample answers. 1. Dün geceki depremde 3 dakika sallandık. 2. Yanlışlıkla Musa Bey'in çantasını alıp gitmişim.

Answer key to the exercises

3. Geçen hafta 10 yaşındaki kedimi kaybettim. 4. Lise öğrencileri otobüste yaşlı adama yer vermediler. 5. Dün akşamki konuşma ne kadar uzun ve sıkıcıydı!

Chapter 18 (Person markers): Exercise 1 Ben öğrenciyim, Amerikalı'yım, Ürdünlü'yüm, bekarım, suçluyum. Sen öğrencisin, Amerikalı'sın, Ürdünlü'sün, bekarsın, suçlusun. O öğrenci, Amerikalı, Ürdünlü, bekar, suçlu. Biz öğrenciyiz, Amerikalı'yız, Ürdünlü'yüz, bekarız, suçluyuz. Siz öğrencisiniz, Amerikalı'sınız, Ürdünlü'sünüz, bekarsınız, suçlusunuz. Onlar öğrenci(ler), Amerikalı(lar), Ürdünlü(ler), bekar(lar), suçlu(lar).
Exercise 2 1. Eskişehirli'yim, nerelisin. 2. Amerikalı'yım, Amerikalı mısın. 3. gençsiniz, güzelsiniz. 4. akıllıyız. 5. sarışın, değil, değilim. 6. Türk'üm, değilim. 7. değil. 8. doktoruz, hemşire. 9. Sıvaslıyız. 10. boylusunuz. musunuz? 11. iyiyim. nasılsınız? 12. yaşındayım. yaşındasınız? **Exercise 3** Ben Tufan. Türk'üm. Çok ünlü bir şarkıcıyım. Uzun boyluyum. Kumralım ve yeşil gözlüyüm. Çok yakışıklıyım ve çok yetenekliyim. Evli değilim, bekarım. 30 yaşındayım. Terazi burcuyum. **Exercise 4** 1. oturuyorsunuz, 2. geçirecekmiş, 3. yapıyor(lar), 4. girecek misin? 5. geçeceksiniz? 6. çıktık, çıktınız, 7. kazanmışsın, bilmiyor muydun? 8. kalmışsınız, başladı, 9. Göndermiş mi? 10. olacağım, arayacağım, 11. olacaksın, 12. yattın, 13. gideceğiz, gelir misin? 14. gelecek(ler), 15. kalıyorsun, 16. olacaksınız, 17. tanıştıracağım, 18. tanışıyor musunuz? 19. doğmuşum, doğdun, 20. kaldınız, buluşmayacak mıyız? 21. yakalandınız?

Chapter 19 (Postpositions): Exercise 1 1. Jale'yi 1999'dan beri görmedim. 2. Bu kitabı Cuma'dan önce bitireceğim. 3. Annem dörtten sonra evde olmayacak. 4. Ben kız kardeşim kadar uzun boylu değilim. 5. Bu hediyeler sizin için. 6. Bu filmler çocuklara göre değil. 7. Oğuz'u saat altıya kadar bekleyeceğim. 8. Cuma günkü parti için alışveriş yaptık. 9. Bu kitabı okuyacak kadar Fransızca bilmiyor. **Exercise 2** 1. beri, 2. beri, 3. kadar, 4. beri, 5. sonra, 6. kadar, 7. için, 8. göre, 9. kadar, 10. için, 11. önce, 12. kadar, 13. sonra. **Exercise 3** 1. onbire kadar, 2. iki saat kadar, 3. annem kadar, 4. senin kadar, 5. Çarşamba'ya kadar, 6. Bursa'ya kadar, 7. İki mil kadar, 8. Tarkan kadar, onun kadar, 9. evlenecek kadar. **Exercise 4** 1. hakkında, 2. hakkımda, 3. hakkında, 4. hakkımızda, 5. hakkınızda, 6. hakkında. **Exercise 5** 1.(a), 2.(b), 3.(a), 4.(d), 5.(b). **Exercise 6** 1. c, 2. d, 3. b, 4. b, 5. a. **Exercise 7** 1. Hasta olduğum, 2. Çok tatlı olduğu, 3. Babam Ankara'da çalıştığı, 4. Geç gelecekleri, 5. Yalan söylediğiniz, 6. Misafirler rahatsız oldukları, 7. Kırmızı ışığa geçtiğimiz, 8. Erkek arkadaşım Türk olduğu, 9. içtiği için öksürüyor, 10. gidecekleri için gece evde yalnız kalacağız, 11. kalmayacağımız için onları görmeyeceğiz, 12. evleneceği için Aydın'a taşınacak, 13. yemediğim için onlarla balık lokantasına gitmedim, 14. gittiği için Yunanca'yı unutmuyor, 15. vermediği için ona küstüm, 16. bildiği için bu filmi altyazısız izliyor, 17. Biz Türkçe bildiğimiz için garsonlarla Türkçe konuşuyoruz, 18. bitiremediğim için sizinle maça gelemem. **Exercise 8** 1. aradığım, 2. geldiği, 3. büyüdüğü, 4. geldiği, 5. çıkardığım, 6. çalıştığın, 7. aradığın, 8. büyüdüğün, 9. olduğumuz. **Exercise 9** 1. uyuduğum, 2. sevmediği, 3. olduğun, 4. dediğimiz, 5. gitmediğiniz, 6. bildikleri. **Exercise 10** 1. bitirinceye, 2. uyanıncaya, 3. buluncaya, 4. oluncaya, 5. öğreninceye, 6. verinceye, 7. gelinceye, 8. gelinceye, 9. bitinceye, 10. bitirinceye. **Exercise 11** 1. evlendikten, 2. taşınmadan, 3. doğmadan, 4. gelmeden, 5. gelmeden, 6. indikten, 7. yağmadan, 8. yemeden, 9. bittikten, 10. etmeden, 11. yapmadan, 12. olduktan, 13. bindikten, 14. içmeden, 15. uyanmadan, 16. olduktan, 17. çalmadan, 18. çaldıktan, 19. yapıktan, 20. oturduktan. **Exercise 12** 1. geldiğimden, 2. sattığımdan, 3. taşındığından, 4. olduğundan, 5. yaptığından, 6. izlediğimizden, 7. tanıştığından, 8. başladığınızdan, 9. A possible answer is: Türkçe

APPENDIX F

kursuna başladığımızdan beri daha güzel Türkçe konuşuyoruz. **Exercise 13** 1. Yalan söylediğin... 2. Sınavını bitirinceye... 3. Ankara'ya taşındığından... 4. Taşınmadan... 5. Yemek yedikleri... 6. Projemi bitirinceye... 7. Askere gittiğinden... 8. Gelinceye... 9. Sunuş yapacağım... 10. Mezun olduktan... 11. Sinemaya gideceğiniz... 12. İzmir'e gideceği... 13. Yemek vermeyi unuttuğumdan... **Exercise 14** 1... zaman çok gürültü oluyor, 2... sonra askere gidecekmiş, 3... beri çalışamıyor, 4... kadar tatile gidemeyiz, 5... kadar biraz uyuruz, 6... önce ondan pek hoşlanmıyordum, 7... önce Mehmet'in arayacağını tahmin ettim, 8... sonra Selim'e de mesaj göndermiş, 9... halde bize uğramamış, 10... için seninle tavla oynamak istemiyorlar. **Exercise 15** 1. yemediğim, 2. çıktığım, 3. Ben... seyrettiğim, 4. Benim tavsiye ettiğim, 5. Ben... dediğim, 6. Ben... geldiğim, 7. Ben... gelmeden, 8. Ben... geldikten, 9. çalışmadığı, 10. Ben... bildiğim, 11. Ben... bildiğim, 12. bildiğim, 13. yağmadan... yağdıktan. **Exercise 16** Ben evlendikten sonra işimden ayrıldım. Ben evlenmeden önce İstanbul'da oturuyordum. Biz evlendiğimizden beri İzmir'de oturuyoruz. Sevda İzmir'i çok sevdiği için İzmir'de oturmaya karar verdik.

Chapter 20 (Passive): Exercise 1 sorul-, aran-, beklen-, bilin-, bakıl-, kavga edil-, dinlen-, dinlenil-, koyul-/kon-, geç kalın-, gelin-, gidil-, yen-, içil-, isten-, kalın-, söylen-, konuşul-, koşul-, dans edil-, oturul-, öğretil-, okun-, olun-. **Exercise 4** 1. kutlandı, 2. arandı, 3. beklenmiyordu, 4. bakılıyor, 5. dinleniyor, 6. anılıyor, 7. gönderildi, 8. kalınmasın, 9. gidilecek, 10. yapılıyor, 11. okutuluyor, 12. verilecek, 13. öğretiliyor, 14. söylenecek?
Exercise 5

	Nerede?	Etken	Edilgen
itmeyiniz	kapıda	X	☐
kemerlerinizi bağlayınız	uçakta	X	☐
sessiz olunuz	kütüphanede	X	☐
çöp atmayınız	parkta	X	☐
park yapılmaz	caddede	☐	X
biletsiz girilmez	konserde	☐	X
lütfen rezervasyon yaptırınız	restoranda	X	☐
saç kesilir, manikür yapılır	kuaförde	☐	X
bilet ve telefon kartı bulunur	büfede	X	☐
lütfen yaya geçitini kullanınız	yolda	X	☐
göle girilmez	göl kenarında	☐	X
lütfen şoförle konuşmayınız	otobüste	X	☐
yolculuk esnasında şoförle konuşulmaz	otobüste	☐	X
kapıyı kapatınız	restoranda	X	☐
sigara içilmez	hastanede	☐	X
damsız girilmez	gece kulübünde	☐	X
randevusuz hasta kabul edilir	hastanede	☐	X

Answer key to the exercises

Exercise 6 Salatalıkların kabuğu soyulur. Salatalıklar rendelenir. Sarımsak iyice ezilir. Dere otu ince ince doğranır. Yoğurt, su, dere otu, sarımsak ve tuz bir kaba koyulur ve iyice karıştırılır. Karışım kaselere koyulur ve soğuk servis yapılır. 1. Soymak, 2. rendelemek. 3. ezmek. 4. doğramak. 5. koymak. 6. karıştırmak. 7. koymak. 8. yapmak. **Exercise 7** Kullanılmış bir dizüstü bilgisayar aranıyor. Bir yaşında bir Van kedisi aranıyor. Bir sekreter aranıyor. Soför aranıyor Matematik öğretmeni aranıyor. Sekiz kişilik bir yemek masası aranıyor. Uzun boylu, yakışıklı, lacivert ceketli bir adam aranıyor. Kahverengi bir çanta aranıyor. Bebek bakıcısı aranıyor. Bağdat Caddesi'nde dört odalı bir daire aranıyor. Anaokuluna müzik öğretmeni aranıyor. Televizyon reklamı için Çinli bir oyuncu aranıyor. **Exercise 8** Ben partiye davet edildim. Dükkan kapatıldı. Turgut Bey pazarda görüldü. TC 1923'te kuruldu. Amerika kıtası 1497'de keşfedildi. Barak Obama başkan seçildi. Bayramda evsiz çocuklara hediyeler verildi. Şükran Günü'nde hindi yendi. Kurban Bayramı'nda kurban kesiliyor. **Exercise 9** Başkan Kennedy 1963'te öldürüldü. Boğaz Köprüsü 1973'te açıldı. Canterbury Hikayeleri 14. Yüzyıl'da yazıldı. Cezayir'de bağımsızlık 1962'de ilan edildi. Eyfel Kulesi 1889'da yaptırıldı. İkiz Kuleler 2001'de yıkıldı. İstanbul 1453'te fethedildi. Kuveyt 1990'da işgal edildi. NATO 1949'da kuruldu. Telefon 1876'da icat edildi. Türk kadınlarına seçme ve seçilme hakkı 1934'te verildi. Türkiye Cumhuriyeti 1923'te kuruldu. **Exercise 10** Here is one of many possible responses. Apartman görevlisi Cafer Efendi çiçekleri sulayacak. Balkondaki büyük çiçekleri her gün sulayacak. Salondaki menekşelere ve mutfaktaki küçük çiçeklere iki günde bir su verecek. Ahmet Abi Bankadan ATM kartı ile para çekecek. Suzan Mektupları okuyacak. Nazan Abla her Çarşamba temizlikçiyi eve alacak. Temizliçiye para verecek. Mehmet ve Selçuk faturaları açacaklar ve bankaya yatıracaklar. Hepimiz haftada bir gün balıklara yem vereceğiz. Ablam ve ben Toby için alışveriş yapacağız ve yemek hazırlayacağız. Hergün sabah ve akşam ona yemek vereceğiz. Cafer Efindi'nin oğlu Hüseyin Neriman Teyze'nin kürklü mantosunu kuru temizleyiciden alacak. Babam masanın üstündeki tiyatro biletlerini başkasına verecek. Üst kattaki Melahat Teyze telefon mesajlarını dinleyecek ve not alacak. Ben apartman görevlisine 'gazete ve ekmek getirme' diyeceğim. Sen Londra'daki yeğenine telefon edeceksin ve haber vereceksin. **Exercise 11** 1. binilir, inilir, 2. yapılmaz, 3. verilir, 4. içilmez, 5. girilmez, 6. konuşulmaz. **Exercise 12** 1. açıldı, 2. çağırıldık, 3. okunmuyor, 4. yapılır? 5. oynanıyor mu? 6. verildi, söylendi, dans edildi, eğlenildi, 7. aranıyor. **Exercise 13** 1. Anlaşma taraflarca iptal edildi. 2. Yeni ders saatleri üniversite rektörlüğünce ilan edildi. 3. Yeni ekonomi önlemleri gelişmekte olan ülkelerce sevinçle karşılandı. 4. Sağlık Bakanlığı'nca kapalı alanlarda sigara içimi yasaklandı. 5. Yeni uçuş tarifesi Türk Hava Yolları'nca yayınlandı. 6. Kazazedelere yardım paketleri Kızılay'ca gönderildi. 7. Evsizlere İstanbul Belediyesi'nce yiyecek ve kışlık giyecek dağıtılıyor. 8. İstanbul valiliği'nce bugün kar tatili ilan edildi. **Exercise 14** 1. Anlaşma taraflar tarafından iptal edildi. 2. Yeni ders saatleri üniversite rektörlüğü tarafından ilan edildi. 3. Yeni ekonomi önlemleri gelişmekte olan ülkeler tarafından sevinçle karşılandı. 4. Sağlık Bakanlığı tarafından kapalı alanlarda sigara içimi yasaklandı. 5. Yeni uçuş tarifesi Türk Hava Yolları tarafından yayınlandı. 6. Kazazedelere yardım paketleri Kızılay tarafından gönderildi. 7. Evsizlere İstanbul Belediyesi tarafından yiyecek ve kışlık giyecek dağıtılıyor. 8. İstanbul Valiliği tarafından bugün kar tatili ilan edildi.

Chapter 21 (Causative): Exercise 1 dinlet, okut, beklet, götür (irregular), göster (irregular), söylet, yedir, içir, arat, kızdır, öldür, sustur, yazdır, bozdur, küstür, diktir, kestir, karart, çıkar, kopar, akıt, sarkıt, kaldır (note the *k*-omission), getir (note the *l*-omission), ezberlet. **Exercise 2** 1. kestirdim. 2. çektirmek. 3. yaptırdın mı? 4. diktiriyor. 5. yedirmek.

APPENDIX F

6. korkutuyorlar, çıkardım. 7. bozdurmak. 8. yaptırdığım. 9. çektirdim. 10. güldürdü.
11. pişireceğimi, 12. dinleteceğiz. 13. doğurdu. 14. öldürmek. 15. kaldırır mısın?
16. uyandırdı. 17. sevindirdi.18. bitirdikten. 19. yaptırdığını. 20. kızdırıyor?
21. götürüyor. 22. gezdirdim. 23. düşürdü. 24. yatırdık. 25. korkuttun. 26. evlendirdi.
27. sinirlendirmeyin. 28. oturttu, yedirdi, içirdi. 29. yüzdürürdük. 30. şaşırttı,
31. kurutuyor. **Exercise 3** 1. mektuplarını, bana, yazdırıyor. 2. Sevim Hanım'a, ödevlerimizi, kontrol ettirdik. 3. Onları, bana, gösterdi (note the irregularity *gör-göster*).
4. getirmedi (note the irregularity *gel-getir*). 5. onu, bir doktora, muayene ettirmek.
6. onlara, katalogları gösterdi. 7. Onu, Roberta'ya tercüme ettirdim. 8. Ofisin kapısını, Cafer Efendi'ye, açtırdım. 9. bana, söyletior. 10. sizi, onunla, tanıştıracağım. 11. beni, öksürtü. 12. misafirleri, gitmekten, vazgeçirdi. **Exercise 4** 1. ilgileniyor musun?
2. ilgilendirmiyor, 3. görüşmek, görüştürürüm, 4. barıştırdı, barıştıktan, 5. indirdim,
6. başlattı, 7. başladı, 8. temizletti, hazırlattı, 9. durduruyor, 10. duruyor, 11. terletti,
12. durdurdular, 13. patladı, 14. patlattı, 15. korkmuyorum, korkutmuyorsun,
16. gezdiler, gezdirdi, 17. sevdirdi.

Chapter 22 (Reflexive): Exercise 1 Some possible answers are: 1. gör-ün: Ünlü şarkıcı gazetecilere görünmemek için arka kapıdan kaçtı. 2. yuvarla-n: Karların üzerinde yuvarlandık. 3. salla-n: Çocuklar arka bahçedeki salıncakta sallanıyorlar. 4. yıka-n: Kuşlar su birikintisinde yıkanıyorlar. 5. temizle-n: Çamura düşen çocuklar temizlenmeye çalışıyorlar. **Exercise 2** 1. kendimi, 2. kendisini/kendini, 3. kendini, 4.kendimizi,
5. kendilerine, 6. kendisini/kendini, 7. kendime, 8. kendinize, 9. kendimi, 10. kendisinin,
11. kendisiyle, 12. kendisine, 13. kendimizde, 14. kendini.

Chapter 23 (Reciprocal): Exercise 1 1. No, 2. No, 3. No, 4. No, 5. Yes, 6. Yes, 7. No.
Exercise 2 sev (R), ara (R), bekle (C), bak (R), koş (C), gel (O 'to develop'), söyle (C), kon (O 'to speak'), otur (C), kork (C). **Exercise 3** 1. Birbirimizi sevmedik/birbirimizden hoşlanmadık. 2. Plajda birbirinizi gördünüz mü? 3. Onlar her Salı günü kütüphanede birbirleriyle karşılaşıyorlar. 4. Kuzenim ve ben birbirimizin kedilerine bakıyoruz.
5. Adnan ve ben daha önce birbirimizin dairesinde kalmamıştık. 6. Suzan ve Nazan şehir dışına çıktıklarında birbirlerinin çiçeklerini suluyorlar. 7. Birbirleriyle konuşmuyorlar.
8. İki kız kardeş birbirlerini hiç yalnız bırakmıyorlar. 9. Birbirimizi seviyoruz. Siz birbirinizi seviyor musunuz? 10. Bir süre konuşmadan birbirimize baktık.

Chapter 24 (Subordination): Exercise 1 1. Yeşim'in bu yaz bir gazetede staj yaptığını biliyorum. 2. Bu kahvenin çok şekerli olduğunu söyledim. 3. Yarın yağmur yağacağını duydum. 4. Münevver Hanım'ın alışverişe gittiğini gördüm. 5. Komşumuzun köpeğinin hastalanacağını anladım. 6. Mektupların geç geleceğini tahmin ettim. 7. Nesrin'in hiç balık yemediğini biliyorum. 8. Babamın sigarayı bırakacağını sanıyorum. 9. Işıl'ın çok kötü öksürdüğünü duydum. 10. Serdar'ın bayat tavuktan zehirlendiğini düşünüyorum.
11. Nehir'in ateşinin düştüğünü farkettim. 12. Bugün trenlerin çalışmadığını öğrendim.
13. Telefonunun çaldığını duydum. **Exercise 2** 1. Ben, babamın, 2. Sizin, biz,
3. Aslıhan, senin, 4. Suzan, onların, 5. Selim Bey'in, siz, 6. Senin, herkes, 7. Zeynep Hanım'ın, onlar, 8. Bu çocukların, ben, 9. Sizin, biz, 10. Siz, onların. **Exercise 3**
1. Halil'in nişanlısının Finlandiyalı olduğunu duydum. 2. Bu dolmaların çok lezzetli olduğunu biliyorum. 3. Bozcaada'daki otellerin çok pahalı olmadığını sanıyorum. 4. Bu saatte köprüde trafiğin çok yoğun olduğunu tahmin ediyorum. 5. Saatin sekiz buçuk

Answer key to the exercises

olduğunu farkettim. 6. Bu çantaların çok ağır olduğunu (or olduklarını) anladım. 7. Bu zarftaki belgelerin çok önemli olduğunu (or olduklarını) anladım. 8. Mehmet'in oğlunun onsekiz yaşında olduğunu biliyorum. 9. Bu kurabiyelerin tarçınlı olmadığını (or olmadıklarını) farkettim. 10. Bu sitedeki bütün villaların iki katlı ve havuzlu olduğunu (or olduklarını) gördüm. **Exercise 4** 1. Bugün hiç vaktim olmadığını söyledim. 2. Bu banka hesabında hiç para olmadığını farkettim. 3. Bu odada neden klima olmadığını sordum. 4. Esra'nın 12 yaşında bir oğlu olduğunu duydum. 5. Yanımızda yeterince para olduğunu sandım. 6. Bugün parkta çok çocuk olduğunu gördüm. **Exercise 5** 1. Suzan Hanım misafirlerin yarın saat ikide geleceklerini biliyor. 2. Annem dün Akmerkez'e alışverişe gittiğimi biliyor. 3. Hasan çocukların sürpriz bir parti düzenlediğini biliyor. 4. Herkes Müdür Bey'in istifa ettiğini öğrenmiş. 5. Servis otobüslerinin yarın akşam geç geleceklerini anons ettiniz mi? 6. Ablam yaz tatilimde Fransa'ya gideceğimi bilmiyor. 7. Arkadaşlarım benim eskiden çok kilolu olduğumu bilmiyor. 8. Sezgin (kendisinin) küçükken çok yaramaz bir çocuk olduğunu söylüyor. 9. Yusuf benim balık yemediğimi anladı. 10. Çocuklar yemekten sonra parka gideceğimizi tahmin etmişler. 11. Selin her sabah kahvaltıda simit yemek istediğini söylüyor. 12. Herkes senin bu yaz Tolga'yla evleneceğini duymuş. 13. Onların havaalanına taksiyle gittiklerini tahmin ettim. 14. Uçağı kaçıracağımızı nereden biliyordun? 15.Öğrencilerin çoğu Atatürk'ün Selanik'te doğduğunu bugün öğrendi. 16. Hayriye Teyze'nin çocuklara kek yapacağını tahmin ettim. 17. Sizin vapurla geleceğinizi hiçkimse düşünemedi. 18. Kahvenizi şekersiz içtiğinizi garsona söyleyin. 19. Öğrencilerin İngilizce bildiklerini varsayıyoruz. 20. Annesi Murat'ın bu sene mezun olacağını zannediyor. 21. Ablamın sesinin çok güzel olduğunu kimse bilmiyor. 22. Rüyamda senin Örümcek Adam'la dans ettiğini gördüm. 23. Herkes Ahmet'in kedisinin kaçtığını sanıyor. **Exercise 6** *Ben Yukiko'nun . . . .* 1. Tokyo'da oturduğunu 2. çok güzel Türkçe konuştuğunu 3. bol bol seyahat ettiğini 4. çok güzel kıymalı börek yaptığını 5. gelecek yıl üniversitede Karşılaştırmalı Edebiyat okuyacağını 6. erkek arkadaşıyla geçen yıl bir partide tanıştığını 7. sigara içmediğini 8. Türk kahvesini çok sevdiğini 9. İstanbul'da yaşamak istediğini 10. Haziran'da Madrid'e gideceğini 11. Tokyo'da doğduğunu 12. evli olmadığını 13. çok Türk arkadaşı olduğunu 14. annesinin Türk, babasının Japon olduğunu 15. düz siyah saçlı ve çekik gözlü olduğunu 16. bu yaz İstanbul'da olduğunu 17. bir kedisi olduğunu 18. kedisinin adının Haydar olduğunu 19. İstanbul'da bir evi olmadığını 20. kardeşi olmadığını 21. vejeteryan olmadığını. . . . *biliyorum*. **Exercise 7** *Yukiko benim . . .* 1. suşi sevip sevmediğimi 2. vejeteryan olup olmadığımı 3. hiç Tokyo'ya gidip gitmediğimi 4. sarışın olup olmadığımı 5. hergün gazete okuyup okumadığımı 6. İspanya-Hollanda maçını izleyip izlemediğimi 7. İstanbul'da doğup doğmadığımı 8. kardeşim olup olmadığımı 9. Türk kahvesini nasıl içtiğimi 10. sesimin güzel olup olmadığını 11. güzel dans edip etmediğimi 12. kedim olup olmadığımı 13. tatilde Bodrum'a gidip gitmeyeceğimi . . . . *bilmiyor*. **Exercise 8** 1. Trabzon uçağının kalkıp kalkmadığını bilmiyorum. 2. Şebnemin annesinin kahvesini şekerli içip içmediğini bilmiyorum. 3. Bugün toplantı olup olmadığını bilmiyorum. 4. Türkçe sınıfında İranlı öğrenci olup olmadığını bilmiyorum. 5. Filmin başlayıp başlamadığını bilmiyorum. 6. Yağmurun yağıp yağmadığını bilmiyorum. 7. Macaristan'ın başkentinin Budapeşte olup olmadığını bilmiyorum. 8. Nalan Hanım'ın mektupları bitirip bitirmediğini bilmiyorum. 9. Misafirlerin birşey içmek isteyip istemediklerini bilmiyorum. 10. Hasan'ın dedesinin Kadıköy'de oturup oturmadığını bilmiyorum. **Exercise 9** 1. diye sordu, 2. dedim, 3. söyledim, 4. sordu, 5. dedi, 6. diye sordu.

Chapter 25 (Infinitives with -mA and -mAK): Exercise 1 *Ben bu yaz* denize girmek, sörf yapmak, güneşlenmek, kilo vermek, sehayat etmek, bol bol kitap okumak, dinlenmek, sadece uyumak, dondurma yemek, anneme gitmek, kumdan kale yapmak, sigarayı bırakmak *istiyorum.* **Exercise 2** *Ayşe Orhan'ın* onunla dans etmesini, onunla tatile gitmesini, ona şarkı söylemesini, ona yemek yapmasını, onunla tavla oynamasını, onunla sinemaya gitmesini, onun kahve falına bakmasını, onu sık sık aramasını, ona şiir okumasını, ona mektup yazmasını *istiyor.* **Exercise 3** 1. gitmek, 2. söylemek, 3. aramaktan, 4. girmeye, 5. beklemekten, 6. kullanmaktan, 7. beklemekten, 8. konuşmaya, 9. öğrenmekten, 10. pişirmekten. **Exercise 4** 1. Annem bana akşam yemeğe geç kalmamamı söyledi. Annem bana 'yemeğe geç kalma dedi' 2. Şule benden onu aramamı istedi. Şule bana 'akşam beni ara' dedi. 3. Ahmet çocuklara ellerini yıkamalarını söyledi. Ahmet çocuklara 'ellerinizi yıkayın' dedi. 4. Hayriye teyze saat dokuzda vapur iskelesinde olmamızı söyledi. Hayriye Teyze 'saat dokuzda vapur iskelesinde olun' dedi. 5. Arda bize mutlaka bu filmi izlememizi söyledi. Arda bize 'mutlaka bu filmi izleyin' dedi. **Exercise 5** 1. yapmayı, 2. gitmek, 3. gitmek, 4. gitmeyi, 5. olmayı, 6. kazanmayı, 7. kazanmasını, 8. gelmenizi, 9. söylemesine, 10. aramak, 11. gitmesine, 12. gelmenize, 13. kalmasına / kalmalarına, 14. olmasına, 15. gitmesine, 16. gitmesini, 17. gitmesini, 18. gitmesine. **Exercise 6** 1. Çiçekleri sulamayı hatırladım. 2. Çiçekleri suladığımı hatırladım. 3. Bu dersi geçen dönem aldığını unutma. 4. Bu dersi bu dönem almayı unutma. **Exercise 7** 1.(c), 2.(b), 3.(a), 4.(c), 5.(a), 6.(a), 7.(c), 8.(a), 9.(b), 10.(c).

Chapter 26 (Adjectives): Exercise 1 1. Bu resimdeki adam Murat Bey. 2. Bu CD'deki şarkılar Fransızca. 3. Bu resimdeki beyaz araba benim, yeşil araba Hayriye'nin. 4. Şu otobüsteki turistler Japon, ama biraz Türkçe konuşuyorlar. 5. Bu gazetedeki adam Başbakan. 6. Müzedeki polis çok yorgun. 7. İstanbul'daki metro pek hızlı değil. 8. Cep telefonumdaki mesajlar çok uzun. 9. İstanbuldaki müzeler Pazartesi günü kapalı ama Pazar günü açık. 10. Masadaki gözlük senin mi? 11. Ankara'daki öğrenciler çok mutlu. 12. Cuma günkü toplantı gerekli değil. 13. Köşedeki dükkan bizim ama dükkandaki masalar onların. **Exercise 2** 1. uzun: Kış geceleri yaz gecelerinden daha uzun. 2. lezzetli: Annemin yemekleri hastane yemeklerinden daha lezzetli. 3. anlayışlı: Babaannem babamdan daha anlayışlı. 4. önemli: Bugünkü sınav yarınki sınavdan daha önemli. 5. sessiz: Kütüphane bu yemekhaneden daha sessiz. 6. gürültülü: Bizim okulun kantini sizin kafeden daha gürültülü. 7. gürültücü: Alt kattaki komşularımız sizden daha gürültücü. 8. genç: Halam annemden daha genç. 9. yaşlı: Bizim bahçedeki çınar ağacı Ortaköy'deki çınar ağacından daha yaşlı. 10. eski: Kahverengi botlarım siyah botlarımdan daha eski ama daha rahat. 11. renkli: Çocukların dünyası yetişkinlerinkin dünyasından çok daha renkli. 12. beyaz: Senin gömleğin Aykut'un gömleğinden daha beyaz. **Exercise 3** İstanbul'daki en kalabalık çarşı..., İstanbul'daki en pahalı dükkanlar..., İstanbul'daki en ucuz pazar..., İstanbul'daki en havalı gece kulübü..., İstanbul'daki en yüksek bina..., İstanbul'daki en temiz plaj..., İstanbul'daki en kirli hava..., İstanbul'daki en güzel kız..., İstanbul'da ulaşımı en kolay semt..., güzel manzaralı İstanbul'daki en ünlü bar..., İstanbul'daki en büyük alışveriş merkezi..., İstanbul'daki en küçük yalı..., İstanbul'daki en popüler mekan... **Exercise 4** 1.(a), 2.(b), 3.(b), 4.(c), 5.(b), 6.(a), 7.(b), 8.(b), 9.(a), 10.(a), 11.(c), 12.(a), 13.(b), 14.(a), 15.(c) **Exercise 5** 1. taşınması, 2. evlendiği / evlenmesi (both are possible with different meanings). 3. konuşması, 4. ettiği, 5. bilmediğin, 6. olması, 7. olması, 8. olduğu / olacağı, 9. bitirmem, 10. dolaşmak, 11. yapmak.

Answer key to the exercises

Chapter 27 (Adverbials): Exercise 1 1.(a), 2.(c), 3.(a), 4.(a), 5.(c), 6.(b), 7.(b), 8.(a), 9.(c), 10.(b). **Exercise 2** 1. haftada bir kere, 2. yılda iki kere, 3. haftada dört gün, 4. yılda bir kere, 5. günde üç kere, 6. günde iki kere, 7. ayda iki kere, 8. üç yılda bir. **Exercise 3** 1. hızla, hızlı hızlı, hızlıca, 2. sessizce, sessiz sessiz, 3. dürüstçe, 4. çabukça, çabuk çabuk, 5. sabırla, 6. canice, 7. kesinlikle, 8. sıkıca, 9. hızlı. **Exercise 4** 1. gülerek, 2. korkuyla, 3. bağırarak, 4. inip, inerek, 5. heyecanla.

Chapter 28 (Conditional): Exercise 1 arasam, beklesem, bilsem, dans etsen, dinlesen, dinlensen, geç kalsa, gelse, gitse, içsek, istesek, kalsak, konuşsanız, koşsanız, anlasanız, verseler, okusalar, eğlenseler. **Exercise 2** sevmesem, şarkı söylemesem, soru sormasam, sen telefon etmesen, uyumasan, vermesen, yatmasa, yemese, yürümese, almasak, bulmasak, düşünmesek, hasta olmasanız, kalkmasanız, öğrenmeseniz, oturmasalar, tatil yapmasalar, gezmeseler. **Exercise 3** arasam mı? beklesem mi? dinlensem mi? dans etsen mi? dinlesen mi? okusan mı? koşsa mı? gelse mi? gitse mi? satın alsak mı? bulsak mı? düşünsek mi? kiralasanız mı? kalksanız mı? öğrensenız mı? otursalar mı? tatil yapsalar mı? gezseler mi? **Exercise 4** 1. olmasalar, 2. gitsek, 3. ikram etseler, 4. geçirse, 5. çalsa, 6. kalsan, 7. Ağlasam, 8. taşısanız, 9. çağırsak, 10. etseniz, 11. yatabilsem, 12. sormasa, 13. olsa, 14. olsak, 15. evlense, 16. olsa, 17. olmasa, 18. öpmese, 19. aramasa, 20. olsa, 21. ısınsa, 22. bilse, 23. yağmasa, 24. olsa, 25. olsa. **Exercise 5** 1. Öğrenci olsam, 2. Karnımız tok olmasa, 3. Bu akşam televizyonda maç olmasa, 4. Manavda patlıcan olsa, 5. Hava yağmurlu olmasa, 6. Otobüs sabah olsa, 7. Sinan uzun boylu olsa, 8. Benim bilgisayarım bozuk olmasa, 9. Bu çay şekerli olmasa, 10. Fazla kalemim olsa. **Exercise 6** 1. indiyse, 2. çalıştıysa, 3. demlediyse, 4.yağdıysa, 5. vejeteryansa, 6. çıktılarsa, 7. boyluysa, 8. sıcaksa, 9. olduysa, 10. bozuksa. **Exercise 7** 1. maviyse, 2. uyanabilirse, 3. çalışmazsa, 4. bulursak, 5. yoksa, gelir misiniz? 6. hastaysa, gidiyor/gidecek/gitti, 7. küçükse, alamaz, 8. gelirse, götürecek, 9. uçarsa, yağar, 10. uyuyorsa, yapmayın, 11. açsa, hazırlayayım, 12. isterse, gideceğiz. **Exercise 8** 1. Keşke Bodrum'da bir yazlık evim olsa, 2. Keşke sağlık problemlerim olmasa, 3. Keşke bu saatte çok trafik olmasa, 4. Keşke televizyonda futbol maçı olmasa, 5. Keşke yarın bütün gün toplantı olmasa, 6. Keşke vaktim olsa, 7. Keşke çok sinirli bir babam olmasa, 8. Keşke param olsa, 9. Keşke ev arkadaşımın bir kedisi olmasa, 10. Keşke çok gürültücü komşularım olmasa, 11. Keşke bilgisayarımda virüs olmasaydı, 12. Keşke ateşim olmasa, 13. Keşke balkonumuzda kırmızı sardunyalar olsa, 14. Keşke fıstığa alerjim olmasa, 15. Keşke şemsiyem olsa, 16. Keşke arife günü dersim olmasa, 17. Keşke çocukların partisinde palyaço olsaydı, 18. Keşke çantamda gözlüğüm olsa, 19. Keşke cebimde bozuk para olsa, 20. Keşke arabada yedek lastiğim olsaydı. **Exercise 9** 1. görürsen, 2. gelmezse, 3. öğrenmezsek, 4. gelirse, 5. verirse / verse, 6. yeseniz / yersiniz, 7. bırakırsan / bıraksan, 8. giderseniz, 9. geçerse, 10. bilsen, 11. bilirse, 12. çıksa / çıkarsa, 13. bilsen, 14. istemezlerse, 15. biterse, 16. kaçarsa, 17. verirse / verse, 18. geçmezse, 19. yıkamazsam, 20. açarsa, 21. sevmezsen, 22. sulamazsan, 23. söylerse, 24. kaçırsak, 25. olsam /olursam, 26. bilsen, 27. gelirse, 28. olursam, 29. döndüyse, 30. dönseydi. **Exercise 10** 1. Kar yağışı durmadığı takdirde... 2. Sınavlar ertelenmediği takdirde... 3. Altın fiyatları düştüğü takdirde... 4. Zamanında orada olduğumuz takdirde... 5. Taksi bulabildiğim takdirde... 6. Bu ihaleyi alabildiğin takdirde... 7. Bahçeli bir eve taşındığınız takdirde... 8. Konuşmacılar bu otelde kaldıkları takdirde... 9. Konuşmalar yediden önce bittiği takdirde... 10. O saatte metro çalışmadığı takdirde....

Chapter 29 (Ability and possibility with *-(y)Abil*): Exercise 1 1. uçabilir, yüzemez. 2. tırmanabilir, dans edemez. 3. içebilir, içemez. 4. seyahat edebilir, kullanamaz. 5. yapabilir, giremez. 6. yüzebilirsiniz, balık yakalayamazsınız. 7. yapabiliriz, ateş yakamayız. 8. inebilirsin, transfer yapamazsın. 9. bakabilirsiniz, konuşamazsınız. 10. okuyabilirim, yazamam. **Exercise 3** Ahtapot yüzebilir, At yük taşıyabilir, Balık ağaca tırmanamaz, Deve et yiyemez, Fil çok hızlı koşamaz, İnek evde yaşayamaz, Kanguru zıplayabilir, Köpek kemik yiyebilir, Kuş şarkı söyleyebilir, Tavuk yumurtlayabilir, Yılan uçamaz. **Exercise 4** 1. açabilir misiniz? 2. bozabilir misiniz? 3. konuşabilir misiniz? 4. getirebilir misiniz? 5. bakabilir misiniz? 6. durdurabilir misiniz? 7. öğrenebilir miyiz? 8. götürebilir misiniz? 9. asabilir misiniz? 10. öğrenebilir misiniz? 11. uyandırabilir misiniz? 12. çıkarabilir misiniz? 13. yürüyebilir miyim? 14. kısabilir misiniz? 15. bırakabilir misiniz? **Exercise 5** 1. Bu haftasonu Ankara'ya gidemem. 2. Amcamla Bodrum'a gidebilirim. 3. Bu raporu bugün beşten önce bitiremeyebilirim. 4. Sana bilet alabilirim. 5. Annemi havaalanından aramayabilirim. 6. Yaz okulunda Osmanlı tarihi üzerine bir ders verebilirim. 7. Bu gece misafirleri yemeğe götürebilirim.

Chapter 30 (Obligation and necessity): Exercise 1 1. olmalısın, bağlamalısın, 2. harcamalıyım, 3. kullanmalı, 4. gitmemeliyiz, 5. öğrenmeli, 6. sigarayı bırakmalısın, başlamalısın, beslenmelisin, 7. yapmalıyız, 8. olmalı, 9. yapmalıyız, 10. yakmalısınız. **Exercise 2** 1. Uçak bileti almam..., 2. Güneş kremi almam..., 3. Patrondan izin istemem..., 4. Aileme haber vermem..., 5. Çanta hazırlamam..., 6. Okumak için kitap ve dergi almam..., 7. Kedime bakacak birini bulmam... **Exercise 3** 1. Sağlıklı beslenmem..., 2. Kalorisi düşük yemekler yemem..., 3. Spor yapmam..., 4. Daha çok haraket etmem..., 5. Daha çok su içmem..., 6. Daha az dondurma yemem, 7. Daha çok sebze ve meyve yemem... **Exercise 4** 1. zorunda kaldım, 2. zorunda kaldım, 3. zorunda, 4. zorundasın, 5. zorundayız, 6. zorunda kaldım, 7. zorunda kaldınız, 8. zorundayım, 9. zorunda, 10. zorunda mıyız? **Exercise 5** 1. zorundayım, 2. şart, 3. mecburum, 4. zorundayız, 5. zorundayız, 6. şart, 7. şart, 8. zorunda mıyım? 9. mecbur muyum, 10. şart mı?

Chapter 31 (Relative clauses): Exercise 1 1. kalan, 2. gelen, 3. dinleyen, 4. bilen, 5. veren, 6. eden, 7. seven, 8. oturan, 9. içen, 10. çeken. **Exercise 2** Sigara içen, Çok konuşan, Yüksek sesle konuşan, Türkçe bilmeyen, Benden uzun/kısa boylu olan, Sarışın olan, Türk kahvesi içmeyen, Kahve falına inanmayan, Cuma akşamları çalışmak isteyen, Üniversiteden 10 yılda mezun olan, Hiç tatil yapmayan, Köpekleri sevmeyen, Üniversite mezunu olmayan, Ananaslı pizza sevmeyen, İki yıl Hindistan'da oturan... **Exercise 3** Havuzu olmayan, Çok pahalı olan, Şehir merkezine uzak olan, Denize uzak olan, Kliması bozuk olan, Odaları küçük olan, Personeli İngilizce bilmeyen, Yemekleri hiç güzel olmayan, Kredi kartı kabul etmeyen, Pek temiz olmayan, Faresi ve hamamböcekleri olan... **Exercise 4** Çok sık banyo yapmayan, Evi pek sık temizlemeyen, Çok kötü yemek yapan, Gürültülü partiler veren, Kedisi olan, Sigara içen, Horlayan, Sabah çok erken kalkan ve beni uyandıran, Kirayı hep geç ödeyen, Çok dağınık olan, Uyuşturucu kullanan... **Exercise 5** Fransızca konuşan, bilgisayar kullanabilen, akıllı (olan), güzel (olan), güzel giyinen, üniversite mezunu (olan), seyahat edebilen, güzel konuşan, kültürlü (olan), hızlı yazı yazan, tecrübesi olan, takıntısı olmayan, sigara içmeyen. **Exercise 6** 1. verecek, 2. verecek olan, 3. verecek olan, 4. verecek. **Exercise 7** 1. gelen, 2. gidecek olan, 3. arayan, 4. isteyen, 5. isteyen, 6. ölen, 7. isteyen, 8. yapacak, 9. yapacak olan, 10. evlenecek. **Exercise 8** 1. Babamın yemeğe çağırdığı arkadaşlarıyla konuştun mu?

Answer key to the exercises

2. Ayhan'ın annesinin Yeniköy'de oturduğu yalıyı gördün mü? 3. Tarkan'ın çıkardığı albümü herkes çok beğenmiş. 4. Eski kitaplarımı verdiğim öğrenciler çok sevindiler. 5. Aynur Selami Bey'in yurt dışından getirdiği fotoğraf makinasını çok beğenmiş. **Exercise 9** *Ben* vapur iskelesine yakın (olan), çok pahalı olmayan, Ayşe'nin bayılacağı, Ayşe'nin almak isteyeceği, daha önce çocuksuz bir ailenin oturduğu, ev sahibinin boyadığı ve tamir ettiği, deniz manzaralı (olan), annemin çok beğeneceği, hayaleti olmayan *bir ev arıyorum*. **Exercise 10** 1.(a) köpek, (b) kedi, (c) köpek. 2. kovalayan ve kaçan, 3. annem, 4. annemi, 5.(a) kadın, (b) polisi, (c) polis, 6. amcam, 7.(a) komşular, (b) ablamı, (c) komşuların. 8.(a) polis, (b) çocuğu yakaladı, (c) çocuk. 9.(a) Selim'in babası, (b) herkes. **Exercise 11** 1. En sevdiği kitap . . . 2. En çok gitmek istediği ülke . . . 3. İzlediği son film . . . 4. En çok tanışmak istediği kişi . . . 5. En çok yaşamak istediği şehir . . . **Exercise 12** 1. kahve, 2. postane, 3. Orhan Pamuk, 4. vera, 5. İtalya, 6. *Uzak*, 7. Hamlet, 8. Balzac, 9. pirinç, 10. tabanca, 11. sigara içmek, 12. dondurma, 13. çorap, 14. gözlük, 15. parfüm, 16. bilezik, 17. kolye, 18. cüzdan, 19. tren, 20. uçak. **Exercise 13** 1. tazı, 2. ayı, 3. at, 4. köpek, 5. balık, 6. martı, 7. kartal, 8. kedi, 9. tavuk, 10. inek, 11. horoz, 12. aslan, 13. penguen, 14. deve, 15. papağan. **Exercise 14** 1.(a) yaptığımız, 2.(d) gittikleri, 3.(e) gittikleri, 4.(b) içtiğimiz, oynadığımız, 5.(f) gittiğimiz, 6.(i) dinlediğimiz, 7.(g) gittiğimiz, 8.(h) gittiğimiz, 9.(c) izlediğimiz. **Exercise 15** 1. bakıcı: çocuklara bakan kişi, 2. dansçı: dans eden kişi, 3. dansöz: göbek atan kişi, 4. doktor: hastaları tedavi eden biri, 5. gazeteci: araştırma yapan biri, 6. sekreter: telefonlara bakan kişi, 7. sucu: su satan kişi, 8. şarkıcı: şarkı söyleyen kişi, 9. veteriner: hayvanları tedavi eden biri, 10. yazar: kitap ya da yazı yazan biri. **Exercise 16** 1. Bugün doğanlar Terazi burcu olacak. 2. Derse geç gelenler derse giremiyor. 3. Erken kalkanlar kahvaltıyı hazırlıyorlar. 4. Vildan'ı davet edenler çok pişman oldu. 5. Benim dinlediğim fena değildi. 6. Annemin yaptığı daha güzeldi. 7. Hastanenin önüne park edenlere ceza kesilmiş. 8. Benim suladığım kurumamış. 9. Murat Bey'in verdiği daha ilginçmiş. 10. Seni arayan kimmiş?
Exercise 17 1. Okuduklarımı kütüphaneye götürdüm. 2. Seni arayanlar seni buldu mu? 3. Şu pazarda meyve satan bugün hastaymış. 4. Pazardan aldıklarımı kızlar yemişler. 5. Beyhan hanımın yazdığını görmemiştim. 6. Işıl'ın tavsite ettiğine gidiyoruz. 7. Musa'nın görüştükleriyle kim pazarlık yapacak? 8. Menekşe'nin her yıl gittiği hangi adada? 9. Bu yıl okula başlayanlar forma giymeyeceklermiş. 10. Seyrettiklerimin hepsi alt yazılıydı.

Chapter 32 (Word order): Exercise 1 1. Annem araba ile Bodrum'dan Çanakkale'ye gidecekmiş. 2. Siz de bizimle sinemaya gelir misiniz? 3. Hasan Abi çok çabuk geldi. 4. Üniversite sınav sonuçları açıklandı mı? 5. Babam Urfa'da doğmuş ama Urfa'yı hiç hatırlamıyor. 6. Misafirleri havaalanından kim alacaktı? 7. Benim dört yaşında bir kızım var. 8. Ahmet bütün gün kütüphanede kitap okudu. 9. Mustafa ile babası kahvelerini şekerli mi içiyorlar. 10. Çocuklar bu saatte uyuyorlar mıymış? **Exercise 2** 1. Kedi bahçede. 2. Hasan'ın babası doktor. 3. Murat Adanalı. 4. Annem alışverişe gitti. 5. Türkan İngilizce biliyor mu? 6. Yaz tatilinde siz nereye gittiniz? 7. Herkes şimdi otelde dinleniyor. 8. Yorgos hiç Türkçe konuşmuyor. 9. Murat üniversitede öğrenci. 10. Murat tembel bir öğrenci değil. **Exercise 3** 1. Nermin Abla çok güzel havuçlu kek yapıyor. 2. Çevre kirliliği herkesi endişelendiriyor. 3. Siz de bir bardak soğuk su içmek ister misiniz? 4. İstanbul'da Aralık'ta kar yağıyor mu? 5. Plajda çocuklar neşeyle kumdan kaleler yapıyorlar ve gülüyorlar. 6. Babam her Cumartesi kulübe gidip Mithat Amca'yla tenis oynuyor. 7. Dedem evde gazete okuyor. 8. Vapurla Beşiktaş'a gidiyoruz. 9. Ben vejeteryan olduğum için kebap yemiyorum. 10. Sen hiç faytona bindin mi?

APPENDIX F

Chapter 33 (Questions): Exercise 1 1. Correct: (a). For (b): Ahmet Bey mi kahvaltıda kahve içiyormuş? For (c) Ahmet Bey kahvaltıda mı kahve içiyormuş? 2. Correct: (a). For (b): Adalar vapuru Bostancı'dan mı saat dörtte kalkıyor? For (c): Adalar vapuru mu Bostancı'dan saat dörtte kalkıyor? 3. Correct: (b). For (a): Adapazarı Ekspresi beş buçukta mı terminalde oluyor? For (c): Adapazarı Ekspresi saat beş buçukta terminalde mi oluyor? 4. Correct: (c). For (a): Siz mi yarın Bodrum'a gideceksiniz? For (b): Siz yarın Bodrum'a mı gideceksiniz? 5. Correct: (b). For (a): Aynur Murat'la mı üniversiteden mezun olduktan sonra evlendi? For (c): Aynur mu Murat'la üniversiteden mezun olduktan sonra evlendi? **Exercise 2** 1. nerede? 2. kiminle? 3. neyle / nasıl? 4. kimi? 5. ne yapıyor? 6. nasıl? 7. kim? 8. kime? 9. kimde / nerede? 10. kimden? 11. nereden? 12. niçin?

Chapter 34 (Negation): Exercise 1 In this exercise, you just need to attach *değil* at the end of the sentences, for example, in question 1, 1. *Aysu'nun babası çok yaşlı değil*. Contrast this exercise with Exercise 2. **Exercise 2** 1.... zehirli değilmiş. 2.... Türk değil. 3.... yağmurlu değil. 4.... yorgun değilim. 5.... havaalanında değiliz. 6.... bozuk değil. 7.... kısa boylu değilsiniz. 8.... pek can sıkıcı değil. 9.... tembel değilsin. 10. Avustralyalı değilsiniz. 11.... zengin değil. 12.... gürültülü değil. 13.... lezzetli değildi. 14.... dokuz buçuk değildi. 15.... çekmecede değildi. 16.... şoföründe değildi. 17.... güneşli değilmiş. 18.... mutfakta değilmiş. 19.... Ankara'da değilmiş. 20.... toplantıda değildim. 21... Bursa'da değilsiniz. 22.... Arnavutköy'de değildik. 23... öğrenci değiliz. 24.... Üniversitesi'nde değil(ler). **Exercise 3** 1.Vapur üçte kalkmadı. 2. İbrahim balkonda gazete okumuyor. 3. Güneş açmıyor. 4. Poyraz 12 Aralık'ta doğmadı. 5. Esen'e doğumgünü partisi vermiyoruz. 6. Çiçekleriniz kurumamış. 7. Çocuklar bu hafta karnelerini almıyorlar. 8. Bekir ve Yelda yemeğe geç kalmadılar. 9. Buse iki buçuk yıldır İtalyanca kursuna gitmiyor. 10. Hasan çiçekleri sulamamış mı? 11. Mehtap ablanın oğlu burada oturmuyor. 12. Musa Cumartesi akşamları barmenlik yapmıyor. 13. Martılar sahilde uçuşmuyorlar. 14. Biz her sabah sekizde evden çıkmıyoruz. 15. Dün akşam Seda'yla kahve içmedik. 16. Mektuplar Salı akşamı gelmedi. 17. Hep beraber Melek'in fıkralarına gülmüyorduk. 18. Babaannem yemek pişirmiyor. 19. Tuğçe babasına telefon etmemiş. 20. Balıkları beslememişler mi? **Exercise 4** 1. Annem ne Samsun'a ne Erzurum'a gitti. 2. Ne güneş açtı, ne yağmur yağdı. 3. Aylin'i ne kızı ne oğlu aramış. 4. Turgay çayına ne şeker ne süt koyuyor. 5. Çocuklar ne dans etti, ne şarkı söylediler. 6. Babam ne Fransızca ne İngilizce biliyor. 7. Ayşe ne pasaportunu ne de kimliğini yanına almış. 8. Ben ne çimleri kestim ne çiçekleri suladım. 9. Ercan ne aksiyon filmlerini ne gerilim filmlerini seviyor. 10. Halil bize ne mesaj attı ne aradı. **Exercise 5** 1. Artık İstanbul'da oturmuyorum. 2. Aç değilim. 3. Onu sevmiyoruz. 4. Ne çay ne de kahve içiyor. 5. Orhan'ın babası doktor değil, değil mi? 6. Çantam çok büyük, değil mi? 7. Çantam çok büyük değil mi? 8. Mustafa burada değil. 9. (Benim) kedim (senin) kedini sevmiyor. 10. Cumartesi günü evde değildin. **Exercise 6** 1... hasta değilmiş. 2... geç gelmeyecekmiş. 3... duymadınız mı? 4... bırakmamışlar. 5.... yıkamıyor. 6.... evli değildi. 7.... Özge'de değilmiş. 8.... sıcak değil. 9... gitmeyecekmiş. 10.... iki yaşında değil. 11.... tanımıyor musunuz? 12.... buluşmadınız mı? 13.... manzaralı değilmiş. 14.... imzalamadı. **Exercise 7** 1. Kızılırmak kırmızı. 2. Annem sarışın ve uzun boylu. 3. Bu kahve taze. 4. Bu baklava fıstıklı. 5. Nevin yarın derse geliyormuş. 6. Ben bu konuyu anladım. 7. Yemek yiyor ve birşey içiyor. 8. Cumhurbaşkanı ve başbakan bu konuyla ilgilendi. 9. Siz de bizimle sinemaya gelecek misiniz? 10. Çiçekleri suladınız mı? 11. Vedat romantik filmlerden hoşlanıyor. 12. Biz artık öğrenciyiz. 13. Bugün hava soğuk. 14. Yağmur yağıyor.

Answer key to the exercises

Chapter 35 (Coordination): Exercise 1 1. with/by, 2. and, 3. with/by, 4. and, 5. with/by, 6. and. **Exercise 2** 1. Aylin <u>ve</u> Sera iyi arkadaşlar. 2. Seninle Taksim'e gelebilirim <u>ama</u> bütün gece kalamam. 3. Hasan da seni görmek istiyordu <u>ama</u> maalesef bugün çalışıyor. 4. *Ne* öğrenciler *ne* de öğretmenler yeni okul kurallarından memnunlar. 5. *Ya* Perşembe *ya* da Cuma günü geleceğim. 6. *Hem* Hasan *hem de* Selim yazın Kaş'a gitmek istiyor. 7. Pencereyi açtım *ve* dışarıya baktım.

Chapter 36 (Diminutive): Exercise 1 ayıcık, aslancık, annecik, serçecik, prensçik, civcivcik, kedicik, adacık, kuzucuk, kurtçuk, bebekçik, kitapçık, atçık, ağaççık, kuşçuk, evcik, saatçik, gölcük. **Exercise 2** Anneciğim, Serap'çığım, dedeciğim, Can'cığım, Ayşegül'cüğüm, Nehir'ciğim, ablacığım, Işıl'cığım, Ayhan'cığım, Şevket'çiğim, yengeciğim, Oğuz'cuğum, Burak Bey'ciğim, anneanneciğim, Mehtap Hanım'cığım, Seçil'ciğim, Sally'ciğim.

Chapter 37 (Reduplication): Exercise 1 yemyeşil bir orman, koskocaman bir balon, dümdüz bir yol, mosmor bir ayakkabı, sapsarı saç, çırılçıplak bir adam, yusyuvarlak bir top, taptaze portakal suyu, yepyeni bir oyuncak, kıpkırmızı bir araba. **Exercise 2** sımsıcak, masmaviydi, bembeyaz, tertemizdi, yepyeni, çarçabuk, yemyeşil, upuzun, koskocaman, kıpkırmızı.

Chapter 38 (Interjections): Exercise 1 1. Hay allah, 2. Allah allah, 3. Vallahi, 4. Aman Allahım, 5. İnşallah, 6. Evelallah, 7. Maşallah, 8. Hayırdır inşallah. **Exercise 2** 1. mışıl mışıl, 2. zırt pırt, 3. tıkır tıkır, 4. küt küt, 5. zırıl zırıl, 6. katır kutur, 7. gacır gucur, 8. şapur şupur, 9. pıtır pıtır, 10. fısır fısır.

Chapter 39 (Spelling and punctuation): Exercise 1 1. Annem yarın İstanbul'a gidecek. 2. Seni arayanlar kimmiş? 3. Ahmet de bizimle geliyor mu? 4. Kim pizza yiyor? 5. Mustafa İstanbullu mu? 6. Seni telefonla arıyorlar. 7. Annesi de geliyormuş. 8. Aslı'ya öğretmeni demiş ki . . . 9. Siz de bu dedikoduları duymuş muydunuz?10. Amerika'yı kim keşfetti? 11. Fransız İhtilali hangi tarihteydi? 12. Mehmet ODTÜ'de okuyor. 13. Sen burada ne yapıyorsun? 14. İstanbul Üniversitesi'ne ne zaman gidiyoruz? 15. Siz de fıstık yer misiniz? 16. Sizde fazla kahve var mı? **Exercise 2** 1. Ayhan boş zamanlarında tiyatroda çalışıyor. 2. Partiye sizi de davet ettiler mi? 3. Parti kampüste olacakmış. 4. Ankara da bu mevsimde çok soğuktur. 5. Nihat amcam Ankara'da oturuyor. 6. Bu iş teklifini kabul etmeyip de ne yapacaksın? 7. Sokakta yaşayan kediler kışın ne yapıyorlar? 8. Telefonda çok ayrıntılı açıklayamadım. Bir de yüzyüze konuşabilir miyiz? 9. Nihat'ı da arar mısınız lütfen? 10. Nihat'ta bizim eski plaklardan varmış. 11. Nihat da çok sinirli bir adamdır. 12. Nihat da partiye gelecek mi? 13. Bütün suç Nihat'ta ama kendisi bunu kabul etmiyor. 14. Nihat da suçunu kabul etmiyor. 15. Mutfakta taze meyve suyu varmış. 16. Mutfak da çok küçükmüş canım.

Chapter 40 (Conversation): Exercise 1 Here are some sample answers: 1.(j), (f), 2.(e), (g), 3.(d), 4.(h), (j), 6.(ç), 7.(l), 8.(o), 9.(j), 10.(b), 11.(s), 12.(r), 13.(c), 14.(ö), 15.(p). **Exercise 2** 1. siz, 2. sen, 3. sen, 4. siz, 5. siz, 6. siz, 7. siz, 8. sen, 9. siz/sen, 10. sen, 11. sen, 12. sen, 13. sen, 14. siz, 15. sen/siz, 16. siz.

Appendix G

Glossary of grammatical terms

A-type vowel harmony: Alternation between vowels /a/ and /e/. The plural marker *-lAr* is an example where A-type vowel harmony applies. The suffix appears as *-ler* or *-lar* due to this type of harmony.

Affirmative (sentence): Not negative.

Ablative (case): The case marker (*-DAn*) that marks the source NP. It corresponds to 'from' in English.

Accusative (case): The case marker (*-(y)I*) that marks the direct object of a transitive verb when it is definite or specific.

Adjective: A word that describes a noun. The word *güzel* in *güzel bir gün* is an adjective.

Adverbial: A word or a group of words that modify a verb, an adjective or another adverb. The word *yavaşça* 'slowly' in *Adam yavaşça kapıyı açtı* or the word *çok* 'very' in *çok güzel bir gün* are adverbs.

Agent: The person performing the action described by the verb. The word *annem* in the sentence *annem bize mektup yazmış* is an agent because she is the one who has written the letters. It is implied in the passive sentences such as *mektuplar yazılmış* or expressed with a *tarafından*-phrase: *Mektuplar annem tarafından yazılmış*.

Agreement: Turkish has subject–verb agreement where the subject of the sentence is marked on the verb with a person marker suffix. In the sentence the subject *ben* and the person marker *-m* on the verb in the sentence *Ben dün Ankara'ya gittim* are in agreement. A similar agreement is observed in the so-called genitive-possessive structures where the possessor and the possessed *agree* in person: *Benim arabam* (*benim . . . -m*). *Sizin arabanız* (*sizin . . . -nız*).

Antecedent: A word or a phrase that a pronoun refers to. In the sentence *Annem dün kendisine siyah bir deri çanta almış*, the word *annem* is the antecedent of the reflexive pronoun *kendisine* because they refer to the same person.

Aorist: This term refers to the present tense marker that appears as *-Ir*, *-Ar* or *-r*. The aorist is not simply a present tense marker, it is rather used to express habitual events and has some other special uses.

Back vowel: Vowels /a, ı, u, o/

Bare (noun or verb): A noun or a verb that does not have any inflection.

Case (marker): A suffix attached to a noun and that expresses the relationship of that noun to the other constituents in the sentence. See accusative, dative, locative, ablative, instrumental and genitive.

Clause: A group of words that form the part of the sentence that has a finite (tense-marked) verb. The main clause is the part of the sentence that has the main verb. The subordinate clause is the embedded part of the sentence. It may or may not have a finite verb.

Complement: A noun phrase that completes the meaning of a verb, an adjective or a postposition. In the sentence 'I am reading a book,' 'a book' is a complement of the verb. In the sentence 'I am fond of old films,' 'old films' is the complement of 'fond of.'

Glossary of grammatical terms

In the sentence 'The books are under the table,' 'the table' is the complement of 'under.'

Compound tense: A tense marker followed by *-(y)DI* or *-(y)mIş*, e.g., *gidiyordu (iyor+du)*, *alırmış (ır+mış)*.

Converb: Complex derivational forms composed of a case marker (attached to a verb) and a verb. They are typically attached to a verb to derive new verbs adding the meaning of quickness, continuity, etc. For example, verb *-i-ver* means V-quickly and easily, as in *bak-i-ver* 'have a look at quickly, easily, and in a short time.'

Copula: *-(y)DI, -(y)mIş*, and *-(y)sA* markers that are attached to other tense markers and nominals (nouns, adjectives, pronouns, *var* and *yok* existentials) are called *copula* markers.

Definite: The status of a noun phrase that is expressed by the article 'the' in English.

Ditransitive verb: Verbs such as 'give,' and 'put' that require either a location, or a direction noun phrase together with the direct object. So you give something *to somebody*, or you put something *on something*.

Generic (reading): Referring to an entire class of entities. In the sentence *Kedileri sevmem* 'I don't like cats,' the direct object *kedileri* has a generic reading because it refers to all the cats, or any member of the class of cats. In Turkish, bare objects usually have a generic reading.

Existential: *Var* and *yok*. They express the same meaning as the English 'there is (not)...' structure. They are also used to talk about possession.

Finite/non-finite verb: A finite verb is a verb that has a tense marker. For example, the verbs *konuştum*, or *açıyorum* are finite verbs. They usually have person markers as well. Non-finite verbs are those verbs that do not have a tense inflection or tense interpretation. Those verbs that have the marker *-mAK* for example, as in *Koşmak istiyorum* are non-finite verbs.

Front vowel: The vowels /e, i, ü, ö/

Fronted vowel: A back vowel that is pronounced with some fronting. They are spelled as back vowels, but they harmonize as if they are front vowels. The final /a/ of the word *saat* is an example.

Genitive (case): The case marker *(-nIn)* that marks the possessor in a genitive-possessive structure.

High vowel: One of the vowels /i, ı, u, ü/

I-type vowel harmony: Alternation between vowels /ı/, /i/, /u/, and /ü/. The possessive marker *-(s)I* is an example where I-type vowel harmony applies. The suffix appears as *-(s)ı, -(s)i, -(s)u, -(s)ü*, due to this type of harmony.

Impersonal passive: Passives formed by intransitive verbs such as *koş-*, or *gül-*, and which describe a situation where the agent is understood to be everybody or nobody, e.g., *Bu havada koşulur mu?* 'Does one run in such weather?'

Indefinite: The status of a noun phrase that is marked by 'a(n)' in English, as in *a book* (as opposed to *the book*).

Instrumental (case): The case marker *(-(y)lA)* that expresses the meaning expressed by 'with' or 'by' in English.

Intransitive verbs: Those verbs that only describe the event performed by the agent, such as running, laughing, crying. They do not have direct objects.

Locative (case): The case marker *(-DA)* that marks the location NP. It corresponds to 'in, at, on' in English.

Matrix verb: The main verb of a subordinated structure, as opposed to the subordinated verb. In the sentence *I know that the girls are singing*, the verb *know* is the matrix verb.

Nominal sentences: Turkish does not have an auxiliary, so sentences such as 'I am a doctor,' do not have verbs. Such sentences, as well as those that are formed with *var* and *yok*, are considered nominal sentences because they do not have a main verb.

Nominal: Nouns, pronouns, adjectives, existential *var* and *yok* are nominals (as opposed to verbs). Nominals and verbs have different sets of inflections.

Particle: They are small words such as the yes-no question marker *mI*. They are independent lexical units, not suffixes, but they behave like suffixes (they undergo vowel harmony for example).

Passive: The verbs in sentences such as 'The doors were opened' are passive verbs, as opposed to active verbs as in 'John opened the doors.'

Phrase: A group of words that behave like a single unit (as the subject of the sentence, for example). Phrases have *heads*, the major, or the most important word in the phrase. We can have a noun phrase, a verb phrase or an adjective phrase, having a noun, a verb, or an adjective as a head respectively.

Postposition: Postpositions are words such as *için, gibi* etc. They are the counterparts of English prepositions such as *in, at, on, for, until* etc.

Postverbal: The position that is after the verb or the predicate in a sentence.

Predicate: In a verbal sentence or a subordinate clause, it is the verb. In a nominal sentence it is the noun that is not the subject (e.g., *doktor* in *ben doktorum*), the adjective (e.g., *kalın* in *bu kitap kalın*), or *var* and *yok* (e.g., *var* in *bahçede çok kedi var*).

Pronominal: A phrase or a word that is not a pronoun, but functions as a pronoun, replacing a noun or a noun phrase.

Pronoun: Pronouns are words such as 'I, you, he, she.'

Reciprocal verb: Reciprocal structures are those structures that are formed with the addition of the term 'each other' to the structure, e.g., 'we love each other.' In Turkish, reciprocal structures are formed with the attachment of a reciprocal suffix *-Iş* to the verb. *Öp* 'kiss,' for example, becomes *öpüş* 'kiss each other.'

Reflexive verb: Reflexive verbs are those verbs that express an action that is acted upon oneself, such as combing one's (own) hair. In English they are usually formed with the addition of *-self* to the structure, in Turkish they are formed with the attachment of *-In* to the verb, e.g., *yıka-* 'wash' becomes *yıka-n* 'wash oneself, take a bath.'

Relative clause: A finite or non-finite subordinate clause that functions as a modifier. In the case of the headless relative clauses, where the noun that is modified by a relative clause is omitted (e.g., *geç kalanlar*), it functions as a pronominal.

Stress: The high pitch on a syllable in a word.

Subordination: A clause that appears within another sentence. *That the girls are singing* in the sentence *I know that the girls are singing* is a subordinate clause and the process of having one sentence or clause within another is called subordination.

Suffix: What we attach to words to express a particular meaning. For example *-s* in the English language is a suffix expressing plurality.

Transitive verb: Those verbs that have a direct object. For example, 'to eat, to break, to drink.'

Voiced consonant: Consonants other than *p, t, k, s, ş, ç, h, f*

Voiceless consonant: Consonants *p, t, k, s, ş, ç, h, f*

Index

abbreviations, 272–73
ability: *see -(y)Abil*
ablative, 27, 33, 137
acaba, 239
accusative, 27, 31, 34–37, 61, 137, 147, 153, 154, 157, 163, 172, 230, 233, 237, 238, 286
addressing forms, 279–80
adjectives, 182
   comparative, 33, 185
   derived, 182–84
   superlative, 185
   with nominalized complements, 188–89
adverbs, 190
   derivation of, 190–92
   of frequency, 194–96
   of manner, 196–97
   of place, source or direction, 197
   of quantity, 198
   of time, 92, 98, 192–94
age, 63
ama, 248
ancak, 198, 248
aorist, 108–09
   negative aorist, 109, 121
apology, 277
artık, 199
aspect, 80, 103
at-verbs, 85
az daha: *see az kalsın*
az kalsın, 122

bare objects, 36
bari, 253
beri, 132, 133, 140, 142
bey, 279
bir, 59
birbiri: *see* reciprocal
bu nedenle: *see dolayısıyla*
bu yüzden: *see dolayısıyla*
buçuk, 66, 67

-*CA*, 258 : *see* passive
-*CAğIz*, 258
-*CAnA*, 258
canım, 281
causative, 81, 83
   case markers, 153–54
   double causative, 154

   the causative suffixes, 153
çek-verbs, 85
-*CIğIm*, 258
-*CIğImA*, 258
-*CIK*, 258
çoktan, 123
comitative: *see* instrumental
comparative: *see* adjectives
compounds
   nominal, 25
   possessive compounds, 28; *see also* possessive
   spelling, 271
   stress, 20
   word order, 234
conditional, 285; *see also -sA* vs. *-(y)sA*
   irrealis: *see -sA*
   realis: *see -(y)sA*, *see also -sA* vs. *-(y)sA*
consonants, 7
   assimilation (alternation), 12, 27, 28
   buffer consonants, 27, 28, 38
   consonant clusters, 16
   doubling, 18
   exceptions to consonant assimilation, 12
converbs, 84
copula, 81
çünkü, 253

dA, 250
   dA . . . dA, 250
   spelling, 270
-*DA*: *see* locative
daha, 199
-*DAn*: *see* ablative
dates, 63
dative, 27, 31
days of the week, 192
definiteness, 35, 36
değil, 64, 126, 241–42, 244
   vs. *yok*, 73
-*DI*: *see* past
-*DIK*: *see* relative clauses, non-subject; *see also* subordination
-*DIK/-(y)AcAK*
   vs. -*mA*, 178–79
-*DIr*, 80, 113
-*DIr* (adverbial), 195
-*DIr* (causative): *see* causative
diye, 170–71
dolayısıyla, 253

321

INDEX

eğer, 209
et-verbs, 85
existentials: *see yar* and *yok*

fakat: *see ama*
final devoicing, 43
   ç~c alternation, 15
   g~ğ alternation, 14
   k~ğ alternation, 13
   nk~ng alternation, 14
   p~b alternation, 14
   t~d alternation, 15
fusion
   person and number, 55
future, 91–93

generic reading, 36
genitive, 27, 39, 133, 164
   genitive-possessive, 44
   genitive-possessive chains, 48
gerek, 217
gerek... gerekse, 254
gerunds, 183
gibi, 133
   -DIğI, -(y)AcAğI, 139
göre, 131, 133
greetings, 276

hakkında, 134, 137
hala, 199
halbuki, 254
halde
   -DIğI, -(y)AcAğI, 139, 141
hani, 239
hanım, 279
hatta, 253
hem... hem (de), 251
henüz, 123
hiç, 243
hiç değilse, 253
hiç olmazsa, 253

için
   -DIğI, -(y)AcAğI, 139, 140–41
   -nIn, 133
idi, 100; *see also* past with *-(y)DI*
idiomatic expressions, 264
ile, 133, 248
   -nIn, 133
imperative (mood), 115–16
-ImsI, 259
-ImtrAk, 259
-(I)ncI: *see* numbers, ordinal
indefiniteness, 35, 58
infinitive: *see -mAK*
insan, 79
instrumental, 27, 38–40, 133

interjections, 264
ise
   as a conjunct, 252
ister... ister(se), 254
-(I)ş: *see* reciprocal suffix
-Iyor: *see* progressive

kadar
   -(y)A, 132
   -(y)AcAk, 140
   -IncAyA, 140, 141
   -nIn, 133
kendi, 158; *see also* reflexive
kendi kendine, 158
kendi, as a pronoun, 159
kendileri, 159
keşke, 203, 209
ki, 255
   locative *ki*, 56, 184, 255
   spelling, 270
kinship terms, 49, 56, 280

lakin: *see ama*
-lAr: *see* plural with *-lAr*
lazım, 217–18
locative, 27–28, 137

-mA (negative), 80, 88, 212, 243
-mA (infinitive), 174–75
-mAdIkçA 'unless', 212
-mAK, 36, 172–73, 218, 269
   vs. *-mA*, 173–75
-mAktA, 113
-mAlI, 217
matrix clause, 163
measurement, 64
mecbur ol-/kal-, 217
mecburiyetinde kal-: *see zorunda kal-*
mecburiyetinde kal-, 217
mecburiyetinde ol-: *see zorunda olmak*
meğer(se), 200
mesela: *see örneğin*
-mI: *see* question particle
-mIş, 103–04, 105
mood, 81

ne... ne de, 245, 252
necessity: *see lazım* or *gerek*
negation, 80, 91, 97, 98, 109, 126, 129, 211, 213, 241–46; *see also değil*
neredeyse: *see az kalsın*
nitekim, 253
nominative, 27
nouns
   mass and count, 55
numbers
   cardinal, 56, 57

Index

distributive, 60
ordinal, 60

obligation: *see zorunda ol-/kal-*; *see also -mAlI ol-*verbs, 85
önce
   -DAn, 132
   -mAdAn, 140, 141
onomatopoeia, 265
optative, 116–17
örneğin, 253
oysa(ki), 254

partitive, 32
passive, 81, 83
   -CA suffix, 151–52
   impersonal passive, 146
   passive contexts, 146
   passive suffixes, 146
   tarafından phrase, 151
past with *-(y)DI*, 100–01
past with *-DI*, 97–98
person markers
   on nouns and adjectives, 126–27
   on pronouns, 128
   on *var* and *yok*, 129
   on verbs, 129
person paradigms
   k-paradigm, 80, 97, 129, 202
   l-paradigm, 80, 130
   z-paradigm, 80, 129
plural with *-lAr*, 50, 55, 64, 164, 278
   with compounds, 56
polite imperative, 115
possessive, 23, 35, 163, 180
   genitive-possessive chains: *see* genitive
   possessive compounds, 51
   special uses, 46
   with quantifiers, 47
   with *var/yok*, 45
possibiliy: *see -(y)AbiI*
postpositions, 33, 136–37, 234
   possessive-marked, 134–36
   simple postpositions, 131–33
   with clausal complements, 139–42
progressive, 87
pronouns, 35
   demonstrative, 28, 35, 77
   locative, 78
   person, 55, 76
   the reflexive pronoun, 157–58
punctuation, 273–74

quantifiers, 187–88
question particle, 36, 80, 89, 121, 130, 236

spelling, 270
word order, 234
question words, 39, 64, 210, 237–38
   as modifiers, 186

reciprocal, 81, 83
   collective interpretation, 161
   reciprocal verbs, 160
   the reciprocal pronoun, 161
   the reciprocal suffix, 160
reduplication, 20, 260
   full, 261
   partial, 262
reflexive, 81, 83
   reflexive verbs, 157
   the reflexive pronoun, 157–58
   the reflexive suffix, 157
relative clauses, 35, 57, 183
   headless, 230
   non-subject, 225
   subject, 222, 224–25

-sA, 202–04, 208
   non-conditional uses, 205–06
-sA vs. *-(y)sA*, 201–02
sayın and *sevgili*, 280
seasons, 193
-(ş)Ar: *see* numbers, distributive
şey, 78
siz (second person plural pronoun), 278
soft-*g*, 6
   spelling, 269
sonra
   -DAn, 132
   -DIktAn, 139, 141
subordination, 163–64
   of nominal sentences, 165
   of questions, 167–68
   of *var/yok*, 166
suspended inflection, 255

tag questions, 244
tane, 66
tarafından, 135: *see* passive
telephone numbers, 62
tense, 81
   compound tenses, 119–24
time, 62
Türk Dil Kurumu, 273

üstelik: *see hatta*

var and *yok*, 71, 73, 201
   in relative clauses, 72
   in subordination, 72
   person markers, 73
ve, 248

INDEX

(ve)yahut, 251
vowel harmony, 1, 8, 236
   A-type (two-fold), 8, 9, 27
   exceptions to, 9
   external, 8, 9, 28
   internal, 8
   I-type (four-fold), 9, 27
vowels, 4
   epenthesis, 16, 17
   front and back, 4, 8
   fronted, 4, 7, 9, 269
   high, 43
   high vowel omission, 17
   in the alphabet, 4
   long, 6, 268
   vowel raising, 269

word order, 1, 232–33, 234
word stress, 18, 21, 57, 101, 202, 243
   compounds, 20
   exceptions to word-final stress rule, 21

-(y)A: *see* dative
ya . . . ya (da), 251
-(y)Abil, 80, 213–14
-(y)AcAK: *see* relative clauses; *see also* subordination; *see also* future
yalnız, 249
-(y)An: *see* relative clauses, subject
-(y)ArAk, 251
yan, 66, 67
yarım, 66, 67
Yazım Kılavuzu, 273
-(y)DI: *see* past
-(y)I: *see* accusative
-(y)Ip, 250
-(y)Iş, 180–81
-(y)lA: *see* instrumental
-(y)mIş, 123, 124; *see also* -mIş
yok: *see* var and yok
yoksa, 239, 253
-(y)sA, 207–08; *see also* ise

zira: *see* çünkü
zorunda ol-/kal-, 217, 218